FLEURS BONHEUR

DU MÊME AUTEUR

Aux éditions Le Signe

Gourmandise au singulier, 1979

Aux éditions Le Pré aux Clercs

Le Bon Vivre, 1989 (Presses Pocket, 1991)

Le Vrai Vivre, 1989 (Presses Pocket, 1991)

Au Secours le goût, 1992 (Presses Pocket, 1993)

Aux éditions Plon

Comme à la maison, tome 1, 1993 (J'ai lu, 1998)

Comme à la maison, tome 2, 1994 (J'ai lu, 1999)

Le Marché, 1996 (J'ai lu, 1998)

De la vache folle en général et de notre survie en particulier, 1997

Le Potager plaisir, 1998

Fleurs bonheurs, 1999

Le verger gourmand, 2000

Le Guide Coffe des pépinières, plantes et arbustes, 2000

À table en famille avec 15 euros par jour, 2002

Mes vins préférés à moins de 10 euros,
en collaboration avec Thomas Bravo-Maza, 2003, nouvelle édition 2004

Mon marché gourmand, 2003

Consommateurs révoltons-nous !, 2004

Mes vins plaisir à moins de 10 euros,
en collaboration avec Thomas Bravo-Maza, 2005

Aux éditions Balland

À vos paniers, 1993

Coffe, 1995

Au bonheur des fruits, 1996

Aux éditions Stock

Le Coffe malin, 2005

SOS Cuisine, avec la collaboration de Christophe Ignace 2006

Dépôt légal : janvier 2007
Numéro d'édition : 14125
ISBN : 978-2-259-20594-8

JEAN-PIERRE
COFFE

FLEURS BONHEUR

PLON
www.plon.fr

SOMMAIRE

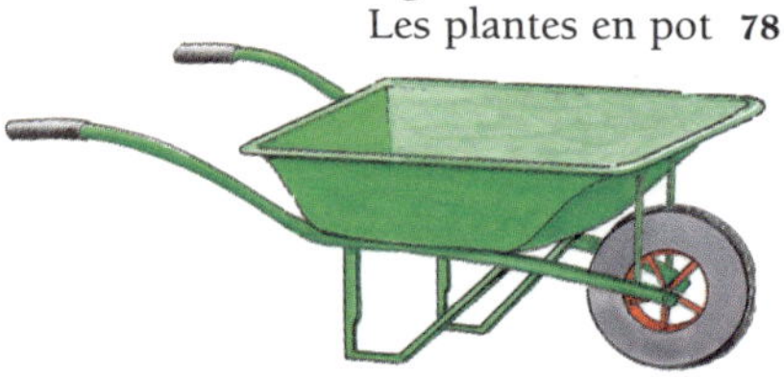

AVANT-PROPOS

Fleurs Bonheur *est la suite logique du* Potager Plaisir.

Tous les jardins potagers, modestes – jardins ouvriers –, ou aristocratiques – potagers de château –, sont fleuris pour éclairer les légumes, les mettre en valeur, en beauté, ou pour procurer à la châtelaine la joie de cueillir et assembler des fleurs qui égaieront la maison.

Quand j'ai entrepris la restauration de mon potager, il m'a paru évident d'en réserver une partie pour les fleurs à couper, et une autre pour semer celles qui rejoindraient le jardin d'agrément, sous forme de plants. Ces fleurs éphémères m'ont séduit par leur simplicité et leur bonne volonté à se laisser cultiver, leur éclat, le chatoiement de leurs couleurs. Elles m'ont surtout encouragé à pénétrer le monde merveilleux des fleurs.

Ainsi, à partir du potager et des annuelles – les fleurs qui naissent et meurent dans la même année, comme les radis ou les haricots –, je me suis intéressé aux vivaces - on les installe pour longtemps et tous les ans elles renaissent et fleurissent, comme les artichauts ou les asperges.

Après ces découvertes, les bulbes m'ont passionné ; les tulipes, jacinthes, narcisses, glaïeuls ou dahlias offrent des variétés si nombreuses, des floraisons si spectaculaires. Les ails d'ornement

m'ont ébloui, tellement inattendus, tellement baroques. Les lis de la Madone m'ont rappelé les gerbes que ma grand-mère préparait pour illuminer l'église le jour de la procession de la Fête-Dieu. Que dire de tous ces « petits bulbes » si lumineux dans les sous-bois – fritillaires, crocus, muscaris –, qui réfléchissent le soleil printanier pour encourager la pousse des premières feuilles des arbres.

Impensable de concevoir un jardin d'agrément sans roses : le Créateur qui nous a fait ce cadeau pourrait – à juste titre – nous traiter d'ingrats. Les roses procurent une ivresse semblable à celle du vin, elles dépaysent, entraînent ailleurs, apportent la joie. Leurs parfums étourdissent, rendent fou par leur diversité, leurs oppositions.

En fait, les fleurs sont aussi simples à cultiver que les légumes. Comme eux, elles demandent seulement une terre adaptée à leurs spécificités, le respect de la saison, une nourriture conforme à leurs besoins et de l'amour, beaucoup d'amour. Autrement dit, de l'attention. Il faut leur parler, oser déclarer sa passion, affirmer son admiration : on les voit alors s'épanouir, généreuses en couleurs, en senteurs, en bonheur offert. Les fleurs ne pratiquent pas l'égoïsme.

Les spécialistes, pépiniéristes, rosiéristes, horticulteurs utilisent pour les présenter des noms latins, décourageants pour l'amateur débutant. Il n'y a pas de quoi. On peut avoir un jardin somptueux sans rien connaître aux langues mortes, et si vous demandez une pervenche, vous

trouverez une pervenche sans être obligé de l'appeler Vinca major. *Le latin n'est que la langue universelle des botanistes, utile pour les échanges entre professionnels, dont l'amateur peut se passer sans difficulté pour fleurir son jardin.*

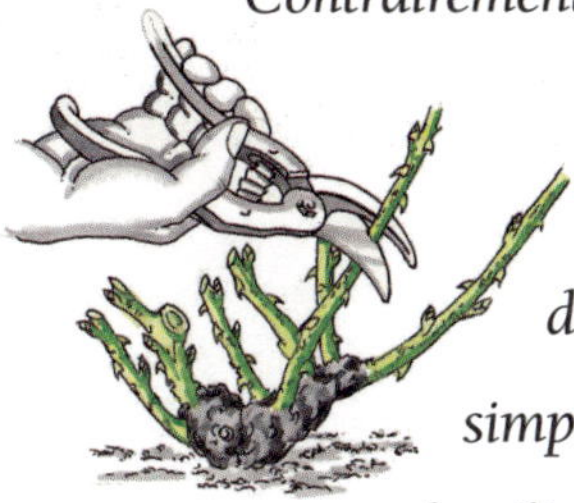

Contrairement à la cuisine, dont certains termes techniques exigent l'usage d'un lexique, le jardinage utilise des mots simples, dont la signification est connue de tous. À deux exceptions près : bouturer et marcotter. Tellement simples dans l'exécution qu'ils deviennent rapidement familiers, même si on bouture plus fréquemment qu'on ne marcotte. La taille ou la division font quelquefois peur, alors que leur pratique repose sur des principes élémentaires. Quand j'entends : « Je ne plante pas de rosiers, il faut les tailler, c'est trop compliqué », je m'indigne devant des rumeurs si sottes et si peu conformes à la réalité.

Mes deux jardins, potager et d'agrément, ont été conçus comme un jeu, simple et évolutif. Oui, j'ai joué comme un enfant, toujours émerveillé des résultats, à mélanger les fleurs aux légumes, les couleurs les plus insolites, les variétés les plus inattendues. Prétendre ne pas avoir commis d'erreurs serait faire preuve d'outrecuidance, mais elles furent profitables, elles m'ont apporté l'expérience et l'envie de poursuivre mon apprentissage.

Ce livre est le fruit de mon expérience. Il est, comme Potager Plaisir, *destiné aux débutants, à ceux qui ont encore l'envie de s'émerveiller devant la beauté simple qu'offre la nature.*

Première partie :

LES GÉNÉRALITÉS

FAISONS CONNAISSANCE

Pas de précipitation, de l'observation d'abord ! L'impatience est mère des échecs. Avant de s'attaquer aux premiers travaux, il faut réfléchir, s'informer. On ne construit pas une maison sans plan. Faisons de même avec le jardin. À peine l'acte d'achat signé, on se précipite dans la jardinerie la plus proche, on la dévalise, impatient de fleurir sa nouvelle acquisition. Erreur ! Dans un jardin, le temps est gage de réussite. Il faut apprendre à apprivoiser son environnement, amadouer la Nature. Plutôt que de la combattre – les armes ne sont pas égales –, il est préférable de composer avec elle. Il vaut mieux faire connaissance, lui manifester du respect, faire acte d'allégeance pour mieux la dompter ensuite. Plantez d'abord les espèces qui ont des habitudes dans votre région. Il sera toujours temps d'acclimater des variétés moins adaptées quand votre jardin sera installé.

APPRENDRE LE CHAUD ET LE FROID

Apprenez le climat de votre région, ses particularités saisonnières. Au moment du choix des végétaux, n'oubliez jamais les deux contraintes : la résistance à la sécheresse et au froid. En consultant une carte de France climatique, vous pourrez connaître, pour chaque région, les maxima et minima de température, les moyennes de pluie annuelles, parfois mensuelles, ainsi vous saurez où et quand il fait ou très chaud ou très froid.

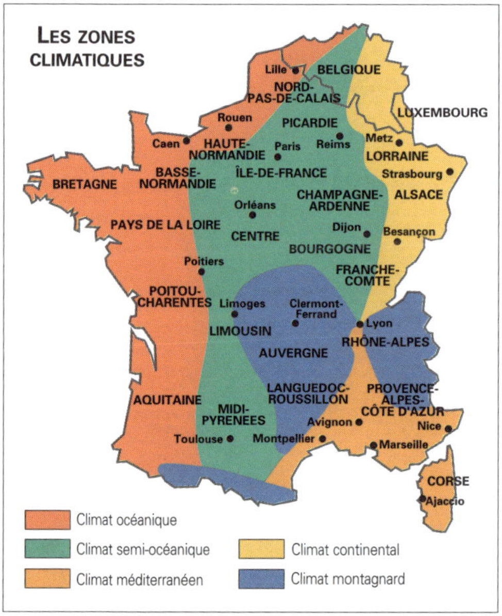

Situez votre propriété sur la carte de France climatique. Très vite, vous apprendrez que le long du littoral atlantique, le climat « océanique » ou « semi océanique » engendre douceur et humidité : la plupart des fleurs gourmandes en eau s'y plairont et quelques fleurs fragiles, d'origine méditerranéenne, comme le mimosa, le laurier-rose, l'aralia pourront trouver leur place dans votre jardin. Plus la mer est à proximité et plus les caractéristiques de douceur et d'humidité sont marquées, alors que l'éloignement de l'océan accentue les écarts de température et rend le froid plus sensible en hiver.

Sous un climat méditerranéen, les pluies se concentrent généralement sur une saison particulière – l'hiver – alors que l'été est très sec. Il faut choisir des plantes adaptées à ces périodes de sécheresse pour éviter l'esclavage de l'arrosage.

Le climat montagnard implique un hiver rude et long et impose donc des plantes résistantes au froid, à pousse rapide et floraison à la belle saison, entre mai et septembre.

Promenez-vous

La réussite d'un jardin tient souvent à peu de chose. N'hésitez pas à interroger vos voisins. Ces contacts ne vous imposent pas de les imiter mais vous feront gagner un temps précieux. Les plantes qui poussent chez eux pousseront chez vous ; inversement, ce qui rate chez eux ratera chez vous. Le savoir vous permettra de planter sans risque une autre variété dans la même espèce. Une bonne relation avec les jardiniers du voisinage ne doit pas engendrer la compétition mais l'émulation.

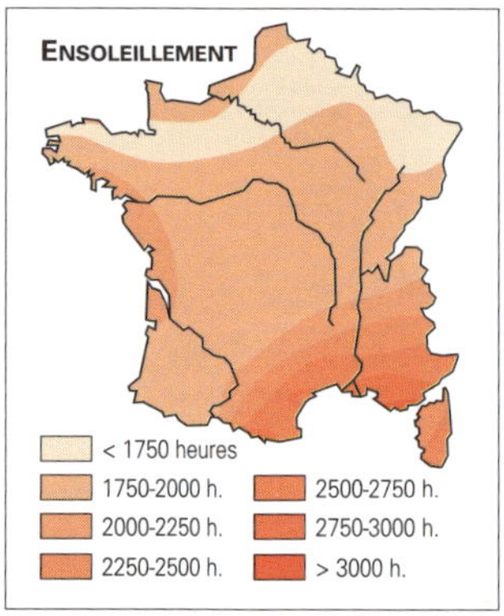

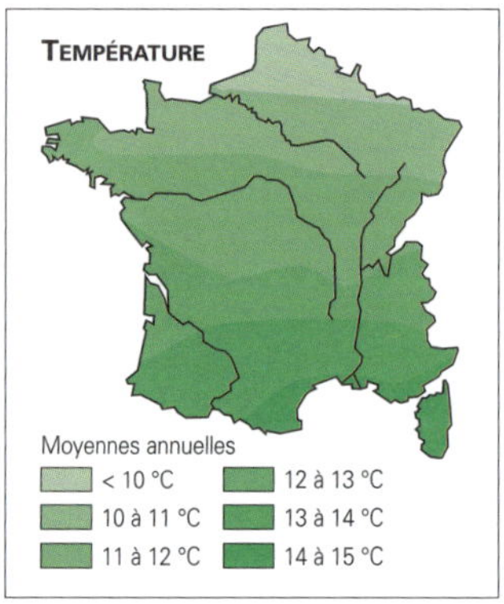

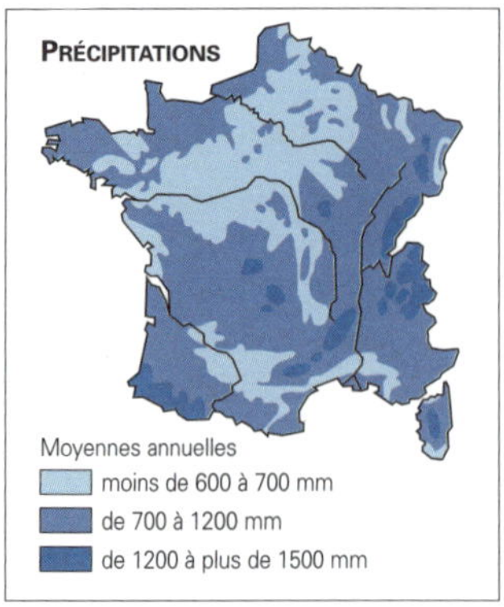

Acheter dans de bonnes pépinières offre une garantie de reprise.

Avant le premier coup de bêche, visitez la région. Les parcs et jardins seront d'un précieux enseignement. Ne faites pas la moue. Pas question de vous encourager à reproduire, chez vous, les assemblages vulgaires qui fleurissent les ronds-points ou les rues piétonnes dans de trop nombreuses cités. Certaines espèces de ces affreux parterres sont souvent l'expression d'un délire obsessionnel du chef jardinier mais sont, quelquefois aussi, la démonstration d'une parfaite acclimatation à la région. Là encore, changez de variété dans l'espèce. Il peut aussi s'agir d'une plante particulièrement résistante aux pollutions, donc une espèce « sans soucis ». Sinon pourquoi tant de lavandes en bordure des rues ?

Dans les nombreux parcs publics, repérez les arbres, les arbustes et les fleurs vivaces qui prospèrent : ils vous plaisent, faites-les participer à l'ossature de votre jardin.

Consultez les pépiniéristes de proximité

Le pépiniériste est avant tout un jardinier, comme vous, mais muni de l'expérience qui vous manque. Si vous lui parlez avec humilité, il se fera un plaisir de vous faire partager ses connaissances. Il cultive, comme vous, dans les mêmes conditions, mais pour vendre ses plantes, il possède très souvent un jardin de présentation, visitez-le, à chaque saison. Vous pourrez ainsi observer la forme, la taille, la couleur des variétés qui vous intéressent et, en octobre, vous achèterez en toute connaissance de cause. Un bon professionnel ne vous reprochera jamais la fréquence de vos visites. Bien au contraire.

Les fêtes des plantes – de plus en plus nombreuses partout en France – sont l'occasion de rencontrer des producteurs locaux : belle opportunité pour apprécier les variétés locales. Entre avril et juin, on peut y découvrir tout ce qui est fleur ; à l'automne, les arbres.

Jardineries : méfiance

Les grandes enseignes proposent trop souvent les mêmes plantes quelle que soit la région, et elles ne sont pas forcément adaptées à la vôtre. Il est préférable de savoir précisément ce que l'on veut avant d'y aller. Posez des questions, il arrive que le vendeur jardine et que ses conseils soient avisés. Sachez aussi que, souvent, les plantes proposées sont « forcées en serre » et incapables de résister à la petite gelée matinale.

Le jardinier est toujours friand d'échanges et de discussions. Il est également souvent fier de montrer aux autres ses plus beaux fleurons…

LA TERRE NOURRIT LA PLANTE

Vos plantes ont besoin de la terre pour se nourrir. Il est nécessaire, indispensable même, de connaître la nature de celle de votre jardin. Si votre jardin n'a pas été travaillé depuis quelques années, la nature a repris ses droits et une certaine végétation « spontanée » s'est installée. Repérez les plantes dites indicatrices, elles vous aideront à connaître les tendances de votre sol.

Par exemple, dans une zone précise, la végétation est maigrichonne, même les mauvaises herbes font triste mine : la terre y est pauvre et sèche. Dans une autre zone, des orties bien vertes prospèrent : le sol y est riche et humide en été.

On peut définir le sol de son jardin selon deux critères :

- **Sa texture** : s'il colle à la bêche, il est lourd et il restera humide en hiver ; si la bêche y pénètre facilement, il est léger et sera poussiéreux en été.
- **Sa composition chimique** : s'il est riche en azote (N), la « pousse » du feuillage sera favorisée au détriment des fleurs. Si l'azote (N), le phosphore (P) et la potasse (K) y sont à parts presque égales, le sol est équilibré et l'éclosion de nombreuses fleurs sera encouragée.

Ces trois éléments, dits majeurs, sont complétés par des éléments dits mineurs , le calcium (Ca) et le magnésium (Mg) qui contribuent à la bonne alimentation des plantes. Enfin, les oligo-éléments sont des éléments présents en très faibles quantités mais qui participent à la croissance et au développement des plantes : il s'agit du fer (Fe), du manganèse (Mn), du molybdène (Mo) et du bore (B). On retrouve l'ensemble de ces composants dans la plupart des engrais courants.

Acide ou calcaire

Connaître le degré d'acidité du sol est capital pour le choix de vos plantes ; il correspond schématiquement à sa teneur en calcaire quantifiée par une mesure chimique : le pH. En France, le pH varie entre 5 et 8. Il existe, dans le commerce, des kits d'analyse permettant de le mesurer. Inférieur à 6,5, votre terre est acide, il faudra s'orienter vers des plantes dites de terre de bruyère (rhododendrons, azalées...). Compris en 6,5 et 7, le sol est neutre, la plupart des plantes y prospèrent à l'exception des plantes de terre de bruyère. Supérieur à 7, le sol est franchement calcaire, mais peu de plantes à fleurs ne le supportent pas du tout ; quant à celles qui le supportent bien, la liste en est longue : bignone, clématite, achillée, iris, souci, giroflée, zinnia, etc., pour n'en citer que quelques-unes.

POUR CONNAÎTRE LES TENDANCES DE VOTRE SOL, SELON LES PLANTES PRÉSENTES :

Plante indicatrice	Type de sol
Coquelicot Bleuet Moutarde Trèfle blanc Chardon	Plutôt calcaire
Prêle Plantain Pâquerette Liseron Oseille sauvage	Lourd, humide à tendance calcaire
Mouron Chiendent Ravenelle	Léger
Ortie	Riche en humus

À QUOI SERVENT LES ÉLÉMENTS MAJEURS ET MINEURS ?

	Rôle	Conséquence d'un... excès	déficit
Azote (N)	Favorise la croissance. du feuillage et des tiges.	Développement excessif. Peu ou pas de fleurs. Sensibilité aux maladies.	Feuilles vert pâle. Plantes chétives.
Phosphore (P)	Croissance des racines. Production des fleurs vivaces, annuelles, rosiers…	Pas de conséquences.	Faible production de fleurs. Sensibilité à la sécheresse.
Potassium (K)	Production de fleurs. Favorise la formation des réserves (bulbes…). Favorise la résistance aux maladies et à la sécheresse.	Induit des carences en magnésium.	Faible production de fleurs.
Calcium (Ca)	Croissance du bois.		
Magnésium (Mg)	Vigueur des plantes.	Pas de conséquences.	Bandes jaunes sur les feuilles qui se dessèchent.
Fer (Fe)	Entre dans la composition de la chlorophylle et donc dans la photosynthèse.	Pas de conséquences.	Jaunissement généralisé des feuilles.

Les rhododendrons sont friands de terres acides, alors que les achillées (vivaces) et les zinnias (annuels) tolèrent les sols à tendance calcaire.

Les engrais et les amendements

QU'EST-CE QUE LES ENGRAIS VERTS ?

Des plantes qui enrichissent le sol en azote :

• **elles ont beaucoup de feuilles**, comme les crucifères, et, quand leur masse végétale est enfouie en terre, leur décomposition apporte beaucoup d'azote au sol ;

• **elles utilisent l'azote contenu dans l'air**, comme les légumineuses, pour se nourrir et enrichir le sol ensuite.

Ces plantes ont également une action sur la structure du sol mais en observant le tableau ci-dessous, on constatera que certaines plantes conviennent mieux à certains types de sol.

QUEL ENGRAIS VERT CHOISIR ?

Entre septembre et la mi-octobre, vous pourrez semer colza, navette ou moutarde blanche. Rien de compliqué : sur un sol travaillé grossièrement (juste après le labour) faites un semis à la volée. Tassez avec le dos du râteau pour que la terre adhère bien aux graines. Peu importe la densité du semis. Dès le début du printemps, broyez les feuilles en passant la tondeuse et enfouissez les débris végétaux dans le sol : ils l'enrichiront en se décomposant.

QU'EST-CE QUE LES ENGRAIS ORGANIQUES ?

Ce sont des matières d'origine naturelle apportant la nourriture à vos plantes :

• **le compost** issu de la décomposition de vos déchets de jardin, venant essentiellement du potager ;

La précieuse moutarde : condiment, bien sûr, et engrais vert. Une plante pourtant bien modeste…

• **le terreau** provenant des feuilles et débris des sous-bois ;

• **la cendre** de vos bûches ou des branchages que vous avez brûlés dans votre cheminée ;

• **du sang séché**, **de la corne broyée**, **du guano** ou **de la poudre d'os**, ces productions animales sont riches en phosphore, potassium et oligo-éléments.

Tous ces engrais ne se valent pas, consultez le tableau suivant pour en faire le meilleur usage.

UN CONSEIL : à l'automne utilisez des engrais à décomposition lente et au printemps des engrais à action rapide.

Dans la gamme des engrais de synthèse (d'origine chimique) on trouve également des engrais complets (ou engrais de fond) et d'autres à action rapide (ou engrais coup de fouet). Les premiers s'emploient à l'automne au moment du bêchage, les seconds au printemps pour stimuler la reprise de la végétation. Avec les fleurs, soyez économe d'engrais sinon vous

QUEL ENGRAIS VERT CHOISIR ?

Engrais vert	Semis/100 m²	Date de semis	Durée de culture	Type de sol préconisé
Colza (**c**)	100 g	Mars/sept.	1 à 5 mois	Tous
Lupin bleu (**l**)	1,5 kg	Mars/juillet	1 à 2 mois	Lourd et compact
Lupin jaune (**l**)	1 à 2 kg	Mars/juillet	1 à 2 mois	Léger, pauvre et acide
Luzerne (**l**)	250 g	Mai/sept.	2 à 3 mois	Pauvre en humus
Moutarde (**c**)	250 g	Mars/oct.	1 à 3 mois	Calcaire
Navette (**c**)	100 g	Avril/sept.	1 à 4 mois	Plutôt calcaire
Trèfle violet (**l**)	200 g	Mai/sept.	2 à 3 mois	Pauvre en humus

c : crucifère – **l** : légumineuse

DE QUOI SE COMPOSENT LES ENGRAIS NATURELS ?

Engrais	Éléments apportés	Diffusion des aliments	Précautions d'emploi
Cendre	Phosphore, potassium et oligo-éléments	Rapide	• Préférez la cendre de végétaux jeunes, plus riche en potasse.
Corne broyée ou torréfiée	Azote	Lente	• Employez-la comme engrais de fond.
Guano	Azote et phosphore	Lente	
Poudre d'os	Phosphore	Lente	• Mettez des gants pour la manipuler. • Choisissez de la poudre d'os stérilisée.
Sang séché	Azote	Rapide	

aurez une superbe production de feuilles et de tiges, et des floraisons chétives. L'idéal reste l'équilibre, et le mieux les engrais de fond.

Les plantes chétives apprécieront une poignée de sang séché au début du printemps. Pour les espèces les plus gourmandes ou les plantes en pot, utilisez un engrais « spécial plantes fleuries » ou « spécial tomates » : ils ont le même effet de stimulation pour favoriser l'éclosion des fleurs. Les autres plantes se débrouilleront avec ce que vous leur avez donné à l'automne.

LES AMENDEMENTS

Si les engrais ont une action plutôt rapide sur les plantes, les amendements, eux, sont plutôt lents. Matières d'origine naturelle, ils ont parfois une double fonction : s'ils améliorent tous la texture du sol, certains l'enrichissent aussi de matières nutritives. Vous verrez l'action de chacun des principaux amendements disponibles dans le tableau ci-dessous.

Dans la pratique, on épand la dose nécessaire de l'amendement choisi sur le sol, après le labour. Puis on mélange en griffant la couche superficielle.

Amendement	Quantités nécessaires	Type de sol	Actions
Argile	100 l/m^2	Très sableux, qui manque de tenue	• Reconstitue un « ciment » entre les particules.
Chaux éteinte	300 à 700 g/m^2 pour augmenter le pH de 0,5	Très acide (pH inférieur à 6)	• Pour les fleurs sensibles à l'acidité.
Compost ou fumier bien décomposé (*)	4 à 10 kg/m^2	Pauvre en humus	• Améliore la capacité à retenir l'eau et les éléments nutritifs. • Apporte des matières organiques.
Sable grossier de rivière (**)	100 l/m^2	Très argileux, collant	• Draine l'eau en profondeur.
Terreau de feuilles	2 kg/m^2	Pauvre en humus	• Améliore la capacité à retenir l'eau et les éléments nutritifs. • Apporte des matières organiques.

(*) Le fumier ou le compost encore en décomposition « brûle » les plantes. (**) Le sable de mer contient du sel, nocif pour les plantes.

ET LE MICROCLIMAT ?

Outre les généralités climatiques propres à chaque grande région, il faut tenir compte des spécificités locales dont chaque jardin peut subir l'influence. La présence d'un lac, d'un barrage, d'un cours d'eau peut vous faire bénéficier d'un microclimat qui modulera les écarts de température. Sur une petite échelle, tenez compte de la haie brise-vent qui abrite votre jardin des vents violents qui le balaient, ainsi que des murs de pierre qui l'entourent et emmagasinent la chaleur le jour pour la restituer la nuit.

Un muret ne sert pas qu'à protéger votre tranquillité des voisins. Il peut servir de support à toutes sortes de plantes, mais en plus il stocke la chaleur du soleil dans la journée pour la restituer au cours de la nuit.

Observez la course du soleil

Mais le climat ne fait pas tout. Pensez au soleil, il se déplace, éclaire, chauffe votre jardin différemment selon les périodes de la journée. En plein été, le soleil est au plus haut : les zones d'ombre et de lumière plus marquées. Au printemps, les parties les plus ensoleillées se réchaufferont plus vite après l'hiver.

Sur le plan de votre jardin, divisez votre terrain selon les parties éclairées par :

- **le soleil du matin**, jusqu'à midi (partie exposée à l'est) ;
- **le soleil de l'après-midi**, de midi à 17 h environ (partie exposée au sud) ;
- **le soleil du soir**, à partir de 17 h (partie exposée à l'ouest).

Les zones exposées au soleil du matin et du soir sont considérées comme mi-ombragées. Celles de l'après-midi, de plein soleil, car l'ensoleillement y est le plus intense. Dans les régions méridionales, entre 12 et 14 h les expositions au soleil du midi sont considérées comme brûlantes. Les plantes grasses, le thym, le romarin... supportent ces conditions très chaudes.

La course du soleil génère des ombres changeantes.

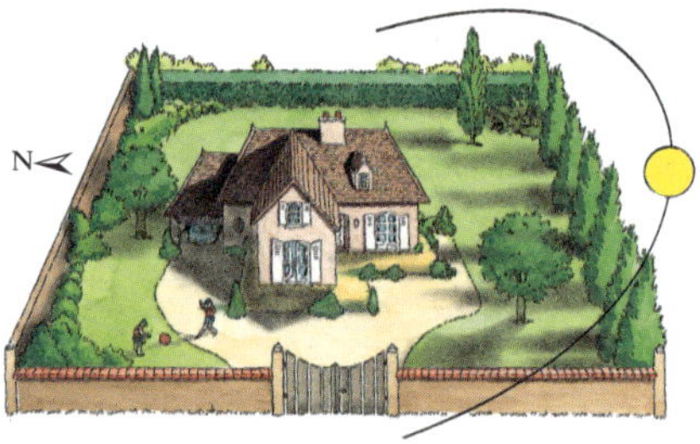

À mi-saison, de haut en bas, le matin, le midi et le soir.

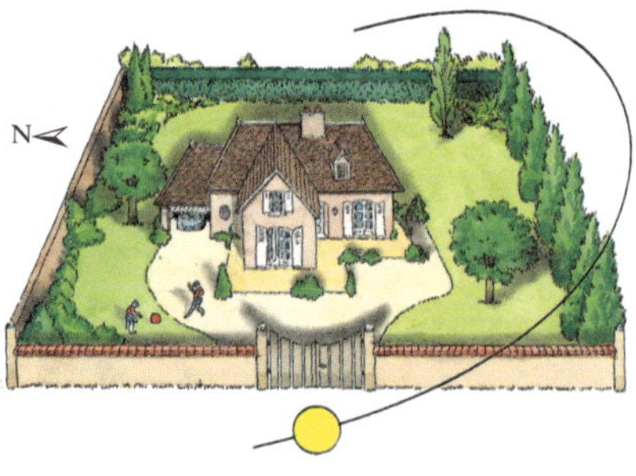

Les vents tournent

Il est bon de déterminer, en priorité, la direction des vents dominants, ceux qui soufflent le plus souvent. Un mur de clôture ou une bonne haie brise-vent implantés du côté de ces vents vous en protégeront.

Il vous faudra également découvrir les endroits du jardin qui subissent des courants d'air, des tourbillons de vent. Les fleurs auront des difficultés à y prospérer. Elles seront toujours plus basses qu'ailleurs. Les delphiniums, les asters géants, les soleils se coucheront ; pire, ils casseront.

À terme, vous pourrez implanter une haie en chicane ou des arbustes à végétation dense pour adoucir ces courants d'air gênants.

PLAT OU EN PENTE ?

Dans un jardin d'ornement, les dénivellations ne sont pas toujours une malédiction, elles peuvent participer à son charme et même, quelquefois, ménager des effets de surprise. Réfléchissez avant de tout aplanir, surtout autour d'une maison neuve où le sol joue aux montagnes russes.

Sur un terrain plat, on peut tenter un creux. Une dénivellation de 30 cm assure déjà un bel effet, il vous demandera seulement la manipulation de 15 cm de terre : enlever 15 cm en bas pour les rajouter en haut créera une différence de 30 cm (voir ci-dessous). L'effort n'a rien de colossal alors que l'effet peut être spectaculaire.

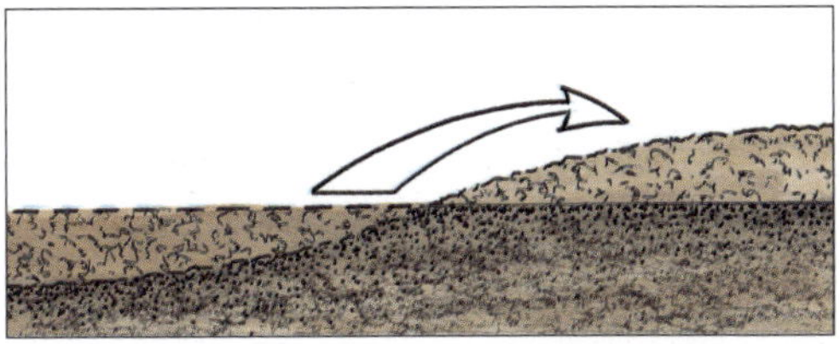

Le terrain a nécessité ici la création de deux vrais niveaux.

Un talus, une surface en pente exigent des espèces adaptées à la sécheresse et à des terrains pauvres. En effet, sur une pente l'eau ruisselle et s'écoule rapidement, entraînant avec elle une bonne partie des éléments nourriciers. Nous y reviendrons plus en détail page 36.

ATMOSPHÈRE, ATMOSPHÈRE !

Avant d'aménager, rénover ou transformer son jardin, il faut s'imprégner de son ambiance, la saisir et la comprendre pour laisser libre cours à son imagination. Il faut d'abord se promener souvent, longtemps, à différents moments de la journée et toutes les saisons, noter ses impressions, faire des photos. En prendre possession. Cette approche est indispensable même si le terrain est vierge.

La patience est indispensable : l'idéal est d'attendre un an avant le début des grands travaux. Rien ne vous empêche, en attendant, de semer des annuelles ou de planter des bulbes. Pensez aux engrais verts, ils amélioreront votre terrain tout en limitant la pousse des mauvaises herbes (voir page 18).

Lire pour jardiner

Si vous en êtes à votre premier jardin, et même si vous êtes déjà un jardinier confirmé, nous ne saurions trop vous conseiller de vous adonner à la lecture… Vos visites aux jardins environnant le vôtre, si enrichissantes soient-elles, ne pourront pas tout vous apprendre.

Magazines, catalogues, livres – eh oui, quelquefois – contiennent souvent une mine d'informations et d'idées, même si elles sont parfois un peu difficiles à décrypter pour le novice. Mais avec un peu de patience et d'expérience, vous apprendrez vite à sélectionner, parmi les belles images, des idées pour votre jardin : association d'espèces réussies, mariages de couleurs heureux et inattendus. Toutefois, vérifiez bien que l'espèce qui vous a séduit sur une photo est bien adaptée à votre jardin, sous peine de grosses déceptions.

Ne paniquez pas si vous ne comprenez pas tout du premier coup : le jargon des professionnels s'apprend vite. En peu de temps, vous comprendrez qu'une fleur « semi-rustique » n'est pas destinée à votre jardin de l'est de la France mais plutôt à celui de l'Ouest atlantique.

Un rosier grimpant est idéal pour masquer, une fois bien développé, un pylône électrique que vous ne pouvez pas déplacer.

De même, installé sur un portique, il sera utile pour détourner les regards vers un point choisi, et en faire oublier ainsi un autre moins heureux.

Le jardin : un écrin

Le style de votre jardin devra s'harmoniser avec votre maison : il est l'écrin de cette dernière. Observez votre jardin de toutes les ouvertures de la maison, du rez-de-chaussée et des étages s'il y en a et faites encore des photos. Car si votre maison doit s'intégrer à votre jardin, ce dernier doit absolument vous paraître séduisant chaque fois que vous ouvrez vos volets.

Mettez en scène

Pendant vos promenades identifiez les lieux où spontanément vous avez envie de faire halte pour vous reposer ou contempler la campagne environnante ou le vieux clocher au-dessus des toits.

Repérez également tout ce que vous ne voulez pas voir : le pylône électrique, les regards indiscrets de vos voisins... On voudrait les éviter – c'est souvent impossible. Mieux vaut alors détourner l'attention, attirer le regard dans la direction opposée par un élément particulièrement spectaculaire : massif richement fleuri toute l'année, rosier, buisson généreux et remontant... Cette technique vaut souvent mieux que celle du camouflage.

L'intégration de votre maison dans le jardin aussi bien que la beauté de ce dernier à travers vos fenêtres sont deux données fondamentales à garder à l'esprit au moment de l'élaboration de votre projet.

REVUE DE DÉTAIL

Pour réussir votre jardin il faut d'abord et avant toute chose dresser un plan de son état de départ et y inscrire vos projets. Il peut être simple mais il est absolument nécessaire.

Dessinez

Sur une feuille de papier, reportez l'état des lieux. Dessinez les contours de votre jardin pour appréhender au mieux ses dimensions réelles. Comptez en pas, cette précision est largement suffisante. Orientez votre plan, consignez le fruit de vos observations sur l'ensoleillement, la direction des vents, les pentes...

Le plan de paysagiste avec vue en perspective est inutile. Commencez par consigner les contours d'un certain nombre d'éléments existants : les accès, le tilleul vénérable qu'il faut ou qu'on veut garder, les clôtures si le jardin est déjà entretenu. Faites l'inventaire de ce qui existe en respectant l'échelle au mieux :

- **les constructions** ;
- **les végétaux** que vous voulez garder. Tenez compte de la surface du feuillage qui est à peu près équivalente à celle occupée par les racines ;
- **les haies**, en tenant compte de la place occupée par les racines, presque égale à 2 fois leur hauteur ;
- **le dessin des allées**, des circulations générales ;
- **la sortie de la maison** pour aller au garage, pour aller au potager... ;
- **vos observations** sur les zones que vous avez identifiées (la nature du sol, l'ensoleillement...).

Notez aussi vos envies :

- **les endroits stratégiques**, ce que vous voulez mettre en valeur ou camoufler, le coin barbecue, l'aire de jeux des enfants... ;
- **l'emplacement de votre potager**, s'il n'en existe pas déjà un, de préférence dans l'endroit le plus ensoleillé et dégagé de votre terrain, à l'abri des vents.

L'indispensable potager trouvera une place harmonieuse dans votre projet, si vous le prévoyez richement fleuri. Il saura non seulement vous nourrir, mais il vous fournira également les fleurs à couper pour décorer votre intérieur, sans avoir à dégarnir vos massifs.

RÉFLÉCHISSONS

Votre jardin, c'est vous et il doit vous ressembler, c'est la condition du bonheur. Vous aimez les jardins, vous en avez visité, le moment de la réflexion et du choix est arrivé. Que voulez-vous : un jardin secret, intime ou largement ouvert sur le monde ? Un peu des deux ? Donc des recoins éloignés des indiscrets et des ouvertures vers la nature. Réussir l'aménagement de votre jardin, c'est prendre en compte des paramètres variés, tous importants. Selon vos goûts, ils personnaliseront votre propre jardin.

IMAGINEZ VOTRE JARDIN

Vous aimez l'architecture rigoureuse d'un jardin à la française, le savant fouillis des Britanniques ou le mélange de fleurs et de fruits, paradis gourmand des jardins de grand-mères ?

Le premier est assez facile à réussir : son ordonnancement strict et ses lignes nettes n'exigent qu'un entretien régulier et simple. Le deuxième exige travail et compétence. Pour parvenir à la perfection il faudra recommencer sans se décourager en se souvenant que les plus expérimentés des grands jardiniers ont tâtonné avant de trouver l'association parfaite dans un endroit donné. Le troisième, pour être réussi, exige que vous redécouvriez les fonctions qu'il avait pour nos anciens : alimentation de la famille, bien sûr, mais aussi accueil du visiteur, source de fleurs coupées pour l'intérieur de la maison et, parfois, pour l'église aussi…

Un jardin à la française.

Un autre à l'anglaise.

Et un bon vieux jardin potager…

Soignez la première impression

L'entrée de votre jardin mérite une attention particulière : on y accueille les visiteurs et c'est donc elle qui crée l'atmosphère. En toute saison, elle doit rester attrayante. Des arbustes à feuillage persistant s'imposent comme l'ossature de votre composition. Imaginez quelques silhouettes décoratives avec des branches tortueuses ou des variétés d'arbustes dont les fruits resteront en place tout l'hiver (pommier ou cognassier d'ornement, laurier-tin, cotoneaster, pyracantha, millepertuis arbustif, certains rosiers…). Quelques belles poteries généreusement fleuries pourront s'y inscrire. Soyez méticuleux dans cette partie de votre jardin : des tailles régulières conserveront aux plantes et arbustes un contour agréable, la chasse systématique à la fleur fanée maintiendra la fraîcheur des massifs.

Prévoyez le cœur du jardin

Des lieux de détente s'imposent et la pelouse en est la respiration : un encouragement à s'y coucher pour lire, dormir ou admirer le paysage. De larges plages engazonnées seront le meilleur faire-valoir de vos compositions fleuries.

Le jardin doit, par son aménagement, vous convier à la promenade pour admirer un énorme bouquet de pivoines aperçu entre les montants d'une pergola, vous attirer vers la chambre des senteurs cachée derrière une haie d'éléagnus libérant, à l'approche de l'hiver, des effluves envoûtants, ou encore vous inciter à découvrir, là-bas derrière quelques arbustes fleuris, les légumes à la parade dans le potager.

La pelouse est le revêtement idéal pour courir entre les massifs dont il soulignera l'élégance.

Vos enfants doivent pouvoir s'approprier une partie du jardin, ne les détournez pas de l'endroit où ils aiment jouer. À moins qu'il ne soit très mal choisi, semez-y une pelouse « spécial sport » ou – plus facile – tondez régulièrement l'herbe en place. Les jardiniers en herbe doivent être encouragés : mettez à leur disposition une plate-bande et aidez-les à la cultiver.

Le temps, c'est de l'argent

Le temps de la réflexion est souvent source d'économie. Vous avez consigné par écrit à la fois ce qui existe dans votre jardin et ce que vous souhaitez qu'il devienne. C'est essentiel pour programmer, sur la durée, les différentes phases d'aménagement selon le temps que vous avez à y consacrer.

Si le jardin est un plaisir c'est aussi un investissement. Peut-être avez-vous la chance d'avoir les moyens de réaliser tous vos rêves en même temps ?

Si ce n'est pas le cas, votre plan vous permettra de planifier vos dépenses. Limitez vos envies à vos possibilités. Cantonnez-vous, la première année, aux abords de la maison.

Du temps pour chaque plante

Selon la surface de votre jardin, le temps dont vous disposez pour vous en occuper et l'intensité de votre passion pour le jardinage, vous composerez un jardin différent. Cette remarque paraît une évidence et pourtant peu de jardiniers – amateurs ou débutants – en tiennent compte, on pense d'abord fleurs et couleurs. Erreur. En tenant compte de la situation – ensoleillement, nature du sol – pour adapter vos plantes, vous réduirez considérablement leur entretien.

Si le jardinage passe après vos activités sportives et culturelles, pensez plutôt aux vivaces et aux arbustes qui requerront votre attention au printemps et à l'automne seulement. Si, au contraire, vous ne comptez pas les heures passées à gratter la terre et à l'arroser, si vous êtes ému par l'apparition des petites feuilles sortant de terre, lancez-vous dans les semis d'annuelles et les plantations de bulbes.

Le jardin existe

Certains éléments existent déjà, des vieux arbres, des rosiers, des plantes : vous avez fait un état des lieux, alors ne cassez pas tout. Nous vous suggérons de bien réfléchir avant de vous lancer dans les travaux suivants :

• **Déplacer ou abattre les grands arbres ?** Gardez ceux que vous pourrez faire élaguer au printemps suivant : un professionnel s'impose et préférez les tenants de la technique de « l'élagage doux ». Déplacer un arbre n'est pas chose facile (voir page 46) et là aussi l'appel à un professionnel risque d'être nécessaire. Si vous décidiez de faire abattre un arbre, il devra être remplacé impérativement par un autre, planté ailleurs, pourquoi pas dans un autre jardin. Un arbre doit toujours être remplacé.

Les grands arbres demandent une réflexion particulière : mal placés selon votre goût, faut-il les déplacer ? Les abattre ? Quel dommage ce serait…

• **Déplacer les plantes ?** Arbustes à feuilles caduques, fleurs vivaces ou bulbeuses seront déplacés à l'automne ; les arbustes au feuillage persistant plutôt au début du printemps. Si vous n'aimez pas un arbuste, ne le jetez surtout pas, offrez-le, échangez-le mais conservez-le en vie. Voir pages 46 et 47.

• **Arracher les végétaux morts ?** Cela demande aussi un peu de réflexion : ne pourraient-ils pas servir de support à un rosier liane spectaculaire ou une belle plante grimpante ?

Un vieil arbre fruitier ne donne plus qu'une maigre récolte ? Plutôt que de l'éliminer, quel meilleur hommage rendre à sa longue carrière que de lui offrir un beau rosier sarmenteux qui partira à l'assaut de ses branches chenues ?

• **Démolir ou construire ?** Cela implique souvent des bouleversements dans le jardin. Il est préférable de prévoir ces grands travaux durant les périodes « de dormance » de la végétation : dès la fin de l'automne et en hiver.

Le jardin n'existe pas

La construction d'une maison bouleverse toujours le terrain. À la suite du terrassement des fondations, la terre de surface cultivable de couleur foncée, riche en micro-organismes, se trouve recouverte par une terre inculte, généralement plus claire, privée de tous les éléments constituant un gage de fertilité. Les gravats sont mélangés au sol en place, des engins ont creusé des ornières, la terre est devenue comme du béton : tout semble catastrophique...

Si vous avez oublié d'imposer contractuellement à votre maçon la remise en état des lieux, c'est à vous qu'il appartient de vous cracher dans les mains. Une remise en ordre s'impose pour recréer en surface une terre riche adaptée à la croissance des végétaux. Il faudra décompacter à la pioche les endroits de passage et travailler la terre en surface avec un engin adapté à la nature de votre terre, lourde ou légère. Notez qu'une charrue de type agricole aggraverait davantage l'état de votre terrain. Un motoculteur est beaucoup plus adapté, d'autant qu'il est possible d'en louer à la journée.

Il est souvent nécessaire de procéder à un apport de terre dite végétale après le passage du motoculteur. Répartissez 5 à 10 cm de terre sur l'ensemble du terrain. Jusqu'à 500 m^2, l'effort est supportable avec le renfort de 2 ou 3 paires de bras pendant le week-end : cela représente de 25 à 50 m^3.

Au-delà de cette quantité, le travail est titanesque et il est préférable de le faire faire par une entreprise, à moins de procéder progressivement soi-même en apportant compost, tourbe et engrais pour amender et enrichir le sol à chaque tranche de travaux.

Ces gros travaux doivent s'effectuer à l'automne. La terre n'est alors ni trop sèche (pulvérulente) ni trop humide. Le froid et le gel de l'hiver affineront la terre labourée en surface et casseront les grosses mottes laissées par le motoculteur.

OÙ SE PROCURER LA TERRE VÉGÉTALE ?

Pour les grandes quantités, la terre s'achète chez un marchand de matériaux. Le prix est la plupart du temps fixé au mètre cube.
Allez voir la terre avant de l'acheter, vérifiez sa qualité et soyez exigeant : une belle terre végétale doit être bien noire, plutôt fine – sa finesse est un gage de bonne décomposition – et sans trop de cailloux.
Il est important de vous faire préciser les conditions de livraison. Prévoyez un endroit pour accueillir un camion-benne. Pensez que le tas de terre ne doit gêner ni la circulation ni vos voisins. Il est courtois de les prévenir à l'avance des travaux que vous envisagez.

QUELQUES RÈGLES SIMPLES POUR COMPOSER

On peut essayer de tout faire n'importe comment mais le résultat risque de ne pas être à la hauteur de vos attentes. Par contre, si vous respectez un minimum de règles, le résultat sera à coup sûr harmonieux. Petit à petit, l'expérience aidant, vous connaîtrez le succès.

Et si les contraintes étaient des atouts ?

Devenez un magicien de l'espace et transformez ce qui vous semble des contraintes en atouts. Le jardinier n'est jamais content de son jardin, trop grand, trop petit, trop régulier, rien ne va. Faites preuve d'imagination : pour gommer l'étroitesse d'un terrain ou donner du charme à une surface plane ou rectiligne, cultivez... l'illusion d'optique.

Commencez les premiers aménagements en vous concentrant sur les points noirs.

Jouez avec les couleurs

Les couleurs froides créent un effet d'éloignement. Ainsi, pour repousser les limites de votre propriété, installez les massifs de couleurs froides – bleu, mauve – au fond du jardin.

À l'inverse, les couleurs chaudes procurent une sensation de rapprochement. C'est près de la maison qu'elles seront le mieux placées, à moins que vous ne souhaitiez atténuer un effet de couloir ; dans ce cas, les couleurs chaudes – jaune, rouge et orange – seront installées au fond du terrain.

Les couleurs chaudes attirent le regard, utilisez-les où vous jugerez opportun d'attirer l'attention.

Adaptez-vous à la taille du jardin

Plus la surface du jardin est petite, plus il sera proportionnellement fleuri.

Dans un jardin de moins de 100 m^2, on plantera entre 20 et 30% de la surface, le reste permettra la circulation et éventuellement un petit carré de pelouse. Le petit jardin demande un fil conducteur, une même plante ou une famille de plantes ou un matériau identique pour tous les chemins...

Dans un jardin de 500 m^2 et plus, 20% de la surface sont suffisants pour installer des massifs de fleurs. Non seulement on obtiendra une sensation suffisante de profusion de fleurs mais l'entretien restera à l'échelle humaine.

Appelez ça des jardins dans le jardin

À partir d'une surface de 1000 m^2, on peut organiser des lieux totalement différents, à des endroits séparés les uns des autres : jouez de l'atmosphère, de la couleur, des senteurs. Créez des jardins dans le jardin. Des haies hautes ou basses, un rideau d'arbustes, des treillages à mailles serrées pour faire grimper des lianes vous permettront de marquer les limites des différents jardins en les masquant en partie. Le promeneur ira de surprises en surprises

Le contraste des couleurs des feuillages produiront des ambiances différentes d'un lieu à l'autre. Les différences d'ensoleillement à l'intérieur du jardin vous amèneront à sélectionner des types de plantes très différents : plantes d'ombre à feuillage exubérant ou plantes de plein soleil à feuillage plutôt gris. Un jardin clos, intime, succédera à une large pelouse

Les couleurs froides des géraniums vivaces...

... et celles chaudes des gaillardes.

Un coup de cœur est toujours permis, même s'il n'est pas prévu dans le projet de départ. Le jardin évolue avec le temps.

dégagée ; un potager architecturé jouxtera une pièce d'eau à la végétation luxuriante.

N'hésitez pas à alterner les couleurs pastel, douces avec des harmonies plus vives.

Ce type d'aménagement n'est pas souvent praticable dans un petit espace, où il est préférable de jouer sur des dénivelés, la surprise ou même la « dissimulation ». On peut ainsi masquer un massif en creux agrémenté d'un coin pour s'asseoir par un claustra, un arbuste à feuillage léger (bambou) ou une clôture d'osier vivant tressé. Dans les petits jardins, les cloisons doivent laisser passer le regard sans l'attirer, sous peine de réduire encore l'espace. C'est derrière cette cloison que le visiteur découvrira une pivoine arborescente ou tout autre surprise jusque-là insoupçonnée.

Plantez les espèces à feuillage fin, frémissant au moindre souffle, dans le fond du jardin. Ce flou visuel reculera en apparence la limite de votre propriété.

Une large pelouse au centre d'un petit jardin créera une sensation d'espace d'autant plus qu'elle sera bordée de massifs fleuris aux dimensions inégales.

Changer d'avis sans être versatile

Certes vous avez établi un plan, il vous appartient de le faire évoluer selon vos envies ou vos découvertes. Plantez comme un peintre composerait un tableau : les couleurs, textures, tailles, volumes servent à bâtir le décor. Un jardin vit, d'une saison à l'autre, d'une année à l'autre il évolue, bouge. Exercez votre créativité : plantez, déplantez, arrachez. Déplacez les vivaces, bulbeuses et arbustes : ils ne sont pas là pour la vie, ils vieillissent, dégénèrent malgré tous vos soins. Pas de sentimentalisme excessif sinon votre jardin sera un mouroir sans intérêt. Taillez, divisez, bouturez pour conserver les plantes au mieux de leur forme.

Certaines plantes vous déçoivent, vous agacent, vous lassent. N'hésitez pas à les déplacer souvent, elles retrouveront une seconde jeunesse et vous, un regain d'intérêt.

Votre plan, même rigoureusement établi, ne doit pas vous priver d'un coup de cœur. Laissez-vous tenter par un magnifique rosier liane et une pergola pour l'accueillir. Le plaisir de jardiner passe souvent par le changement : la rigueur de votre plan de départ facilitera des transformations.

UNE HAIE PROVISOIRE

Vous ne savez pas encore comment délimiter votre territoire – clôture, haie, mur – mais vous éprouvez le besoin de vous sentir chez vous. Pensez provisoire avant de vous précipiter sur la dernière promotion de thuyas, vulgaires et communs (et qui tombent malades...), prenez le temps de la réflexion, attendez aussi d'avoir les moyens. En attendant, clôturez simple et facile : un grillage et de grandes annuelles – maïs ou tournesol – un treillage de fortune et des plantes grimpantes – haricots, pois de senteur, capucines. Ces protections de fortune vous permettront d'attendre un plus gros chantier. D'ailleurs, ces clôtures provisoires pourront « doubler » la barrière végétale définitive que vous pourrez planter petite, les jeunes végétaux étant moins chers que ceux bien développés.

PAS D'EAU : LES PLANTES TRINQUENT

Le prix de l'eau grimpe d'année en année, les interdictions et restrictions d'arrosage tombent quand les plantes ont le plus soif et pourtant il faut de l'eau pour arroser. Si vous pouvez contourner ces contraintes en choisissant certaines vivaces sobres, vous n'échapperez pas à l'arrosage des annuelles, grandes gourmandes en eau. Disposer d'une eau bon marché, sans restriction, demande un peu d'astuce et de bricolage.

Un puits ou une pièce d'eau alimentée par une source sont des chances à exploiter.

Un puits

C'est une chance sous réserve qu'il fonctionne encore sinon il faut avoir recours à un puisatier – personnage rarissime – pour le nettoyer. On peut trouver un charme désuet à remonter l'eau du puits mais l'exercice se révélera vite fastidieux, aussi une pompe immergée sera-t-elle vite nécessaire, équipée d'un surpresseur pour alimenter un arrosage automatique (voir page 53) avec programmateur afin d'être libéré de la corvée d'arrosage.

Il n'y a pas de puits sur votre propriété mais vous avez peut-être la possibilité d'en forer un si une source traverse le terrain. Chaque propriétaire a le droit, sans autorisation, de faire forer, mais un sourcier s'impose. Portez votre choix sur un professionnel pour déterminer la présence de l'eau et son débit de sortie. Chaque région a son charlatan, fuyez-le, les conséquences de son incompétence peuvent s'avérer coûteuses.

De l'eau gratuite

Celle qui tombe du ciel est la plus pure et la moins chère. Des réservoirs au plus près des cultures gourmandes en eau vous faciliteront la tâche. Les tonneaux de bois sont les plus esthétiques mais les plus chers. Ceux en plastique, de longue durée de vie (enveloppez-les de paillons) sont moins présentables mais peu coûteux. Évitez les contenants en métal, l'érosion de la rouille les rend rapidement inopérants.

Une citerne

Enterrée et alimentée par les eaux de gouttières, elle permet des récupérations importantes : un orage permet de récupérer 100 litres d'eau par mètre carré de toit.

Une pompe immergée alimentera vos tuyaux ou un circuit d'arrosage automatique.

On trouve d'esthétiques réservoirs en kit…

… qui se montent facilement et se fixent…

… sous une descente d'eau pluviale.

LES CLÔTURES

Marquer les limites de son territoire est le premier réflexe du nouveau propriétaire. On veut préserver son intimité, se cacher des regards indiscrets, prendre le soleil nu. Pour autant, rien n'oblige de se priver de la vue vers l'extérieur sur tout le pourtour du jardin.

Quels matériaux ?

LES HAIES

Première idée qu'on peut avoir d'une clôture, elles correspondent à une soif de verdure. Elles demandent de la place : elles assèchent le terrain sur une largeur à peu près égale à leur hauteur, de chaque côté. La législation est stricte (voir page suivante) : une haie de 2 m de hauteur doit être plantée à 2 m en retrait de la limite de votre terrain. Ces deux raisons doivent vous inciter à réduire leur hauteur chaque fois que possible. Au nord, préférez les haies basses (1m 20) pour réduire les zones d'ombre et aussi pour pratiquer le sport national du jardinier : la discussion de voisinage.

Les haies taillées constituent des fonds verts uniformes, bien nets, parfaits pour mettre en valeur des massifs de fleurs colorés. Les haies d'arbustes à croissance libre agrandissent l'espace mais prennent davantage de place.

Alternez sans hésiter les haies taillées et les haies libres pour éviter la monotonie, profitant ainsi des avantages de chacun des types mais en modérant la portée de leurs inconvénients.

La haie reste la meilleure protection contre le vent. Placée perpendiculairement aux vents dominants, elle casse leur puissance, les filtre.

Une haie protège le jardin sur une longueur égale à environ 12 fois sa hauteur. Souvent les nouvelles constructions sont implantées sur d'anciennes terres agricoles sans aucune protection d'arbres ou d'arbustes déjà en place. Pour lutter efficacement contre les vents violents plantez votre haie en quinconce sur 2 rangs avec des espèces bien branchues à la base. Si vous avez de la place plantez la haie sur une ligne incurvée (convexe vers l'intérieur de votre jardin). Ainsi les végétaux vont filtrer le vent, mais ils vont surtout augmenter la protection du jardin en détournant le vent vers les côtés extérieurs.

LES MEILLEURS ARBUSTES

À feuillage persistant	**À feuillage caduc**
Laurier-palme (*Prunus laurocerasus*)	Seringat (*Philadelphus*)
Laurier du Portugal (*Prunus lusitanica*)	Forsythia (*Forsythia*)
Troène du Japon (*Ligustrum japonicum*)	Charme (*Carpinus betulus*)
Laurier-tin (*Viburnum tinus*)	Noisetier (*Corylus maxima*)
Arbousier (climat doux) (*Arbutus unedo*)	Groseiller à fleurs (*Ribes sanguineum*)
Olivier de Bohême (*Elaeagnus angustifolia*)	
Fusain du Japon (*Euonymus japonicus*)	
Osmanthe (*Osmanthus*)	
Escallonia (climat doux) (*Escallonia*)	

Une haie courbe détourne la plus grosse partie des vents violents.

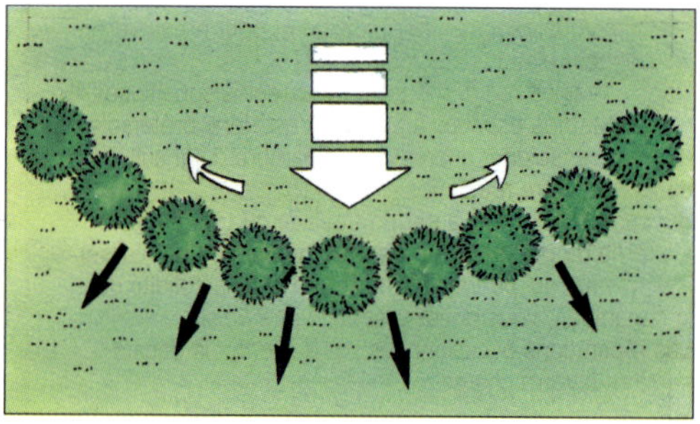

Une haie droite, ou un mur, a l'inconvénient de créer des remous.

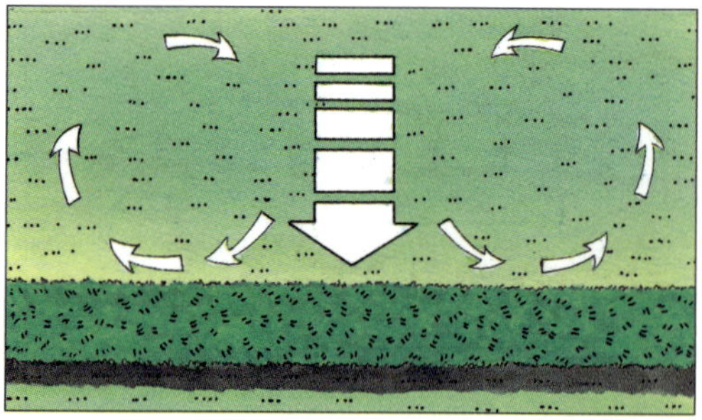

Une haie sombre sera un bon faire-valoir pour des arbustes décoratifs.

LE BOIS

Il est l'un des meilleurs matériaux de clôture, il est coûteux mais dure longtemps si on l'entretient bien et il s'harmonise avec tous les styles de jardin. Choisissez les essences exotiques, le châtaigner ou le pin traité à cœur contre l'humidité.

LE PVC

Ce matériau moderne prétend à une durée de vie garantie dix ans – même écrasé par le soleil –, rien n'est moins sûr. Il ne nécessite aucun entretien – c'est là son seul avantage – mais sa couleur blanc éclatant ou grise n'est pas des plus esthétiques.

LE CIMENT

Il s'intègre bien à la végétation en vieillissant s'il intervient comme pan de mur isolé mais pas comme clôture complète. Pour camoufler ces murailles inélégantes, fixez des treillages en bois en laissant un espace de 5 cm entre le mur et le bois. L'air circulera autour de la végétation, évitant ainsi l'installation et le développement de pourriture. Évitez la construction de ces murs impénétrables dans la direction opposée au vent, il favoriserait des tourbillons d'air à leur pied.

Une ligne d'arbres plantée d'arbustes à leur pied sera plus efficace pour affaiblir les vents dominants.

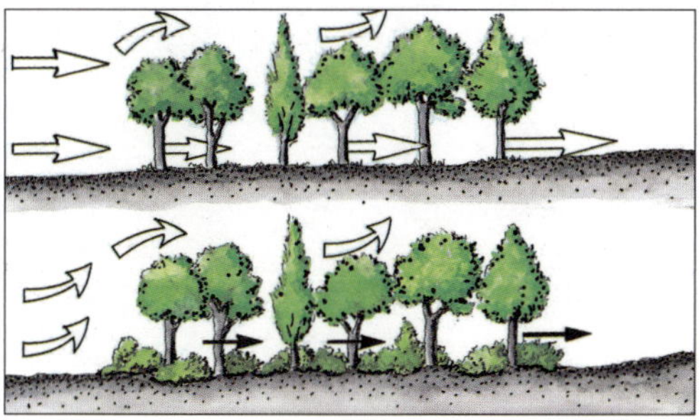

LE GRILLAGE

Il constitue la plus économique des clôtures dès lors qu'il est habillé de verdure et de fleurs.

La haie ou la clôture ne règle pas systématiquement tous les problèmes. Un massif d'arbustes au cœur du jardin, haut de 2 m, vous protégera mieux des regards du voisin qu'une haie plantée en bordure de terrain. Un arbre à la silhouette élancée et à la frondaison en parapluie vous cachera plus sûrement encore sans occuper beaucoup de place au sol. Une pergola couverte d'un rosier liane ou d'une clématite au feuillage léger, ou des deux, créera elle aussi un coin d'intimité parfaite.

LES HAIES : RÉGLEMENTATION

Il est interdit de planter une haie de plus de 2 m de haut à moins de 2 m de la limite qui sépare votre terrain de celui du voisin. Les arbustes de moins de 2 m de haut peuvent être plantés à 50 cm de la clôture vous séparant de votre voisin.

Une haie implantée à moins de 50 cm de la limite de propriété est considérée comme mitoyenne.

Demandez l'avis, puis l'accord de votre voisin avant de la planter : la mitoyenneté se décide à deux. Gâcher de bonnes relations pour une haie, est-ce utile ?

Certaines branches de votre haie dépassent de la limite de séparation : votre voisin ne peut pas les couper lui-même. S'il le fait, au nom des relations de bon voisinage, cela mérite un remerciement, sans rappel de la réglementation. Il peut aussi vous demander de le faire. Il faudra vous exécuter, par principe et pour préserver les bonnes relations.

Dans certaines régions, il existe des règles spécifiques concernant les espèces à planter. Il est donc préférable de vous renseigner auprès de la Chambre d'agriculture du lieu de votre résidence.

Si vous décidez de planter un treillage ou tout autre système de palissage sur un mur mitoyen ou de réaliser des travaux qui pourraient mettre en péril la solidité de la séparation, vous devez prévenir votre voisin.

Les réparations occasionnées par d'éventuels dégâts seraient à votre charge.

LES ALLÉES

La largeur des allées ne peut pas être inférieure à 1 m : elle doit permettre le passage de la brouette ou la promenade à deux de front. Quelques règles doivent être respectées : moins de 20 m de long, 1 m à 1,20 m de large au minimum ; plus de 20 m de long, 1,50 m à 2 m de large.

On peut réduire la largeur de l'allée vers son extrémité la plus éloignée ou installer quelques arceaux pour créer l'illusion qu'elle est plus longue qu'en réalité. Une hauteur de 2,80 m est idéale : chargés de plantes grimpantes (rosiers, chèvrefeuille ou clématites), ils permettront quand même le passage.

Les revêtements

LE GAZON

Il se marie avec tous les végétaux, exige un peu de travail d'entretien (voir page 37).

LE GRAVILLON

Facile à poser, peu onéreux, il se marie avec tous les végétaux. On peut choisir du « tout-venant » pour le fond de l'allée et recouvrir la partie supérieure de gravillons de calibre plus petit, plus régulier et d'une couleur plus adaptée à celle de la maison. Le crissement des pas sur le gravillon découragerait les voleurs, dit-on !

LE BÉTON BRUT

Il sait se faire discret encadré de bois (traverse de chemin de fer ou autre). La réalisation en est plutôt longue, c'est un gros travail mais le résultat peut être surprenant.

LES DALLES

Toutes les fantaisies peuvent être élégantes (formes régulières ou pas, la pierre, vraie ou fausse, les briques disposées en chevrons ou damier) – surtout si les matériaux sont authentiques et de qualité. Mais leur mise en place demande des moyens importants et l'intervention d'un spécialiste. Vivez d'abord dans votre jardin, assurez-vous du bien-fondé des circulations et de votre choix.

Formes et emplacements

Il est préférable que les allées soient légèrement en creux par rapport à la surface engazonnée ou plantée pour éviter d'abîmer les lames de la tondeuse.

Si vous avez choisi pour vos allées la formule « gazon », les bordures devront être nettes ; toutes les autres formules supporteront quelques plantes tapissantes débordant sur l'allée.

Dans un petit jardin (jusqu'à 1 000 m^2), préférez une allée droite pour une longueur de 10 m, au-delà, on peut l'infléchir en courbe légère, peu marquée.

Ne négligez pas les allées utilitaires pour tailler la haie, récolter des plantes aromatiques ou des légumes, cueillir dans le coin « fleurs à couper » de votre jardin. Plutôt que des allées, il s'agit de « passe-pieds ». On y pose le pied, une trentaine de centimètres de largeur suffisent donc.

Dans le jardin proprement dit, les revêtements des allées peuvent être fantaisistes, alors que celles qui vont de la maison à la rue ou de la maison au garage doivent être essentiellement pratiques. Quand on a besoin d'une allée carrossable suppor-

Une élégante allée de gravillons gris…

… des plaques de béton…

… et des pavés de granit.

tant un véhicule – allée de garage, par exemple – on doit faire intervenir un professionnel. Aimer le jardin n'implique pas du talent pour la voirie, sachez seulement que l'allée devra être large : le rayon de braquage d'une voiture est de 6 à 7 m.

Vos massifs d'arbustes et de fleurs sont larges, prévoyez alors des pas japonais – dalles en béton brut, rondins de bois, pierres plates – pour pénétrer dans le massif sans écraser les plantes. Ils se noieront rapidement dans la végétation.

Dessiner avant de commencer

Pour éviter les erreurs, il est préférable de tracer et marquer les allées avant d'engager les travaux. Vous pourrez ainsi « les essayer » et vérifier vos intentions. Pour matérialiser l'allée, placez des pieux ou des piquets aux deux extrémités en respectant le même écartement, et faites courir une corde de l'un à l'autre. Personnellement, j'utilise des tuyaux d'arrosage : leur souplesse autorise de nombreux essais sans fatigue et leur couleur permet de voir de loin et de haut l'effet produit.

Dans un jardin de grande surface, les allées gagneront à être dessinées avec des courbes douces.

LES MASSIFS DE FLEURS

Le plan que vous avez dessiné est un cadre qu'il faut ajuster sur le terrain. Sur le papier, il est toujours difficile de se rendre compte des dimensions à donner aux massifs. Il existe des règles, on peut aussi les contourner, mais rappelons-nous qu'un massif, une platebande, pour être proportionnés, devront être 2 fois et demie plus longs que larges. Votre goût vous attire vers un massif plus ramassé : réduisez la longueur à 1 fois et demie la largeur.

Quelques règles

Prévoyez des courbes bien larges : si les contours étaient trop sinueux on ne les distinguerait plus une fois les plantes bien développées. De surcroît, si le massif est bordé de pelouse, vous apprécierez leurs rondeurs confortables à chaque passage de la tondeuse !

Dans les massifs, plantez chaque fleur par groupes de 3 ou 5 pieds, et, selon la longueur du massif, multipliez les groupes de 2 à 5 fois. Les grandes plantes s'installent au fond du massif, les moyennes au milieu et les petites devant. Ces principes de base peuvent (doivent) être chahutés : rien ne vous empêche de prévoir quelques touffes moyennes en bordure de massif et une plante haute vers le centre, en plan moyen.

Pour les couleurs, la sobriété est de mise. Un jardin particulier n'est pas un jardin public et rien ne vous oblige à ces parterres de « mosaïculture ». Privilégiez une couleur dominante à décliner dans toutes ses nuances et soulignez-la par une touche de couleur complémentaire.

Inversement, les fleurs aux couleurs intenses pourront être soulignées d'une nuance complémentaire claire. Imaginons le mariage de dahlias rouge vif, soucis et cosmos *sulphureus*, bien rehaussés d'un pied-d'alouette mauve ou bleu clair. N'est-ce pas mieux ?

N'oublions pas les feuillages verts, pourpres ou gris dans un massif : ils constituent l'écrin des fleurs. Certains arbustes ont des feuillages, et même pour certains des bois, aux couleurs changeantes, bien utiles en hiver ou hors saison de floraison.

Comment faire ?

Le massif est dessiné sur le papier, il faut lui donner une réalité sur le terrain. Le tuyau d'arrosage est là aussi bien utile pour modeler la forme de vos massifs, sa souplesse répond à vos exigences.

Satisfait du dessin, creusez en suivant la limite du tuyau d'arrosage une rigole sur une vingtaine de centimètres de profondeur (voir ci-dessous). Faites une tranchée bien verticale. Répartissez la terre retirée sur la surface du massif. Selon l'état du terrain, piochez, bêchez, grattez ou ratissez avant de planter. On peut matérialiser la limite du massif par une bordure – ciment, brique, rondin de bois exotique, imputrescible, etc. ; un bord bien net est toujours élégant et garde notre préférence.

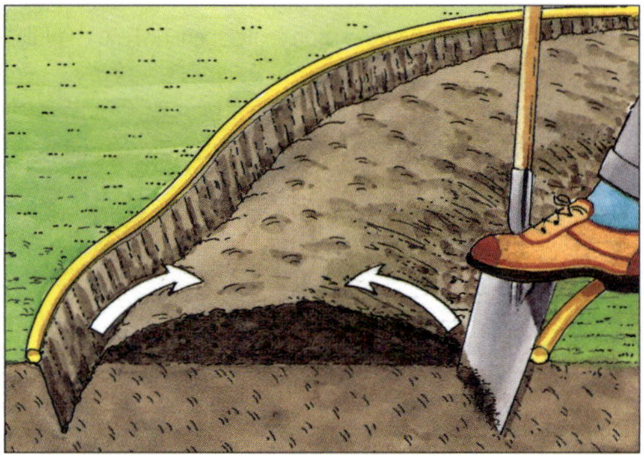

PENTES ET TALUS

Quand une dénivellation dépasse 8 à 10 %, les plantes ont du mal à prospérer et vous, des difficultés à les entretenir. Dans certaines régions, les pluies d'été sont violentes, entraînent la terre et souvent même les plantations. Toutefois pentes ou talus existent, il faut s'en servir. Voici plusieurs possibilités de mise en valeur, et aussi de fixation, des pentes naturelles de votre jardin.

ROCAILLE

Disposez de-ci de-là quelques grosses pierres – de même nature pour l'harmonie – pour retenir la terre. Calez ces grosses pierres en leur ménageant un espace dans la pente et consolidez l'ensemble par des pierres plus petites. Plantez des espèces dites de rocaille : elles nécessitent peu de terre et peu d'arrosage.

GRADINS

Dans certains cas, la création de gradins peut suffir à éviter l'érosion. Prévoyez-les de 1 m de large au minimum : vous y travaillerez plus confortablement que s'ils étaient plus étroits. Ils permettront d'y installer des massifs fournis. Une hauteur de 10 à 15 cm suffira à les noyer dans la végétation.

TERRASSE EN PALIERS

Selon la hauteur de la pente, il faudra définir un nombre de paliers et les positionner sur le terrain en plantant des lignes de piquets pour matérialiser chacun d'eux. Prévoir des paliers très larges – aussi larges que possible – et un dénivelé de 2 à 3 marches entre chaque palier (45 centimètres de hauteur

Des gradins bas sont faciles à créer dans une pente régulière.

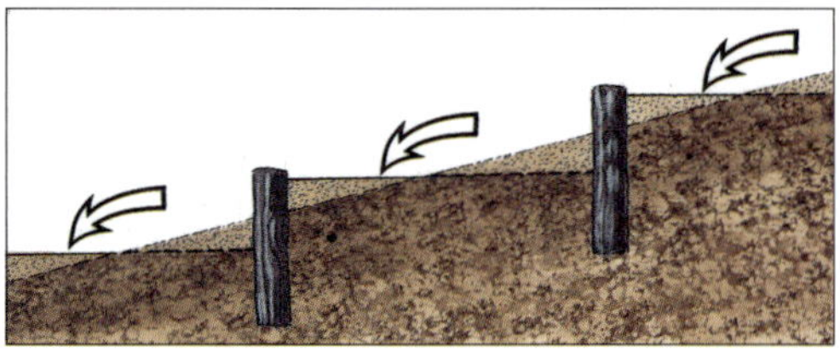

environ). Avant de creuser, réalisez ou faites réaliser le muret de retenue du niveau inférieur, il résistera davantage au poids de la terre s'il est légèrement incliné vers la pente.

Prévoyez un escalier entre chaque niveau : les marches doivent avoir entre 12 et 15 cm de hauteur et 24 à 30 cm de profondeur pour permettre une utilisation confortable, surtout lors du transport de matériaux ou des arrosoirs. La matière de couverture de ces marches devra être antidérapant lorsqu'il est humide, et les marches devront être légèrement inclinées dans le sens de la pente, afin de permettre un bon écoulement de l'eau de pluie.

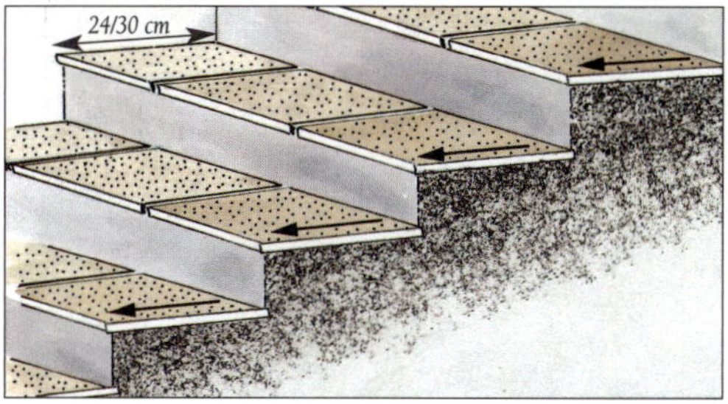

Les marches des escaliers de jardin doivent être relativement basses et bien profondes, afin que monter avec une charge se fasse sans effort et que le pied puisse y reposer en entier. Elles doivent aussi être inclinées pour faciliter l'écoulement de l'eau de pluie (flèche).

Pour une meilleure résistance, patientez quelques jours avant de procéder au remplissage de la terrasse. Aplanissez les terrasses en commençant par la plus haute, ainsi la terre déblayée comblera la suivante. Les plantes seront associées selon le même principe d'harmonie de couleurs et de variétés que pour un massif fleuri. Les espèces tapissantes sont utiles pour casser, en retombant, les lignes strictes des murets.

COUVRE-SOL

Si vous laissez votre talus tel quel, voici des plantes qui peuvent fixer la terre. Les plus connues : le millepertuis, les rubus ou ronciers, l'épimédium – idéal pour l'ombre – et certains rosiers rampants, pour des talus ensoleillés manifestent de la bonne volonté, poussent dans tous les sols, même les plus pauvres. Personne n'est parfait, pas même les végétaux, qui peuvent être envahissants. Il faudra donc tailler, couper, cisailler régulièrement.

PELOUSE OU PRAIRIE ?

Selon ce qui existe déjà dans votre jardin et le temps que vous pouvez y consacrer dès votre installation, la réponse viendra d'elle-même. Pendant quelques années, la prairie qui tient lieu de pelouse suffira sans doute, à condition de la tondre régulièrement. Car l'obtention d'un vrai gazon engage beaucoup de travail. À vous de choisir…

La prairie fleurie

À partir de 5 000 m² – déjà une belle surface –, vous pouvez semer une prairie fleurie en utilisant ce qu'on appelle le gazon japonais. Il s'agit d'un mélange de graines de fleurs simples, très peu exigeantes pour arriver à floraison.

À la fin du printemps et au cours de l'été, cette prairie change de couleur et d'aspect selon les graines semées. Mais vous pouvez aussi choisir un mélange monochrome.

La prairie fleurie vous libère des tontes fréquentes tout en laissant un vaste endroit dégagé. Rien n'empêche d'ailleurs de créer à la tondeuse des espaces ras pour permettre la circulation.

Une fois par an, en été, quand elle est défleurie, la prairie sera fauchée. Les différentes espèces auront eu le temps de produire des graines qui se ressèmeront toutes seules pour fleurir à nouveau l'année suivante. Toutefois, un semis tous les quatre ou cinq ans sera nécessaire car sinon certaines espèces prendraient le dessus et la belle diversité de départ s'estomperait. Après la fauche, laissez sécher l'herbe sur place avant de la ramasser. Ce foin n'est pas destiné au compost, car il est trop chargé de graines et infesterait le jardin lors de son épandage. Il est préférable de le brûler.

La pelouse

Élément important du jardin, la pelouse peut être une aire de jeux pour les enfants, un lieu de détente, mais surtout un faire-valoir pour vos fleurs et un lien entre les différents massifs et les divers centres d'intérêt. Difficile de s'en passer...

Un jardin harmonieux doit consacrer au minimum 1/3 de sa surface à la pelouse ou à l'herbe déjà en place et tondue ras et régulièrement. Les premières années, le temps manque pour cultiver ; l'herbe en place, à défaut de gazon, fera barrage aux mauvaises herbes et donnera un air de propreté et de fini à votre jardin. Au fur et à mesure de l'évolution de votre jardin, il suffira de retourner l'espace herbeux pour créer massifs et plates-bandes.

PAS D'OBLIGATION

Rien ne vous oblige à semer du gazon, surtout si vous avez des herbes et des graminées déjà en place. La pelouse sera rustique, mais pourquoi pas ? Ce type de pelouse demande un entretien particulier : pas de tondeuse la première année, la coupe serait trop rase et les herbes naturelles ne résisteraient pas à ce traitement radical. Fauchez plutôt à la débroussailleuse. La deuxième et troisième année, passez à la tondeuse, mais ne coupez pas trop ras. Sans vous en rendre compte, vous aurez sélectionné parmi les espèces naturelles celles qui supportent le mieux la tonte.

POURQUOI PAS DU GAZON ?

Le gazon donne très rapidement une végétation régulière. Il faut néanmoins choisir quel gazon planter. Dans le commerce, le gazon se présente sous forme d'un mélange de graines de différentes graminées ou herbes, chacune ayant ses qualités propres. Leur proportion dans le mélange détermine la qualité du gazon : vitesse de croissance, finesse, capacité d'adaptation au terrain, lourd ou léger, résistance au piétinement, à l'arrachement. Avant de semer, quelques questions s'imposent afin de choisir au mieux la semence adéquate :

• **Une pelouse pour quoi faire ?** Un terrain de jeux, une aire de détente, un tapis vert, dense, fin comme dans un jardin anglais ?

• **Quelles sont les conditions de croissance de votre pelouse ?** Ombre ou soleil, sol lourd et humide en hiver, léger, sec en été ?

• **Combien de temps pouvez-vous consacrer à son entretien ?** Un mélange de graines à pousse lente demandera peu de temps de tonte mais la structure du gazon restera grossière, alors qu'un beau tapis fin sera plus exigeant en fréquence et en temps de travail.

LE GAZON EST UN MÉLANGE DE GRAMINÉES

Chacune de ces graminées, appelées aussi herbes, a ses propres qualités. La résistance du gazon au piétinement, à la sécheresse, la fréquence des tontes, son aspect dépendent des proportions de chacune d'entre elles dans le mélange.

• **Le ray-grass anglais** est la base de tous les gazons. Il pousse vite et recouvre le sol rapidement. Le piétinement, la sécheresse, même l'ombre l'affectent peu. Son feuillage est plus grossier que les autres mélanges et, de par sa vigueur, il prend souvent le dessus sur les autres espèces.

• **Les fétuques** forment une grande famille d'espèces au feuillage fin et dense : fétuque rouge demi-traçante, fétuque ovine aux feuilles très fines et fétuque élevée, à toute épreuve... Toutes ces espèces apportent de la densité au gazon, ce sont elles qui résistent le mieux à la sécheresse, mais elles sont lentes à s'installer. Seule la fétuque élevée supporte sans dommages le piétinement.

• **Le pâturin des prés** a des racines denses et profondes pour supporter sans dommages piétinement, sécheresse et arrachement. Deux inconvénients : une pousse lente et une tendance à se laisser étouffer par les autres espèces.

• **L'agrostis top-graminée** pour gazon de prestige. Feuillage très fin et très dense. Une moquette, quoi ! Quelques handicaps : croissance lente, sensible à la sécheresse et au piétinement.

Sachez que la loi exige que sur chaque emballage il soit fait mention des graminées (et de leur proportion) qui entrent dans la composition du gazon. Soyez curieux : vérifiez que la composition correspond à vos besoins.

LA MEILLEURE FORMULE SELON VOTRE CAS						
La formule	Facilité d'installation	Adaptation aux sols	Résistance au piétinement	Finesse et densité	Résistance à la sécheresse	Rapidité de pousse
Gazon rustique traditionnel	***	Tous sols	**	**	**	**
Gazon sport et jeux	**	Plutôt lourds	***	*	***	*
Gazon spécial ombre	***	Plutôt légers	*	***	**	**
Gazon spécial terrains secs	**	Tous sols	***	**	****	*
Gazon de prestige	**	Plutôt lourds	**	****	*****	

QUAND SEMER ?

Deux périodes sont favorables :

• **À l'automne**, en septembre, quand le sol est encore chaud et déjà humide grâce aux premières pluies. Les semis d'automne donnent des gazons plus résistants à la sécheresse dès la première année. Il est bon d'y penser, si l'on sème dans une région sèche ou si l'on est soumis à des restrictions d'eau.

• **Au printemps**, en mars-avril, dès que le soleil a réchauffé la terre. En région froide, il est souhaitable de plutôt choisir les semis de printemps. Sinon, les graminées n'auraient pas suffisamment le temps de s'installer avant les premières gelées.

LABEL ROUGE

Cette marque collective garantit qu'un produit agricole possède un ensemble de caractéristiques spécifiques établissant un niveau de qualité supérieur et le distinguant des autres produits similaires. Ainsi, un gazon labellisé est composé d'un mélange donné de graminées correspond à type de gazon bien précis. Il existe plusieurs mélanges labellisés : « gazon de sport et de jeux », « gazon de détente et d'agrément » et « gazon d'ornement », par exemple. Ces variétés sont plus onéreuses, label oblige, mais vous assurent pratiquement de la réussite de votre pelouse. Deux cas de figure : le terrain est difficile, ne lésinez pas ; tout pousse, économisez.

QUELQUES RÈGLES ESSENTIELLES

• **Trois semaines avant le semis**, préparez la terre, bêchez le sol en profondeur (15 à 20 cm, plus s'il est tassé), ainsi l'eau s'infiltrera facilement en profondeur sans stagner au niveau des racines, en hiver surtout. Éliminez pierres, racines, débris. Apportez un engrais spécial gazon ou du compost. Griffez et ratissez soigneusement. La terre de surface doit être fine. C'est le gage de réussite du semis.

Si les mauvaises herbes envahissaient le terrain, un traitement ne persistant pas dans le sol s'impose. Choisissez un herbicide systémique à base de glyphosate, le semis pourra intervenir 3 semaines après le traitement.

• **Au moment du semis**, ratissez une dernière fois par temps sec. Tassez la surface avec un rouleau ou le dos du râteau.

Mélangez les graines dans l'emballage, sinon le mélange manquera d'homogénéité : les plus lourdes, les plus grosses graines ont tendance à tomber dans le fond du paquet.

Pour bien répartir les graines, semez par petites surfaces : une bande de 2 m de large permet une bonne répartition. Partagez la quantité de graines à semer en deux et semez une moitié dans le sens de la longueur, l'autre moitié dans le sens de la largeur, afin que le semis soit le plus régulier possible. Utilisez un épandeur à gazon si vous n'avez pas le coup de main.

Comptez 30 à 40 grammes de semence au mètre carré. Quand toute la surface est semée, recouvrez d'un peu de terreau émietté. Ratissez légèrement pour recouvrir les graines. Passez un rouleau sur toute la surface pour assurer un bon contact entre la terre et les graines. S'il ne pleut pas, arrosez tous les jours en pluie fine jusqu'à la levée.

Autre solution pour de petites surfaces : le gazon en plaques.

PREMIÈRE TONTE

Pas de précipitation : tondez pour la première fois quand le gazon a une dizaine de centimètres de haut, et ne coupez pas trop court : 5 à 6 cm. Passez le rouleau pour renforcer l'enracinement. Si des mauvaises herbes ont réussi à pousser supprimez-les à la main : le gazon jeune supporte mal les désherbants.

L'ENTRETIEN AU FIL DES SAISONS

Au printemps. Aérez les racines en passant un râteau scarificateur. Les trous laisseront passer l'air et les fertilisants atteindront les racines. Cette méthode évite l'apparition des mousses, signe d'un tassement du sol. Quand la surface à traiter est petite, une fourche-bêche plantée à intervalles réguliers fera l'affaire. Il existe aussi des patins cloutés pratiques pour les surfaces moyennes et excellents pour la forme. Quand la pelouse est vaste, un modèle sur roues ou à moteur est moins fatigant.

Pour fertiliser, choisissez un engrais riche en azote qui favorise le feuillage. Plus vigoureux sera votre gazon, plus il résistera à vos allées et venues. Si malgré vos soins la mousse est apparue, il est temps de pulvériser une solution de sulfate de fer. Quelques jours plus tard, la mousse morte noircit, retirez-la avec un râteau à gazon.

En été. Arrosez une fois par semaine, toujours le soir et en pluie fine. À partir d'avril ou de mai, selon la région, tondez toutes les semaines. Ne coupez jamais plus du tiers du brin d'herbe. La hauteur de tonte varie selon la qualité et l'usage du gazon :

- **pelouse de prestige** : 2 à 3 cm
- **gazon d'agrément** : 3 à 4 cm
- **aire de jeux** : 6 à 7 cm

En automne. Étalez une fine couche de compost ou de fumier déshydraté, aérez si nécessaire. Traitez contre la mousse.

En hiver. Évitez de marcher sur la pelouse gorgée d'eau, enneigée ou givrée.

PAS DE PANIQUE

Retour de vacances, le gazon est un paillasson. Personne n'a arrosé, même pas le ciel. Pas de panique. C'est vilain mais vivant. Dès les premières pluies, il reverdira.

UNE TONDEUSE, LAQUELLE ?

Pas n'importe quelle tondeuse ; au contraire, celle qui correspond exactement à vos besoins.

Le premier critère de choix est la surface à tondre :

- **moins de 500 m²**, une tondeuse électrique ou sur batterie devrait convenir. Elles sont maniables et demandent peu d'entretien ;
- **de 500 à 1 500 m²**, la tondeuse thermique s'impose, poussée – c'est vous qui faites l'effort – ou tractée – le moteur entraîne les roues –, vous la guidez sans peine ;
- **plus de 1 500 m²**, la tondeuse doit être tractée ou, mieux encore, auto-portée (un vrai minitracteur).

Le choix de la puissance de votre tondeuse sera fonction de la surface à tondre et le choix de sa largeur de coupe sera lié au temps que vous pourrez consacrer à la tonte.

AUX PETITS SOINS : CALENDRIER D'ENTRETIEN DE VOTRE GAZON

	Janv	Fév.	Mars	Avril	Mai	Juin	Juil.	Août	Sept.	Oct.
Semis			***	**					***	***
Entretien du gazon implanté		Emoussage Scarification	Engrais Roulage Aération		Tonte	Tonte Arrosage	Tonte Arrosage	Tonte Arrosage	Tonte Arrosage	

Vous avez semé un gazon de prestige, faut-il pour autant acheter le must de la tondeuse, celle à lame hélicoïdale ? Ce modèle peu courant donne une coupe parfaitement nette : aucun risque de jaunissement n'est à craindre. Cette tondeuse exige des tontes régulières, sinon elle « bourre » quand l'herbe dépasse 7 cm. Attention ! Le modèle ne vaut que pour de petites surfaces et si vous avez beaucoup de temps à consacrer à l'entretien de votre gazon. Sinon, ça tourne vite à l'esclavage.

Les autres types de gazon se laissent tondre sans difficulté par la classique lame rotative. Mais sur terrain pentu, le coussin d'air s'impose pour faciliter les manœuvres. Si vous tondez régulièrement – tous les 3 ou 4 jours en été – laissez l'herbe coupée sur place, sinon ramassez-la. Certaines tondeuses sont équipées de systèmes de ramassage automatique très efficaces même si l'herbe est mouillée. Le surcoût en vaut la chandelle !

RESPECTEZ L'AUTRE

Vous rêvez d'un jardin paisible et pourtant votre sieste est interrompue par le ronronnement de la tondeuse et vos déjeuners par le grincement d'une tronçonneuse.
Alors, n'imposez pas aux autres ce que vous subissez vous-même...Le législateur a pensé à votre tranquillité, et à celle de vos voisins, et il a réglementé les nuisances sonores. Ainsi, il y a des heures pour tondre, débroussailler, tronçonner, ou encore broyer :

- du lundi au vendredi de 8 h à 12 h – de 14 h 30 à 19 h 30
- le samedi de 9 h à 12 h – de 15 h à 19 h
- le dimanche de 10 h à 12 h

Il est bon de se renseigner : la commune ou les copropriétaires d'un lotissement peuvent avoir adopté des dispositions plus restrictives.

DES DÉCHETS

Les jardins d'ornement produisent des déchets difficiles à recycler en compost. Les branchages, en particulier, se décomposent trop lentement pour y être incorporés.

Qu'en faire ? On peut les brûler à condition de prendre quelques précautions. Faire d'abord un grand trou sans végétation ni brindilles sèches alentour, éloigné des habitations pour éviter que le feu se propage et que la maison soit envahie par la fumée. Entassez les déchets dans le trou. Mettez le feu entre le lever du jour et 13 heures, l'éteindre impérativement avant le coucher du soleil et le surveiller sans interruption. Évitez de faire du feu les jours de grand vent.

Il existe des incinérateurs de jardin dont l'acquisition est justifiée dès que la propriété est un peu grande.

La cendre, plus riche en potasse que celle du bois mort, viendra enrichir votre compost.

De nombreuses communes interdisent les feux mais se sont dotées d'une déchetterie qui assure le compostage des déchets verts ou de jardin. Selon les communes, les déchets sont ramassés ou doivent être apportés sur les lieux de transformation. Les quantités autorisées par semaine et par habitant sont fonction des capacités de la déchetterie.

Si vous avez beaucoup d'arbustes, investissez dans un broyeur de jardin ; vous pourrez ainsi intégrer à votre compost les déchets durs broyés. Ce type d'appareil existe en location. En attendant de le louer – une fois par an suffit –, entreposez vos branchages près du compost.

En ce qui concerne les emballages, les jardineries acceptent de plus en plus couramment de reprendre ceux qui viennent de chez elles. Profitez de cette bonne idée.

LES TRAVAUX

Vous connaissez les lieux, vous savez ce que vous voulez faire de votre jardin : retroussez vos manches. Les premiers travaux dans un terrain vierge de toute plantation se résument à la préparation d'une terre capable d' accueillir vos nouvelles plantations. Que votre jardin ait été laissé à l'abandon, peu entretenu ou qu'il ne soit pas à votre goût, il faudra dans tous les cas procéder à une remise en forme des végétaux déjà en place et que vous désirez conserver. Ensuite seulement, après avoir préparé le terrain avec soin, vous pourrez planter selon votre goût.

AU COMMENCEMENT : TAILLEZ, DÉPLACEZ

Haies, arbustes, arbres se sont exagérément développés par rapport à la surface du terrain ; certains végétaux montrent des signes de dépérissement, se dégarnissent à leur base ou ne sont pas situés exactement où vous les souhaitez. Il faut donc tailler, déplacer.

Nettoyer arbres et arbustes

Tout ce qui suit ne concerne pas exclusivement les premiers pas à faire dans un jardin nouveau. Une fois votre jardin mis en route, ces opérations indispensables seront à répéter régulièrement, moins souvent pour les arbres que pour les arbustes bien sûr. Parmi ces derniers, certains ont une pousse tellement rapide qu'il leur faut parfois une taille de rafraîchissement annuelle.

LES GRANDS ARBRES

S'ils ont besoin d'un véritable élagage pour éliminer les grosses ou vieilles branches et encourager l'émission de ramifications nouvelles, jeunes et vigoureuses, ces travaux ne sont pas pour vous. Nous vous le répétons : faites appel à un professionnel et imposez-lui une « taille douce » . Elle se pratique au printemps, au démarrage de la végétation. Quel que soit leur âge, les arbres ne s'en plaindront pas. L'élagage d'automne est des plus barbares pour l'arbre, obligé d'exhiber d'affreux moignons pendant tout l'hiver. Pensez à son amour-propre.

LES ARBUSTES

Ils peuvent être taillés par le jardinier le moins expérimenté. Si le printemps est la période idéale pour la taille, certains arbustes demandent un traitement spécifique :

- **Les arbustes à floraison printanière** (groseilliers à fleurs, cognassiers du Japon, forsythias, lilas...) se taillent à la fin de leur floraison.
- **Les arbustes à floraison estivale** (hortensias, buddleias, lavatères arbustives...) se taillent en mars.
- **Les arbustes à feuillage décoratif** (fusains, troènes, pieris, cornouillers...) se taillent entre mars et juin.

Mais si vous avez vraiment besoin de tailler un arbuste parce qu'il vous gêne, vous pouvez le faire en dehors des périodes indiquées, à l'exception des mois de juillet et août (le résultat serait fatal !), mais vous prenez le risque de vous priver de fleurs pour l'année.

Rajeunir les haies

Selon la nature des végétaux composant votre haie, vous aurez à leur faire subir des traitements différents.

À FEUILLAGE CADUC

Pour une haie d'arbustes à feuillage caduc (charme, hêtre, troène...), une taille sévère s'impose sans hésitation, surtout si elle est dégarnie au pied. Raccourcissez d'un bon tiers.

Cognassier du Japon

Buddleia, l'arbre à papillons

Pieris au printemps

Davantage encore si vous souhaitez qu'à l'avenir elle soit plus basse qu'à l'origine.

En largeur aussi la taille est nécessaire. N'hésitez donc pas à amincir la haie en taillant des deux côtés, de manière équivalente, pour lui conserver une silhouette équilibrée. Veillez à ce que la partie haute soit plus étroite que la partie basse afin que la haie reste bien fournie de la tête aux pieds (voir ci-dessus). Il faut tailler sans crainte, à l'exception du tronc bien sûr et du départ des ramifications principales. Il arrive qu'au milieu d'une haie, les arbustes meurent. Il faut les remplacer. Dès la plantation, raccourcissez les jeunes plants de moitié, puis laissez-les grandir de dix centimètres par an – pas davantage – jusqu'à ce qu'ils atteignent le niveau de leurs voisins. Selon la vitesse de croissance des végétaux, ce « régime » spécial peut durer trois à quatre ans. Pendant les deux premières années qui suivent le rajeunissement de votre haie, il faudra lui imposer trois à quatre coupes par an au lieu des deux habituelles pour un simple entretien. Ces tailles fréquentes stimuleront la ramification près du cœur de la haie et, ainsi, elle deviendra plus fournie.

À FEUILLAGE PERSISTANT

La taille des arbustes à feuillage persistant (conifères, buis, if, houx...) impose de procéder par étape. À pousse moins rapide, ils demandent moins de sévérité que ceux à feuilles caduques.

Contentez-vous d'éliminer ou de raccourcir deux branches sur trois. L'année suivante, dès que les nouvelles ramifications ont pris le relais de celles qui ont été coupées, éliminez-en de nouvelles.

Les conifères – spécialement les thuyas – supportent généralement bien les coupes sévères : taillez un côté une année, l'autre côté l'année suivante. En deux ans, votre haie sera rajeunie. Notez que les faux cyprès (*Chamaecyparis*) et les cyprès de Leyland ne supportent pas les tailles sévères.

Quand la haie est vraiment vilaine, et que la taille ne suffit pas à la régénérer, il faut sans hésiter prendre la décision de la renouveler. Arrachez les plantes disgracieuses ou malades, et vous pourrez ainsi replanter des végétaux moins communs que les thuyas, beaucoup trop répandus et très sensibles à la maladie.

RÈGLES D'OR

Quelques principes essentiels et relativement simples :
Un sécateur bien aiguisé est indispensable.
Vous prendrez soin de le désinfecter à l'alcool à brûler entre chaque taille pour éviter de propager d'éventuelles maladies d'un arbuste à un autre. On n'est jamais trop prudent. Le principal est d'éliminer tout ce qui peut gêner la pénétration de la lumière et de l'air au cœur de l'arbuste (voir dessins ci-dessous) :

- Les branches mortes (de couleur marron, à l'écorce sèche, se cassant facilement) ou malades. Ces branches-là se coupent au ras du tronc ou à la base de l'arbuste (selon sa forme).
- Certaines branches se développant en direction du centre de l'arbuste, ou celles, pire, qui se croisent quand elles rencontrent des difficultés pour se développer (elles se font tordues, biscornues, pour contourner l'obstacle). Ces branches-là feront généralement très peu de fleurs. Il faut les couper sans hésitation.
- Les branches restantes se raccourciront à un tiers de leur longueur, moins si l'arbuste est vigoureux, davantage s'il est chétif et gringalet : une taille sévère lui donnera le coup de fouet salvateur.
- Il faut toujours couper une branche (un bon centimètre) au-dessus d'un bourgeon tourné vers l'extérieur. À partir de ce bourgeon partira une nouvelle ramification. Si vous coupez au-dessus d'un bourgeon tourné vers l'intérieur, la nouvelle pousse se dirigera vers l'intérieur de l'arbuste, et son centre s'en trouvera encombré.

PANSEMENTS POUR TAILLE SÉVÈRE

Si vous êtes obligé de couper de grosses branches, il faut soigner les plaies, sinon parasites et maladies risquent d'atteindre l'arbre dans sa totalité. L'usage de la scie – indispensable pour la coupe des branches de gros diamètre – laisse toujours des « barbes » sur la coupe. Égalisez avec un couteau greffoir bien aiguisé ou une serpette. Badigeonnez la coupe avec du mastic cicatrisant et désinfectant ou du goudron de Norvège – nettement moins onéreux mais moins facile d'emploi et à l'odeur désagréable.

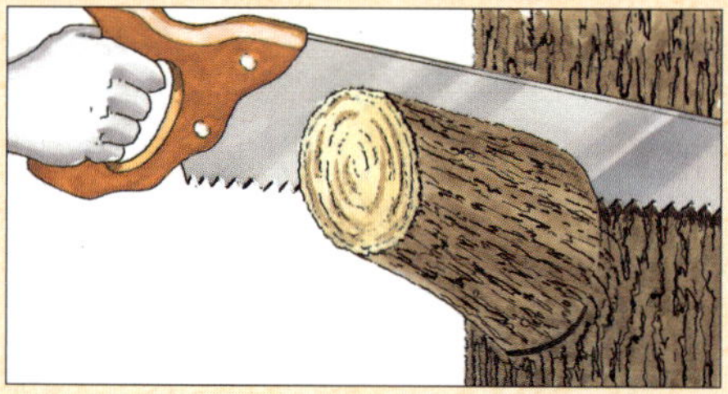

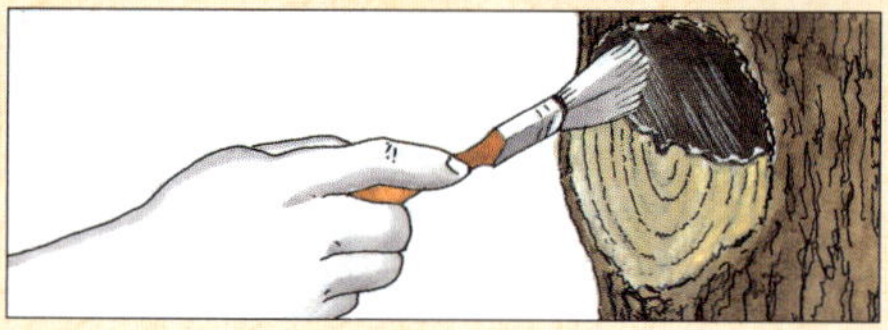

Déménager arbres et arbustes : toute une organisation

Cela n'est pas une mince affaire lorsqu'il s'agit d'arbres de grande taille. Nous vous conseillerions volontiers de vous adresser à un professionnel si la tâche vous paraît démesurée. Pour les végétaux qui ne vous font pas peur, la technique à appliquer est sensiblement la même, qu'il s'agisse d'arbres ou d'arbustes. Ce n'est qu'une question d'échelle.

Attention : certaines espèces supportent mal ou pas du tout la transplantation. Celle des magnolias, cognassiers du Japon, *Prunus triloba*, buddleias, hibiscus, lavande, tamaris, lavatère arbustive, pyracantha, et pins nains ne sera envisagée que sur des sujets très jeunes. Trop vieux, la reprise est très aléatoire.

À FEUILLAGE CADUC

Les arbres et arbustes à feuillage caduc se déplacent en période de repos – quand toutes les feuilles sont tombées – d'octobre à février, en dehors des périodes de gel, bien évidemment.

Quand on dit d'une plante qu'elle est « au repos », c'est qu'elle a cessé toute activité. Aussi peut-on l'arracher, la replanter, sans trop de risques si le sujet n'est pas trop âgé. La seule difficulté d'une telle opération peut venir de la taille de l'arbuste et de l'étendue des racines, dont le volume est à peu près équivalent à celui des branches.

Commencez par creuser une tranchée de la profondeur d'un fer de bêche tout autour de l'arbre à l'aplomb du branchage (voir ci dessous). Si vous coupez quelques racines périphériques en creusant, c'est sans gravité, l'arbre étant au repos. Puis, ficelez grossièrement la couronne en ramenant les

branches autour du tronc, pour un arbre, ou des branches principales, pour un arbuste. Décollez la motte en poussant doucement sur l'arbuste – comme pour le coucher à terre – dans toutes les directions. Dès que la motte n'adhère plus au sol, soulevez-la, à deux personnes, si nécessaire. Raccourcissez racines et branches d'un bon tiers avant de le replanter. Le volume des racines doit être – à peu près – équivalent à celui des branches.

Le trou destiné à recevoir l'arbuste n'exige pas une grande profondeur : la hauteur de la motte est suffisante. Toutefois, il faut prévoir un trou plus large que cette dernière afin que les racines disposent autour de la motte d'un volume de terre meuble favorisant leur croissance et leur adaptation dans leur nouveau milieu. Le fond du trou devra être ameubli et une poignée d'engrais à décomposition lente – corne torréfiée par exemple – sera mélangée à la terre d'origine.

Si le printemps est sec, un arrosage généreux et régulier est nécessaire. N'oubliez pas que durant l'année de leur transplantation, les arbustes et les arbres sont très assoiffés.

À FEUILLAGE PERSISTANT

La transplantation d'arbres et d'arbustes à feuillage persistant exige davantage de soin. L'idéal serait une transplantation en deux temps, surtout pour ceux à croissance très lente ou pour les sujets très âgés.

La raison essentielle tient au fait que ces arbustes ignorent le repos végétatif complet : même en hiver leur feuillage est présent, ils se nourrissent et boivent par les racines. Un arrachage rapide et brutal risque de les traumatiser même pendant cette période d'activité ralentie. La période idéale pour la transplantation se situe au printemps entre la mi-février et la mi-mars ; à cette période, la croissance reprenant, ils auront plus d'énergie pour s'installer dans leur nouveau milieu. Si votre jardin est dans une zone très froide, vous pourrez attendre la fin mars.

Comme pour les espèces à feuilles caduques, creusez, en février-mars, une tranchée sur la profondeur d'un fer de bêche en prenant soin de ne pas trop toucher les racines ; maintenez ouvert ce fossé périphérique avec des planches ou des bordures de plastique ondulé ou tout autre matériau de votre choix. La motte doit être isolée le plus possible pour éviter aux racines le moindre stress aux étapes suivantes.

Attendez l'automne pour les régions à été sec (le midi) ou, mieux, le printemps suivant pour procéder à l'arrachage – tout en douceur – et la transplantation. L'arrosage sera régulier et abondant pendant toute l'année suivant le déménagement. Les arbustes taillés (topiaires) ne se taillent pas pendant l'année qui suit la transplantation.

ET LES VIVACES ?

En ce qui concerne les fleurs vivaces, elles se déplacent sans difficulté. Mieux, il est conseillé de les arracher et de diviser les touffes en deux pour stimuler leur croissance. On les replante alors soit au même endroit, soit dans de nouveaux massifs (voir page 102).

DÉSHERBER SOIGNEUSEMENT

Que votre jardin soit récent ou qu'il ait déjà été cultivé puis laissé à l'abandon, la tâche prioritaire est de le nettoyer de ses mauvaises herbes. La nature est rapide : une année suffit, une année de laisser-aller peut ruiner les efforts qu'un jardinier avait faits pour éliminer les herbes sauvages de sa propriété.

Avant d'utiliser les débroussaillants « miracles » – c'est le fabricant qui le dit ! –, employez la ruse. Les désherbants mal utilisés – trop tôt ou trop tard, sans tenir compte de la taille des plantes, de la température extérieure... pourraient avoir des résultats catastrophiques.

Herbes folles, ronces ou pire ?

Si vous prenez possession de votre jardin à la fin du printemps ou en été, quand les herbes sont déjà hautes, commencez toujours par dégager les plantes que vous avez décidé de conserver. Désherbez manuellement autour de ces dernières pour libérer de l'espace et les laisser respirer.

Pour le reste, utilisez une débroussailleuse et ramassez soigneusement toutes vos coupes. Ne les laissez pas sur place, ne les incorporez pas au compost : les mauvaises herbes en fleurs et en graines infesteraient votre nouveau jardin. Portez-les à la déchetterie la plus proche, ou, mieux, faites un feu après avoir vérifié soigneusement les contraintes municipales (voir page 41).

Une débroussailleuse à fil rotatif est suffisante le plus souvent. Mais si de jeunes arbustes ont envahi le terrain, un modèle muni d'une lame (disque denté comme la lame d'une scie circulaire, ou couteau comme celui d'une tondeuse à gazon à lame rotative) peut se révéler nécessaire. Le loueur saura vous conseiller. Quel que soit le modèle, il est indispensable de vous protéger : pantalon, chemise ou pull à manches longues, gants spéciaux pour rosiers, lunettes de protection. Inutile de vous blesser avec une projection de branches épineuses ou de cailloux.

MAUVAISES HERBES : LA RUSE

Soyez malin, trompez la mauvaise herbe et pratiquez la technique du faux semis. Une fois le gros du travail fait à l'aide d'une débroussailleuse, travaillez la terre avec un motoculteur de jardin, affinez en la surface exactement comme si vous alliez semer.

DÉBROUSSAILLANT : MODE D'EMPLOI.

Les produits chimiques ne sont malheureusement pas inoffensifs pour l'environnement. Il faut les utiliser à bon escient et respecter certaines conditions d'application pour obtenir un résultat satisfaisant.

- Ne traitez pas les jours de vent. Certaines gouttes pourraient être projetées au-delà de la zone à traiter, voire chez le voisin.
- Pas de pulvérisation sous la pluie, sinon l'efficacité du traitement s'en trouverait grandement diminuée. D'autant que l'eau, en ruisselant, pourrait entraîner le produit où il serait indésirable.
- Respectez les doses préconisées. Trop concentré, le produit pourrait se révéler inactif ou dangereux pour l'environnement et pour vous-même.
- Portez un masque respiratoire et lavez soigneusement vos mains après chaque pulvérisation.
- Soyez très précis : quand vous pulvérisez, n'hésitez pas à fabriquer un cache en carton ou en papier pour isoler d'un manchon la plante que vous voulez traiter.

DÉBROUSSAILLEUSE : PRUDENCE

Si votre terrain est inférieur à 3 000 m^2, il est préférable de louer une débroussailleuse portable à la journée. Choisissez un modèle qui se porte à l'épaule, à moteur thermique, au moins 35 à 40 cm^3 (puissance : 1,2 à 1,5 chevaux).

Attendez. Toutes ces graines enfouies dans votre terrain – heureuses de tant de soin – vont germer et rapidement recouvrir le sol fraîchement travaillé de leurs jeunes feuilles.

La première manche est gagnée : vous les avez trompées. N'attendez plus, retournez la terre à nouveau. Toutes ces matières végétales vont se décomposer. Vous voilà débarrassé – en bonne partie – des mauvaises herbes.

Mais ne vous réjouissez pas trop car les graines sont aussi apportées par le vent. Aussi, dès que le terrain est assaini, plantez, couvrez, et n'oubliez pas que toute place libre sera immédiatement occupée par les mauvaises herbes. Pensez, entre autres, aux engrais verts (voir page 18) si vous décidez de ne pas occuper immédiatement l'espace ainsi débarrassé.

GLYPHOSATE : MORTEL

Il semblerait que certaines mauvaises herbes soient plus « malignes » que d'autres. En effet, orties, chardons, chiendent et liserons sont difficiles à détruire. Avec eux le « coup du faux semis » ne marche pas : ils sont capables de renaître à partir d'un seul fragment de racine enfoui dans le sol. Pour ces plantes, choisissez un débroussaillant à base de glyphosate.

De nombreuses marques sont présentes sur le marché : vérifiez la concentration du glyphosate et les doses d'emploi, car elles varient de l'une à l'autre. Le glyphosate est un produit systémique : pour être actif, il doit être absorbé par les feuilles, qui le véhiculent dans la plante, via la sève, et l'empoisonnent ainsi progressivement. La plante jaunit, sèche et meurt. Ce produit n'est efficace que sur le végétal traité. On peut donc sans crainte enfouir ce dernier, une fois mort, dans le sol.

Faites tremper le haut de la plante à éliminer dans un récipient rempli de désherbant et couvrez pour éviter les éclaboussures.

Et dans les massifs ?

Le nettoyage des massifs une fois plantés demande de la précision. Si on peut souvent biner ou sarcler, les outils dits à main – avec un manche très court – sont parfois indispensables pour ne pas endommager les plantes voisines des mauvaise herbes que l'on cherche à éliminer.

LES BONS OUTILS POUR LA CORVÉE

Bien désherber consiste à extraire la racine d'une mauvaise herbe dans son intégralité ; on évite ainsi son retour. Il est donc préférable de désherber quand la terre est humide. L'arrachage n'en est que plus facile.

Quand les racines sont diffuses en surface, le bon geste consiste à soulever la motte de terre avec une serfouette – munie d'une pelle plate droite ou en cœur d'un côté, et d'une griffe de l'autre – ou une simple pelle-plantoir. Il est facile alors de saisir les mauvaises herbes à la base pour les extraire définitivement.

Cette technique est inefficace pour se débarrasser des racines profondes, comme celles du pissenlit, des chardons ou des géraniums sauvages. Pour ces plantes, on utilise une gouge à asperge ou un couteau désherbeur. Ces instruments sont composés d'une partie métallique longue, à l'extrémité large et incurvée, et d'un manche. Il suffit alors d'enfoncer verticalement la gouge le long de la racine et de faire levier pour décoller la racine de la terre. Si vous tirez sur la base de la plante doucement, en accompagnant ce mouvement de levier, vous dégagerez toute la racine.

À ces conseils simples, est-il nécessaire d'ajouter qu'en ce qui concerne les chardons il est préférable de se protéger les mains avec des gants spéciaux pour les rosiers.

UN PEU DE CONFORT

Le désherbage de détail impose de se baisser. La position accroupie est inconfortable et rares sont ceux qui peuvent, sans douleur, la tenir longtemps. S'agenouiller ou s'asseoir est incontestablement plus confortable.

Il existe des tapis de mousse plutôt rigides qui, glissés sous vos genoux ou vos fesses, amélioreront votre confort. Ils se rincent sous un jet et sèchent rapidement. Certains modèles munis de poignées servent d'un côté de repose-genoux – les poignées offrent alors un point d'appui pour se relever ; de l'autre, ils se transforment en petit banc confortable pour désherber ou biner entre vos fleurs.

Du bon usage de la gouge à asperge…

PRÉPAREZ LA TERRE

Pour que la terre nourrisse vos plantes, il faut la préparer, l'aérer, l'affiner, l'enrichir. Du soin que vous appliquerez à ces tâches de « laboureur », pas toujours très attrayantes, dépendront vos futurs succès de « planteur ». Concentrez-vous sur cette idée chaque fois que le découragement vous prend, ça aide.

Bêchez

Pour obtenir les meilleurs résultats et mettre toutes les chances de son côté, il faut commencer par bêcher. Tout le monde sait que c'est fatigant et que c'est davantage une corvée qu'une partie de plaisir. Il faut bien admettre que, si c'est indispensable, rien ne vous oblige à labourer toute une journée durant. Procédez par étape : une heure par jour, c'est bien suffisant.

Bêcher consiste à décompacter la terre en profondeur pour améliorer la circulation de l'air et de l'eau et favoriser l'activité des vers de terre et des micro-organismes vivant dans le sol. Bêcher permet également d'enfouir en profondeur les matières organiques encore vertes pour que les micro-organismes les décomposent lentement et qu'elles participent ainsi à l'enrichissement du sol (voir les engrais verts, page 18).

Après avoir tracé un premier massif, attendez que la terre soit suffisamment sèche – pas trop – pour commencer l'opération. En effet, si la terre est trop humide, elle collera à la bêche, elle sera plus lourde et vos efforts en seront multipliés.

Dans *Le Potager plaisir* (même auteur, même éditeur), il nous avait semblé utile d'expliquer ce « geste juste ». Nous nous sommes autorisés à nous citer nous-mêmes : « Tout le monde sait que le bêchage consiste à retourner la terre, autrement dit, à amener en surface la partie de la motte prélevée qui se trouvait en profondeur. Le geste est simple : enfoncer la bêche dans la terre le plus verticalement possible jusqu'à ce que le fer soit totalement enterré, faire levier sur le manche pour extraire la motte de terre, la déposer sur le côté. Inutile de soulever la bêche, il faut seulement la faire pivoter. Nous avons tous soulevé et vous aussi vous soulèverez. C'est ainsi que l'on "se casse" le dos. Il est plus facile de faire pivoter avec une bêche à poignée. Dès la première séance de bêchage, prenez la bonne habitude sinon vous aurez du mal à vous défaire de la mauvaise et la corvée se trouvera justifiée. Il n'y a qu'un seul cas où l'on soit dans l'obligation de soulever, c'est au démarrage, à la première bande. Il faut creuser une première tranchée de la largeur et de la profondeur d'un fer de bêche et stocker la terre dans la brouette : vous vous en servirez pour combler la dernière tranchée. Travaillez votre parcelle dans le sens de la largeur : si elle est rectangulaire, c'est moins décourageant. »

UN OUTIL POUR CHAQUE TYPE DE SOL

Dans le souci d'éviter trop de fatigue, il est préférable d'adapter l'outil à la nature du terrain :
- Le sol est normal (ni trop lourd ni trop léger) : choisissez une simple bêche.
- Le sol est très argileux (collant quand il est humide) : préférez le louchet, au fer plus étroit, plus épais, plus solide.
- Le sol est caillouteux : la fourche-bêche s'impose.

L'investissement dans un outil de qualité pour retourner la terre est à terme une économie. On s'en sert souvent et il est soumis à des tractions importantes. Portez votre choix sur des outils forgés, incomparablement plus solides. Une bonne bêche coûte 100 F, une fourche-bêche de 150 à 200 F. Les louchets sont plus chers, la partie métallique étant plus grande.
Pensez à affûter régulièrement le tranchant pour vous faciliter le travail.

La terre de la première rangée bêchée sera versée dans une brouette. Celle de la deuxième viendra remplir le premier rang.

Commencez à bêcher le fond du massif et progressez, bande par bande, vers sa bordure. Placez-vous toujours du côté de la terre que vous n'avez pas encore retournée. Inutile de faire le travail deux fois en piétinant la partie déjà bêchée.

Éliminez les grosses mottes de racines de mauvaises herbes et les cailloux. Si la terre est trop lourde – elle colle à la bêche –, enrichissez le terrain en enfouissant du compost ou de la tourbe. Si elle est pauvre – autrement dit très claire – apportez du terreau ou tout autre engrais organique (voir les principaux amendements, page 19).

Mieux vaut entreprendre ces travaux à la fin de l'automne et au cours de l'hiver, lorsque la végétation est au repos et qu'il n'y a pas trop d'autres travaux à effectuer au jardin. D'autant que, le premier bêchage effectué, votre massif sera constitué de mottes de terre grossières et que vous aurez tout intérêt à laisser en l'état : le froid, le gel et les intempéries vont se charger de la suite du travail que vous avez commencé et affiner la terre à votre place. Si, par contre, vous commencez les travaux de bêchage au printemps, il vous faudra casser soigneusement les mottes avec une griffe ou une serfouette et attendre une quinzaine de jours avant de ratisser.

Inutile de vous signaler que les gros travaux de jardin demandent des efforts : s'échauffer avant de commencer évite souvent bien des courbatures (vous vous souviendrez sûrement de ce conseil si vous ne le suivez pas). En hiver au jardin, habillez-vous chaudement et protégez vos reins. Les vêtements froids – entreposés dans une remise non chauffée – risquent de crisper vos muscles du dos, les plus sollicités lors de bêchage.

Ratissez

Que vous ayez laissé l'hiver passer sur votre travail ou que vous l'ayez repoussé au printemps, les mottes ont été cassées, la terre s'est naturellement tassée, vous êtes impatient de planter.

Le massif est propre, désherbé, retourné, ratissé : disposez vos plantes à votre goût, vérifiez leur espacement et plantez...

Patience, il faut encore fignoler, ratisser. L'opération consiste à aplanir la surface et à rendre la terre plus fine. On passe le râteau dans un sens d'abord, puis perpendiculairement ensuite, en lui donnant un mouvement de va-et-vient et en appuyant légèrement. Partez du fond du massif pour aller vers la bordure, sans marcher sur la partie que vous venez de ratisser. Si votre massif est large, utilisez une planche pour vous déplacer sur la surface : vous éviterez ainsi de tasser la terre que vous venez de travailler.

N'hésitez pas à ratisser plusieurs fois : plus la terre est affinée plus vos plantations seront faciles. Vous en profiterez aussi pour éliminer les cailloux, les racines et autres morceaux de bois qui trainent encore dans la terre. Enfin, une fois satisfait, disposez arbustes et vivaces sur la belle surface que vous venez de travailler, en respectant les distances de plantation. Quand toutes vos plantes sont en place, reculez, observez l'ensemble et, si vous êtes séduit, commencez à planter : c'est la première des récompenses pour tout votre bon travail.

Les détails concernant le mode de plantation ou de semis de chaque type de plante sont précisés, plus loin, dans les chapitres qui leur sont consacrés (page 80 et suivantes).

INDISPENSABLE : ARROSER ET PAILLER

Les fleurs ont besoin d'eau, à la plantation mais plus encore dès que leurs corolles s'épanouissent, et davantage encore quand elles sont en pleine floraison. Ce besoin d'eau se fait surtout sentir pendant les périodes estivales, lorsque les pluies sont rares. Il faut donc arroser souvent et régulièrement. Si l'arrosage vous rebute, renoncez aux fleurs ou ayez recours à l'automatisation.

Considérez l'arrosage comme une visite de courtoisie que vous rendez à vos fleurs, surtout pas comme une corvée. Vous jouirez de leurs exhalaisons délicieuses, mêlées à l'agréable fraîcheur de l'eau. Vous en profiterez pour vérifier qu'aucun parasite importun ne menace leur avenir. Et vous prendrez le temps de les éliminer à la main, sans avoir recours aux produits de traitement. Pratiquez l'arrosage comme une détente. Et pour cela, équipez-vous judicieusement.

L'équipement de base

Inutile d'investir des sommes folles. Toutefois, dans ce domaine comme en ce qui concerne tous les autres outils du jardin, le bon marché est toujours trop cher : le matériel d'arrosage à bas prix est aussi de basse qualité, il se casse, se fend, se perce… Ne regardez donc pas trop à la dépense afin de conserver vos outils plus longtemps.

L'ARROSOIR

Un arrosoir est indispensable, mais il est préférable d'en avoir deux, pour équilibrer la charge et diminuer les allées et venues du robinet aux plantes. Pour les interventions d'urgence comme arroser les plantes en pot ou en jardinière, rien ne peut le remplacer. Le zinc est plus élégant et plus décoratif, le plastique plus léger. À vous de choisir. Pensez au volume, proportionnel au poids : 10 litres est une bonne taille pour la majorité d'entre nous. Certains arrosoirs à long bec sont bien pratiques : au jardin, ils permettent d'arroser les plantes les plus basses au pied, sous leur feuillage ; sur le balcon ou la terrasse, ils vous serviront à atteindre sans trop d'efforts les potées les plus éloignées.

UN BON TUYAU

Le tuyau d'arrosage – tout simple – est le complément naturel de l'arrosoir. Sa longueur devra vous permettre d'atteindre le point le plus éloigné de votre jardin. Mais il y a tuyau et tuyau ! Choisissez ceux dont on dit qu'ils sont tricotés : leur souplesse, leur système anti-torsion ou anti-nœuds – la dénomination change selon les fabricants – vous éviteront l'interruption du débit de l'eau en pleine séance d'arrosage.

Plus le diamètre du tuyau est grand, plus le débit sera important. Évident ! Et plus le tuyau est gros, plus il est lourd à manipuler. Adaptez donc sa dimension à vos besoins. Plus votre tuyau sera long, plus son diamètre devra être important, afin que l'eau circule à une pression normale jusqu'à destination. Pour un tuyau de 20 m, un diamètre de 13 mm est suffisant ; entre 20 et 50 m, 15 mm sont nécessaires ; au-delà, 19 mm seront indispensables. Il doit résister à une pression de 10 à 15 bars. Une autre qualité est indispensable : sa résistance aux agressions climatiques. Les fabricants garantissent – selon les modèles – les tuyaux pour dix ou quinze ans. C'est un bon indicateur de solidité lorsque vous aurez à choisir.

L'indispensable arrosoir, à utiliser au goulot ou à la pomme.

Au tuyau, arrosez en pluie fine. Certaines buses le permettent.

UN BON TUYAU BIEN RANGÉ

Les tuyaux ne doivent pas traîner dans un jardin. Non seulement c'est inesthétique, mais leur durée de vie s'en trouverait considérablement raccourcie. En achetant un tuyau, achetez aussi son support.

Les supports muraux sont pratiques pour des tuyaux mesurant jusqu'à 10-12 mètres. On peut les accrocher près du robinet. Plus long, le rangement est une corvée. Pour l'éviter, faites l'acquisition d'un dévidoir portable à manivelle, d'autant plus pratique qu'il sera muni de roues qui vous permettront de le déplacer où vous voulez et de le remiser à l'abri des intempéries après chaque utilisation. La durée de vie de votre tuyau s'en trouvera augmentée.

UN BON TUYAU BIEN ÉQUIPÉ

Les tuyaux sont souvent proposés avec de nombreux accessoires optionnels – les marques font preuve d'imagination –, mais beaucoup sont superflus. Les fleurs préfèrent une pluie fine au jet violent. La pomme d'arrosage est donc préférable au pistolet, même si la puissance du jet de ce dernier se règle. Une lance munie d'une pomme permet d'arroser les fonds de massifs et de mouiller le pied des plantes, sans les éroder complètement, plutôt que le feuillage. Certaines d'entre elles, les rosiers par exemple, y sont particulièrement allergiques.

Les arroseurs oscillants, les asperseurs sont utiles pour la pelouse. Mais les fleurs n'aiment guère leur jet violent qui asperge davantage leurs feuilles que la terre. Dans un massif bien planté, le sol est entièrement recouvert par la végétation et ce type d'arrosage a peu de chance d'être efficace.

On a toujours beaucoup de mal à dresser les tuyaux comme des animaux de compagnie. Ils manifestent généralement une mauvaise volonté évidente à suivre les allées. Il existe de nombreux systèmes de guide – souvent élégants : à vous de choisir. Enfin, pensez à installer sur votre robinet un sélecteur deux voies. Vous pourrez ainsi installer deux tuyaux.

ET L'ARROSAGE AUTOMATIQUE ?

Le jardinier qui n'a pas encore goûté à l'arrosage automatique le dénigre généralement. Et pourtant, que d'avantages en temps et en argent ! Un balcon ou une terrasse fleuris, sinistrés après un mois de vacances – il est souvent plus facile de mettre en pension son chien que ses potées –, entraînent une dépense souvent bien supérieure à celle d'un système d'arrosage automatique et programmé, adapté à la taille de l'espace à irriguer et aux besoins des plantes. Il existe des kits très complets, prêts à l'emploi, peu coûteux et faciles à installer soi-même.

Pour les jardins petits, moyens ou grands, certaines entreprises se sont inspirées de l'arrosage des terrains de sport, ou de celui pratiqué en agriculture, pour offrir des gammes complètes de produits performants qui évitent la manipulation de tuyaux et d'arrosoirs. Ces installations sont enterrées une fois pour toutes et le programmateur arrose à votre place pour la durée définie et au moment que vous avez choisi. On trouve des systèmes qui permettent un arrosage par aspersion pour l'ensemble d'un jardin, mais ils présentent certains inconvénients, sachant que certaines plantes préfèrent l'eau au pied. D'autres systèmes, encore plus sophistiqués, offrent micro-asperseurs, brumisateurs, goutteurs, en ligne ou isolés, l'ensemble pouvant être automatisé.

Avant de nier l'efficacité de ces systèmes, il faut faire une étude pour vérifier le coût et l'intérêt qu'ils peuvent représenter pour votre jardin, compte tenu de sa taille et du temps que vous pouvez lui consacrer.

Un goutteur fixé sur son tuyau d'alimentation.

Asperseur enterré, au repos…

… et, le même, en action.

Comment arroser ?

Pour améliorer sensiblement la pénétration de l'eau dans le sol, griffez superficiellement et régulièrement la terre au pied des plantes, pour éviter la formation d'une croûte souvent imperméable. Il est préférable d'arroser beaucoup chaque fois mais pas trop souvent : vous habituerez ainsi les racines des fleurs à aller chercher l'eau en profondeur, à se débrouiller seules en cas de sécheresse passagère. Ainsi, les fleurs seront plus robustes. À l'inverse, si vous arrosez quotidiennement, elles développeront des racines en surface et tout manque d'eau deviendra douloureux, voire fatal. C'est aussi pour cette raison que l'arrosage au goutte à goutte sur les jeunes plantations de printemps n'est pas souhaitable.

LE BON MOMENT POUR ARROSER

L'arrosage du soir – au soleil rasant – est le plus efficace :

• les plantes ont transpiré toute la journée et leurs réserves d'eau sont épuisées. Elles ont très soif. Et la nuit leur sera nécessaire pour reconstituer leurs forces avant une nouvelle journée de soleil ;

• la nuit, la chaleur est moins intense et l'évaporation réduite. L'eau peut donc s'introduire en profondeur.

Si une plante se flétrit à vue d'œil dans la journée, arrosez-la délicatement au pied à l'arrosoir, sans mouiller le feuillage. C'est le seul cas d'intervention urgente tolérée, sous peine de brûlures fatales.

EAU DE LA VILLE OU PLUIE ?

Les fleurs du jardin ne font guère la différence. À moins que votre eau ne soit particulièrement calcaire et que l'arrosage soit destiné à des plantes de terre de bruyère (azalées, rhododendrons, bruyères, camélias...), il est évident que l'eau de pluie que vous récupérez est meilleure, plus pure, mais rien ne justifie néanmoins l'investissement dans un système de récupération d'eau. En revanche, si le prix du mètre cube d'eau potable est très élevé – c'est le cas dans beaucoup de communes –, recueillir l'eau de pluie dans une citerne ou des bidons peut se justifier (voir page 31).

ALLÉGER LES ARROSAGES ?

En choisissant les espèces les mieux adaptées à votre région, elles sauront surmonter les étés secs. Les plantes d'origine méditerranéenne, comme le laurier-rose, peuvent fleurir abondamment tout l'été sous un soleil brûlant.

En plantant à l'automne, arbres et arbustes à feuillage caduc, en racines nues, ils auront produit de nombreuses racines avant l'été suivant et vous éviteront de très gros arrosages lors des grosses chaleurs. Les plantes en conteneurs peuvent être plantées à tout moment, mais exigent un arrosage régulier et abondant durant le premier été qui suit la plantation ; sinon, leur mort est garantie.

Paillez, paillez, paillez...

Le paillage – une couverture du sol par un matériau retenant l'eau et laissant passer l'air en limitant l'évaporation – permet d'espacer les arrosages.

LE RÔLE DU PAILLAGE

La première fonction du paillage est donc de limiter les pertes d'eau, et ainsi de diminuer la fréquence des arrosages.

Son autre utilité – quand la couche, opaque à la lumière, est épaisse de 5 à 6 cm – est d'empêcher le développement des mauvaises herbes. Toutefois, un désherbage minutieux s'impose avant de pailler, car les mauvaises herbes déjà développées pourront percer la couche même épaisse du paillage.

Avant de mettre en place le paillage au printemps, attendez que la terre soit réchauffée (fin avril au nord de la Loire, quinze jours avant dans le Sud). En hiver, le paillage protégera du froid les fleurs les plus fragiles et évitera à la terre un refroidissement brutal.

Les matériaux pour pailler sont nombreux. Votre choix peut se porter sur l'un ou l'autre, selon son prix ou son aspect décoratif. Tenez compte, dans votre choix, des paillis organiques qui, en se dégradant, se transforment en humus.

Coque de cacao

Écorce de pin

Paillette de lin

Tonte de gazon

Attention : le plastique noir est inélégant et favorise le développement des champignons.

On pourrait imaginer pailler tous les massifs de fleurs : ce serait l'idéal. Mais l'amplitude de la tâche vous fera sans doute reculer. Réservez plutôt cette protection aux arbustes nouvellement plantés, aux plantes de terre de bruyère et à la haie récemment installée.

LEQUEL CHOISIR ?

Nos préférées sont les tontes de gazon, qui permettent un recyclage séduisant quand la surface de la pelouse est grande. Attention toutefois : en couches épaisses et gorgé d'eau, le gazon fermente et dégage beaucoup de chaleur, que certaines fleurs supportent mal. Il est donc préférable de bien laisser sécher les tontes de gazon avant de les employer. À égalité, nous suggérons les paillettes de lin mais elles sont légères et s'envolent au moindre souffle. Les jardiniers les délaissent pour cette raison, alors qu'en les arrosant en pluie fine, sitôt installées, elles vont s'agglomérer sans s'éparpiller .

Voici un tableau qui vous permettra de faire votre choix.

MATÉRIAU	AVANTAGES	INCONVÉNIENTS	COMMENTAIRES
Compost	• Nourrit et protège des mauvaises herbes à la fois.	• Disponible en quantité limitée s'il est maison. • Onéreux si on l'achète.	Spécial plantes gourmandes.
Coques de cacao torréfiées	• Naturel et discret. • Décourage les limaces et escargots. • Enrichit le sol en se décomposant.	• A tendance à s'éparpiller si non arrosé après étalement.	
Écorces de pin	• Esthétique et discret. • Enrichit le sol en se décomposant. • Écran très efficace contre les mauvaises herbes.	• A tendance à acidifier le sol en se décomposant. • Prix élevé. • Se décompose très lentement. • Taille des particules importante.	À réserver aux plantes de terre de bruyère et aux massifs d'arbustes raffinés de petite taille.
Feuilles mortes	• L'un des moins chers et le meilleur recyclage. • Naturel et esthétique.	• Se décompose difficilement. • Constitue des abris pour limaces et escargots.	Plus intéressantes pour protéger du froid que des mauvaises herbes.
Mulch d'écorces de pin	• Plus fin, il se décompose plus rapidement que l'écorce de pin.	• A tendance à acidifier le sol en se décomposant. • Prix élevé.	À réserver aux plantes basses appréciant les sols acides.
Paillettes de lin	• Bon marché.	• A tendance à s'éparpiller si on ne l'humecte pas dès la pose. • Couleur claire qui saute aux yeux.	Le paillage idéal au potager.
Plastique noir	• Bien opaque. • Retient bien l'humidité et la chaleur.	• Presque imputrescible (on en retrouve longtemps des lambeaux). • Peu esthétique. • N'a aucune valeur nutritive.	Bien pour pailler une haie nouvellement plantée.
Tontes de gazon	• L'un des moins chers et le meilleur des recyclages. • Riche en azote. • naturel et esthétique.	• A tendance à fermenter si humide. • Nécessite de la place pour faire sécher.	Le plus économique des paillages. (à condition de ne pas avoir traité le gazon avec un désherbant)
Tourbe	• Allège les sols lourds et en même temps retient les eaux d'arrosage.	• A tendance à acidifier le sol légèrement. • A peu de valeur nutritive.	

LES BONS OUTILS

Voici la panoplie de base, celle des outils utiles voire indispensables. Méfiez-vous des gadgets et des tentations : l'équipement de jardin coûte cher. Mieux vaut bien entretenir peu de bons outils que de devoir en acquérir fréquemment de nouveaux.

Serre à semis

Cordeau

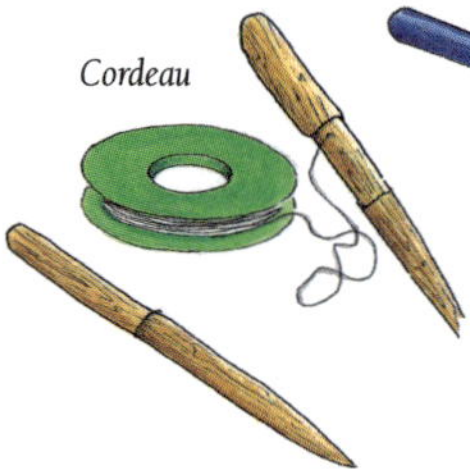

Petit râteau pour travailler entre les plantes

Plantoir à bulbes

Plantoir conique

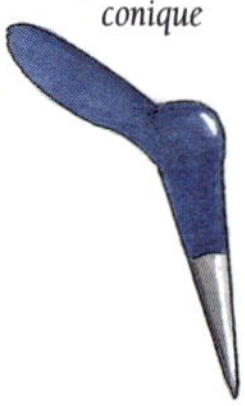

Godets de tourbes

Transplantoir

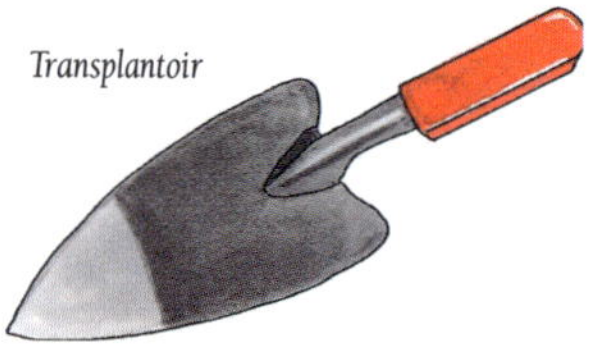

Incinérateur

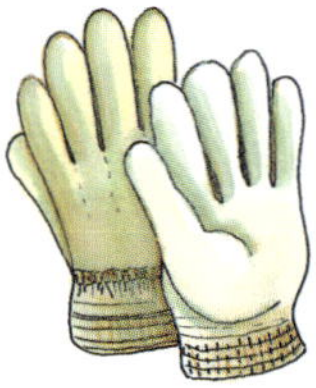
Gants de jardin

Petit pulvérisateur

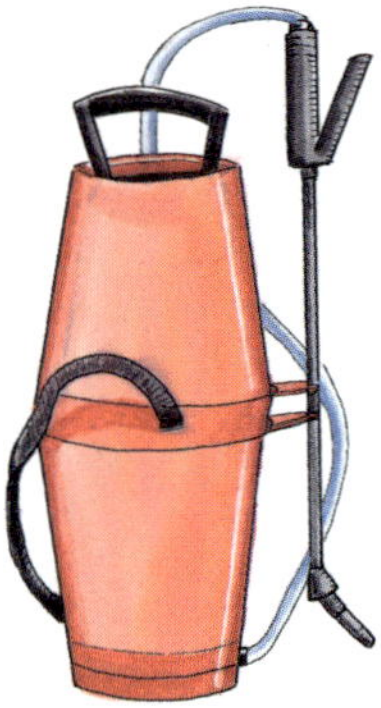
Pulvérisateur à pression

Brouette

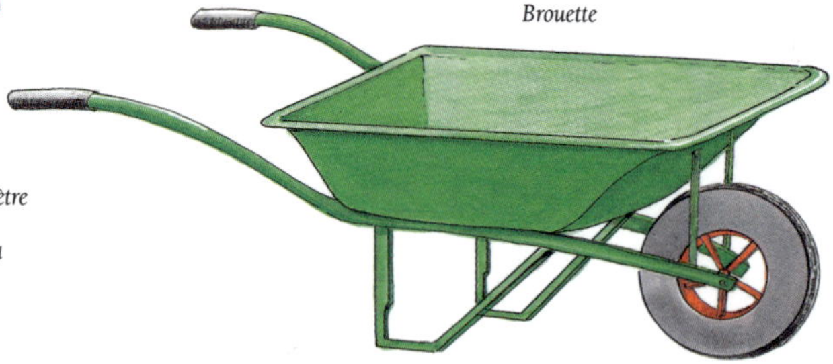

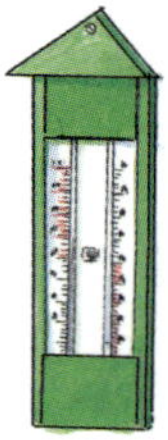
Thermomètre à minima et maxima

Sécateur
Serpette
Râteau à feuilles (et à gazon)
Enrouleur et tuyau d'arrosage
Serfouette
Croc, ou griffe
Louchet
Pelle-bêche
Fourche-bêche
Râteau
Petite griffe pour travailler entre les plantes
Arrosoir

ENTRÉE DES ARTISTES

Toutes les fleurs sont de nature différente. Selon qu'elles appartiennent à telle ou telle famille, elles ont des exigences propres pour rester en bonne santé, vivre, s'épanouir. Même débutant et peu averti, vous savez faire la différence entre les types de végétaux variés participant à la création d'un jardin. Certains d'entre eux fabriquent du bois : les arbres, arbustes et rosiers. Certains autres, sans bois, disparaissent dès les premiers froids. Ils sont de deux sortes : les annuelles, qu'il faut semer ou planter tous les ans, et les vivaces, qui dorment pendant l'hiver et réapparaissent dès le printemps. Pour être complet, il faut également évoquer les bulbes et les rhizomes, cachés sous terre, qui accumulent des réserves pour produire des fleurs l'année suivante. Levons donc le rideau sur ces amies de bonne compagnie.

LIRE LE NOM DES PLANTES

Le latin est la langue universelle des plantes. Tous les jardiniers, dans tous les pays du monde, l'utilisent. Rassurez-vous, il n'est pas question de vous obliger à retourner à l'école pour étudier le latin. Simplement, il est bon de connaître les quelques astuces qui vous permettront de comprendre la langue des professionnels, de lire plus facilement les catalogues et d'être précis dans vos demandes afin qu'à l'arrivée d'une commande vous receviez exactement ce à quoi vous vous attendiez.

D'abord le genre, ensuite l'espèce...

Les plantes sont d'abord regroupées par les botanistes en « familles », selon les caractéristiques qu'elles ont en commun. Au sein des familles (par exemple, on parle des Myrtacées, des Solanacées...), plus ou moins nombreuses, on regroupe plusieurs « genres ».

LE NOM DU GENRE

Toujours en latin, il est un peu comme votre nom de famille. C'est lui qui fait l'objet d'une appellation courante, en français, parfois très différente : par exemple *Hydrangea* devient en français « Hortensia », *Campsis* est le nom latin de la bignone. Dans certains autres cas le nom de genre peut avoir été simplement francisé : c'est le cas du lobélia, dont le nom est identique au nom latin (*Lobelia*), à l'accent près, ou encore de la campanule qui a perdu son « a » final (*Campanula*) pour la rendre plus familière.

Callistephus sinensis,
la reine-marguerite, originaire de Chine.

Scilla sibirica,
le petit scille sibérien.

Iberis sempervirens,
la corbeille-d'argent au feuillage toujours vert.

Primula vulgaris,
la primevère commune des jardins.

Dans un même genre, on peut trouver des spécimens très variés, bien qu'issus de la même lignée. Même si les botanistes les ont classés ensemble parce que leur fleur, leur couleur et leur feuillage ont des points communs, certaines plantes d'un même genre peuvent aussi être si différentes qu'elles exigeront des conditions de culture elles aussi très différentes.

LE NOM DE L'ESPÈCE

C'est un peu comme votre prénom. Toutes les plantes d'une même espèce ont des exigences similaires et leurs fleurs sont presque identiques.

Si vous avez repéré un hortensia particulier à fleurs blanc crème en cônes irréguliers et que vous désirez l'acquérir, ne vous contentez pas de demander un hortensia blanc à votre pépiniériste, il y a peu de chance que, spontanément, il puisse vous le trouver avec si peu d'informations. Pour l'avoir à coup sûr, il vous faudra demander un *Hydrangea paniculata* : *Hydrangea*, le genre, *paniculata* l'espèce. Et ajouter, si vous le connaissez, le nom de la variété.

... et enfin la variété

Jusqu'à présent, tout cela ne paraît pas bien compliqué. Malheureusement, la nature, quelquefois, les horticulteurs et tous les passionnés de botanique, le plus souvent, ont compliqué le nom des plantes en créant des variantes au sein d'une même espèce, compliquant ainsi le nom des plantes.

Couleurs nouvelles, feuillage différent – plus large, plus étroit, panaché, coloré –, fleurs doubles, triples, aptitudes à tolérer des milieux inhabituels pour l'espèce – très sec ou très humide... Autant de particularités pour qu'à la suite du nom de genre et de l'espèce, on accole le nom de la variété. Selon la convention, il apparaît à la suite des deux autres, le plus souvent entre des guillemets simples. Le latin n'est plus de circonstance : on adopte la langue du créateur. On pourra constater à l'usage que beaucoup de noms de variétés sont d'origine anglo-saxonne : on sait la passion pour le jardinage de nos amis britanniques.

Chacune des fleurs présentées dans cet ouvrage sera désignée, avec la meilleure précision possible, par son patronyme français et son nom latin. Sachez que l'on peut se faire comprendre sans confusion en raccourcissant l'identité de sa fleur préférée en ne retenant que le nom de genre – en français ou en latin – et la variété.

Pour en savoir plus

Les botanistes, horticulteurs et autres obtenteurs sont des hommes de terrain. Ils pratiquent leur métier, leur passion – ça va souvent de pair – les mains dans la terre. Ils attribuent – à l'espèce ou à la variété – des noms souvent très concrets : un nom propre latinisé, celui d'un créateur, d'une personnalité célèbre ou d'un grand botaniste.

Certains noms sont encore plus descriptifs et apprendre à les décoder permet de découvrir l'origine des plantes, appréhender leurs exigences, connaître la morphologie des fleurs. Ainsi, un scille *sibirica* sera à coup sûr originaire de Sibérie et donc résistant au froid ; le qualificatif *vulgaris* est synonyme de solide, robuste, et désigne une espèce commune, courante. Le tableau ci-dessous présente les termes les plus couramment employés pour les variétés et leur signification.

Portulaca grandiflora,
le pourpier et son explosion de « grandes » fleurs.

Selon l'origine géographique

Nom latin	Traduction
Caucasicum	du Caucase
Chinensis, sinensis	de Chine
Europeanum	d'Europe
Italicum	d'Italie
Japonica	du Japon
Sibirica	de Sibérie (résistance au froid)
Syriaca	de Syrie (bassin méditerranéen)

Selon la situation la plus favorable

Nom latin	Traduction
Alpinum (a), alpestris	des Alpes (période de végétation courte, mais éclatante)
Glauca	à feuillage bleuté (résistance au soleil)
Maritima	maritime (tolérance aux vents, aux embruns salés, ou adapté aux climats doux et humides)
Palustris, pallida, lacustris, aquatica, aquatilis	des marais (pour terrain humide)
Praecox	précoce
Sempervirens	conserve son feuillage
Sylvatica	des bois (préférence pour la mi-ombre)
Tomentosum	à feuillage velouté (tolérance à la sécheresse)
Vernus, vernalis, nivalis	relatif à l'hiver, au froid
Vulgaris	vulgaire, commun (solidité)

Selon les caractéristiques morphologiques

Nom latin	Traduction
Acaulis	sans tige
Albus, alba, album	blanc
Arborescens	qui forme un buisson aux branches rigides comme du bois
Aureum, aurea	feuillage doré, jaune
Cordifolium	à feuilles en cœur
Floribunda, semperflorens	florifère
Fragrans	parfumé
Grandiflora	à grandes fleurs
Latifolius/angustifolia	à feuilles larges/étroites
Luteus	jaune
Marginata	à feuille bordée de couleur
Officinalis	qui a des vertus officinales (plante à essence au moins dans l'une de ses parties)
Paniculata	à fleurs en panicules
Pendula	pleureur
Purpurea, Purpureum, Purpurescens	pourpre
Racemosa	à fleurs en grappes
Repens, reptans	rampant
Variegata, variegated	à feuillage panaché (en général, il s'agit de panachure blanche ou ivoire)
Tenuifolium	à petites feuilles

LES TYPES DE PLANTES

Un jardin réussi, harmonieux, intègre un mélange de tous les types de fleurs. Arbres, arbustes et plantes vivaces constituent l'ossature, la trame du jardin et ne demandent qu'un entretien réduit. Au moment de la création de votre jardin, souvenez-vous aussi que les arbres et les arbustes constituent un fond de verdure sur lequel viendront s'inscrire les fleurs dans tout leur éclat : ils interviennent comme des faire-valoir autant que pour leurs qualités décoratives propres. Alors qu'annuelles et bulbeuses apportent de la fantaisie, accentuent une ambiance, et personnalisent votre jardin.

La bonne proportion de chacune de ces familles ne dépend que de vous : le style de votre jardin, le temps disponible pour vous en occuper et votre propre personnalité en décideront. Par exemple, si vous voulez privilégier l'espace potager, les fleurs suivront le rythme des légumes et se glisseront entre les rangs, attentives à ne pas perturber les rotations, et ainsi les annuelles et bulbes d'été auront votre préférence. Si vous disposez de peu de temps ou préférez le mettre à profit pour le farniente. Il vous faudra plutôt porter votre choix sur des arbustes et des fleurs vivaces. Entre ces deux solutions extrêmes, tout est possible.

L'inévitable forsythia, dont la floraison explose brièvement à la fin de l'hiver.

Pensez au Troène doré, au feuillage persistant,…

… et au cornouiller (à ses pieds, un fusain rampant) : ils restent décoratifs toute l'année.

Arbres et arbustes

Ils prennent leur temps pour s'installer, ils sont là pour longtemps et c'est par eux que devrait commencer l'aménagement du jardin. Ils sont présents quelle que soit la saison. Même en hiver, leur feuillage, pour les variétés persistantes, et leur ramure souvent très décoratives, la beauté de leur écorce, l'originalité ou la couleur de leurs fruits, pour les autres, égayent, animent, assurent l'ossature du jardin. Ils forment le décor permanent sans pour autant être le moins du monde monotones.

Les arbustes à fleurs sont indispensables au printemps et en été. Privilégiez les floraisons longues comme celles des hortensias, des lavatères ou des buddleias. Ces valeurs sûres sont peu exigeantes et de caractère égal.

Méfiez-vous des feux de paille de printemps : forsythias, seringats et groseilliers à fleurs, ne sont guère décoratifs une fois défleuris. Réservez plutôt ces vedettes printanières au fond des massifs. Au moment de leur floraison, elles paraderont mais sauront s'effacer dès que d'autres fleurs entreront en scène. Leur éloignement au second plan vous encouragera à en cueillir quelques branches pour les faire participer à vos bouquets de printemps. Sachez également que certaines variétés d'un intérêt floral limité dans le temps peuvent posséder des feuillages décoratifs : c'est le cas, par exemple, du forsythia panaché de blanc (forsythia 'Fiesta').

Certains autres arbustes ont des floraisons fulgurantes quand le jardin est démuni. Pensez ainsi à l'hamamélis, qui s'épanouit même sous la neige, de novembre à février. Les branches de certains arbustes caducs changent de couleur dès la fin de l'été. Certains, or, feu ou pourpre, éclairent brillamment le jardin. Ainsi, faites une place aux cournouillers. Certains arbustes à feuillage persistant arborent au printemps des jeunes pousses insolemment colorées. Du rouge vif, comme le photinia, au rose saumon éblouissant des pousses du piéris.

Le jardinier débutant rêve toujours de tout et en quantité. Au printemps, il veut des fleurs en quantité, alors qu'un ou deux spécimens particulièrement éblouissants sont suffisants. C'est plutôt en été qu'il faut « jouer » l'effet de masse – surtout si vous avez de la place – pour composer des massifs d'arbustes fleuris de trois spécimens au minimum, sur lesquels les fleurs s'appuieront. Ainsi, au moment de prévoir vos plantations, réservez un tiers de la surface de votre jardin pour y planter des arbustes à feuillage caduc.

Un rosier buisson trouve une place idéale dans un massif.

RÉFLÉCHIR ET PLANTER

Vous avez eu un coup de foudre et avez acheté un arbuste ou un arbre et vous n'êtes pas sûr de son emplacement idéal : déplacez-le aussi souvent que nécessaire avant de faire le trou. Si vous hésitez encore, matérialisez sa présence en plantant un pieu de 1,50 m de hauteur et promenez-vous dans le jardin, regardez de vos fenêtres, assurez-vous qu'il ne gêne pas vos déplacements en manœuvrant la tondeuse. Quand vous êtes sûr de vous, cherchez sa face la plus fournie (son meilleur profil), creusez, plantez.

Les rosiers

Impossible de se passer de roses. Leur beauté, la durée de leur floraison, si généreuse pour les variétés remontantes, leur longévité en bouquets, nous les font souvent considérer comme des fleurs alors qu'il s'agit en réalité d'arbustes aux caractéristiques et aux exigences bien particulières.

Comble de bonheur, il en existe de très nombreux types différents, et chacun pourra intervenir à sa manière dans la composition de votre jardin.

LES ROSIERS BUISSONS

Ce sont les plus classiques. Ils étalent leurs branches en touffes de 0,50 m à 1,30 m de hauteur. Certains, les plus majestueux, ont de grosses fleurs aux formes pures : ils se plantent volontiers en solitaire. D'autres, les « polyanthas » et les « floribunda », sont plus ramifiés et laissent exploser de nombreuses fleurs, plus petites et réunies en bouquets. Ils interviennent plutôt en groupe, en massif, ou pourquoi pas en bordure, ou encore en compagnie d'autres arbustes.

Un rosier paysage vigoureux supportera très bien une situation isolée.

LES ROSIERS PAYSAGERS OU ARBUSTIFS

Ils atteignent quelquefois 3 à 4 m de hauteur, ils sont vigoureux, et c'est lorsqu'ils seront installés en fond de massif, en bosquet fleuri, ou participant à une haie, qu'on en profitera pleinement.

LES ROSIERS GRIMPANTS, OU SARMENTEUX

Leur port dressé les destinent à partir à l'assaut de n'importe quel support, dès lors que le soleil les caresse. Les moins vigoureux (de 3 à 5 m) sont nés pour escalader les murs, les clôtures, les pylones... Les plus vigoureux, que l'on appelle parfois rosiers lianes, peuvent développer des branches de 15 à 20 m en un temps record et ils sont parfaits pour habiller une pergola, un vieil arbre ou le mur pignon d'une maison. Certaines variétés arborent en hiver des grappes de cynorhodons colorés du plus bel effet.

LES ROSIERS COUVRE-SOL

Ce sont des tout-terrain apparus récemment, capables de s'étaler sur des talus, dégouliner d'un muret ou border une allée d'un tapis de fleurs. Ils dépassent rarement 50 cm de hauteur mais peuvent s'étaler sur 1,20 m, voire plus, sans aucune difficulté. Extrêmement robustes, ils sont à la parade sur le terre-plein des autoroutes ou les talus des jardins publics et sont, pour cette raison, parfois dédaignés par les jardiniers. C'est bien dommage, car leur délicatesse et leur singulière beauté, devraient pousser les amateurs à les réintégrer dans leurs jardins.

ROSIERS TIGES OU ROSIERS PLEUREURS

Ils s'inscrivent difficilement dans des massifs fleuris. Leurs formes, créées artificiellement, s'y insèrent mal. Les premiers sont des variétés de rosiers buissons greffés sur une tige de rosier sauvage, de 1 m de hauteur pour les rosiers tige. Les rosiers pleureurs naissent de la même technique mais viennent de greffes de rosiers sarmenteux sur des tiges de 1,80 m ; leurs branches sont plus ou moins arquées. Un tuteur solide est indispensable pour soutenir leur « tronc » très fin.

PAS DE CONFUSION

Un rosier grimpant est un arbuste portant des tiges souples et longues pouvant couvrir une tonnelle, épouser l'arrondi d'un arceau, ou se laisser guider par un treillage à l'assaut d'un mur.
Un rosier remontant est un arbuste qui continuera à produire des fleurs tout l'été, après la première floraison éblouissante du mois de juin, ou qui, plus modestement, produira une deuxième floraison, après une période d'interruption. L'un n'exclut pas l'autre : certains rosiers grimpants sont remontants ! À noter également que ce sont deux qualificatifs qui ne s'appliquent pas qu'aux rosiers.

MODERNES OU ANCIENS ?

On oppose souvent les roses anciennes et les roses modernes.

Les tenants des rosiers anciens défendent leurs mille et un pétales, leur forme généreuse, qui entraîne leur tige sous le poids de leur bouillonné, leur silhouette souple, aérienne, et leur parfum élégant, discret, subtil. Leur floraison, limitée dans le temps, ne les gêne pas.

Les tenants des rosiers dits modernes apprécient la ligne très dessinée du bouton floral, la belle santé de leur feuillage, l'architecture rigoureuse de leur corps, et tiennent pour négligeable la raideur de leur silhouette.

Tout cela n'est que discussions d'amateurs entêtés. Certaines roses anciennes fleurissent tout l'été. 'Blush Noisette' en est la preuve. D'autres – 'Roseraie de l'Hay' ou 'Jacques Cartier' – sont d'une santé et d'une vigueur exceptionnelles. Et que dire des roses modernes dites « anglaises » aux corolles somptueuses presque identiques à celles des roses anciennes ?

Les croisements entre des variétés anciennes à très grosses fleurs et des variétés modernes remontantes permettent de réunir les qualités des unes et des autres. La distinction entre roses « anciennes » et roses « modernes » a d'autant moins de sens que les plus éminents spécialistes ne sont pas encore parvenus à se mettre d'accord sur les dates d'apparition des roses modernes : d'aucuns prennent comme référence les premiers hybrides de thé (1867), d'autres celle de la couleur jaune de 'Soleil d'Or' (1897) et certains encore s'en tiennent aux premiers polyanthas orangés (1822...). Ne rentrons pas dans ces querelles. Aimons les roses. C'est tout.

La forme parfaite du bouton de rose.

La forme des roses anciennes est variée : ici, 'Marguerite Hilling'...

'Golden Shower'...

'Ghislaine de Féligonde'...

et la très double 'Madame Hardy'.

Les vivaces

Les vivaces se plantent pour plusieurs années, mais leur durée de vie est évidemment plus courte que celle des arbres et des arbustes.

En hiver, la plupart des vivaces disparaissent, seules leurs racines persistent sous terre pour se protéger du froid. Au printemps, elles sont au rendez-vous, à la même place. Certaines autres vivaces ont un feuillage persistant : c'est le cas des *Bergenia*, des armoises, ou des roses de Noël. Année après année, si elles se plaisent et bien sûr ne tombent pas malades, toutes voient leurs touffes devenir de plus en plus imposantes : on dit qu'elles s'étendent.

Echinacea purpurea.

ENTRETIEN

Si certaines rares vivaces peuvent se semer, la plupart d'entre elles se plantent en godets. Leur entretien n'est pas très mobilisant et reste concentré dans le temps :

• **À l'automne**, c'est l'heure du grand nettoyage : coupez tout au sécateur, au ras du sol. Protégez les plus fragiles du froid de l'hiver (voir page 102). Et c'est tout.

• **Au printemps**, dès la reprise de la croissance, désherbez soigneusement et paillez pour éviter la repousse des mauvaises herbes. Ce n'est pas une obligation mais vous pouvez les débarrasser au fur et à mesure de leurs fleurs fanées : le geste sera apprécié et vous en serez remercié par une production florale encore plus abondante l'année suivante, car la formation de graines fatigue toujours une plante.

Une euphorbe en floraison.

Un bouquet de camomille.

TESTEZ LES VIVACES AU POTAGER

Si vous n'êtes pas sûr de l'emplacement exact où vous désirez planter une plante vivace ou que vous ne la connaissez pas bien, servez-vous de votre potager, là où la terre est riche et bien travaillée, comme d'une nursery pour la tester. Plantez-la de préférence en bordure de planche, et observez son comportement pendant toute une année.

• Si la plante a connu une expansion raisonnable, on peut penser qu'elle est exigeante et il faudra la planter dans une terre profonde, soigneusement travaillée, préalablement enrichie d'une bonne poignée de compost ou d'engrais organique.

• Si sa croissance a été exceptionnelle, c'est qu'elle est facile à vivre – une terre ordinaire, même un peu caillouteuse, ne la contrariera pas.

Et si elle vous plaît toujours, vous pourrez alors, au printemps suivant, lui donner sa place définitive.

Votre potager – en principe ensoleillé et abrité – vous sera également utile pour acclimater des plantes réputées difficiles avant leur mise en place définitive.

NE MÉLANGEZ PAS...

Trop souvent, on confond les termes « vivace », « rustique » et « robuste ».

• **Une plante vivace** a un cycle de vie étalé sur plusieurs années, avec une période de croissance par temps beau et chaud, et une période de repos dès que le thermomètre descend.

• **Une plante rustique** résiste au froid. Or certaines vivaces – comme les lobélias – sont fragiles, peu rustiques, et demandent une protection pour l'hiver.

• **Une plante robuste** supporte des conditions difficiles : sol pauvre, caillouteux, sécheresse... Par exemple, les valérianes ou les géraniums vivaces sont à l'épreuve de tout. D'autres sont beaucoup plus capricieuses – le pavot bleu de l'Himalaya (*Meconopsis*) en est l'exemple type.

Les annuelles et les bisannuelles

La mode des *mixed borders* – plates-bandes à l'anglaise – a beaucoup fait négliger les fleurs annuelles et les bisannuelles (pensées, primevères, myosotis...). Et pourtant, elles sont si pratiques ! Il faut, avec les bulbeuses, les considérer comme celles qui apportent la touche finale du jardin.

Dans les potagers de château, autrefois, elles faisaient partie intégrante du jardin bouquetier. On venait les y cueillir pour égayer ces grandes demeures austères. De la graine à la mort, leur cycle végétatif se déroule sur une seule année pour les annuelles (on les sème, elles poussent et fleurissent la même année) et sur deux ans pour les bisannuelles (on les sème : leur végétation se développe la première année, elles fleurissent au printemps suivant), et elles prennent soin d'assurer leur descendance en produisant des graines. Certes, leur vie est courte – elles durent le temps de la belle saison –, mais elles sont imbattables sur la durée et la générosité de leur floraison. La plupart offrent leurs premières fleurs dès le mois de mai et s'éteignent aux premières gelées, fin octobre quand l'arrière-saison est clémente. Six mois de fleurs garantis. Qui dit mieux ?

Fleur d'un Lobélia 'Kompliment'.

Une buglosse (Anchusa italica).

Godetias variés.

CULTURE ET ENTRETIEN

La culture des annuelles ne présente aucune difficulté : tous les ans, en mai, après les dernières gelées, semez ou plantez directement en place. Les plus frileuses d'entre elles (pélargoniums, bégonias ou pétunias) exigent un semis au chaud avant un repiquage en godets puis la plantation dans les massifs. La culture des bisannuelles demande plus de patience mais elle reste accessible au débutant s'il respecte scrupuleusement les instructions généralement portées sur les sachets de graines par le grainetier.

On peut évidemment éviter les semis en utilisant des plants disponibles en jardinerie. Toutefois, la gamme de ces annuelles paraît bien réduite, comparée aux mille et une variétés offertes par les graines. Le débutant préfère souvent les plants, qui font gagner du temps et offrent une meilleure garantie de réussite. Mais l'expérience venant, il pourra satisfaire ses envies d'insolite ou d'originalité en entreprenant lui-même ses semis.

Pendant la belle saison, il faut s'imposer d'éliminer les fleurs fanées : c'est la condition *sine qua non* pour s'assurer une floraison longue et généreuse. Les annuelles et les bisannuelles sont également exigeantes en eau, surtout pendant les périodes de grande sécheresse. Ne lésinez pas.

Quand la floraison est terminée, vous arrachez et vous brûlez.

DES ANNUELLES QUI REPOUSSENT ?

Certaines annuelles ou bisannuelles, comme les lavatères ou les coquelourdes (*Lychnis coronaria*) se ressèment spontanément à partir de leurs graines tombées au sol à l'automne.

Ces semis naturels sont économiques et pratiques pour le jardinier : le printemps venu, on récupère les jeunes plants pour les mettre en place à l'endroit voulu. Encore faut-il les reconnaître et les distinguer des mauvaises herbes ! Dès la première année de mise en place, tâchez de bien observer vos jeunes semis ou vos jeunes plants pour être à même de repérer les futurs plants nés des semis spontanés au moment de les repiquer.

Même si on les retrouve d'une année sur l'autre, les annuelles – celles qui se ressèment – ne sont pas des vivaces : botaniquement, il n'y a pas de rapport, d'autant que leurs graines peuvent connaître de mauvaises conditions de germination et disparaître.

Les bulbes

On donne généralement le nom de bulbes à toutes les excroissances gorgées de nourriture que développent certaines plantes. C'est simple mais inexact. Si c'est toujours sous la terre que ces dernières emmagasinent des réserves alimentaires pour produire des fleurs l'année suivante, ces organes de stockage changent de nom selon qu'ils prennent la forme d'oignons ou naissent d'une différenciation des racines ou des tiges souterraines.

De ces bulbes vrais, cormus, rhizomes ou griffes naissent fleurs et feuillage, simultanément ou parfois avec un certain décalage. Le cycle floral achevé, la photosynthèse permet aux plantes de reconstituer des réserves pour renouveler l'expérience l'année suivante. Puis le feuillage jaunit, sèche et meurt et la période de repos commence. Jusqu'à ce que les conditions idéales soient réunies pour une nouvelle floraison.

Astroemeria, *le lis des Incas.*

Schizostylis coccinea major.

Une tête d'oignon à peine éclose.

DES MODES DE VIE VARIÉS

Les fleurs bulbeuses ne peuvent pas être considérées comme des vivaces bien que nombre d'entre elles se comportent comme telles et repoussent d'année en année : on dit alors qu'elles se naturalisent. Mais toutes ne sont pas rustiques et ont du mal à passer la mauvaise saison. Ainsi, les bulbes d'été (cannas, dahlias, glaïeuls), d'origine tropicale, ne peuvent pas rester en terre tout au long de l'année : elles ne supportent ni le froid ni le gel. Les arracher et les mettre à l'abri est donc indispensable tous les automnes, en fin de floraison. Il arrive également que d'autres espèces, bien que naturalisées et plutôt rustiques – les tulipes hybrides, par exemple –, perdent leurs caractéristiques au bout de quelques années de culture : elles dégénèrent. Il faut donc les remplacer.

BULBES DE PRINTEMPS : OÙ ?

Tous les bulbes font bon ménage avec les annuelles et les vivaces, mais aussi avec les autres plantes du jardin.

Les bulbes de printemps annoncent le retour des beaux jours, alors que l'hiver s'étire encore. Il est intéressant de les planter de préférence en massif, parmi les vivaces au feuillage un peu touffu. Au moment de leur floraison, ils seront mis en valeur par le feuillage des vivaces au seuil de l'éveil.

Une fois la floraison terminée et les fleurs fanées éliminées, leur feuillage devenu sans intérêt sera masqué par le développement des vivaces. Ce feuillage, indispensable au bulbe pour reconstituer ses réserves, ne sera coupé à ras que lorsqu'il sera complètement sec. Ainsi, la place sera libérée pour l'épanouissement des vivaces, puis des annuelles qui prendront alors le relais.

Vous êtes tenté par une jolie pelouse émaillée de fleurettes printanières ? Ce spectacle champêtre est effectivement des plus charmants. Attention au choix des espèces. Préférez celles qui se naturalisent pour éviter de devoir replanter chaque année. N'oubliez pas que, là aussi, le feuillage doit être complètement flétri avant d'être coupé et que cela vous interdira de tondre pendant un moment. Aussi, optez pour des bulbes à végétation courte et à floraison très précoce : perce-neige, crocus botaniques (les plus précoces), narcisses, cyclaminens et certains scilles. Nous vous suggérons de planter plutôt au pied des arbres ou des arbustes : une touffe de pelouse non taillée faisant ainsi beaucoup moins mauvais effet…

Après cette brève introduction à nos actrices horticoles, nous reviendrons plus en détail sur chacune d'entre elles dans les chapitres qui suivent.

POUR PARTIR DU BON PIED

Pour construire un jardin à partir de rien – ou de peu –, il est indispensable de respecter un ordre chronologique précis.

Plantons dans l'ordre

Il s'agit, dans tous les cas de :

• planter ce qui dure selon une hiérarchie : les arbres en premier, les arbustes et les haies ensuite, puis les fleurs vivaces ;

• puis planter l'éphémère : les bulbes et les annuelles interviennent lorsque l'architecture du jardin est déjà en place.

Cette logique trouve son explication dans le rythme des saisons. La meilleure période pour planter est incontestablement l'automne. Les arbres et les arbustes, tout comme les rosiers, sont alors vendus « à racines nues » et leur prix est plus avantageux. Mais surtout, plantés à cette époque, les végétaux ont toutes les chances pour une bonne reprise.

On peut évidemment planter au début du printemps – en mars-avril –, mais nous vous conseillons de réserver cette époque pour la plantation de vos massifs de fleurs, en commençant par les vivaces, puis les bulbes et les annuelles. Si vous habitez une région à hiver froid, ce conseil est impératif. Si, malgré tout, vous décidez de planter arbres, arbustes ou rosiers, vous les choisirez « en mottes », ou en conteneur, et non plus à racines nues.

Faut-il vraiment attendre l'automne pour commencer ?

On ne maîtrise pas toujours les événements, et la maison de vos rêves ne devient pas votre propriété forcément à la saison souhaitée. Que faire ? Attendre l'automne pour commencer les travaux, transformer la friche en jardin de fleurs, alors que dès le printemps, on brûle de planter, de semer, de cueillir ?

On peut commencer certains travaux dès le mois de mars. Mais attention ! Pas de coup de cœur, pas d'impulsion irraisonnée : commencez par établir un plan sur du papier. Nous l'avons déjà dit, nous le répétons. Et après seulement, vous pourrez acheter des graines, des plants, des arbres, des arbustes et enfin manier la bêche et le plantoir. Toutefois, ne plantez pas n'importe quoi n'importe quand.

En mars : on peut planter les arbustes à feuillage persistant, en mottes, en particulier ceux destinés aux haies, en respectant les règles en vigueur (voir page 33). Cette technique de production permet de planter presqu'à tout moment. Pour bien planter et s'assurer d'une reprise parfaite, suivez les conseils que nous donnons pour la plantation des annuelles en potées fleuries, page 154. À cette période, les arbustes reprennent leur croissance, ils pourront donc tout de suite s'installer et pousser dans leur nouvel environnement. Préférez les arbustes à floraison estivale – qui dure souvent jusqu'aux gelées.

Si votre région connaît des étés chauds et secs, résignez-vous à attendre l'automne suivant pour planter arbres et arbustes, sinon vous courez à la déception, voire même à l'échec.

Poursuivez les plantations en commençant par les vivaces fleurissant en été et en automne. C'est possible jusqu'à la mi-mai, avec pour seule conséquence sur la floraison qu'elle sera peu abondante la première année. Mais, vous leur assurerez ainsi une installation confortable pour les années suivantes.

En avril : patientez jusque-là – pas au-delà, sinon la floraison serait retardée d'autant – pour mettre en place les bulbes d'été en prenant soin de ne pas les planter trop profond afin d'assurer une floraison rapide.

En mai : mettez en place ou semez les annuelles.

En juin-juillet : plantez les bulbes d'automne mais rien d'autre. Profitez du beau temps pour continuer à rêver votre jardin. Et dès l'automne, mettez-vous sérieusement au travail.

Ce n'est qu'à l'automne que vous planterez les bulbes du printemps.

ÉVITEZ-LEUR LA SOLITUDE

Dans un jardin, rien n'est plus triste ni plus décevant que le saupoudrage ou l'uniformité. Les plantes et arbustes aiment se retrouver ensemble. Mais méfiez-vous toutefois de la collection de géraniums vivaces alignés dans une plate-bande, sans rapport de forme ni de couleur, sous prétexte qu'ils sont de la même famille. Mariez plutôt vos plantes par masses colorées et assorties. Évitez également le bel arbuste isolé, souvent triste, même s'il est exceptionnel.

Les arbustes préfèrent être à deux ou trois de la même espèce et les fleurs vivaces par cinq au minimum. Les annuelles et les petits bulbes (crocus, narcisses, cyclamens de Naples, colchiques, anémones) apprécient la forte promiscuité : plantez-les par 25, 30, 50. Les grands bulbes, eux, (dahlias, cannas, lis et tulipes) font bon ménage à 10, ou plus.

L'assemblage des rosiers dépend beaucoup du type choisi. Ceux à petites fleurs groupées (polyanthas ou couvre-sol) sont à leur avantage par 3, 5 ou plus. Seuls, ils sont tristes. Les rosiers arbustifs ou rosiers tiges supportent la solitude. Mieux, elle les met en valeur, surtout en compagnie de quelques fleurs légères installées à leur pied. Un seul rosier grimpant ou un rosier liane est suffisant pour couvrir un arceau.

Contre les mauvaises herbes : plantez serré

La distance de plantation entre les plantes est réglée en fonction de leur étalement, autrement dit de leur diamètre à l'âge adulte. Pour obtenir le meilleur développement théorique, il faut laisser entre deux plantes la moitié de la somme de leur étalement respectif. Si vous respectez cette règle, vos massifs risquent d'être un peu vides les premières années et, sauf désherbage intensif, les mauvaises herbes procéderont à une invasion en règle. Plantez donc plus serré que ce qui est préconisé. Ne laissez que 30 cm entre les grandes espèces, 20 entre les moyennes, et à peine 10 entre les petites. Les plantes n'en souffriront pas dans leur croissance, seules les mauvaises herbes pourraient vous en vouloir. Quand les plantes vous paraîtront à l'étroit, vous les diviserez ; la plupart des vivaces apprécient ce traitement qui les revitalise. Si certaines d'entre elles – les pivoines, les cœurs-de-Marie, plus casaniers – rechignent à repartir après la division, mieux vaut les laisser en place et déplacer leurs voisines.

Et n'hésitez jamais à tailler les plantes pour leur conserver des proportions raisonnables dans l'espace imparti.

Faites vos comptes

Mais avant de procéder à vos achats, évaluez soigneusement vos besoins en mesurant la surface des massifs à garnir et en disposant chaque plante sur le papier. Matérialisez chaque espèce (au moins par groupes de trois) par un symbole distinct, en respectant leur étalement. N'oubliez pas de tenir compte des arbustes. Vous pouvez maintenant établir la liste des plantes à acheter, en précisant la quantité exacte pour chaque variété, et ainsi connaître le montant de vos investissements.

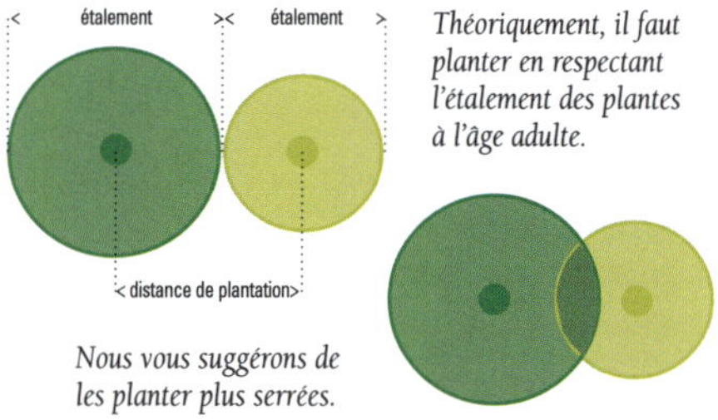

Théoriquement, il faut planter en respectant l'étalement des plantes à l'âge adulte.

Nous vous suggérons de les planter plus serrées.

LA BONNE MESURE

Pour évaluer la distance entre deux plantes au moment de la répartition des godets ou conteneurs sur la surface du massif, fabriquez quelques jauges. Des bâtons droits feront l'affaire ; la longueur à prévoir est 20 cm pour les plantes de bordures, 30 cm pour celles de taille moyenne, 40 cm pour les plus hautes, et 50 à 60 cm pour les arbustes.

Les annuelles comblent le vide

Toujours pour éviter l'installation des mauvaises herbes entre les vivaces, comblez les vides entre elles avec des fleurs annuelles, surtout la première année. La saison suivante, elles laisseront leur place aux vivaces qui pourront s'étaler librement. Attendez la fin mai pour mettre en place les annuelles et les bisannuelles achetées en godet : les jardineries ou les horticulteurs liquident leurs stocks, les promotions sont nombreuses, profitez-en. Quinze jours plus tard, vos jeunes plants bien arrosés auront déjà doublé de volume. Cette formule reste préférable tant que vous n'aurez pas maîtrisé l'art du semis.

Quelle plante choisir ?

Le meilleur choix passe impérativement par la connaissance et le respect des besoins des plantes. Il ne faut pas sacrifier au plaisir égoïste de posséder une belle plante si on ne lui donne pas toutes ses chances d'être vraiment la plus belle.

Deux étapes de la plantation : griffage de la motte de racines ...

... et, en tassant avec les mains, formation d'une cuvette d'arrosage.

Installer une touffe de gaillardes sous un arbre, par exemple, c'est l'échec assuré. En revanche, des fuchsias ou des impatiens sous le feuillage léger d'un robinier, et c'est la garantie d'une floraison constante et abondante.

Pour qu'un jardin soit fleuri longtemps, il faut bien évidemment échelonner les périodes de floraison mais aussi savoir créer une impression de masse en toute saison. Pour qu'une composition soit réussie et fleurie du printemps aux gelées, choisissez une ou deux plantes vivaces – selon la taille de votre massif – que nous appellerons « phares », et plantez-les en masse (trois pieds groupés au minimum). Pendant leur période de floraison, relativement courte, elles seront éblouissantes. Chaque groupe de plantes « phares » explosera, selon le choix que vous aurez fait, au printemps, pendant l'été ou à l'automne.

Ces plantes « phares » seront accompagnées par des fleurs à floraison plus longue pouvant couvrir également la saison suivante. Par exemple, si votre « phare » est une pivoine, elle fleurira en juin ; entourez-la d'achillées qui commencent à s'épanouir fin juin pour tout l'été, ou d'alchémilles, plus précoces encore.

Inversement, si votre « phare » est une marguerite d'automne, aux tons de feu (*Dendranthema*), en fleur de septembre aux gelées, associez-la à des fleurs estivales, asters d'été ou géraniums vivaces (*G. psilostemon* ou *G. sanguineum*), en fleurs tout l'été jusqu'en septembre. Dans ces ensembles, peuvent s'inscrire un arbuste printanier précoce ou une espèce joliment colorée à l'automne, comme un cornouiller (*Cornus kousa* ou *florida*), ou encore un arbuste, fructifiant, comme un millepertuis (*Hypericum inodorum* 'Elstead').

Les bulbes vous aideront à compléter la composition en vous aidant à combler les périodes de floraison moins fournies : début de printemps – tulipes et narcisses –, été-automne – dahlias. Et, bien sûr, l'immense choix des annuelles et bisannuelles finaliseront l'ensemble.

Pensez également aux feuillages pour valoriser les diverses fleurs. On peut en effet choisir de planter certaines espèces uniquement pour la beauté de leur feuillage, sans en attendre de floraison. Le choix se porte alors sur la couleur des feuilles – pourpre, gris, vert clair, doré... – sans en abuser dans un même massif, ou sur la texture – hostas aux feuilles épaisses et larges, et astilbes au feuillage découpé et aux fleurs plumeuses, par exemple.

De l'usage des fleurs

Il faut également tenir compte de l'usage que vous entendez faire de vos fleurs. Si votre seul désir est de les admirer dans le jardin sans jamais les couper, il faudra alors privilégier leur résistance aux intempéries. Ainsi, sachez que les fleurs blanches « rouillent » souvent sous la pluie.

Si, au contraire, votre intérêt pour les fleurs passe essentiellement par la composition de bouquets, vous choisirez les espèces à floraison longue comme les marguerites ou tous les soleils (rudbeckias, tournesols, heleniums, heliopsis). Pour cueillir librement sans défigurer l'harmonie du jardin, prévoyez de larges taches, bien denses ; vous irez ainsi faire votre choix d'un massif à l'autre sans massacrer l'ensemble. Si, malheureusement, vous disposez de peu d'espace, privilégiez plutôt les massifs et évitez d'y prélever trop de fleurs. Et si vous ne pouvez pas vous en empêcher, plantez dense.

LE MEILLEUR MOMENT POUR UNE VIE LONGUE

Il existe un moment idéal pour cueillir chaque espèce : trop tôt, elle ne s'épanouira pas complètement ; trop tard, elle ne durera pas. Pour les glaïeuls et les iris, le moment idéal se situe dès que le premier fleuron du bas de la tige s'entrouvre, alors que les lis peuvent être cueillis quand leur bouton est encore fermé. Les pivoines, les roses, les freesias, les prunus, donneront leur meilleur lorsqu'ils seront cueillis fermés, le bout de leurs pétales colorés à peine visible. À l'opposé, les fleurs de type marguerites – reines-marguerites, chrysanthèmes, dahlias – devront avoir leurs pétales déployés mais leur cœur encore jaune, clair, bien serré. Les tulipes peuvent se cueillir au tout début de leur coloration, sous réserve qu'elles soient déjà bien gonflées.

LES SECRETS DE LA CUEILLETTE

Deux théories : le matin ou le soir ?

- **Le matin**, les fleurs sont plus fraîches, parées de quelques gouttes de rosée. La fraîcheur de la nuit les a requinquées de la chaleur du jour précédent. Cueillez-les à la fraîche alors que le soleil ne les a pas encore touchées.
- **Le soir**, les fleurs ont fait leur plein d'énergie solaire dans la journée, elles sont gorgées de sucre et plus résistantes pour leur nouvelle vie de fleurs coupées. En fait, peu importe. Faites selon votre disponibilité, mais surtout ne cueillez pas dans la journée sous un soleil brûlant. Prévoyez un panier pour que les tiges ne restent pas dans votre main, au chaud, et utilisez un sécateur bien aiguisé pour obtenir des coupes franches. Coupez des tiges plus longues que vos besoins, vous pourrez ainsi les recouper confortablement avant de composer le bouquet. De plus, une coupe « fraîche » permettra à la tige de mieux « pomper » l'eau du vase pour maintenir la fleur au mieux de sa beauté. Aussi vite que possible après la cueillette, faites « boire » les fleurs en les trempant dans un seau d'eau à température ambiante pendant quelques heures, ou mieux pendant toute une nuit. Avant de composer votre bouquet, enlevez le plus gros du feuillage ; plus vous en laissez, plus vite les fleurs se dessécheront. De plus, le feuillage, s'il trempe dans l'eau, s'y décompose généralement et génère de mauvaises odeurs. Recoupez les tiges herbeuses sur 5 à 6 cm, écrasez l'extrémité de celles des arbustes, plus résistantes ; une goutte de chlore (eau de Javel) ou un cachet d'aspirine dans l'eau du vase l'empêche de croupir. N'oubliez pas que les tiges absorbent l'eau par la surface de la coupe et qu'un vase très plein n'a d'intérêt que celui d'assurer sa stabilité.

TUTEUREZ

Rien de pire que les touffes de pivoines écroulées sous le poids des corolles opulentes, les grands delphiniums brisés par le vent violent ou les dahlias, à têtes lourdes, effondrés sous les pluies d'été. Les fleurs ont besoin d'un soutien, alors fournissez-leur sans pour autant transformer votre jardin en champ de tuteurs car la première qualité d'un soutien est sa discrétion.

Tout est bon pour faire un tuteur. Peu importe le matériau employé ; l'important est qu'il se noie dans la végétation. Mais il faut vous astreindre à une certaine unité : rien de plus laid, en effet, qu'un tuteur de bambou côtoyant un piquet de châtaignier, à côté d'un fer à béton. Alors qu'un jardin entièrement tuteuré avec des fers à béton peut ne pas manquer de charme. On peut s'exercer à l'art du camouflage en peignant les tuteurs avec des couleurs vives, par exemple : elles feront écho à celles des fleurs.

Les jardiniers anglais font preuve d'astuce dans ce domaine : ils ont inventé des tuteurs en cercle maintenus par trois ou quatre piquets enfoncés dans le sol ; des tuteurs à secteurs pour retenir les plantes qui fusent ; des piquets de fer pliés à angle droit fixés les uns aux autres pour entourer la touffe de fleurs à mi-hauteur.

La taille du tuteur

Ce pourrait être une lapalissade que d'affirmer la nécessité d'adapter le tuteur à la taille de la plante, si on ne voyait trop souvent de superbes massifs de cosmos ou de nigelles de Damas, à la silhouette vaporeuse, serrés autour d'un tuteur trois fois plus gros que leur tige. Inutile de gâcher l'élégance d'une silhouette par un tuteur inadapté : le bon tuteur respecte le port naturel de la fleur. Pour des plantes de taille moyenne (maximum 80 cm), utilisez des tuteurs en cercle : certains modèles permettent de suivre la croissance de la plante en les enfonçant au plus bas au démarrage de la végétation et en les remontant au fur et à mesure de leur évolution.

Pour les plantes plus hautes (1 m et plus), plantez à l'extérieur de la touffe trois ou quatre tuteurs bambou, plus petits d'un tiers que la plante adulte. Enroulez un lien autour du tuteur (schéma), en spirale montante au fur et à mesure que la plante grandit. N'oubliez pas de mettre en place les tuteurs au moment de la plantation : plus tard, vous risquez d'endommager les racines en les enfonçant ou de transpercer les bulbes qui n'auront aucune chance de s'épanouir.

Indispensable au tuteur : le lien, aussi important que le tuteur lui-même. Pourquoi vouloir intégrer le tuteur à la végétation et ne pas en faire autant du lien ? Choisissez-le de couleur verte ou naturelle, du genre raphia, et coupez ras les bouts après l'avoir noué. Ne serrez jamais la tige d'une plante contre le tuteur, elle ne mérite pas d'être étranglée. Souvent, la plante dépérit parce que la sève ne passe plus ou circule mal. Idéalement, attachez solidement le raphia au tuteur et entourez la tige en décrivant un 8. Le lien sera alors à la fois solide et souple.

D'une manière générale, il est souhaitable de commencer à attacher la plante quand sa tête est à 15 ou 20 cm du sol.

Certains tuteurs s'imposent

S'agissant de plantes grimpantes, on ne peut pas vraiment parler de tuteurage mais plutôt de support. Dans ce cas, la discrétion n'est pas de mise, au contraire. Choisissez-les toujours en fonction du style de votre jardin.

Dans un jardin aux lignes rigoureuses – à la française –, vous installerez des obélisques, boules, cercles, pyramides en métal, sur lesquels vos plantes grimpantes se laisseront guider. Ils se présentent généralement recouverts d'une peinture époxy ou gainés de plastique résistant aux intempéries.

Un jardin naturel aux lignes souples intégrera harmonieusement des matériaux simples – branches de bouleaux, bambous, éventuellement habillés de grillage à mailles fines, de couleur acier de préférence.

CROISSEZ ET MULTIPLIEZ

Tous les ans, vous pouvez racheter les graines des fleurs annuelles ou bisannuelles qui ont enchanté votre jardin au cours de la saison passée. Mais pourquoi ne pas récupérer vous-même leurs graines ? Non seulement c'est économique, mais c'est aussi naturel. De même, apprenez à multiplier vos favorites par bouturage ou marcottage, ou en divisant les touffes de vivaces et de bulbeuses.

Conservation des graines

Les graines se récoltent bien mûres et sèches, leur couleur brune plus ou moins foncé reste le meilleur indicateur. Le plus souvent, elles se détachent d'elles-mêmes du reste de la fleur qui les porte. Alors, à maturité, coupez les fleurs, espèce par espèce, après deux ou trois jours de temps sec (humides, les graines ne se conservent pas et moisissent) et tenez-les dans des sacs en papier, portant le nom de la plante lisiblement indiqué. Dès que possible, séparez les graines des fleurs. Si la récolte est simple, la conservation de ces précieuses semences jusqu'à la saison suivante demande quelques précautions. Aussi, ramassez au-delà de vos besoins. Attention : les graines craignent la chaleur humide ; dans ces conditions idéales, elles peuvent entamer leur germination, ou moisir. Recycler des tubes de comprimés effervescents est un bon moyen pour protéger les graines de l'humidité car les bouchons contiennent couramment un dessicatif. À défaut, plusieurs épaisseurs de papier, soigneusement pliées en cornet et maintenues dans un lieu parfaitement sec feront l'affaire. Le froid et le gel sont les ennemis jurés de bon nombre de plantes annuelles originaires de régions exotiques et peuvent réduire à néant la faculté des graines à germer l'année suivante. Enfin, les graines se détériorent à la lumière : les conserver à l'obscurité s'impose également.

NE FAITES PAS CONFIANCE À VOTRE MÉMOIRE

Étiquetez chaque tube ou chaque sachet. Jardinier débutant, vous aurez du mal à reconnaître les graines les unes des autres alors que cinq mois se seront écoulés entre la récolte et le nouveau semis. Même si vous saviez faire la différence entre la graine d'un œillet d'Inde et celle d'un cosmos, vous auriez quand même des difficultés à déterminer les variétés de chacune des espèces.

BOUTURER EN TOUTES SAISONS, C'EST POSSIBLE

Choisissez une plante en bonne santé, prélevez des extrémités de tiges vigoureuses – 10 cm de long, 4 niveaux de feuilles. Une fois la bouture enterrée, de nouvelles racines naîtront au point d'insertion de ses feuilles. La tige coupée – appelons-la maintenant bouture – n'a pas de racine : elle ne peut donc pas s'alimenter en eau. Il faut lui faire économiser ses réserves, en réduisant le nombre de ses feuilles.

- Éliminez les deux niveaux de feuilles situées près de la coupe et conservez les deux autres.
- Trempez la coupe dans de la poudre d'hormones de bouturage pour encourager l'émission de racines.
- Remplissez un godet de mélange « spécial semis ».
- Ne tassez pas.
- Plantez la bouture de telle sorte que les deux points d'insertion des feuilles que vous venez de retirer soient en terre.
- Tassez fortement autour pour favoriser le contact et l'émission de racines.
- Arrosez abondamment.
- Recouvrez d'un plastique transparent pour protéger du dessèchement.
- Maintenez la terre humide jusqu'à l'apparition de nouvelles pousses : vous avez réussi, votre bouture a pris racine.
- Ne vous contentez jamais d'une seule bouture, la nature fait quelquefois des caprices ou a envie de jouer des tours. On ne gagne pas à tous les coups.
- Pour couper vos boutures, employez un sécateur préalablement désinfecté à l'alcool à brûler pour éviter tout risque de contamination. On ne sait jamais.

La magie du bouturage

Jouer à l'apprenti sorcier en bouturant une fleur, c'est fascinant. Faire naître un nouvel arbuste identique à la plante-mère à partir d'une simple brindille, c'est bouleversant. Mais c'est aussi le moyen d'obtenir de nombreuses plantes à peu de frais, d'échanger des espèces difficiles à trouver chez les pépiniéristes, tout en s'amusant et en retrouvant son âme d'enfant.

Imaginez que vous ayez envie de border vos allées de buis, pour autant que vous ne soyez pas trop pressé. Achetez d'abord un ou deux spécimens bien développés ; plantez-les dans votre jardin et assurez-leur une taille régulière : les déchets de taille vous fourniront d'excellentes boutures. Voici deux procédés, selon la saison :

• **Au printemps**, en période de croissance forte, coupez de jeunes tiges encore vertes, mettez-les dans de l'eau ou de la terre humide pour les faire « raciner » ; une fois les racines formées, vous les replanterez en godet puis les mettrez en place au jardin à l'automne.

• **Fin août-début septembre**, coupez des branches déjà rigides – le bois commence à se former, on dit qu'elles sont « aoûtées » – plantez-les en pleine terre au jardin dans un coin abrité du froid et du vent et laissez-les tout l'hiver. Au printemps, vous pourrez les replanter dans la situation que vous souhaitez, dès qu'elles montreront de nouvelles pousses.

Divisez pour rajeunir

Beaucoup de fleurs vivaces sont capables de se régénérer à partir d'un fragment de touffe, pour peu qu'il porte racine, tige ou bourgeon. On divise en coupant en deux parties, ou plus, une touffe de fleurs vivaces pour leur donner un coup de jeunesse ou limiter leurs ardeurs expansionnistes. Mais on peut aussi diviser pour multiplier les plantes que l'on préfère, en replantant les parties.

Préparation de boutures.

Divison d'une motte de vivace…

… et d'une touffe de bulbeuse.

Marcottez pour s'amuser

Certains arbustes (conifères, bruyères, rhododendrons, magnolias), certaines vivaces (les œillets) ont la capacité de produire des racines sur une branche, sous réserve que celle-ci soit en contact avec le sol et reste en relation avec la plante principale. Ce phénomène – le marcottage – est naturel. On peut toujours essayer de forcer la nature.

• Entre avril et août : choisissez une branche basse, souple, jeune de préférence (moins de deux ans).

• Entaillez superficiellement cette branche avant de la mettre en contact avec le sol pour encourager l'émission de racines.

• Enterrez la branche sous quelques centimètres de terre. Mélangez un peu d'hormones de bouturage à la terre.

• Maintenez-la dans cette position en posant une pierre sur la partie enterrée.

• Déterrez la branche couchée dès qu'elle manifeste des signes de reprise (des pousses sont émises par la partie enterrée).

• Coupez la branche de la plante mère et éliminez les parties qui ne portent pas de racines.

• Mettez la marcotte en terre, à sa place définitive.

Si les racines ne sont pas encore formées, replacez la branche à l'identique et patientez. Pour marcotter, il ne faut pas être pressé. L'émission de nouvelles racines peut demander, selon les espèces, deux mois ou un an.

La division est indispensable tous les 3 ou 4 ans, voire plus fréquemment pour les plantes plus vigoureuses. Les périodes les plus favorables à la division sont le début du printemps et l'automne. Voir le détail de l'opération page 102.

Les bulbes font des petits

Les bulbes jouent les originaux, on ne les divise pas ni ne les bouture. Quelquefois, on les sème. Rarement. Les bulbes se reproduisent le plus couramment en produisant des petits bulbes – des bulbilles – accrochés dans un premier temps à leur plante mère. L'obtention d'une fleur à partir d'une bulbille nécessite parfois plusieurs années, et le succès ne peut être rencontré qu'à condition de lui offrir les conditions de vie idéales. Nous vous déconseillons de vous engager dans une telle opération, elle a peu d'intérêt pour l'amateur. Scilles, perce-neige, crocus, narcisses se multiplient naturellement : année après année, les touffes grossissent sans intervention, et deviennent parfois si importantes qu'il faut parfois les diviser. Quant aux autres, elles se contentent de régénérer leurs bulbes tous les ans. Ce qui est déjà une qualité, puisqu'on retrouve autant de fleurs d'une année sur l'autre, à défaut d'en obtenir plus.

SOIGNER LES MALADIES

Ne rêvons pas ! Tout être vivant a son lot de misères. Et si nos soins les plus vigilants ont été portés à la plantation, à l'arrosage, à la nutrition de nos protégées, ce n'est pas pour autant qu'elles sont à l'abri d'accidents de santé. La vigilance est de mise, et la rapidité d'intervention souvent indispensable.

Les maladies et leur traitement

Il serait laborieux de donner le détail de toutes les affections et parasites que les fleurs peuvent risquer de subir au cours d'une vie de plante. Plus vous accueillerez de variétés dans votre jardin, plus vous risquerez d'y introduire des plaies diverses. Nous n'évoquerons donc ici que les désagréments les plus fréquents, ceux auxquels la majorité des plantes à fleurs peuvent, dans certaines conditions, être confrontées.

LES PUCERONS

Toutes les fleurs ou presque sont l'objet de leurs attaques, avec une prédilection très prononcée pour les jeunes pousses bien tendres. Si vos jeunes plants prennent une allure étrange et dolente, examinez l'envers des feuilles : pucerons noirs ou verts les ont colonisés. Simultanément, vous constaterez la présence de fourmis : elles sont tellement friandes du miellat sécrété par les pucerons qu'elles les protègent.

Dès le début de la saison, un lâcher de larves de coccinelles peut être d'une certaine efficacité. Pas toujours, surtout si le froid paralyse l'éclosion des larves. Très efficaces : les traitements d'insecticides naturels à base de roténone ou, mieux, de pyréthrine, exécutés dès le début de l'attaque et renouvelés quinze jours plus tard pour éradiquer l'envahisseur. Le jus de tabac fait souvent rire mais, d'expérience, se révèle très efficace sur les rosiers. Il suffit de faire tremper du tabac ordinaire (du gris) – un paquet pour une bouteille d'eau – et de diluer ensuite cette décoction – un volume pour dix d'eau – avant de la pulvériser.

Un petit pulvérisateur rend de grands services.

LES MOUCHES BLANCHES

Au toucher, les feuilles de vos plantes sont collantes. En les secouant, vous verrez s'envoler une nuée de toutes petites mouches blanches : ce sont des aleurodes. Elles semblent préférer les plantes cultivées en pot à celles du jardin. Installées à l'envers des feuilles, elles sont difficiles à déloger.

Quand la plante est en pot, pulvérisez un insecticide à base de pyréthrine, en dirigeant le jet vers le dessous des feuilles, et enfermez le pot dans un sac plastique pour une nuit. Vous en serez débarrassé dès le lendemain. Difficile au jardin d'employer la technique du sac : il vous faudra renouveler le traitement tous les dix jours. À défaut de les éliminer, vous en limiterez le nombre et vos fleurs vous en seront reconnaissantes. Sachez enfin que les aleurodes ne supportent pas l'hiver. Au-dessous de 8° C, elles meurent.

ACARIENS

Les attaques des acariens sont sournoises, difficiles à prévoir, et surtout à détecter dès l'origine. Quand le beau feuillage vert se plombe, que la croissance commence à être perturbée, votre attention est attirée mais il est trop tard : l'envers des feuilles est couvert de filaments très fins, comme des toiles d'araignée, les araignées rouges ou acariens sont là. La sécheresse et la chaleur font leur bonheur et ils piquent le limbe pour sucer la sève. Chaque piqûre laisse apparaître un minuscule point jaune et, imperceptiblement, la croissance de la plante ralentit.

À titre de prévention, on peut doucher le feuillage, mais pour sauver la plante, l'application d'un insecticide à base de dicofol, deux fois à quinze jours d'intervalle, est indispensable. Les produits naturels sont sans effet contre les acariens.

LES COCHENILLES

Parfaitement discrètes, elles ne bougent pas. On a même peine à croire, en observant des sortes de croûtes sur la tige ou les feuilles des plantes qu'il s'agit d'un insecte au stylet redoutable, s'enfonçant dans les chairs pour sucer leur substance vitale. Au début, on ne remarque rien, on ne voit rien. Puis, les fleurs sont moins nombreuses, la plante moins vigoureuse, les feuilles, devenues collantes, se couvrent d'une sorte de suie noire et se dessèchent. Les cochenilles dites farineuses sont les plus spectaculaires : elles forment des amas cotonneux bien visibles. D'autres – redoutables – arborent des boucliers bruns qui se fixent sur le bois – pratiquement indécelables. Difficiles à éradiquer : aucun traitement ne peut les éliminer. Heureusement, les femelles pondent régulièrement des œufs et produisent des larves, dépourvues de carapaces, très sensibles aux produits insecticides.

Si l'attaque a lieu à la fin de l'été ou en automne : attendez la chute des feuilles. Rien d'autre à faire. Intervenez à l'approche de l'hiver quand les cochenilles transformées en œufs ou en larves se blottissent dans un creux de l'écorce pour résister à l'hiver. Utilisez des produits puissants à base d'huile de pétrole associée à un insecticide. Pulvérisez sur le tronc et les branches.

Si l'attaque se manifeste au printemps ou au début de l'été : employez des produits à base de malathion pour détruire les jeunes larves. Plusieurs traitements, à quinze jours d'intervalle, seront nécessaires pour exterminer les pontes prolifiques des femelles solidement attachées sur le tronc et les branches. Pour vous assurer d'une extermination totale, complétez ce traitement par un autre du même type, en hiver.

Pour les grandes surfaces ou les traitements préventifs, un pulvérisateur à pression s'impose.

LE « BLANC »

L'oïdium ou « blanc » aime la chaleur et la sécheresse et, sous ces conditions expresses, enveloppe les feuilles et les tiges d'un feutrage blanc. Rares sont les espèces épargnées, même si certaines variétés ont été sélectionnées pour leur résistance à cette plaie. Renseignez-vous à leur sujet, surtout si le blanc a des habitudes annuelles dans votre jardin.

Dès le début de l'attaque, couper les parties atteintes et brûlez-les, c'est souvent suffisant. À titre préventif, le soufre en poudrage ou en pulvérisation donne de bons résultats, sauf en cas de forte chaleur. Si le blanc s'installe, un traitement à base de triforine ou de fénarimol s'impose. Répétez plusieurs fois, de trois semaines en trois semaines. Et ne vous découragez pas.

LE BOTRYTIS

Une feuille, un bourgeon, une tige, brunit puis sèche pour se couvrir d'un feutrage gris : pas d'hésitation, le botrytis est là. Il se délecte des combinaisons alliant forte chaleur, mauvaise aération et humidité. Ce sont surtout les plantes en pot trop serrées, ou au chaud dans un châssis trop longtemps fermé, ou encore confinées à l'intérieur d'une véranda, qui sont touchées.

Le botrytis se propage à grande vitesse, aussi est-il souvent préférable de se débarrasser rapidement de la plante malade et de la brûler.

LA ROUILLE

La rouille est un champignon quasi universel. Elle n'épargne aucun jardin, surtout s'ils sont plantés de rosiers, de roses trémières, de géraniums, d'œillets ou de chrysanthèmes. Facile à reconnaître, la rouille ponctue le dessous des feuilles de taches de couleur brune à orangée et, dans ses formes les plus graves, tache le dessus de jaune. Conséquence : la feuille sèche et tombe. Le résultat est peu esthétique mais la plante n'est pas en véritable danger.

On peut utiliser des traitements chimiques à base de mancorèbe mais leur efficacité – limitée – exige des applications répétées toutes les trois semaines, de juin à septembre. Ces traitements se justifient si chaque année le jardin est envahi par cette maladie. Commencez d'abord par supprimer, dès leur apparition, les feuilles malades, en coupant tout le feuillage au ras du sol si l'ensemble du feuillage est infecté, et en brûlant toutes les feuilles malades à l'automne. Un apport de potasse semble lutter efficacement contre la rouille.

Ne traitez pas systématiquement

La première précaution contre les maladies et les parasites est le choix de plantes en bonne santé que vous cultiverez dans un environnement adapté. La deuxième règle devra être d'éliminer systématiquement et au plus vite les plantes malades ou leurs parties infectées : coupez, arrachez et brûlez. Essayer à toute force de traiter avec des produits chimiques est souvent préjudiciable à l'environnement et n'est pas obligatoirement justifié par le sauvetage d'une plante. Si vos massifs se retrouvent pleins de trous, remplacez les plantes arrachées par des semis d'espèces différentes ou même par des potées fleuries.

En ce qui concerne les vivaces, traitez avec modération si l'attaque se produit en début de saison. Si elle est plus tardive – milieu ou fin d'été –, coupez le feuillage pour priver parasites ou maladies de leur nourriture. L'hiver, le gel et le froid se chargeront d'éliminer les survivants. Écourter la saison de croissance d'une plante d'un mois ou deux ne lui cause aucun préjudice, surtout si, au printemps suivant, vous appliquez un traitement préventif, à base de produits naturels, pour éradiquer les foyers de maladies ou de parasites qui auraient pu survivre à l'hiver.

Le bon équipement, la bonne méthode

La plupart des traitements doivent être pulvérisés sur la végétation. L'acquisition d'un pulvérisateur est donc indispensable. Ni trop grand ni trop petit, pensez à son poids lorsqu'il sera plein de la solution à pulvériser. Un pulvérisateur à bretelles à porter sur le dos ou sur l'épaule est plus confortable et plus pratique.

Les modèles à pression sont les plus pratiques : on introduit de l'air dans le pulvérisateur et la solution se trouve ainsi sous pression. En ouvrant le pulvérisateur, cette solution est projetée sur la plante. Rincez le pulvérisateur après chaque traitement – tuyaux et lance compris. Faites passer dans l'ensemble de votre matériel une solution vinaigrée (la moitié de la capacité de votre pulvérisateur).

Un masque, des gants et des lunettes sont également indispensables : même si cela fait rire, protégez-vous.

Les traitements par grand vent sont inefficaces, la plus grande partie du produit sera emportée. Les jours de pluie ne sont pas non plus propices au traitement : le produit est alors « lavé » avant d'avoir pu agir.

Sachez choisir les produits traitant en identifiant la molécule active (malathion, mancorèbe, roténone...) qu'ils contiennent plutôt que de vous laisser simplement guider par leur nom commercial ou par les prétendues vertus que le fabricant leur accorde. Et préférez toujours les produits d'origine naturelle à ceux strictement chimiques.

LES PLANTES EN POT

Mettre des plantes en pot demande autant de soins, de rigueur, d'attention que planter en pleine terre. Conditions de plantation, alimentation en eau et en éléments nutritifs divers, surveillance des maladies et des parasites, qui se propagent plus rapidement qu'au jardin : tout nécessite votre vigilance. Dès le retour du froid, les plantes en pot, plus sensibles que plantées en pleine terre, demandent une protection particulière.

Si, par définition, le volume de terre mis à la disposition des racines est réduit par la dimension du pot, il faut malgré tout offrir à celles-ci la taille de pot adéquate pour leur permettre le meilleur épanouissement. Ainsi, un arbuste aura besoin d'un bac de 40 à 50 cm de profondeur. Une plante vivace connaîtra le bonheur entre 30 et 40 cm, alors qu'une annuelle pourra s'épanouir sans réticence dans 20 cm à peine. Les jardinières ne sauraient avoir une largeur inférieure à 15-20 cm. Vous pourrez ainsi disposer des plantes en quinconce sur deux rangs et obtenir un effet plus élégant.

Bien préparer et bien planter

Pas facile d'arroser des pots de fleurs. On maîtrise mal la quantité d'eau nécessaire et on est souvent trop généreux alors que les fleurs ont horreur d'avoir les pieds dans l'eau. Aussi, au moment de préparer une potée, il faut placer sur le fond une couche de 5 à 6 cm de billes d'argile ou de graviers. L'eau s'écoulera rapidement dans la soucoupe, et même si vous ne la videz pas, les racines seront isolées du contact direct avec l'eau. Cette précaution peut encore s'améliorer en recouvrant les graviers ou les billes par un feutre de drainage – le plus souvent de couleur grise – pour éviter que la terre ne se mélange à la couche drainante, diminuant ainsi son pouvoir d'écoulement.

BON TERREAU POUR BELLES FLEURS

La terre, en faible quantité dans les pots, doit être riche en aliments, bien retenir l'eau d'arrosage et rester légère, surtout si vos pots ou jardinières sont suspendus aux fenêtres. L'idéal est le terreau « spécial balcon ». Un défaut d'importance :

son prix. On peut le remplacer par un mélange à parts égales de tourbe légère, et absorbante, et de terreau ordinaire, riche en éléments nutritifs. Attention : rosiers et agrumes demandent plus de consistance, une terre si possible un peu argileuse, comme celle appelée « terre à rosiers » dans le commerce. Il faudra changer tous les ans la terre de vos potées d'annuelles : gourmandes, elles épuisent en une saison les ressources du terreau, même si vous y avez apporté des compléments d'engrais.

HARMONIE, HARMONIE

Quand on plante une seule variété de fleurs, l'harmonie du pot se fait d'elle-même, mais dès l'instant où l'on se lance dans des associations de variétés, quelques règles s'imposent. On peut adapter aux pots les principes appliqués pour les massifs : les plantes les plus grandes derrière, les plus petites devant et, bien sûr, le regroupement des plantes ayant des exigences similaires d'ensoleillement, d'arrosage et d'engrais.

QUE PLANTER DANS LES POTS ?

Annuelles et bisannuelles sont les vedettes des jardinières fleuries. Leur floraison, de mai jusqu'aux gelées, est une qualité à laquelle peu d'autres plantes peuvent prétendre. Quelques vivaces, petits arbustes et bulbes compléteront les compositions.

N'espérez pas récupérer vos bulbeuses d'une année sur l'autre comme au jardin : elles reconstituent mal leurs réserves en pot. Il faut donc les considérer comme un décor éphémère à renouveler tous les ans. Notez également que vivaces et arbustes ont, en bac, une durée de vie plus courte qu'au jardin. Leur remplacement tous les 3 à 5 ans est inévitable car leurs racines envahissent rapidement tout le pot.

Les plantes en pot se soignent aussi

À cause du volume des pots, un arrosage tous les 2 ou 3 jours est indispensable en été, tout comme un apport d'engrais – riche en potasse adapté aux plantes fleuries – est nécessaire une fois par semaine.

Si vous voulez éviter à vos potées une allure négligée, il faudra éliminer régulièrement les fleurs fanées et les feuilles jaunies. Les fleurs en production de graines empêchent le renouvellement régulier de la floraison.

Arbustes et vivaces demandent également un bon nettoyage au printemps. Enlevez les parties sèches de la saison passée et apportez un engrais dit « retard » qui diffusera dans la terre tout au long de la saison à venir.

À l'automne, arrachez les annuelles, videz les pots, lavez-les à l'eau de Javel pour éliminer toute trace de maladie qui pourrait contaminer les fleurs de l'année à venir.

L'ARROSAGE N'EST PAS UNE CORVÉE

Pour se débarrasser des corvées d'arrosage, ayez recours à des systèmes automatisés comme ceux que l'on trouve en kit dans les jardineries. Ils se composent le plus souvent d'un tuyau général d'alimentation à brancher sur l'arrivée d'eau, d'un réducteur de pression et de tuyaux très fins, dispensant l'arrosage au goutte-à-goutte, à planter dans la terre de chaque pot. On peut aussi ajouter une horloge sur l'arrivée d'eau, qui règlera l'heure et la durée des arrosages.

Les plantes en pot apprécient le soir, dès que le soleil ne les menace plus de brûlures, une petite douche au jet très fin.

MALADIES : SURVEILLANCE

Les conditions de vie des plantes en pot sont un peu artificielles, et, par conséquent, les fragilisent. Évitez-leur les courants d'air desséchants et douchez leur feuillage de temps en temps pour les débarrasser des poussières et décourager les attaques d'acariens et d'oïdium. Les parasites qui menacent les plantes en pot ne sont pas plus nombreux que dans un jardin mais ils sont plus assidus. Ce que vous verrez le plus fréquemment sont les pucerons et les mouches blanches ou aleurodes. Les mesures préventives sont peu efficaces, mais un traitement à l'aide d'insecticides naturels, dès le début de l'attaque, parviendra à les éradiquer. Il est souvent utile d'éloigner la potée atteinte pour éviter la contamination du voisinage. Le botrytis peut être évité en ne serrant pas trop les plantations.

Deuxième partie :

LES FLEURS

LES ROSES

On aime les roses pour de multiples raisons : elles sont élégantes, odoriférantes, bouleversantes. Mais elles présentent un inconvénient qu'il ne faut en aucun cas négliger : elles demandent d'être vigilant lors de l'achat et de la plantation, et des soins ensuite. Belles mais exigeantes.

Pourtant, elles ne sont pas réservées qu'aux spécialistes, car, depuis longtemps, les horticulteurs ont sélectionné des variétés résistant aux maladies et demandant peu d'entretien. Aujourd'hui, on peut affirmer qu'un rosier peut vivre dix ans dans un sol bien adapté sans qu'il soit nécessaire de lui accorder beaucoup plus d'attention qu'à un arbuste à fleurs « normal ».

Choisir le bon rosier est capital. Il faut du temps, de la réflexion. Il faut surtout se poser les bonnes questions. N'hésitez pas à approfondir le sujet en feuilletant des ouvrages spécialisés ou des catalogues de rosiéristes, sans toutefois vous laisser trop influencer par la beauté de certaines photos.

Parmi vos critères de choix, placez en priorité la résistance aux maladies. Si vous ne tenez pas compte de ce conseil, vous vous exposez au désespoir de découvrir le feuillage de votre rosier maculé d'affreuses taches noires, mangé par la rouille, ou recouvert de feutrage blanc. Votre déconvenue sera telle que vous en oublierez même la beauté des fleurs. Donc, à moins d'être un collectionneur averti, repoussez systématiquement les variétés sensibles à telle ou telle maladie ou aux parasites.

L'offre est vaste et vous trouverez obligatoirement le rosier adapté à vos envies et aux contraintes qu'impose votre jardin.

La qualité du sol

Nous l'avons déjà dit : bien connaître la nature de son sol est l'une des façons de limiter les risques lors du choix des végétaux. C'est encore plus vrai dans le choix des rosiers.

Si les rosiers s'adaptent généralement à tous les types de terrains, ils préfèrent un sol riche, légèrement argileux et à tendance acide, une « terre à blé », comme on dit parfois. Ils ne rencontrent de vraies difficultés qu'en terrains calcaires mais, dans ce cas, vous pourrez vous en sortir en étant vigilant sur la nature du porte-greffe.

Le plus courant d'entre eux, *Rosa multiflora*, se retrouve utilisé par les rosiéristes pour l'élaboration de la plupart des rosiers de nos jardins. Mais un autre porte-greffe, *Rosa canina*, est bien mieux adapté aux terrains calcaires, surtout dans sa variété 'Laxa', très résistante. Ce sont donc des rosiers greffés sur cette « souche » que vous préférerez si tel est votre problème. La nature du porte-greffe n'est pas toujours portée sur les emballages de rosiers et, si elle l'est, vous devrez vous donner du mal pour lire sa mention, souvent en petits caractères. En tout état de cause, questionnez le vendeur ou, mieux, adressez-vous à un pépiniériste-producteur des alentours : il aura certainement une réponse immédiate. Cultivant ses rosiers dans votre région, il utilise à coup sûr un porte-greffe adapté à ses spécificités.

Vérifiez également les besoins en eau de votre rosier. Dans une région à climat doux, si la variété choisie est sensible à la sécheresse, vous pourrez toujours compenser un manque occasionnel d'eau par des arrosages répétés. Mais si vous êtes dans une région très sèche en été, comme le Midi, il est préférable de choisir des variétés adaptées à ce type de climat : 'Paul Ricard' (jaune) ou 'Picadilly' (rose ou jaune), par exemple. Voilà les règles principales.

Ces critères techniques posés, laissez libre cours à vos envies de couleurs, de parfums, de port... Tombez amoureux !

Des roses pour les bouquets

Le plus souvent, on choisit des rosiers bien florifères, et de préférence remontants, pour avoir des fleurs tout l'été. Même bien entretenu et généreux, un rosier buisson à grosses fleurs sera incapable de vous offrir plus de 12 à 15 roses, à floraison échelonnée, pendant la saison. Un seul rosier ne suffit donc pas, surtout si vous voulez remplir votre maison de brassées odorantes. Il vous faut au moins trois rosiers à grosses fleurs et cinq à sept rosiers polyanthas, à fleurs plus petites groupées en bouquets.

Malgré leur bonne volonté, les plus florifères des rosiers remontants connaissent parfois une période de faiblesse après

LA BONNE CUEILLETTE

Dans un jardin, il est souhaitable que la tige des roses ne soit jamais aussi longue que celle des roses du fleuriste. Car si on aime les roses, c'est pour leur allure champêtre, leur port souple, leurs pétales qui frisent, ondulent, se renversent et bouleversent. En fait, exactement le contraire des roses de fleuriste...

Néanmoins, sachez que pour obtenir des fleurs plus grosses à tiges plus longues, vous aurez intérêt à éliminer les fleurs secondaires sur certains rameaux, afin de permettre à la fleur principale de se développer au mieux. Couper des fleurs sur un rosier équivaut à une véritable taille lorsque la plante est en pleine croissance. Rassurez-vous, il s'agit d'un geste salutaire pour le rosier, comme celui d'éliminer les fleurs fanées : vous encouragez la production de fleurs nouvelles. Veillez à ne pas pratiquer une taille trop sévère – ne coupez pas les tiges trop longues –, sinon, vous ralentirez la formation des boutons à venir et réduirez donc le nombre de fleurs qui s'épanouissent dans la saison.

Coupez la tige cinq à six feuilles en dessous de la fleur et toujours juste au-dessus d'une feuille. À l'aisselle de cette feuille, un bourgeon dort encore ; la coupe va le réveiller et la repousse commencer. À l'extrémité de cette nouvelle ramification, une nouvelle rose naîtra.

Prenez l'habitude de couper une, deux ou trois fleurs par rosier, selon le volume de la floraison, grappillant ainsi de rosier en rosier plutôt que d'en déshabiller un seul.

la pleine floraison du printemps : ils reprennent leur souffle pour refleurir à nouveau dix à quinze jours plus tard. Veillez donc à étaler la première floraison entre mai et juin. Les premiers à fleurir sont le plus souvent des rosiers sarmenteux ; ils sont suivis par les rosiers dits de « paysage » (couvre-sol ou arbustifs), puis viennent les rosiers buissons. Pour un jardin de roses à bouquets, un pied au moins de chacun de ces trois types est nécessaire. Vous pouvez rassembler ces trois types en un même massif en prenant soin de placer les plus grands à l'arrière, côté nord, pour éviter qu'ils fassent de l'ombre aux autres. Car n'oubliez pas : le soleil fait la rose.

Variez les couleurs pour varier les bouquets, en évitant d'associer – cela va de soi – le mauve tirant sur le violet – celui de 'Madame Charles de Gaulle', par exemple – avec le rouge vermillon 'Marcel Pagnol'. Dans les régions les moins ensoleillées, n'hésitez pas à abuser des jaunes, oranges et rouges – avec quelques blancs pour le contraste –, ces coloris feront autant d'effet dans la maison que dans le jardin.

Le parfum des roses

Certains prétendent encore que les roses anciennes sont plus parfumées que les roses modernes. Cela n'est plus vrai aujourd'hui, car depuis plusieurs années, le parfum est devenu l'un des critères majeurs de sélection des obtenteurs de roses. La preuve : certaines variétés modernes à grosses fleurs développent de riches parfums. C'est le cas, par exemple, de 'The Mac Cartney Rose' (rose soutenu) à la lourde odeur typique, de 'Paul Ricard' (jaune), avec sa pointe d'anis très nette, et de 'Double Delight' (rose et ivoire), aux senteurs épicées.

De même, les roses dites « anglaises » créées récemment sont souvent délicatement parfumées : 'Abraham Darby' (rose et abricot) mêle des effluves d'agrumes et d'abricot, 'Graham Thomas' (jaune pur) un parfum de rose thé et 'Mary Rose' (rose délicat) des émanations épicées.

On peut certes préférer les fragrances des roses anciennes. Comment résister, en effet, au charme de 'Blush Noisette' (rose mauve très pâle) au parfum de clou de girofle, à celui de 'New Dawn' (rose très pâle), à la senteur délicate, subtile, évanescente, ou aux effluves épicés des tropiques de 'Souvenir de la Malmaison' (ivoire mêlé d'abricot).

Pas de parfum sans soleil. Les roses aiment le soleil et la chaleur, qui exhalent leur parfum. Aussi, lors de la plantation, une place bien ensoleillée s'impose : bien au chaud, vos rosiers donneront le meilleur de leur parfum.

Le plaisir de respirer le délicat parfum des roses est l'une des récompenses du jardinier. Ne vous imposez donc pas une gymnastique inutile pour jouir de leurs exhalaisons. Installez

UN BOUQUET QUI DURE

Dès la cueillette, immergez les roses dans un seau d'eau jusqu'au ras de la fleur pendant plusieurs heures, de préférence dans un endroit frais et obscur, pour permettre aux fleurs de se gorger d'eau et de durer ainsi plus longtemps. Retirez les feuilles et les épines jusqu'à la moitié de la tige afin de les manipuler plus aisément lors de la réalisation du bouquet. On trouve des ciseaux coupe-fleurs conçus à cet effet dans les jardineries ou chez les fleuristes. Avant de les placer dans leur vase, retaillez l'extrémité de leur tige, sous l'eau, en un biseau bien accentué.
Si vous souhaitez faire voyager vos roses, faites-les boire abondamment avant le voyage. Puis, enveloppez-les – fleurs incluses – dans plusieurs épaisseurs de papier journal préalablement détrempé. Enfermez-les dans un sac en plastique, à l'abri de la lumière et surtout de la chaleur. À destination, faites-les boire en les immergeant dans la baignoire ou un seau toute une nuit, dans de l'eau à température ambiante, car l'eau trop froide a toutes les chances de les faire flétrir... de froid.

LE STRICT NÉCESSAIRE

Nous l'avons déjà dit, les beaux rosiers demandent des soins. Réfléchissez donc avant de décider la création d'une véritable roseraie. Pour autant, il n'est pas question de vous en priver. Fixez-vous une règle : limitez leur nombre au temps que vous pourrez leur consacrer, d'autant que certains demandent plus d'attention que d'autres.

- Les rosiers tiges, les pleureurs, les « buissons à grosses fleurs » et les grimpants classiques (souvent des mutations de variétés à grosses fleurs) exigent une taille annuelle. Une année de négligence et l'élégance de leurs formes aura disparu, leurs fleurs ne s'épanouiront qu'en hauteur, et leurs bases seront dégarnies et de fleurs et de feuilles.
- Les « polyanthas » (à fleurs groupées) sont moins exigeants, mais, négligés, ils se présenteront néanmoins sous une forme disgracieuse et vous priveront de leur abondance coutumière comme pour vous punir.
- Rosiers de paysage, arbustifs ou couvre-sol sont moins demandeurs d'une taille régulière. L'élimination des branches mortes, abîmées ou entrecroisées dans le centre du buisson, leur suffit le plus souvent.

vos rosiers en bordure de massifs, au coin d'une allée, dans une poterie sur la terrasse. Ils seront plus proches de vous. Les variétés grimpantes ont, elles, l'élégance de poser leurs fleurs à la hauteur de votre nez.

Vous avez dit originalité

Pensez aux variétés botaniques : elles sont d'une diversité extraordinaire.

Certaines variétés offrent non seulement des fleurs simples aux pétales de soie mais vous gratifient en plus de fruits très décoratifs, au jardin comme dans vos bouquets : Citons *Rosa canina* (rose), *Rosa californica* (rose), *Rosa moyesii* (rouge et rose), et le plus célèbre d'entre eux *Rosa rugosa* (rose ou blanc), et ses nombreux hybrides.

D'autres n'ont pas d'épines et sont pratiques pour garnir une tonnelle dans un jardin dans lequel les enfants gambadent. Songez à *Rosa banksiae* (jaune ou blanche) ; à *Rosa multiflora inermis* (rose) ; à sa 'Violacea' (carmin foncé), une variété de rosiers de Provins (*Rosa gallica*) presque sans épines ; à 'Veilchenblau' (mauve) ou encore à 'Zéphirine Drouhin' (rose).

D'autres, à l'inverse, ont des épines décoratives. Quel luxe ! Dans certains catalogues, on peut admirer les épines rouges et translucides de *Rosa sericea pteracantha*, le plus célèbre de tous. 'Cornelia' (rose), elle, arbore une écorce qui prend parfois des teintes acajou.

Les étonnantes épines de Rosa sericea pteracantha.

Certains autres rosiers botaniques prennent, à l'automne, des couleurs exceptionnelles. C'est le cas de 'Ferdy' (rose), rosier de paysage, somptueux en fin de saison ; de 'Fimbriata' (blanc), variété issue de *Rosa rugosa*, rugueux aux pétales dentelés comme ceux d'un œillet ; sans oublier les nombreux *Rosa nitida*, aux fleurs d'églantier somptueuses de légèreté.

Où les acheter ?

Le choix étant fait, il reste l'essentiel : acheter. Où ? Jardineries, magasins de bricolage, supermarchés, pourquoi pas. N'espérez ni conseils de plantation ni richesse de choix, surtout pas en ce qui concerne les variétés anciennes.

Sans connaissance particulière, il est préférable de s'adresser aux pépiniéristes installés dans votre région ou à n'importe quel spécialiste créateur de roses, assurant la vente par correspondance. Demandez leurs catalogues. Choisissez tranquillement. Et sachez qu'entre novembre et février, les rosiers voyagent sans dommage par la poste. Entre l'inconvénient de ne pas voir ce que l'on achète et un rosier qui a trop traîné en magasin, nous n'hésiterons pas. Nous préférerons le rosiériste, plus compétent et surtout capable de donner des conseils par téléphone si, par extraordinaire, ceux qu'il dispense dans son catalogue étaient insuffisants pour le néophyte que vous êtes.

Critères d'achat

Les rosiers sont vendus sous deux modes de présentation : à racines nues et en conteneur. Chacun a ses avantages et ses inconvénients, chacun est adapté à une époque de plantation particulière.

Nous conseillons évidemment les premiers, que l'on achètera autant que possible au détail, chez un producteur qui prendra la peine de les présenter groupés dans des bacs de tourbe ou de terreau, et de les déterrer à la demande.

Si les seconds permettent d'assouvir une envie hors-saison, sachez que le choix des variétés présentées sous cette forme est moins important.

ROSIERS À RACINES NUES

Une loi récente interdit de les commercialiser avant le 1er octobre, ce qui garantit que les plants proposés à la vente sont bien rentrés en période de dormance et qu'ils sont suffisamment matures pour résister à la période hivernale suivant la plantation. On les trouve en jardinerie d'octobre à mars environ. Mais ne les achetez pas après la mi-février – surtout pour les rosiers « conditionnés », qui subissent souvent de mortels coups de chaleur dans leur emballage. Lorsque votre choix se sera fixé sur une variété, il vous faudra encore choisir un bon rosier, qui tiendra toutes les promesses d'une parfaite reprise dans votre jardin.

Comment choisir ?

• Le premier critère concerne l'équilibre entre les racines et les branches : le volume de la partie souterraine, les racines, doit être équivalent à celui de la partie aérienne, les branches. Si les unes étaient plus développées que les autres, cela signifierait que la croissance a été déséquilibrée. Les unes et les autres doivent être harmonieusement disposées dans l'espace.

• L'écorce des branches (pas moins de trois belles tiges, bien réparties autour du point de greffe) doit être lisse, bien verte, brillante, sans meurtrissures. Les bourgeons doivent être bien gonflés, ni trop secs ni en cours d'épanouissement. Ils doivent être prêts à démarrer, sans plus. Si vous constatez que quelques bourgeons ont développé des petites feuilles vert tendre, méfiez-vous : le rosier est déjà sorti de sa période de dormance, la végétation a repris sa croissance et cela risque de compromettre la bonne installation du rosier au jardin.

• Les racines sont les témoins des bonnes ou des mauvaises conditions de culture du rosier. Elles doivent être bien développées dans toutes les directions, bien ramifiées, souples et présenter un « chevelu » bien fourni et pas sec. Les racines principales, pas moins de trois, seront d'une longueur de 20 à 25 cm.

• Enfin, le point de greffe doit être bien marqué, renflé sans excès. Il indique la vigueur du rosier à venir. À noter que sur les rosiers tiges ou pleureurs, on observe souvent deux points de greffe, voire trois.

Conditionnement ou pas ?

Le plus souvent, et en particulier dans les jardineries en libre service, les rosiers à racines nues sont conditionnés. C'est pratique, mais il est alors difficile de se faire une idée précise de l'état des racines.

• S'ils sont présentés en motte de tourbe : veillez aux dimensions de celle-ci. Une motte n'ayant pas au moins 10 cm de diamètre et 25 cm de longueur révèle un appareil racinaire insuffisamment développé.

• Les racines sont enveloppées nues dans un sachet en plastique : ce n'est pas bon signe car rien ne les a maintenues suffisamment humides. Méfiez-vous également des sachets présentant de la buée : le rosier a subi une alternance de chaud et de froid, néfaste à sa bonne conservation.

Dans un cas comme dans l'autre, vérifiez que la végétation n'a pas repris et que l'appareil aérien est en bon état. Il arrive que l'extrémité des branches soit recouverte de cire pour les protéger du dessèchement : plantez et attendez le printemps pour retailler le bout des branches. Parfois, l'ensemble des branches est recouvert d'une fine couche de paraffine, pour les mêmes raisons : n'y touchez pas car les bourgeons trouveront leur chemin au moment de la reprise de la végétation.

Rosiers en conteneur

Dès le printemps, apparaissent sur le marché des rosiers en conteneur, déjà en feuilles pour la plupart, parfois en fleurs. L'avantage est évident : on voit exactement ce qu'on achète et on peut juger de la couleur et de la taille des fleurs, et même de leur parfum. C'est souvent avec ces rosiers-là qu'on se laisse aller à un coup de cœur.

Ceux-là pourront être plantés en pleine terre à n'importe quel moment, en dehors des périodes trop chaudes ou très sèches évidemment et sous réserve de quelques précautions que l'on prendra au moment de la plantation (voir page 88).

À l'achat, assurez-vous que le conteneur mesure au moins 30 cm de hauteur. Si la terre est sèche, soyez méfiant : un rosier en fleur souffre terriblement dès qu'il manque d'eau. En théorie, un rosier en conteneur a été rempoté juste après le greffage. Son système radiculaire doit donc être bien développé. Pour le vérifier, sortez la motte du pot ou demandez au vendeur de le faire : elles doivent occuper les deux tiers de la motte et leur répartition doit être harmonieuse. Les racines qui s'enroulent à la base de la motte ou qui remontent dans le pot témoignent de la mise en pot, récente et sans précaution, d'un rosier cultivé préalablement en pleine terre. Un tel procédé, généralement utilisé par les jardineries pour pro-

« PRÊT À PLANTER »

Méfiez-vous de la mention "prêt à planter" qui accompagne beaucoup de rosiers déjà conditionnés. Les racines de ces rosiers sont souvent enveloppées dans un manchon de tourbe, maintenu par un filet biodégradable : ce conditionnement devrait éviter le pralinage des racines à la plantation. Cette mise sous filet automatique provoque inévitablement des torsions, voire même un retournement des racines si elles sont longues, et, une fois en terre, elles auront des difficultés à retrouver un développement normal. Un conseil : défaites le filet, mettez de l'ordre dans les racines, pralinez, plantez, c'est plus sûr.

longer la vente après l'hiver, est acceptable si la mise en pot a lieu quelques mois avant la mise en vente : les racines ont alors le temps de s'installer et de se développer dans la motte.

De même, des racines occupant tout le volume de la motte, formant un chignon serré ou sortant par le trou de drainage, sont signe que le rosier est en pot depuis bien trop longtemps.

ET LES NOUVEAUTÉS ?

Les créateurs de roses nouvelles présentent chaque année leurs créations à un jury d'experts qui décide si la « nouveauté » apporte un « plus » à tout ce qui existe déjà. Si c'est le cas, la rose nouvelle sera inscrite au « catalogue officiel » et pourra être commercialisée. Son créateur touchera, pendant un certain temps, des droits d'auteur chaque fois que son rosier sera produit et vendu. Avec le temps, il tombera dans le domaine public, et tous les pépiniéristes pourront alors le reproduire librement. Ainsi s'explique pourquoi les roses nouvelles sont toujours plus onéreuses que les plus anciennes qui n'en sont pas pour autant de moins bonne qualité.

Rien n'oblige à planter systématiquement les nouvelles variétés qui apparaissent sur le marché : elles disparaissent souvent des catalogues après quelques années d'exploitation car elles ne tiennent pas leurs promesses au jardin. Seules les valeurs sûres perdurent, aussi est-il conseillé d'attendre avant d'acheter une nouveauté, à l'exception bien sûr de l'irrépressible coup de foudre.

Rien ne doit pour autant vous encourager à acheter en promotion et à bas prix. La déception est souvent au bout de la tige. Sachez qu'un rosier dure dix ans, quelquefois plus, et qu'il est préférable, à l'achat, de ne pas lésiner sur sa qualité et son origine, et donc sur son prix.

LES ROSIERS ANCIENS SONT-ILS MOINS CHERS QUE LES ROSIERS MODERNES ?

Non, leur prix de vente est plus élevé pour trois raisons :

• Les pépiniéristes, producteurs de variétés anciennes, sont peu nombreux, aussi leur production est-elle limitée. Comme ces variétés sont à la mode, la demande est forte.

• Les rosiers anciens sont souvent multipliés par des collectionneurs passionnés et utilisant des méthodes très artisanales, coûteuses en temps et en main-d'œuvre.

• La multiplication présente des difficultés : le bouturage est compliqué, la greffe prend difficilement, la croissance est lente. C'est une des raisons pour lesquelles les rosiers anciens ont connu un déclin au profit de variétés plus performantes pour les professionnels.

Du soin pour planter

Le planter dans les règles est une garantie de bonne santé et de longévité pour votre rosier, et vous assurera d'une floraison abondante.

Nous en avons parlé plus haut : on dit que les terres à blé sont idéales pour les rosiers. Les terrains consistants, frais en été et riches ont sans aucun doute possible leur préférence, mais tolèrent quelques écarts. Selon la nature du sol et le type de rosier choisi, il faudra procéder différemment.

Le sol est lourd : l'alléger est indispensable. On peut apporter du sable, mais il est bien pauvre en nourriture. On lui préférera du fumier bien décomposé ou du compost car ils apportent perméabilité et matières organiques au sol de plantation. Évitez également une trop grande quantité de tourbe : elle est souvent à l'origine du pourridié, une maladie des racines qui condamne le rosier atteint.

Le sol est très léger, sableux et seuls les rosiers rugueux (*Rosa rugosa*) s'y adaptent sans amélioration. Pour les autres variétés, remplissez le trou de plantation avec un mélange de terre à rosiers et de compost ou de fumier bien décomposé.

Le sol est calcaire : pensez à apporterz régulièrement du chélate de fer (séquestrène) au printemps pour compenser cet inconvénient et éviter que vos rosiers ne souffrent de chlorose – une décoloration de la feuille due au manque de fer dans le sol.

Les rosiers sont de grands gourmands ! À tous les types de sol, il faudra ajouter du compost ou du fumier bien décomposé (un fumier trop frais, au contact des racines, brûle ces dernières et favorise le développement de maladies). C'est une sorte d'assurance tous risques. De la corne broyée, de la poudre d'os sont également très bénéfiques.

AVANT DE PLANTER, PRÉPAREZ

On ne plante pas un rosier à peine sorti de son emballage sans aucune préparation. Utilisez un sécateur bien aiguisé et désinfecté à l'alcool à brûler pour éliminer les racines et tiges sèches, cassées ou abîmées. Raccourcissez les racines de 3 à 4 cm, pour stimuler leur ramification. C'est ce qu'on appelle « habiller » les tiges et les racines.

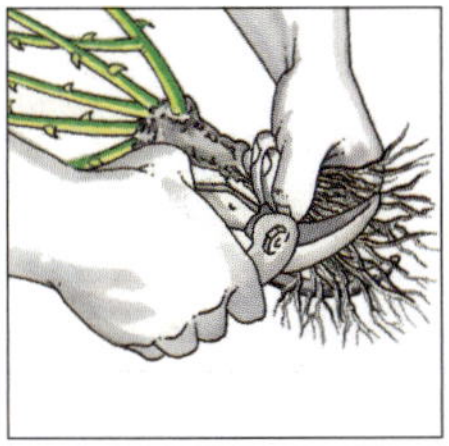

Avant de planter, « habillez » les racines et les tiges.

Après cette préparation, il est indispensable de « praliner » les racines. Traditionnellement, on mélangeait de l'eau, de la terre et de la bouse de vache, l'ensemble (le pralin) prenant la consistance d'une boue épaisse dans laquelle on trempait les racines pour les enrober et stimuler leur développement. Aujourd'hui, on trouve un mélange tout préparé en jardinerie qu'il suffit de délayer avec de l'eau pour obtenir le même effet.

Vérifiez l'allure générale du rosier et son équilibre, en harmonisant le volume des tiges avec celui des racines. Si vous taillez les tiges à cette étape, veillez à les couper 1 cm au-dessus d'un bourgeon tourné vers l'extérieur.

ENTERRER OU NON LE POINT DE GREFFE

Les professionnels polémiquent : faut-il enterrer ou non le point de greffe ?
Si on enterre le point de greffe, la partie aérienne greffée émet ses propres racines sur la petite portion de la tige enterrée ; la plante est mieux alimentée car les racines sont plus nombreuses. L'inconvénient est que le rosier s'affranchit peu à peu de son porte-greffe en produisant lui-même ses propres racines, et ainsi, il se prive des propriétés que pouvait lui apporter l'association : vigueur et résistance aux maladies. Un point de greffe enterré produit moins de gourmands et se trouve protégé du froid.
Si l'on n'enterre pas le point de greffe, il émet des gourmands, ses propres tiges, beaucoup plus vigoureuses que la variété greffée, et, naturellement, ceux-ci absorbent à leur profit une bonne partie de la nourriture. Le rosier risque de s'affaiblir, sauf si on prend soin d'éliminer les rejets régulièrement. De plus, sans protection en cas d'hiver rude, il faudra penser à protéger le point de greffe, toujours fragile, avec de la tourbe ou des feuilles mortes.
En sol calcaire, il n'est pas question d'enterrer le point de greffe, dont la fonction est entre autres d'éviter tout contact du rosier avec le sol.
En général, on conseille que le point de greffe soit simplement placé au niveau de la terre, une fois le trou rempli et tassé.

PLANTATION

Évitez de planter les jours de grand froid ou de grand vent. En hiver, si le sol est particulièrement détrempé, attendez les prémices du printemps, quand la terre commence à sécher et à se réchauffer, surtout pour les terrains très lourds.

Les jours de crachin, de pluie fine, sont propices à la plantation et protégeront les jeunes rosiers du dessèchement. N'oubliez pas que leurs racines ne fonctionnent plus depuis l'arrachage et qu'il faut permettre à « la machine » de se remettre en route.

Creusez un large trou, proportionnel à la taille de votre rosier et adapté à la forme des racines : 50-60 cm de côté, autant de profondeur pour les rosiers de paysage ou les lianes ; 40 cm pour les buissons ; 25 cm pour les miniatures. Étalez au fond du trou une couche de compost ou de fumier bien décomposé et ajoutez une bonne poignée de corne broyée. Recouvrez le tout d'une pelletée de terre de jardin, aplanissez le fond au centre du trou. Formez une butte de terre avec un mélange de terre de jardin et de compost.

Après avoir fait tremper les racines du rosier dans le pralin, laissez s'égoutter quelques secondes et posez le rosier sur la butte de terre en étalant bien les racines dans toutes les directions. Refermez le trou à moitié avec un mélange de terre de jardin et de compost. Agitez le rosier doucement de bas en haut pour que la terre se glisse parfaitement entre les racines. Tassez bien et finissez de remplir le trou de plantation. Tassez fortement autour du pied en formant une cuvette favorisant l'arrosage. Arrosez abondamment, même par temps de pluie, pour assurer le meilleur contact entre la terre et les racines.

En ce qui concerne les rosiers tiges et les rosiers pleureurs, pensez à planter l'indispensable tuteur avant de positionner la plante dans son trou de plantation. Si vous le faisiez après, vous risqueriez d'endommager les racines.

Pour les grimpants destinés à habiller un mur, préparez le trou de plantation à 30 cm au moins du pied du mur et installez les racines toujours tournées vers l'extérieur.

REPLANTER LES ROSIERS EN CONTENEUR

Dans la majorité des cas, les rosiers en conteneur ont toujours vécu en pot, et leurs racines sont habituées à ce milieu favorable à leur croissance. L'adaptation à la pleine terre n'est pas toujours facile. Pour obtenir une bonne reprise, il faut un terrain soigneusement préparé pour le développement des racines, bien ameubli pour les encourager à explorer la terre le plus loin possible, bien enrichi pour leur donner le courage de chercher des aliments nécessaires.

Creusez un trou plus profond et plus large que la motte – comptez deux fois la taille du conteneur – et comblez-le avec de la terre enrichie de compost. Sortez le rosier de son conteneur : il est souvent mieux de couper le conteneur s'il est en plastique ou de casser le pot s'il est en terre cuite. Faites tremper la motte dans un seau jusqu'à ce qu'elle soit détrempée, griffez les parois latérales avec une fourchette pour dégager les petites racines de la périphérie et les encourager à se développer dans le sol, introduisez la motte au milieu de la terre ajoutée au trou, de telle sorte que la surface de la motte affleure la surface du sol. Arrosez, arrosez abondamment, surtout pendant le premier été ; la reprise et le développement des rosiers en conteneur passe par là.

Entretien ordinaire

Nous l'avons déjà dit, les rosiers sont gourmands et épuisent rapidement les réserves du sol. Pour qu'ils prospèrent, il faut les nourrir, régulièrement, tous les ans.

DES BANANES POUR LES ROSIERS

Ne jetez pas les peaux des bananes que vous venez de manger, elles vont apporter de la nourriture aux rosiers. Au pied, enfoncez les peaux d'un coup de binette. De plus, elles contiennent du fer et du magnésium et ont la réputation de renforcer les coloris des roses.

Au printemps, une pelletée de compost ou de fumier bien décomposé additionnée d'une poignée de sang desséché leur donnera le coup de fouet nécessaire pour bien démarrer l'année. À la floraison, il faut encourager les rosiers à fleurir avec de la cendre de déchets de jardin, riche en potasse, ou un engrais « spécial rosiers » pour apporter de la magnésie, indispensable à la coloration des fleurs.

Les rosiers aiment la chaleur mais pas la sécheresse. Arrosez-les régulièrement en été et paillez le pied avec des tontes de gazon préalablement séchées. Cela évite en plus la pousse des mauvaises herbes.

Il faudra veiller à supprimer systématiquement les rejets qui pourraient apparaître en dessous du point de greffe. Ils apparaissent comme des branches sortant de terre et le meilleur moyen de s'en débarrasser est de suivre leur tige jusqu'à leur point d'attache sur la plante, quitte à retirer un peu de terre. Une fois trouvé ce point d'attache, arrachez-les ou coupez-les au ras de la plante. Surtout ne les coupez pas partiellement, au niveau du sol par exemple : cela stimulerait leur repousse. Dans le cas des rosiers tiges ou pleureurs, ils peuvent également apparaître sur la tige, en dessous du point de greffe. Même conseil : coupez-les au ras de la tige.

Coupez les « gourmands » des rosiers buissons ou arbustifs à ras de la racine (à gauche) et ceux des rosiers tiges à ras du tronc (à droite).

Et puis, comme bien souvent, supprimez régulièrement les fleurs fanées : cela favorise l'apparition de nouveaux boutons chez les rosiers remontants et le développement de nouvelles tiges florifères chez les autres. Éliminez les fleurs ou inflorescences fanées en coupant juste au-dessus de la première feuille bien formée. En fin de saison, faites-le systématiquement sauf si vous voulez conserver les fruits décoratifs de certaines variétés pendant l'hiver.

Enfin, quelques derniers conseils pour les rosiers récemment plantés :

• laissez-les se développer naturellement pendant les deux premières années ; au troisième printemps seulement, prati-

quez une taille pour rectifier et affiner leur structure ;
• évitez de prélever sur eux des roses pour vos bouquets ;
• avant l'hiver, une bonne protection de tourbe ou de feuilles mortes sera la bienvenue autour du point de greffe ;
• traitez très régulièrement contre les parasites (voir page 76).

TAILLEZ

La taille est indispensable et répond à trois nécessités :
• Nettoyer. Il faut éliminer systématiquement les branches mortes ou malades, celles qui poussent mal, qui se dirigent vers le centre du rosier, celles qui se croisent ou se chevauchent, celles qui sont chétives.
• Structurer. Une taille de structure permet au rosier d'acquérir, ou de conserver une forme et un développement harmonieux. Elle permet également de faire circuler l'air et entrer le soleil au centre des rosiers buissonnants.
• Stimuler. Tailler permet d'encourager l'abondance de la floraison en provoquant la naissance de nouvelles tiges florifères.

QUELQUES PRINCIPES DE BASE

• Sur un même rosier, une taille sévère (on ne conserve sur les tiges que 1 à 3 yeux à partir de la ramification) permet d'obtenir des fleurs plus grosses, mieux formées, mais moins nombreuses. Une taille légère (on conserve sur les tiges 3 à 5 yeux à partir de la ramification) provoquera l'apparition de fleurs plus nombreuses, plus précoces mais de plus petite taille.
• Plus un rosier est malingre, plus il devra être taillé sévèrement pour stimuler la production de ramifications. Au contraire, un rosier bien charpenté et vigoureux préférera une taille légère.
• Les rosiers non remontants pourront être taillés à la fin de la floraison, jusqu'à l'automne, sauf dans les régions à hiver rude où on attendra le printemps. Les rosiers remontants seront plus favorablement taillés au printemps, et toujours après les risques de fortes gelées.
• On choisira toujours de favoriser les jeunes pousses (bien vertes) vigoureuses au bois plus ancien (de couleur brune). Ainsi, si l'une de celles-ci s'est formée sur une tige ancienne, c'est cette dernière que l'on taillera au départ de sa ramification avec la plus jeune. De même, sur des rosiers déjà un peu vieux et bien implantés, il est bon de couper régulièrement une ou deux tiges anciennes à leur départ du point de greffe pour favoriser la production de bois neuf.

... ET QUELQUES CONSEILS PRATIQUES

• Comme chacun sait, la plupart des rosiers portent des épines, souvent très acérées. Dire qu'une bonne paire de gants en cuir épais, et protégeant bien les avant-bras, est indispensable pour pratiquer la taille est une évidence que nous nous croyons autorisés à rappeler, car les piqûres de rosier peuvent s'infecter, souvent gravement.
• Avant de commencer à tailler, aiguisez votre sécateur et nettoyez-le à l'alcool à brûler pour le désinfecter.
• Un sécateur est composé d'une lame et d'une contre-lame. Pour obtenir une coupe nette, il est nécessaire que la lame soit toujours du côté de la branche qui restera sur le rosier, car la contre-lame a tendance à hacher les tiges.
• Coupez toujours un centimètre environ au-dessus d'un bourgeon bien placé. En général, on choisira de couper au-dessus d'un bourgeon tourné vers l'extérieur de la plante, d'où partira une ramification qui ne viendra pas encombrer le centre du buisson. La coupe s'effectue en biseau, dans le sens opposé au bourgeon afin que l'eau de pluie ne s'écoule pas sur ce dernier.
• Dans les régions à hiver rude, mieux vaut tailler au printemps, que le rosier soit remontant ou pas, et se contenter

Taille légère, à 3 ou 5 yeux.

Taille sévère, à 1 ou 3 yeux.

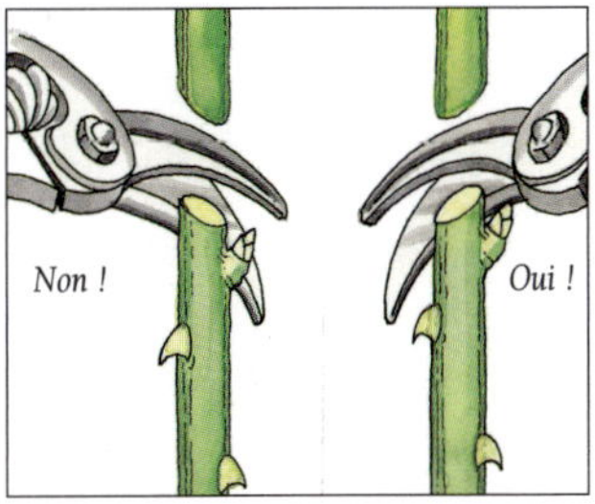

Toujours tailler avec la contre-lame du sécateur du côté de la partie à éliminer, et en créant un biseau bien orienté.

d'un nettoyage à l'automne, en éliminant les fleurs fanées et en procédant à une toilette sommaire.

Maintenant, selon le type des rosiers, la taille va varier. Pour chacun, vous adapterez la sévérité et la date de la taille à leur vigueur et à leur caractère remontant ou pas, comme expliqué plus haut.

- **Les rosiers miniatures** seront taillés tous les printemps, à 3 ou 5 yeux et seules les tiges bien formées seront conservées. S'ils sont chétifs, une taille plus sévère peut s'imposer.
- **Les rosiers buissons à grandes fleurs**, de même que les rosiers à massifs (polyanthas, floribundas) seront taillés, au printemps eux aussi, impérativement tous les ans afin de maintenir une floraison abondante et une silhouette élégante.
- **Les rosiers arbustes** seront laissés tranquilles, en dehors des tailles de structure nécessaires les trois premières années. Dans ce cas, on taillera les branches principales à 80 cm ou 1 m de hauteur. Ensuite, il sera bon de simplement raccourcir les tiges de quelques centimètres une fois par an et de ne tailler vraiment que dans le cas où le rosier devient encombrant.
- **Les rosiers tiges et pleureurs** seront taillés à la manière des rosiers buissons, en prenant soin de couper chaque année une ou deux branches anciennes au niveau du point de greffe, pour stimuler l'apparition de nouvelles.
- **Les rosiers grimpants** subiront un traitement particulier. Leur taille est indispensable pour leur conserver leur jeunesse. Il faut entretenir les branches maîtresses, ou charpentières, celles qui constituent la structure, le squelette du rosier ; leur diamètre est important, leur teinte foncée, quelquefois brune, et l'écorce plus ou moins craquelée.

Comme toujours, on taille à l'automne ou au printemps, en fonction du climat. On ne coupe pas les branches maîtresses au-delà de la moitié de leur longueur. Quand elles vieillissent, on en coupe une si le rosier a trois branches maîtresses, ou deux s'il a six branches maîtresses, tous les deux ou trois ans, au ras du point de greffe, après avoir choisi parmi les pousses de l'année une ou deux branches bien vigoureuses et bien placées qui deviendront à leur tour des branches maîtresses. Ces nouvelles branches maîtresses seront coupées à un tiers de leur hauteur, on les attachera, en leur imposant un mouvement oblique ou même horizontal pour encourager la floraison. Ce renouvellement est indispensable car, en vieillissant, les branches maîtresses ont tendance à se dégarnir du bas et à ne produire des fleurs qu'en haut.

Plus le rosier est vigoureux et plus il a de branches maîtresses. Elles portent des ramifications, dites branches secondaires, sur lesquelles vont se développer d'autres ramifications encore, qui porteront les fleurs. Il est donc indispensable de favoriser l'apparition de ces dernières, en raccourcissant les branches secondaires d'un tiers ou même de la moitié de leur longueur. Il ne faudra pas hésiter à tailler très court les rameaux florifères à leur tour afin d'encourager le rosier à produire le plus de roses possible. Il est évident qu'il faudra toujours tailler au-dessus d'un œil extérieur. Si l'œil est contre le mur, la pousse ira droit dans le mur et ne se développera pas.

Sur un rosier grimpant, les principes sont les mêmes que pour les autres rosiers : taillez court une branche faible et long une branche vigoureuse.

Maladies et parasites

Pas d'affolement, la liste n'est pas si longue. Il faut faire face et agir dans les délais. Les rosiers sont sensibles à quelques maladies : les taches noires ou marsonia, l'oïdium et la rouille ; ainsi qu'à quelques parasites. Apprendre à les reconnaître permet d'éviter leur propagation et de limiter les dégâts.

Nous avons parlé en détail des principaux parasites et maladies des plantes du jardin pages 76 et 77, et des traitements qu'on pouvait y apporter. Suivez ces mêmes conseils pour vos rosiers.

Seul le marsonia reste assez spécifique des rosiers. Il s'agit d'un champignon qui développe des taches brun-noir, quelquefois cernées de jaune, rondes aux contours flous, sur les feuilles qui jaunissent, se dessèchent totalement et tombent, entraînant un affaiblissement du rosier, obligé alors de reformer de nouvelles feuilles en remplacement. Certaines variétés de rosiers – à écarter – ont une prédisposition génétique à accueillir le marsonia. Mais l'humidité autour des feuillages (pluie, brouillard, rosée, arrosage) favorise aussi l'installation de cette maladie. C'est probablement la maladie la plus grave du rosier, et seule une intervention précoce peut la juguler. Il faut alors employer un fongicide à base de triforine ou propiconazole, à l'action curative, mais surtout préventive, utilisé tous les quinze jours ou trois semaines dès l'apparition des premières taches. Il est vivement conseillé d'éliminer toutes les feuilles mortes tombées au pied du rosier pour éviter de conserver un foyer d'infection susceptible de survivre même à l'hiver.

LES ROSIERS BUISSONS

1

2

3

4

5

6

7

Quelques-uns de nos préférés…

1- Iceberg
Hauteur : *1 m*
Floraison : *blanche, mi-double, continue*
Parfum : *léger*
Exposition : *soleil et mi-ombre*

2- Fritz Nobis
Hauteur : *1 m*
Floraison : *rose clair, mi-double, continue*
Parfum : *léger*
Exposition : *soleil et mi-ombre*

3- Centenaire de Lourdes
Hauteur : *1 m*
Floraison : *rose intense, double, continue*
Parfum : *léger*
Exposition : *soleil*

4- Baron Girod de L'Ain
Hauteur : *1,20 m*
Floraison : *rouge cramoisi, bien double, très remontante*
Parfum : *bien parfumé*
Exposition : *soleil et mi-ombre*

5- Mozart
Hauteur : *1,30 m*
Floraison : *rouge carmin à cœur blanc, simple, très remontante*
Parfum : *très léger*
Exposition : *soleil*

6- Ballerina
Hauteur : *1,20 m*
Floraison : *rose clair à cœur blanc, simple, continue*
Parfum : *très léger*
Exposition : *soleil*

7- Shantung
Hauteur : *0,80 à 1 m*
Floraison : *rose chiné de carmin, double, remontante*
Parfum : *sans*
Exposition : *soleil*

LES ROSIERS ARBUSTIFS

Quelques-uns de nos préférés…

1- Cerise Bouquet
Hauteur *: 2 à 3 m*
Floraison : *rouge vif, bien double, longue floraison, non remontante*
Parfum *: agréable*
Exposition *: soleil et mi-ombre*

2- Constance Spry
Hauteur *: 2 m*
Floraison *: fleurs rose tendre bien doubles, « à l'ancienne », une seule floraison*
Parfum *: très agréable*
Exposition *: soleil*

3- Décor Arlequin
Hauteur *: 2 m*
Floraison *: du rouge au jaune, double, bien remontante*
Parfum *: peu parfumé*
Exposition *: soleil*

4- Rosa Rugosa 'White Perfection'
Hauteur *: 2 à 3 m*
Floraison *: blanche, simple, continue avec de beaux fruits à l'automne*
Parfum *: faible*
Exposition *: soleil et mi-ombre*

5- Angela
Hauteur *: 1,50 m*
Floraison *: rose lilas à reflets argentés, remontante*
Parfum *: très léger*
Exposition *: soleil*

6- Danse des Sylphes
Hauteur *: 3 m*
Floraison *: rouge lumineux, double, très longue, faiblement remontante*
Parfum *: sans*
Exposition *: mi-ombre*

1

2

3

4

5

6

LES ROSIERS GRIMPANTS

1

2
3

4

5

6

7

Quelques-uns de nos préférés...

1- Mermaid
Hauteur : *10 m*
Floraison : *jaune doux, simple, moyennement remontante*
Parfum : *peu parfumé*
Exposition : *soleil et mi-ombre*

2- Chaplin's Pink Climber
Hauteur : *4 à 5 m*
Floraison : *rose foncé, bien double, non remontante*
Parfum : *très faible*
Exposition : *soleil*

3- Honorine de Brabant
Hauteur : *2 m (arbustif)*
Floraison : *rose lilas, très double (Bourbon), moyennement remontante*
Parfum : *sans*
Exposition : *mi-ombre*

4- Seagull
Hauteur : *3 à 4 m*
Floraison : *blanche à petites fleurs doubles, non remontante*
Parfum : *très agréable*
Exposition : *soleil et mi-ombre*

5- Cocktail
Hauteur : *2 à 3 m*
Floraison : *rouge brillant à cœur jaune, simple, peu remontante*
Parfum : *faible*
Exposition : *soleil*

6- Sarabande Climbing
Hauteur : *2 à 3 m*
Floraison : *rouge géranium à rouge orangé, simple, bien remontante*
Parfum : *frais*
Exposition : *soleil*

7- Dorothy Perkins
Hauteur : *3 à 5 m*
Floraison : *rose intense, très double, en guirlandes de pompons, non remontante*
Parfum : *sans*
Exposition : *soleil et mi-ombre*

LES ROSIERS NAINS/COUVRE-SOL

Quelques-uns de nos préférés…

1- Minuetto
Hauteur : 0,30 à 0,50 m
Floraison : petites fleurs orange à mandarine, très remontante
Parfum : sans
Exposition : soleil

2- Dresden Doll
Hauteur : 0,30 m
Floraison : rose nacré piqué de rouge, semi-double, remontante
Parfum : sans
Exposition : soleil et mi-ombre

3- Candy Rose
Hauteur : 0,50 à 1 m
Floraison : rose brillant à cœur blanc, simple à deux rangs de pétales
Parfum : sans
Exposition : soleil et mi-ombre

4- Repens Mediland
Hauteur : 0,30 à 0,50 m
Floraison : blanche, petites fleurs en bouquets, remontant
Parfum : sans
Exposition : soleil

5- Red Max Graff
Hauteur : 0,40 m
Floraison : rouge vif, simple, longue floraison non remontante
Parfum : fruité
Exposition : soleil

6- The Fairy
Hauteur : 60 cm
Floraison : rose carné, continue
Parfum : peu parfumé
Exposition : soleil et mi-ombre

1

2

3

4

5

6

LES ROSIERS-TIGES ET PLEUREURS

1

2

3

4

5

6

Quelques-uns de nos préférés…

1- Raubritter
Hauteur : *1,50 à 2 m*
Floraison : *rose, très double, à pétales incurvés, longue mais non remontante*
Parfum : *agréable*
Exposition : *soleil*

2- Rustica
Hauteur : *1,5 m*
Floraison : *crème, bien double, remontante*
Parfum : *peu parfumé*
Exposition : *soleil*

3- Rimosa
Hauteur : *1,50 m*
Floraison : *de jaune d'or à rose-orangé, continue*
Parfum : *peu parfumé*
Exposition : *soleil*

4- Sourire d'Orchidée
Hauteur : *1,50 m*
Floraison : *blanc nacré de rose, simple, continue*
Parfum : *léger*
Exposition : *soleil*

5- Paul Noël
Hauteur : *1,50 à 2 m*
Floraison : *rose teinté de jaune, bien double, non remontante*
Parfum : *sans*
Exposition : *soleil et mi-ombre*

6- Embrasement
Hauteur : *1,50 m*
Floraison : *rouge lumineux à pétales veloutés, bien double, moyennement remontant*
Parfum : *sans*
Exposition : *mi-ombre*

LES VIVACES

Rien de fugace avec les vivaces. Il faut prendre des engagements, se marier avec elles, et les installer pour longtemps. Elles aiment la durée et supportent mal les déplacements intempestifs. À la bonne place, elles prospèrent, s'épanouissent, doublent, triplent de volume. Heureuses, elles dispensent du bonheur.

Pendant l'hiver, elles se cachent, disparaissent complètement pour réapparaître au printemps, plus denses, plus solides et encore plus florifères que l'année précédente.

Elles sont faciles à vivre – une nourriture roborative au printemps suffit –, surtout si l'on prend soin de respecter l'exposition qui leur convient.

Elles occupent le jardin, participent à sa personnalité. Bien choisies, selon les saisons de floraison, elles illuminent leur environnement.

Si elles disparaissent à la mauvaise saison, ce n'est pas par infidélité : elles rentrent en dormance afin de renaître plus belles encore aux prochains beaux jours. Elles ont été très longtemps cantonnées aux jardins de curé. Est-ce parce qu'elles laissent les parterres dégarnis pendant plusieurs longs mois ? Ou parce qu'elles trouvent toutes leur origine dans les fleurs sauvages, qui poussent sans qu'on leur demande rien ? Le temps et la recherche horticole les ont remises sur le devant de la scène, pour notre plus grand bonheur.

Vous avez sélectionné les plantes selon leur adaptation à la nature de votre sol et à l'exposition du massif. Leur nombre dans chaque variété est compté. Vous êtes prêt pour les achats.

Mettez toutes les chances de votre côté

N'achetez que si vous prévoyez une plantation immédiate ou dans un délai de quelques jours. Pendant ce temps très court, n'entreposez pas vos jeunes plants en godets au chaud chez vous : un coin bien abrité du jardin, au pied d'un mur bien exposé s'impose. Ces plantes sont rustiques, elles préfèrent le grand air. Les vivaces se plantent à l'automne – septembre-octobre –, ou au printemps – mars-avril. Ces périodes sont propices à l'achat : jardineries et pépinières présentent alors le plus grand choix. Les vivaces ne manifestent aucune préférence pour l'une ou l'autre de ces deux périodes, à l'exception des espèces sensibles au froid ou à l'humidité qui préféreront une plantation printanière.

Vous pouvez également choisir sur catalogues, souvent agrémentés de photos des plantes en situation. Ils vous permettent de vérifier les prix (attention au prix du port). À la fin de l'ouvrage, nous présentons une liste des fournisseurs dont nous avons la pratique.

Les vivaces sont vendues dans des petits pots de plastique communément appelés « godets ». N'achetez pas une pochette surprise : sachez reconnaître la plante de qualité, celle dont la réussite et l'expansion est garantie.

NON AUX PLANTS EN FLEURS

À l'automne, n'achetez jamais de plantes en fleurs, car ces dernières épuisent la plante, d'autant qu'elles disposent de peu de nourriture dans le godet. La reprise serait difficile.

Au printemps, il est difficile d'échapper aux fleurs : les horticulteurs s'obstinent à forcer les plantes en les cultivant en serre, au chaud pour obtenir une floraison prématurée et séduire le chaland. Ne vous laissez pas avoir. Préférez les plants les moins fleuris.

Le pépiniériste producteur n'a pas le même souci ; au contraire, en expédiant des plantes déjà fleuries, elles arriveraient cassées et sa réputation en souffrirait. Nous vous suggérons donc de pousser jusqu'à chez lui de temps en temps.

LES RACINES SONT DANS LE POT, PAS DEHORS

Une première règle absolue : si la terre est sèche, n'achetez pas. La motte se détachant du godet, profitez-en pour y jeter un œil. Il y a de fortes chances pour que les racines soient atrophiées.

À l'inverse, n'hésitez pas à retourner chaque godet afin de vérifier que les racines ne sortent pas des trous par le fond du godet. Une telle plante a séjourné trop longtemps dans le godet et ses racines y sont déjà à l'étroit : elles ont commencé à s'enrouler autour de la motte de terre. Trop habituées à leur volume réduit, elles ne se développeront pas. Elles sont un peu comme les pieds des Chinoises que l'on bandait pour les empêcher de grandir.

PLUS LARGES QUE HAUTES

Quand on achète des plantes vivaces en godets, elles n'ont rien d'attrayant : quelques restes de végétation, quelques jeunes pousses ou bourgeons, souvent rien. Pas facile alors de se faire une opinion sur la qualité !

Au printemps, il est plus facile pour un novice de juger de la qualité de la plante, car la croissance est engagée et la plante montre déjà ses jeunes pousses ou ses premiers bourgeons. Fiez-vous au nombre de pousses émergeant de sa base plutôt qu'à leur hauteur.

À l'automne, regardez les restes de végétation : plusieurs départs de tiges valent mieux qu'un seul.

Ces jeunes pousses ou ces départs de tiges seront la garantie d'un plant trapu et, par conséquent, d'une plante bien touffue au jardin.

MÉFIEZ-VOUS DES POTÉES FLEURIES

Les vivaces en conteneur d'un litre sont chères. Elles apparaissent à la fin du printemps ou au début de l'été. Leur reprise est aléatoire. Bien développées et fleuries, elles peuvent pallier un manque, remplir un trou dans une plate-bande, mais en aucun cas constituer un massif complet.

Si vous ne pouvez vous en passer, conservez la motte la plus intacte possible au moment de la plantation car la croissance est engagée et les racines en pleine activité. Un arrosage copieux et régulier s'impose alors, non seulement la première année de la plantation mais également la deuxième.

Respectez les règles

Les plantes vivaces vont occuper le terrain pendant plusieurs années. Il est important de choisir leur emplacement dans le jardin et de le préparer avec soin. Certaines d'entre elles – les pivoines, par exemple – détestent les transplantations.

BIEN PRÉPARER LE TERRAIN

Bêchez en profondeur. Désherbez soigneusement. Épandez sur toute la surface du fumier déshydraté, du compost ou du terreau, et un engrais de fond (de longue durée). Mélangez en griffant la surface de la terre, cassez les grosses mottes restantes et ratissez pour égaliser.

On ne plante pas par grand soleil, on attend la fin de l'après-midi ou une journée couverte pour engager le début des travaux. Sinon, le jeune feuillage risque « un coup de chaud » et la reprise serait plus difficile. De même, ne plantez pas lorsque le sol est détrempé, ni bien sûr quand il est gelé...

Et si, vraiment, vous ne pouvez pas mettre immédiatement en place vos plantes après l'achat, sortez-les des godets et placez les mottes dans de la tourbe humide. Vous pourrez ainsi repousser vos travaux d'une ou deux semaines, en les plaçant à l'abri de la lumière et du vent.

TREMPEZ AVANT DE DÉPOTER

Arroser après la plantation est insuffisant. Avant toute chose, il est nécessaire de gorger les godets d'eau en les faisant tremper dans une bassine pendant plusieurs longues minutes. La motte bien humide restera intacte au dépotage. Et, ainsi, les racines gorgées d'eau continueront à alimenter la plante en attendant qu'elles puissent puiser directement dans le sol. Laissons toujours le temps aux plantes de s'habituer à leur nouvel espace.

UN PAR UN

Commencez par disposer les différentes variétés de plantes à l'emplacement prévu, par groupes de trois pieds au moins. Respectez les distances de plantation préconisées en vous aidant d'une jauge. Vérifiez l'effet escompté.

Dépotez la plante en pressant doucement sur les parois du godet. Évitez de tirer sur les tiges pour faciliter l'extraction. Griffez très superficiellement, avec une fourchette, les parois extérieures de la motte pour dégager les petites racines plaquées et les encourager à croître et à se ramifier. Plantez chaque plante dans son trou individuel, la motte devant affleurer au niveau du sol. Tassez fortement avec les deux mains. Ménagez au pied de chaque plante une petite cuvette pour faciliter l'arrosage. Procédez ainsi godet après godet.

Si les mottes sont petites, pensez à vous servir d'un plantoir à bulbes, très pratique pour préparer le trou de plantation. Sinon, un bon transplantoir fait parfaitement l'affaire dans la plupart des cas. Les grosses mottes, elles, nécessiteront l'usage d'une bêche.

ARROSEZ, ARROSEZ, ARROSEZ...

Quand toutes les plantes sont en place, arrosez abondamment pour favoriser la reprise. Renouvelez l'arrosage régulièrement pendant les semaines qui suivent la plantation, sauf en cas de pluies régulières. La terre doit être humide sans pour autant être détrempée.

Méfiez-vous des mauvaises herbes. Elles aussi apprécient la préparation soignée de la terre et l'arrosage que vous dispensez. Désherbez régulièrement à la main. Dès le mois de juin, disposez un paillage sur la surface du massif pour éviter l'invasion. Il vous aidera également à procurer aux plantes une fraîcheur bénéfique (voir paillage page 54).

SEMER : POURQUOI PAS ?

Certaines vivaces se reproduisent par semis. Il aura lieu en fin de printemps ou en été, en pépinière ou dans un coin abrité du jardin. Soyez vigilant à maintenir la terre humide – comme pour tous les semis. Si le semis est dense, n'hésitez pas à éclaircir.

À l'automne, mettez vos jeunes plants en place afin d'obtenir une floraison dès l'année suivante.

Les vivaces à semer sont sans histoires ni difficultés, leur semis est « inratable » !

Entretien des vivaces

Une fois plantées, les vivaces demandent peu d'entretien, sinon au printemps et à l'automne.

AU PRINTEMPS

- Coupez toutes les vieilles branches laissées pour protéger les souches les plus fragiles.
- Griffez la terre au pied de chaque plante.
- Éliminez les mauvaises herbes.
- Apportez en surface un peu de terreau, de compost ou d'engrais organique pour stimuler la reprise.
- Certaines plantes ont pris trop d'ampleur : il faut les diviser. Il est encore temps :

– Délimitez d'abord la motte à extraire avec ses racines.
– Plantez votre fourche-bêche verticalement à une dizaine de centimètres tout autour de la plante.
– Soulevez délicatement la touffe en faisant levier sur le manche de la fourche-bêche.
– Détachez à la main les dernières racines qui s'accrochent.
– Posez la motte à plat sur le sol.
– Sectionnez la motte en deux avec un couteau, le tranchant d'une pelle-bêche ou deux fourches-bêches, selon la taille de la motte, les dimensions et l'enchevêtrement des racines.
– Séparez les morceaux obtenus à la main.
– Nettoyez soigneusement les racines mortes ou abîmées.
– Plantez séparément chaque partie (on les appelle des éclats) en respectant les distances de plantation préconisées.
– N'attendez pas pour replanter : la reprise serait compromise.
– Tassez et arrosez après la plantation pour favoriser l'émission de nouvelles racines.
– Donnez à votre voisin ou à des amis jardiniers les éclats que, faute de place, vous ne pouvez pas replanter.

Diviser une plante vivace, rien de plus facile

À L'AUTOMNE

L'entretien à la fin de l'automne doit favoriser un bon repos de la végétation pendant l'hiver, éviter la propagation des maladies éventuellement installées sur les végétaux encore en place, et améliorer le sol au pied des plantes.

L'intervention se pratique à la fin de la floraison des dernières plantes :

– Choisissez une journée de grand beau temps doux, alors que la terre est bien humide.
– Coupez à 10 cm du sol toute la végétation morte, sauf pour les espèces sensibles au froid, que vous laisserez telles quelles.
– Ramassez tous les déchets.
– Brûlez-les ou jetez-les à la déchetterie. Jamais sur le tas de compost.
– Arrachez les mauvaises herbes.
– Binez (n'oubliez pas que les mauvaises herbes sont parfaitement habituées au climat de votre région et qu'elles peuvent encore pousser jusqu'aux premiers froids.
– Retirez les tuteurs, trempez-les dans de la bouillie bordelaise pour les désinfecter avant de les stocker pour l'hiver.

– Protégez du froid les plantes les plus fragiles en les recouvrant d'une bonne couche de feuilles mortes, en attendant le printemps où il faudra les couper.
– Plantez quelques bulbes de printemps – narcisses, tulipes, renoncules, anémones – entre les vivaces pour égayer vos massifs dénudés en début de saison sans gêner ces dernières, alors qu'elles reprendront lentement leur végétation.

ACANTHE

Floraison : *juin à juillet/août*
Feuillage : *vert foncé et brillant, spectaculaire et persistant si le climat n'est pas trop froid*
Exposition : *soleil/mi-ombre*
Sol : *ordinaire, bien drainé, même calcaire et caillouteux*
Hauteur : *80 à 150 cm*
Étalement : *100 à 130 cm*

MARIONS-LES
Mariez l'acanthe aux feuillages gris des perovskias et pimentez cette sage association de quelques coréopsis.

Acanthus mollis (famille des Acanthacées), dite patte-d'ours

Vigoureuse et élégante, elle appelle l'isolement

Elle fera le maximum d'effet en large masse installée sur un talus et sa silhouette imposante donnera un relief certain à vos massifs de fleurs. Attention aux épines situées près des fleurs : mieux vaut la placer au milieu d'un massif qu'au détour d'un chemin !

Culture

Dans les régions très ensoleillées en été, elle préfèrera bénéficier d'un peu d'ombre. Arrosez-la en été s'il fait chaud, sinon elle prendra prématurément son repos hivernal et disparaîtra. Elle a tendance à s'effondrer : soutenez-la avec un tuteur discret dont le sommet arrive juste en dessous des premières fleurs. Ainsi il sera invisible.

Comportement

En pot. Non, ce n'est pas sa place !

En bouquet. Pour la cueillette, de solides gants à rosiers sont nécessaires pour éviter les piqûres. Elle se comporte honorablement en bouquet, durant une huitaine de jours. Associez-la à des fleurs de grande taille, comme les tournesols, les érémurus ou les glaïeuls : une composition encombrante et lourde à poser par terre. Elle sèche très facilement, la tête en bas.

Les meilleures variétés

Découvrez *Acanthus spinosus* (80 cm), aux fleurs rose lilas et aux feuilles remarquables, vert sombre, très découpées, ressemblant à celles d'un cardon, la couleur en moins.

ACHILLÉE

Floraison : *juin à juillet*
Feuillage : *vert gris, découpé, aromatique*
Exposition : *soleil*
Sol : *ordinaire, bien drainé*
Hauteur : *90 à 120 cm*
Étalement : *60 cm*

Achillea filipendulina (famille des Astéracées), dite saigne-nez

Longue floraison en inflorescences serrées

Sa place est l'arrière-plan de massifs colorés. Les fleurs du premier plan masqueront son feuillage parfois maigre.

Culture

À la plantation, ameublissez la terre en profondeur. Au printemps, apportez un peu de terreau au pied et tassez fortement. Si vous prenez soin de la tailler sévèrement après sa floraison, en juillet, vous pourrez la voir fleurir de nouveau en fin d'été.

Comportement

En pot. Elle se sent bien mieux au jardin… Alors, pourquoi l'en priver ?

En bouquet. Ses inflorescences plates sont particulièrement ravissantes dans les bouquets ronds. Cueillie lorsque ses couleurs sont encore bien vives, elle dure une huitaine de jours en vase. Elle aime la compagnie de la lavande, des roses, des chardons. Elle sèche très facilement à l'air, la tête en bas, et fera merveille dans les bouquets secs de l'hiver.

Les meilleures variétés

Les classiques :

• 'Gold Plate', à floraison jaune qui dure jusqu'en août.

• Achillée millefeuilles, *Achillea millefolium*, un peu plus basse, déclinant toute la gamme du carmin au blanc, du cuivré au jaune.

Pour sortir des sentiers battus :

• *Achillea ptarmica* 'La Perle' (syn. 'Boule de Neige'), 60 cm, à fleurs blanches en pompons. Elle préfère les sols frais et humides mais est sujette à l'oïdium en situation trop sèche.

Cette forme d'inflorescence très particulière s'appelle une « corymbe » (ici, 'Coronation Gold').

MARIONS-LES

Associez-la à une bordure d'alchémilles ou de tabacs nains.

En sol riche, prévoyez une division tous les 3 ans pour réduire sa touffe qui peut prendre des proportions impressionnantes. C'est également un bon moyen pour lui redonner de la vigueur.

ALCHÉMILLE

Alchemilla mollis (famille des Rosacées)

Feuillage de velours et nuage de fleurs

Floraison : *juin-juillet*
Feuillage : *vert bleuté, velouté, semi-persistant*
Exposition : *soleil/mi-ombre*
Sol : *ordinaire, toujours un peu humide au printemps et en été*
Hauteur : *30 à 40 cm*
Étalement : *60 cm*

Sa silhouette arrondie et trapue la destine aux bordures ou au premier plan des massifs.

Culture

Elle prospérera mieux dans les sols légèrement humides, surtout au printemps. Lorsque les fleurs prennent une vilaine teinte rousse, taillez-la à ras. Cela la forcera à produire de nouvelles feuilles, les plus belles. Arrosez abondamment pour faciliter le redémarrage.

Comportement

En pot. Elle s'y plaira si vous la rempotez tous les ans dans un mélange de terreau et de terre de jardin à parts égales.

En bouquet. Ses feuilles veloutées sont le plus bel écrin que vous puissiez offrir à un petit bouquet de roses. Ses fleurs jaune

chartreuse illuminent les bouquets d'asters ou de vergerettes. Elles dureront 10 jours en vase si vous les cueillez à peine écloses : elles ont encore une couleur très acide, tirant sur le vert plutôt que le jaune.

Les meilleures variétés

Il n'y a rien de mieux que l'espèce type.

MARIONS-LES

Elle côtoie avec bonheur les sauges panachées de jaunes, au pied de quelques rosiers ou d'une touffe d'hémérocalles dans les jaune d'or, un rideau de pieds-d'alouette bleu foncé derrière.

L'alchémille produit un véritable brouillard très élégant de fleurs jaune paille.

ANCOLIE

Aquilegia vulgaris hybride (famille des Renonculacées), dite dame-honteuse

Un feuillage aussi décoratif que ses fleurs à éperons

Floraison : *avril à juin*
Feuillage : *vert bleuté, découpé, discret*
Exposition : *soleil/mi-ombre*
Sol : *léger et riche*
Hauteur : *50 à 90 cm*
Étalement : *50 à 60 cm*

Si elle est capable de se ressemer spontanément, d'année en année, les nouvelles plantes seront la plupart du temps différentes de leurs parentes.

De gauche à droite, 'Nora Barlow', 'Yellow Queen' (60 cm) et 'Kristall'.

MARIONS-LES
Mariez-la aux aulx décoratifs, aux heuchères et bordez le tout de touffes d'alchémilles ou de myosotis, bleu foncé.

Évitez-lui la compagnie de voisines trop exubérantes qui empiètent sur son espace vital : elle défend mal son territoire. Autour, semez des annuelles légères, comme des lavatères ou des cosmos, qui prendront le relais quand elle sera défleurie.

Culture

Plantez-la par groupe de 5, ou plus, dans un sol riche en humus. En sol lourd, comblez le trou de plantation avec un mélange à parts égales de terre de jardin et de compost.
Offrez-lui une ombre légère, surtout dans les régions à été chaud et sec.
Coupez les fleurs fanées, sauf si vous voulez récupérer les graines, ou si vous préférez qu'elle se ressème spontanément.
L'ancolie ne dure que trois ans. Il faut donc la renouveler régulièrement
Après la floraison, elle disparaît complètement, feuillage et tout : pas d'inquiétude, c'est normal !

Comportement

En pot. Elle est un peu maigre pour remplir une potée : gardez-la au jardin.

Bouquet. Malgré une durée de vie plutôt courte en vase, de l'ordre de 4 à 5 jours, vous ne pourrez vous passer de ses fleurs sophistiquées et de son joli feuillage. Mariez-la à des pavots, des anémones de Caen ou des renoncules.

Les meilleures variétés

Les classiques :
- 'Crimson Star' (50 cm), rouge et blanche.
- 'Kristall' (60 cm), blanc pur.
- 'Koralle' (50 cm), rose et blanche.
- 'Nora Barlow' (80 cm), nettement plus élancée, aux fleurs doubles en pompons, rouge carmin et blanc crème.

Pour sortir des sentiers battus :
- *Aquilegia chrysantha* 'Yellow Queen' (80 cm), aux grandes fleurs jaunes.
- *Aquilegia viridiflora* (50 cm), aux fleurs pendantes vert pistache à l'extérieur et chocolat à l'intérieur.

ANÉMONE DU JAPON

Anemone hupehensis et hybrides (famille des Renonculacées)

Un peu de compost et la voilà partie !

Elle mettra quelques saisons à prouver sa grande générosité. Mais, robuste, elle sera fidèle pendant de longues années avec une floraison qui s'épanouit de la fin de l'été aux premières gelées.

'Whirlwind', une autre variété à fleurs doubles blanches (70 à 100 cm).

Culture

En principe, elle est rustique mais les jeunes plantations ne le sont pas toujours : une couche de feuilles mortes est une sage précaution sur les plantations automnales. Préférez la mise en place au printemps si possible. En juin, paillez avec du terreau ou du compost : elle n'en sera que plus vigoureuse.

Comportement

En pot. Un peu trop longue à trouver sa vitesse de croisière, elle est beaucoup plus à son avantage au jardin.

En bouquet. Les fleurs tiennent longtemps en bouquet, une dizaine de jours, sans faillir si vous les cueillez lorsque les étamines sont encore jaune très vif. Ses feuilles ne sont pas aussi faciles : au printemps et en été, elles se flétrissent après quelques heures de bouquet !
Mariez-la à des branches de ronces garnies de mûres et des fruits de rosier d'un beau rouge vermillon. Un nuage d'aster blanc (*Aster ericoides*) liera le tout en une composition originale, fraîche et champêtre.

Les meilleures variétés

Les classiques :

- 'Praecox', la première en fleur, aux corolles simples, rose délicat.
- 'September Charm', aux grandes fleurs rose nacré, tendre.
- 'Honorine Jobert', une grande variété (120 cm), aux fleurs simples blanches.
- 'Rubra Plena', à fleurs doubles roses.

Pour sortir des sentiers battus :

- *Anemone canadensis* (20 cm), aux petites fleurs blanc nacré, de juin à juillet, sur des coussins de feuillages très découpés. Se contente de sols ordinaires.
- *Anemone sylvestris* (30 cm), aux fleurs blanches, bien dégagées du feuillage et légèrement parfumées, s'épanouissant de mai à juin.

Floraison : *août à octobre*
Feuillage : *vert foncé, découpé, denté*
Exposition : *soleil/mi-ombre*
Sol : *riche, toujours un peu humide, surtout en été*
Hauteur : *80 à 100 cm*
Étalement : *50 à 60 cm*

MARIONS-LES
Grands tabacs, amarante queue-de-renard et anémone du Japon forment en fin de saison un tableau inattendu et plein de charme.
Bordez de quelques vaporeuses *Aster ericoides.*

C'est une plante vagabonde qui prend vite de l'extension. N'hésitez pas à la contenir en éliminant les rejets indésirables avec le tranchant de la bêche.

À SAVOIR
Il existe deux espèces d'anémones bulbeuses :
- *Anemone blanda,* petite et tapissante (10 à 15 cm), aux fleurs en marguerites blanches, bleues ou roses en avril. Elle se plaît à mi-ombre et formera en 2 à 3 ans de larges plages au pied des arbres.
- Anémone de Caen, *Anemone* x *hortensis* 'De Caen' (30 cm), aux grandes fleurs rouges, bleues ou roses, au cœur noir entouré d'un halo blanc, en mars-avril. Elle préfère le soleil et est capable de fleurir rapidement, parfois en moins de 3 mois. Elle vieillit vite : après 3 ans, il faut la remplacer car elle devient moins florifère.

Plantez-les à l'automne dans de larges trous remplis de deux tiers de terreau et d'un tiers de compost.

ASTER

Aster (famille des Astéracées)

Une vivace des plus populaires

Floraison : *avril à octobre*
Feuillage : *vert, découpé, discret*
Exposition : *soleil*
Sol : *léger, même calcaire*
Hauteur : *25 à 150 cm*
Étalement : *25 à 60 cm*

L'aster est vraiment une fleur sans souci pour fleurir un jardin sauvage du mois d'avril jusqu'aux gelées, en mariant toutes les variétés. Car c'est lorsqu'il est en groupes mélangés, en fond de massif, qu'il est le plus spectaculaire.

'Flora's Delight', très florifère.

Culture

Une poignée de compost dans le trou de plantation lui assure un bon départ. Pour l'aster qui fleurit en automne, réduisez la tige de moitié lorsqu'elle atteint 50 cm : cela peut doubler l'intensité de la floraison. Arrosez régulièrement à partir du mois d'août. Divisez les mottes tous les 3 ou 4 ans, pour les régénérer.

Comportement

En pot. Vous pouvez essayer les variétés les plus trapues, en ne négligeant pas d'alléger le terreau de culture avec du sable ou de la vermiculite. Son ennemi ? La sécheresse. Arrosez généreusement.

En bouquet. Les meilleures variétés pour les bouquets sont les asters d'automne : *Aster ericoides* pour ses nombreuses fleurs blanches très légères qui remplissent le même rôle que le gypsophile ; *Aster novae-angliae* pour ses tiges régulières et bien droites ; *Aster novi-belgii* pour ses couleurs vives. Mariez-les aux anémones du Japon, aux baies de rosiers rugueux (*Rosa rugosa*) et aux branches rougeoyantes d'un chêne d'Amérique ou d'un liquidambar.

'Snow Sprite'

Little Carlow

'White Climax'

Les meilleures variétés

• L'aster des Alpes (25 cm), *Aster alpinus*, bleu ou rose pour la variété 'Happy End', fleurit d'avril à juin, étalé sur le sol, en petites fleurs à cœur jaune très lumineux. Il supporte bien le calcaire.

• L'aster d'été (60 cm), *Aster amellus*, est en fleur de fin juin à septembre. À noter :
- 'Lac de Genève', et ses grandes fleurs bleues, la variété la plus florifère.
- 'Blue King', bleu très foncé tirant sur le violet.
- 'Little Carlow', (120 cm) mauve. Bel hybride à la multitude de petites fleurs

• L'aster nain d'automne (30-60 cm), *Aster dumosus*, fleurit d'août à octobre :
- 'Alice Haslam' (40 cm), à fleurs simples rose carmin.
- 'Heinz Richard', à fleurs doubles roses.
- 'Jenny' (60 cm), à fleurs doubles rouges.
- 'Prof. Anton Kippenberg' (40 cm), vigoureux, aux fleurs doubles bleu-violet.
- 'Snow Sprite' (30 cm), à fleurs simples blanches.

• L'aster de Nouvelle-Angleterre (100 à130 cm), *Aster novae-angliae*, fleurit un peu plus tard, de septembre à octobre. De tous ses congénères, il est le moins sensible à l'oïdium :
- 'Alma Pötschke' (100 cm), rouge rubis très vif.
- 'Harrington's Pink' (150 cm), rose lumineux.
- 'White Climax' (160 cm), blanc pur.

MARIONS-LES

Placez-le au pied d'arbustes aux couleurs d'automne flamboyantes, comme les cornus, ou produisant des baies décoratives, comme les pommiers d'ornement et les millepertuis arbustifs.
Les variétés bleues sont également à leur avantage en mélange avec les soleils : heleniums et rudbeckias.

• L'aster de Nouvelle-Belgique (100 cm), *Aster novi-belgii*, fleurit de septembre à octobre. Il réclame beaucoup d'eau lorsqu'il est en pleine floraison :
- 'Eventide', violet foncé.
- 'Marie Ballard', à fleurs très doubles, bleues.
- 'Fellowship', l'un des meilleurs asters roses.
- 'Julia', blanc rosé à fleurs très doubles.
- 'Freda Ballard', un peu plus petit (80 cm), rose carmin.

Harrington's Pink

• *Aster ericoides* (80 à 100 cm), surnommé « la vendangeuse » car il est en fleur au moment de la récolte du raisin. Peu sensible à l'oïdium, il arbore des petites fleurs disposées en gerbes d'un blanc bleuté.
- 'Flora's Delight' est une variété rose lilas à cœur jaune.

AUBRIÈTE

Aubrietia hybride (famille des Brassicacées), dite petit-bleu

Remarquable pour la rocaille

Floraison : *avril à mai*
Feuillage : *gris vert ou vert sombre, discret, persistant*
Exposition : *soleil/mi-ombre*
Sol : *ordinaire, même sec*
Hauteur : *15 à 20 cm*
Étalement : *60 à 90 cm*

C'est l'une des fleurs qui marquent le printemps. Elle explose en couleurs vives avec une opulence qui nous fait vite oublier la morne période de l'hiver. Elle forme rapidement de véritables tapis très colorés, parfois même envahissants.

Culture

Il est possible de la semer à la fin juin pour la voir fleurir dès le printemps suivant. Les plants seront mis en place à l'automne.
En région très ensoleillée, évitez-lui les situations écrasées de soleil : elle préfèrera l'ombre d'un arbre au feuillage léger dans les heures les plus chaudes de la journée.

L'aubriète se plaît même dans les anfractuosités les plus étroites des murs de pierres sèches.

Comportement

En pot. Elle se plaît en petites potées à arroser régulièrement, mais sans excès lorsqu'elles sont en fleur.

En bouquet. Les tiges sont trop courtes…

Les meilleures variétés

Celles que l'on sème :
• 'Royal Bleu', bleu violacé.
• 'Royal Red', rouge violacé.
• 'Leichtlinii', rose foncé tirant sur le rouge.

Celles que l'on trouve en plants, aux couleurs plus intenses :
• 'Barker's Double', à fleurs doubles rose vif.
• 'Blue Emperor', bleue.
• 'Jeanne Cayeux', violette à cœur clair.
• 'Ville d'Orléans', rouge magenta se nuançant de mauve en s'épanouissant.

MARIONS-LES
Mariez-la aux crocus et aux muscaris en un tapis annonciateur des beaux jours. Avec les doronics et les corbeilles-d'or, associez les variétés tirant sur le bleu pour créer un ensemble tonique.

Juste après la floraison, taillez-la sévèrement à la cisaille à gazon : elle appréciera des arrosages réguliers pour reprendre sa croissance.

BENOÎTE

Geum chiloense (famille des Rosacées)

Une plante sans souci pour les bordures

***Floraison** : mai à juin*
***Feuillage** : persistant, en coussins denses, ample, vert foncé*
***Exposition** : soleil/mi-ombre*
***Sol** : riche, profond, bien drainé et toujours un peu humide en été*
***Hauteur** : 50 à 60 cm*
***Étalement** : 30 à 40 cm*

MARIONS-LES
Mariez-la, par exemple, à l'alchémille, aux heuchères pourpres dans un massif légèrement ombragé.

Sa floraison en pompons, très lumineuse, présente l'inconvénient d'avoir une durée un peu courte : il faut donc absolument l'associer à des fleurs vivaces qui pourront prendre son relais, dans le courant de l'été, lorsqu'elle sera défleurie.

Culture

Attendez le printemps pour nettoyer toutes les tiges et les feuilles mortes de l'année précédente. Coupez ras après la floraison et arrosez : dans certaines situations très favorables, la benoîte peut refleurir en fin d'été. Sa durée de vie est relativement courte, 4 à 5 ans. Ensuite, elle devient beaucoup moins florifère et il est nécessaire de la remplacer.

Floraison généreuse et feuillage bien fourni, elles est toujours bienvenue dans les bordures.

Comportement

En pot. Ayant besoin d'un sol profond, la benoîte serait malheureuse en potée.

En bouquet. Sa durée de vie en vase n'est pas exceptionnelle, une petite semaine, mais ses couleurs toniques à une période où le pastel est plutôt de mise chez les vivaces en fait un élément intéressant pour alléger des bouquets de tulipes tardives ou de pivoines jaunes ou saumon.

Les meilleures variétés

Les classiques :

- 'Mrs Bradshaw', d'un rouge lumineux.
- 'Lady Stratheden', jaune canari,

Pour sortir des sentiers battus :

- 'Fire Opal', rouge flammé de jaune qui donne de loin une jolie teinte cuivrée.
- 'Dolly North', un orange très lumineux.
- *Geum coccineum* 'Borisi' (30 cm), à petites fleurs rouge orangé simples, pour rocaille et bordure.

CAMPANULE

Campanula (famille des Campanulacées), dite violette de Marie

Des clochettes par centaines

***Floraison** : avril à septembre selon les variétés*
***Feuillage** : vert, discret*
***Exposition** : soleil/mi-ombre*
***Sol** : ordinaire, même pauvre*
***Hauteur** : 10 à 150 cm selon les variétés*
***Étalement** : 25 à 60 cm selon les variétés*

C'est une famille très nombreuse où vous trouverez tout ce que vous espérez pour toutes les situations : de la plus petite, avec la campanule des murailles tapissante, à la plus grande, avec la *Campanula lactiflora* qui culmine à 150 cm si elle est bien nourrie. Les fleurs, en forme d'étoiles ou de clochettes sont à l'échelle des variétés : minuscules ou géantes.

Culture

Au soleil, elle sera plus florifère, mais elle tolère une ombre légère. En ce qui concerne les grandes variétés, disposez des branchages bien ramifiés entre les pieds, dès la reprise au printemps, afin de les soutenir lorsqu'elles seront en fleur. Apportez-leur à toutes, petites ou grandes, une dose de compost étalé en paillage à leur pied.

Blanche ou bleue, la campanule est toujours très florifère et d'agréable compagnie.

MARIONS-LES

Les plus petites trouveront leur place en bordure du potager en alternance avec de la santoline à feuillage gris argent. Les plus grandes se marieront bien avec les cosmos et les amarantes vertes.

Attention, prenez garde aux limaces qui adorent son jeune feuillage, laissant suinter sous leurs morsures un suc laiteux.

Comportement

En pot. Essayez plutôt les variétés les moins hautes. Évitez-tout excès d'humidité et éliminez systématiquement les tiges défleuries pour prolonger la floraison. De même qu'au jardin, une bonne exposition est favorable à une belle floraison.

En bouquet. Cueillez sans remords les grands épis de la campanule à feuilles de pêcher car cela stimule la suite de sa floraison. Le bon moment ? Lorsque l'épi est aux trois quarts épanoui. Elle durera dix jours. Mariez-la à des branches de seringat en fleur et deux ou trois branches de rosiers églantine à fleurs en bouquets ('The Fairy', 'Ghislaine de Féligonde' ou 'Ballerina').

Les meilleures variétés

La *Campanula lactiflora* est certes spectaculaire, mais un peu trop capricieuse pour un jardin sans souci. Préférez-lui :

• *Campanula latifolia macrantha* (100 cm), aux épis de fleurs en clochettes, violet vif ou blanc, de juin à septembre. Elle se plaît dans les sols un peu lourds.

• La campanule à feuilles de pêcher (60 à 70 cm), *Campanula persicifolia,* qui est en fleur entre juin et juillet et porte de longs épis souvent ramifiés, avec des fleurs en coupe de couleur lavande ou blanche. Une valeur sûre !

• La campanule des Carpates (20 cm), *Campanula carpatica,* aux grosses clochettes bleu clair ou blanches, en coussins, dès avril et jusqu'en mai. Attention : elle demande un peu de fraîcheur. La variété 'Dickson's Gold' présente un feuillage jaune clair et des fleurs bleues.

• La campanule des murailles (10 cm), *Campanula muralis,* aux fleurs bleu-violet, en avril. Elle s'adapte à tous les sols et supporte même un peu d'ombre. Littéralement increvable ! Son feuillage est persistant. On la trouve aussi sous le nom de *Campanula portenschlagiana.*

• *Campanula glomerata* (50 cm), dont les fleurs sont disposées en couronne autour de la tige sur plusieurs étages, de juin à août. Elle s'étend très rapidement. Deux variétés sont disponibles :

- *alba*, blanche ;
- *acaulis*, une naine (20 cm), bleu violet.

Une Campanula glomerata *en début de floraison.*

À SAVOIR

La campanule pyramidale (150 cm), *Campanula pyramidalis,* est peu durable. On la cultive généralement comme une bisannuelle. Elle a besoin de chaleur pour épanouir ses fleurs d'un bleu brillant.

CHARDON

Famille des Astéracées (*Echinops* et *Cirsium*) et des Apiacées (*Eryngium*)

Floraison *: mai à août selon les variétés*
Feuillage *: vert à gris*
Exposition *: soleil*
Sol *: ordinaire, bien drainé*
Hauteur *: 60 à 100 cm selon les variétés*
Étalement *: 50 à 60 cm*

Des piquantes très civilisées

Il y a un paradoxe à planter au jardin des chardons alors que, par ailleurs, on essaie par tous les moyens de s'en débarrasser lorsqu'ils y poussent sans y être invités. Ceux que nous vous proposons n'ont pas un caractère aussi envahissant que leurs cousins sauvages.

Culture

Plantez de préférence au printemps et arrosez régulièrement la première année pour favoriser l'installation. Vous n'aurez probablement de fleurs que l'année suivante. À chaque printemps, coupez l'ancienne végétation à ras.

Comportement

En pot. Quelle drôle d'idée !

En bouquet. Séchés, simplement à l'air libre, ils conservent longtemps leur belle couleur. Frais, ils tiennent une dizaine de jours, voire plus. Associez-les aux roses, aux phlox et aux vergerettes pour de gros bouquets ronds, un peu champêtres.

Les meilleures variétés

• La boule azurée (80 à 100 cm), *Echinops ritro,* aux fleurs en boules hérissées, bleu-violet très lumineux, devient plus terne en fin de floraison, en juillet et août. Feuillage large au revers argenté.
- 'Veitch's Blue' (80 cm), au coloris bleu acier intense.
- 'Taplow Blue', à fleurs plus volumineuses.
• *Cirsium japonicum* (60 à 70 cm), aux feuilles vert foncé, bel écrin pour ses fleurs en toupet rouge en mai-juin. Entre autres : 'Early Red Beauty', une variété au rouge encore plus intense.
• Le panicaut (70 cm), *Eryngium alpinum,* aux fleurs bleu acier au cœur cylindrique, saillant gris bleuté, en juillet et août. Il a besoin d'une bonne humidité ambiante au printemps pour prospérer. Pensez à l'arroser s'il fait vraiment sec. Une bonne variété : 'Blue Star', le plus coloré.

MARIONS-LES
Mariez les grands bleus – boule azurée et panicaut – avec les soleils et les œnothères. Les *Cirsium japonicum* s'harmoniseront mieux avec les coquelourdes et les rosiers anciens ou modernes, dans les nuances de rose.

Soyez vigilant pour le désherbage, au début, car le chiendent a tendance à coloniser les rosettes de feuilles et vous aurez bien du mal ensuite à l'en déloger.

CŒUR-DE-MARIE

Dicentra spectabilis (famille des Fumariacées), dit diélytra de Chine

Floraison *: avril à juin*
Feuillage *: vert*
Exposition *: mi-ombre*
Sol *: frais et riche, acide à neutre*
Hauteur *: 50 à 60 cm*
Étalement *: 40 à 50 cm*

Ne pas déranger !

Voici une plante idéale pour éclairer de ses couleurs lumineuses les coins légèrement ombragés du jardin. Son feuillage découpé, les grappes de petits cœurs s'accrochant aux tiges fines et arquées par le poids de la floraison : tout en elle est délicatesse !

Culture

Apportez du terreau ou du compost à la plantation. Pensez à marquer son emplacement avec un tuteur discret car elle disparaît rapidement après la floraison, bien avant que le temps des nouvelles plantations soit venu. Ainsi vous n'oublierez pas sa place. Si elle a soif en été, sitôt la floraison terminée, son feuillage va jaunir et disparaître : elle entre alors en période de repos, bien avant l'hiver.

Comportement

En pot. Elle peut s'y plaire dans un mélange pour moitié de terre de jardin et de terre de bruyère. Mais elle disparaît si vite. Alors…

En bouquet. Cueillez-la lorsque la hampe florale est bien épanouie : elle durera une petite semaine sans encombre. C'est la reine des bouquets bon enfant, en compagnie de quelques fleurs de seringat ou de pivoines. Son feuillage découpé apporte une touche élégante dans les petits bouquets ronds de quelques roses, d'anémones ou de renoncules.

Les meilleures variétés

Vous aurez le choix entre deux coloris :

- Le rose et blanc, pour la forme dite « culotte hollandaise ».
- Le blanc seul avec *Alba.*

MARIONS-LES
Mariez-les avec des fleurs qui prolongeront son court passage dans vos massifs : alchémilles et ancolies, pour une association aérienne un rien romantique ; pivoines et tulipes pastel, pour un tableau étonnant prenant fin avec le printemps.

Laissez-la vivre : divisez-la vraiment si c'est nécessaire parce que sa taille imposante étouffe les voisines par exemple, de préférence en septembre. Elle n'aime pas cela et se vengera en vous infligeant une année sans fleurs pour repartir de plus belle ensuite !

COQUELOURDE

Lychnis coronaria (famille des Caryophyllacées), dite œillet-de-Dieu

Floraison : juillet à août
Feuillage : recouvert d'un duvet fin argenté
Exposition : soleil
Sol : ordinaire, même calcaire
Hauteur : 70 cm
Étalement : 60 cm

N'importe où, mais au soleil…

Des couleurs intenses, voici de quoi égayer vos massifs d'été. Et, en plus, elle est facile à vivre !

Culture

Semez-la en avril-mai, dans un coin du potager, en recouvrant les graines d'un peu de terreau. Repiquez un mois plus tard, en laissant 5 cm entre chaque plant. À l'automne, plantez en place. En fleur au printemps suivant, elle n'a déjà plus besoin de vous.

Comportement

En pot. Ce serait dommage, sa floraison est un peu courte pour en valoir la peine.

En bouquet. Elle dure peu en vase, une petite semaine tout au plus, mais elle compose avec les vergerettes, les reines-marguerites, les chardons et les roses de charmants bouquets ronds très colorés.

Les meilleures variétés

Les classiques :

L'espèce type d'un rouge carmin, velouté, très lumineux, qui contraste avec le feuillage gris. *Alba* est la même, en blanc.

Pour sortir des sentiers battus :

- La croix-de-Jérusalem (100 cm), *Lychnis chalcedonica,* aux fleurs en croix ressemblant à celle, rouge écarlate, que portaient les chevaliers des croisades. 'Morgenrot', qui arbore des fleurs blanches et saumon sur un feuillage vert foncé, est très élégante.

Elle se ressème facilement partout : ne vous laissez pas envahir !

MARIONS-LES
Mariez-la aux rosiers, aux lis de la Madone ou aux grandes marguerites d'été.
Et pourquoi pas aux trois à la fois ? Campanules blanches, armoises grises et sauges bleues forment, en sa compagnie, un massif haut un peu sauvage, changeant au moindre souffle de vent.

CORBEILLE-D'ARGENT

Iberis et *Arabis* (famille des Brassicacées)

Floraison : *mars à mai*
Exposition : *soleil/mi-ombre*
Sol : *ordinaire*
Hauteur : *15 à 20 cm*
Étalement : *60 à 70 cm*

À SAVOIR
Une autre fleur, annuelle celle-ci, porte le même nom commun. Il s'agit du *Thlaspi umbellata* (30 cm), aux fleurs regroupées en petits plateaux, de mai à juillet. Il préfère le soleil et les sols ordinaires, bien drainés et toujours un peu humides en été. Semez-le d'avril à juin dans un coin ombragé et bien ratissé. Repiquez au même endroit, ou en godets en septembre au plus tard, et plantez en place en mars ou avril.

MARIONS-LES
Elle fait bon ménage avec les campanules des murailles et les aubriètes, dans une rocaille ensoleillée, au printemps.

Idéale dans une rocaille

Elle est le déclic du printemps, le signal du renouveau.

Culture

Elle a besoin d'un sol bien drainé en hiver. Plantez-la de préférence à l'automne. Si elle a tendance à se dégarnir au centre, coupez la moitié des pousses après la floraison. Sinon contentez-vous d'éliminer les fleurs fanées à la cisaille à gazon. Tous les 3 ans, il faudra faire des boutures en été pour la régénérer.

Comportement

En pot. Elle peut servir de base à une composition de bulbeuses de printemps de petite taille. Pensez à alléger le compost de culture, sinon ses racines pourraient pourrir.

En bouquet. En petits bouquets, seules ou en mélange avec des violettes ou des pensées, elles forment de ravissants chemins de table printaniers. Leur durée de vie est courte dans la chaleur d'un intérieur, mais qu'importe !

Les meilleures variétés

• Ibéris (15 à 25 cm), *Iberis sempervirens*, fleurs blanches nombreuses et feuillage en coussin dense, vert, persistant.
• Arabette (15 cm), *Arabis caucasica*, aux fleurs blanches simples ou doubles sur un écrin de petites feuilles persistantes en coussins verts ou argentés. Préfère le soleil.

CORBEILLE-D'OR

Alyssum saxatile (famille des Brassicacées), dite alysse des rochers

Floraison : *avril à mai*
Feuillage : *gris-vert*
Exposition : *soleil*
Sol : *ordinaire,*
Hauteur : *15 à 20 cm*
Étalement : *60 à 70 cm*

Une vigueur galopante

Généreuse, elle est née pour courir sur les talus, dégringoler les rocailles, dévaler les murets de pierre ou, plus calmement mais avec la même énergie, border une allée.

Culture

Elle n'est vraiment pas difficile à vivre ! Plantez-la partout où elle vous fait envie, il lui suffira d'un bon ensoleillement pour se développer toute seule et sans soins particuliers. La sécheresse ne lui fait même pas peur : après un coup de chaud, elle repart dès que l'hygrométrie redevient plus clémente. Le seul entretien nécessaire : après la floraison, coupez-la assez ras à la cisaille à gazon, pour lui conserver sa forme compacte en gros coussins bien épais et persistants.

Comportement

En pot. Plantez-la dans un terreau additionné d'un tiers de sable. Arrosez-la avec modération et placez-la au soleil. Une fois défleurie, vous pourrez la remiser dans un coin moins en vue, toujours ensoleillé, car elle n'est plus du tout spectaculaire. Elle est idéale pour garnir une auge de pierre dont elle « mange » le rebord.

Les meilleures variétés

• *Sulphureum*, plus grande (30 cm), à fleurs jaune soufre.
• *Plenum*, à fleurs doubles.

MARIONS-LES
Elle épouse avec bonheur les phlox nains roses ou blancs et s'associe parfaitement avec les hostas ou l'helianthème.

DIASCIA

Diascia (famille des Scrophulariacées)

Une longue floraison rose

***Floraison** : juin à septembre*
***Feuillage** : vert*
***Exposition** : soleil*
***Sol** : riche et bien drainé*
***Hauteur** : 30 cm*
***Étalement** : 40 cm*

Au jardin, voici une plante qui fait merveille pour créer une bordure très fleurie : sa petite taille ne supporte pas le milieu des massifs.

Des hampes très élégantes couvertes d'épis de petites fleurs roses.

Culture

Plantez-la, en avril ou mai, dans un mélange à parts égales de compost et de terre de jardin. Beaucoup d'eau et de l'engrais spécial « plantes fleuries » tous les 15 jours : voilà le programme estival ! Ne la rabattez pas à l'automne : ses restes de végétation la protègeront du froid. Pour la même raison, offrez-lui un bon matelas de feuilles mortes dès le début de l'hiver.

Comportement

En pot. Mariez-la aux helichrysums aux feuillages gris et veloutés.

Les meilleures variétés

Celles que nous vous proposons ici sont bien rustiques.

• *Diascia vigilis*, aux fleurs rose clair et aux feuilles lustrées.
• *Diascia fetcaniensis*, la plus rustique et la plus haute, aux fleurs rose foncé.

MARIONS-LES
Associez-la aux santolines ou à la rue, dont le moutonnement contraste avec ses épis de fleurs dressés.

DIGITALE

Digitalis purpurea (famille des Scrophulariacées), dite gant-de-bergère

De longs épis de fleurs pendantes

Floraison : *juin à juillet*
Feuillage : *vert duveteux*
Exposition : *soleil/mi-ombre*
Sol : *toujours un peu humide en été*
Hauteur : *100 à 120 cm*
Étalement : *20 à 30 cm*

La forme de ses fleurs, clochettes en forme de doigts de gant, lui ont donné son nom. Elle est l'une des grandes classiques du jardin de fleurs.

Culture

Il s'agit en fait d'une bisannuelle qui se ressème si spontanément qu'elle sera toujours au rendez-vous du début d'été une fois en place. Semez de juin à août dans un endroit abrité et ombragé du jardin, dans une terre fine. Recouvrez d'une bonne couche de terreau bien tassée. Repiquez en place à l'automne.

Comportement

En pot. Oui ! Exactement comme au jardin.

En bouquet. Sa tige se casse facilement : manipulez-la avec précaution. Cueillez-la au sécateur lorsque les deux tiers des fleurs sont ouvertes sur un même épi, elle durera huit jours. Mariez-la aux delphiniums, arums, euphorbes, pour un grand bouquet.

Les meilleures variétés

Les classiques :
• 'Excelsior', une des meilleures séries, rose, blanche ou rouge.
• *Alba*, blanche.
• 'Sutton's Apricot', jaune saumon.
• *Gloxiniaeflora*, aux grosses clochettes déclinant toute la gamme des roses. En terre riche, elle peut atteindre deux mètres de haut.

Pour sortir des sentiers battus :
Les deux espèces suivantes sont des vivaces :
• La digitale à grandes fleurs (80 cm), *Digitalis grandiflora*, jaune maculé de brun, supporte le calcaire et le soleil pas trop brûlant.
• La digitale à fleurs jaunes (70 cm), *Digitalis lutea*, aux fleurs plus petites, fleurit jusqu'en août. Son feuillage est d'un beau vert lustré.

MARIONS-LES
Mariez-la aux fleurs de la monnaie-du-pape (lunaires) et aux juliennes qui apprécient, comme elle, une ombre légère et déclinent à peu près la même gamme de coloris.
Un tapis d'hostas à ses pieds est une parure dont elle n'aura pas à rougir.

Après la floraison, coupez au ras du sol les hampes florales : vous favoriserez ainsi le redémarrage de la croissance.

À SAVOIR
Les digitales contiennent toutes un alcaloïde puissant, la digitaline. Par précaution, il est bon de se laver les mains après toute manipulation. Évitez que les jeunes enfants y goûtent, en les plantant en fond de massif, assez inaccessibles.

DORONIC

Doronicum caucasicum (famille des Astéracées)

Une des gloires du printemps

Floraison : *mars à mai*
Feuillage : *vert tendre en coussins*
Exposition : *soleil/mi-ombre*
Sol : *humide, surtout pendant la floraison (avril)*
Hauteur : *40 cm*
Étalement : *50 cm*

Sa floraison précoce en fait une compagne idéale des tulipes et des narcisses. Son feuillage n'ayant que peu d'intérêt, cachez-le au sein d'une touffe de vivaces fleurissant l'été.

Culture

Elle apprécie une ambiance un peu fraîche : arrosez-la aussi en été. Tout comme les cœurs-de-Marie, elle a tendance à disparaître prématurément en été s'il fait trop chaud.

Comportement

En pot. Sa floraison éphémère n'offre pas d'intérêt pour cet usage.

En bouquet. Ses petites fleurs tiennent bien dans les bouquets, une huitaine de jours s'il ne fait pas trop chaud. Associez-la avec les mêmes fleurs qu'au jardin : les tulipes lui iront fort bien. Pour un petit bouquet de chambre, entourez-en une belle jacinthe et enserrez le tout dans une grande feuille d'arum vert sombre.

Les meilleures variétés

À vrai dire, toutes les variétés se ressemblent. Ne vous ennuyez donc pas à chercher des variétés subtiles, d'autant que vous ne les trouverez pas toujours identifiées avec une certitude absolue.

MARIONS-LES
Essayez-les avec un tapis de pervenches panachées de crème, émaillé de myosotis ou de brunnera.

Évitez-lui le soleil de l'après-midi en été : il est trop fort.

FOUGÈRE

(Familles variées)

Un petit air forestier

À mi-ombre, le vert lumineux d'une fougère donne du relief à l'arbre au pied duquel elle est installée.

Culture

Bêchez bien le sol avant la plantation. Contentez-vous par la suite de couper les frondes fanées à l'automne, quand elles sont roussies : elles forment une excellente couverture pour vos plantes les plus fragiles.

Comportement

En pot. Nombreuses sont les variétés qui supportent ce traitement. Le secret de la réussite : une humidité bien contrôlée.

En bouquet. Les frondes, des plus longues aux plus courtes, peuvent joliment servir d'écrin à toutes les fleurs.
Mais ne déplumez pas trop vos plantes en les surexploitant…

Les meilleures variétés

- La fougère mâle (100 à 120 cm), *Dryopteris filix-mas,* aux frondes dressées et aux divisions arrondies.
- L'osmonde royale (100 à 120 cm), *Osmunda regalis*, la plus grande des fougères, aux frondes d'un beau vert clair. Elle prend son temps pour s'installer : ne soyez pas impatient de la voir prendre toute son ampleur. Au bout de 4 à 5 ans, vous serez récompensé de votre patience. Belle coloration en automne.
- La fougère plume d'autruche (80 à 100 cm), *Matteucia struthiopteris,* aux frondes aux pointes frisottées, vert clair au pourtour et vert olive devenant brunes, en cœur. Ce sont les frondes fertiles.
- le polystic (60 cm), *Polystichum setiferum,* aux frondes vert foncé, persistantes, un peu rugueuses au toucher.

Pas de floraison
***Feuillage :** déclinant toutes les nuances du vert avec quelques notes de brun plus ou moins rouge, suivi de teintes cuivre et or en automne pour les espèces caduques.*
***Exposition :** mi-ombre/ombre*
***Sol :** ordinaire, mais toujours humide en été*
***Hauteur :** 80 à 120 cm selon les variétés*
***Étalement :** 80 cm*

Asplenium nidus *nécessite un climat chaud et humide, mais fera merveille en potée d'appartement.*

MARIONS-LES
Accompagnez de quelques narcisses ou d'ancolies si l'ombrage est léger, elles reconstituent un paysage de sous-bois un peu sauvage.

GÉRANIUM VIVACE

Geranium (famille des Géraniacées)

Un compagnon fidèle et généreux

Floraison : *mars à septembre selon les variétés*
Feuillage : *plus ou moins découpé, vert, gris-vert ou bleuté*
Exposition : *soleil/mi-ombre*
Sol : *ordinaire*
Hauteur : *25 à 70 cm*
Étalement : *40 à 50 cm*

MARIONS-LES
Évitez le mariage avec des roses d'un classicisme affligeant. Préférez les associations avec les petits soleils comme les coréopsis ou, à l'ombre, avec des hostas à petites feuilles.

À ne pas confondre avec le pélargonium, avec qui il partage indûment son nom. Il est très robuste et se transforme en coussins de fleurs dans toutes les situations. Le géranium à grosses racines est parfait le long d'une haie.

Culture

Pour lui conserver sa silhouette dense, taillez-le à la cisaille à gazon juste après la floraison. À l'ombre trop dense, il prospère sans fleurir. Divisez-le tous les 3 ou 4 ans, dès qu'il forme des touffes respectables.

Comportement

En pot. Peu exigeant, il donne ici aussi des coussins épais et à longue floraison. Collectionnez plusieurs variétés.

En bouquet. Ses tiges grêles et ses fleurs de soie font de petits bouquets charmants pour garnir des soliflores sur une table d'été.

Les meilleures variétés

• *Geranium cantabrigiense* 'Biokovo' (25 cm), aux fleurs blanches à cœur rose, de mai à juin, et à feuillage persistant.
• Géranium à grosses racines (30 cm), *Geranium macrorrhizum,* aux fleurs roses, blanches ou bicolores, en mars. Son feuillage persistant prend des teintes rouges à l'automne. Il tolère les situations difficiles.
• Géranium sanguin (30 cm), *Geranium sanguineum,* à fleurs blanches ou roses, en mai-juin, puis en septembre. Son feuillage est persistant.
- *'Striatum'* (20 cm), blanc veiné de rose.
• *Geranium* x *magnificum* (60 cm), que l'on connaît aussi sous le nom de *G. platypetalum,* dont les feuilles rondes peu découpées prennent des couleurs jaune et rouge à l'automne. Remarquable également pour sa floraison bleu-violet en juin-juillet qui se détache bien sur son feuillage vert sombre.
• *Geranium endressii* (40 cm), aux fleurs rose nacré, de mai à août, sur un feuillage palmé vert clair.
• *Geranium psilostemon* 'Bressingham Flair' (70 cm), aux fleurs magenta intense avec un œil noir, de juin à septembre, très vigoureux.
• La variété 'Johnson's Blue' (40 cm) est aussi un grand classique, à fleurs bleues, mais à la floraison plus courte, s'arrêtant en juillet.

HÉLIANTHÈME

Helianthemum hybride (famille des Cistacées)

L'un des rois des murets

Floraison : *mai à août*
Feuillage : *très découpé, vert ou gris, persistant en cousins*
Exposition : *soleil*
Sol : *ordinaire, plutôt sec, même caillouteux*
Hauteur : *20 à 25 cm*
Étalement : *40 cm*

C'est dégringolant en cascade au-dessus d'un mur ou courant entre les pierres d'une rocaille qu'il sera le plus spectaculaire. Ce sous-arbrisseau se complaît en situation chaude, voire sèche.

Culture

Si votre sol est lourd, plantez-le sur butte avec une bonne couche de gravier au fond du trou de plantation. Taillez-le court au printemps dès qu'il a tendance à se dégarnir, au bout de quelques années.

Comportement

En pot. Il aime mieux les cailloux que la terre franche, pensez-y en essayant de l'acclimater sur votre terrasse.

Les meilleures variétés

• 'Annabel', à longue floraison double et rose, en forme de pompons.
• 'Henfield Brillant', à floraison orange intense.
• 'Ben Fhada', jaune rehaussé d'un cœur orangé, sur feuillage vert intense.
• 'Lawrenson's Pink', florifère, pourpre.
• 'Fire Dragon', cuivré et feuillage gris.
• 'Raspberry Ripple', un bicolore, blanc et framboise, aux feuilles vert foncé.
• 'The Bride', blanc pur et feuillage argenté.
• 'Suprême', d'un superbe rouge pourpré sur fond de feuillage gris vert.

MARIONS-LES
Mariez-le aux érigerons des murailles et aux valérianes, dont ils partagent les goûts.

La première année, taillez deux fois, juste après la floraison et en septembre.

HEUCHÈRE

Heuchera x *brizoides* (famille des Saxifragacées)

Une longue floraison gracile et aérienne

Floraison : mai à août
***Feuillage :** persistant, vert, pourpre, marbré d'argent*
***Exposition :** soleil/mi-ombre*
***Sol :** ordinaire, léger et riche*
***Hauteur :** 45 à 60 cm*
***Étalement :** 40 à 60 cm*

La délicatesse de ses fleurs lui a valu le surnom de « désespoir du peintre » tant elle est difficile à saisir sur la toile.

Culture

Ajoutez une bonne dose de compost à la terre de jardin lors de la plantation et paillez avec du compost : les touffes se regarniront à la base. Arrosez en été s'il fait très sec : elle sera plus florifère.

Comportement

En bouquet. En vase, elle se comporte honorablement pendant une bonne semaine. En compagnie de roses et de gypsophile, elle forme une composition classique, mais très élégante. De plus, elle sèche parfaitement bien, la tête en bas. C'est bon à savoir, pour les bouquets d'hiver…

Les meilleures variétés

Les classiques :
• 'Pluie de feu' (50 cm), rouge.
• 'Virginal' (60 cm), blanc.
• 'Snow Storm' (40 cm), rouge à feuilles panachées de crème.

Pour sortir des sentiers battus :
• Heuchère à petites fleurs (50 cm), *Heuchera micrantha,* au beau feuillage pourpré, à la découpe anguleuse. Elle préfère nettement l'ombre et une terre riche :
- 'Palace Purple' à fleurs blanches.
- 'Rachel', rose, un peu moins robuste.

Un beau feuillage très décoratif, c'est l'un des attraits de l'heuchère.

MARIONS-LES
Associez-la avec des ancolies, parmi des roses anciennes ou modernes, de préférence remontantes. Avec les sédums et les alchémilles, dans une composition pour emplacement plus ensoleillé, elle met en valeur la beauté de leurs feuillages.

À SAVOIR
Le nom de « désespoir du peintre » est aussi donné à un saxifrage (*Saxifraga umbrosa*) à fleurs blanches bordées de rouge à la base de ses pétales étroits, entre juin et juillet, d'une finesse à faire capituler un artiste.

HOSTA

Hosta (famille des Liliacées)

Un jeu de couleurs pour l'ombre

Floraison : *juillet à août*
Parfum : *délicat chez certaines variétés*
Feuillage : *large, velouté parfois, vert maculé de jaune, d'argent, d'ivoire, parfois bleuté, gaufré*
Exposition : *ombre/mi-ombre*
Sol : *riche et toujours un peu humide en été*
Hauteur : *45 à 90 cm selon les variétés*
Étalement : *50 à 90 cm selon les variétés*

Ils sont parfaits en larges plages d'une ou plusieurs variétés en mélange dans un sous-bois, une clairière, ou en lisière d'un massif d'arbustes.

Hosta crispulla undulata *et* Hosta aurea, *jaune.*

Culture

Ils sont capables de survivre au soleil, mais vous serez obligé de leur prodiguer des arrosages fréquents pour leur assurer un minimum de fraîcheur. Les variétés panachées apprécient un peu de soleil le matin. Paillez au printemps avec du terreau, après avoir incorporé une poignée de sang séché au pied. Pas de division avant 3 ans, et encore si leur extension l'impose, en septembre de préférence.

Comportement

En pot. Les hostas s'y plaisent à condition d'avoir leur poignée de sang séché chaque printemps et d'être arrosés régulièrement au cours de l'été.
Choisissez de préférence les variétés les moins volumineuses, car certaines sont carrément débordantes quand elles se plaisent, et plantez-les sans les mélanger. La culture en pot ne vous dispensera pas de la lutte contre les limaces si vous les posez à l'extérieur, sur le sol. En revanche, il est rare que ces voraces s'aventurent au 10e étage !

En bouquet. Leurs feuilles sont de magnifiques faire-valoir pour toutes sortes de bouquets, en revanche leurs fleurs ne s'y plaisent pas trop.
Mariez les hostas aux euphorbes et aux pivoines à fleurs simples blanches, aux grands lis blancs ou jaunes, pour des compositions sophistiquées.

Pratiquez une lutte sans merci contre les limaces capables de ruiner le jeune feuillage, surtout au printemps. Entourez-les de granulés empoisonnés avant que les feuilles ne sortent de terre.

Fleurs blanches ou roses, c'est surtout pour leur feuillage qu'on apprécie les hostas, qui s'acclimatent aux endroits les moins lumineux.

MARIONS-LES
L'association avec d'autres espèces est difficile. Ils sont de toute manière splendides les uns avec les autres.

Les meilleures variétés

Les classiques :

• *Hosta sieboldiana Elegans* (70 cm), un grand classique à grandes feuilles bleues, arrondies et gaufrées. Ses fleurs blanches teintées de lilas apparaissent au ras du feuillage. Cette variété est parfois un peu lente à s'installer : soyez patient.

• *Hosta ventricosa* (90 cm), la plus solide de toutes, aux feuilles brillantes, vert intense et aux fleurs violettes en clochettes.

• *Hosta fortunei Albopicta* (60 cm), aux jeunes feuilles jaunes bordées de vert, puis devenant toutes vertes en vieillissant. Elle porte de nombreuses fleurs lavande.

• Hosta plantain (80 cm), *Hosta plantaginea*, à feuilles minces en forme de cœur, vert clair avec de longues fleurs blanches et parfumées qui seront plus nombreuses au soleil.

- *Grandiflora* (60 cm), la plus parfumée, qui embaume la fleur d'oranger.

Pour sortir des sentiers battus :

Il existe de nombreux hybrides beaucoup moins florifères mais dont les feuilles sont tout aussi remarquables. Ceci n'en est qu'une courte sélection :

• 'Gold Standard' (60 cm), vert chartreuse bordé plus ou moins de vert plus foncé, aux fleurs lavande pâle.

• 'Krossa Regal' (100 cm), aux feuilles dressées, gris bleuté et gaufrées. Fleurs mauves.

• 'Gingko Craig' (30 cm), aux feuilles allongées, vertes, irrégulièrement bordées de blanc. Fleurs violettes.

• *Hosta venusta* (15 cm), menu, au feuillage vert sombre, bel écrin de ses fleurs lilas.

JOUBARBE

Sempervivum hybride (famille des Crassulacées), dite artichaut des toits

Floraison : *juin à juillet*
Feuillage : *charnu, en rosettes*
Exposition : *soleil*
Sol : *riche et bien drainé*
Hauteur : *15 à 20 cm*
Étalement : *15 à 20 cm*

Une acrobate des fissures

Plantez-les en groupe varié dans une rocaille, une auge de pierre ou en haut d'un muret.

MARIONS-LES
Elle est la copine vigoureuse de toutes les fleurs de rocaille.

Ci-dessus : Sempervivum arachnoideum.

Culture

Vraiment sans souci. Plantez-la dans un mélange de terreau et de sable et laissez-la s'étendre à sa guise. C'est également une plante pour potée sans problème.

Les meilleures variétés

- 'Commander Hay' (20 cm), aux grandes rosettes écartées, feuilles rouge brun à pointes vert bronze, grandes fleurs roses.
- 'King George' (15 cm), feuilles brun rouge couvertes de cils argentés. Fleurs roses.
- 'Silberkarneol' (15 cm), feuilles brunes à la base vert émeraude, couverts de filaments argentés. Nombreuses fleurs rose pourpré.
- *Sempervivum arachnoideum* (10 cm), aux petites rosettes vert-gris, couvertes de filaments blanchâtres à la manière d'une toile d'araignée. Fleurs roses.

LUPIN

Lupinus hybride de Russel (famille des Fabacées), dit pois sauvage

Floraison : *mai à juin, puis septembre*
Parfum : *léger*
Feuillage : *vert, découpé, en forme de doigts*
Exposition : *soleil*
Sol : *riche et profond, mais pas calcaire*
Hauteur : *120 cm*
Étalement : *60 à 90 cm*

Facile à vivre, il produit des épis spectaculaires

Son imposante floraison remontante en fait l'une des obligatoires des fonds de massif. Même défleuri, le lupin reste élégant et généreux grâce à sa touffe de feuilles très découpées.

Attention aux limaces, protégez-le avec des granulés empoisonnés ou de la cendre en début de printemps.

Culture

C'est un gourmand aux racines fortes : offrez-lui une terre de jardin enrichie de compost, bien bêchée en profondeur et arrosez-le régulièrement pendant la floraison. Il est impératif de couper les fleurs avant qu'elles ne forment des graines : cela épuise complètement le lupin. Bien qu'il soit vivace, ne comptez pas sur lui plus de 4 ou 5 ans. Remplacez-le dès qu'il est moins florifère.

Vous pouvez le semer au printemps en pleine terre et en ligne, par exemple dans un coin du potager, en laissant 20 cm entre chaque graine. Transplantez-le un mois plus tard en place en écartant les pieds de 30 cm et en prenant garde de ne pas endommager ses longues racines.

MARIONS-LES
Mariez les lupins jaunes ou roses aux nigelles de Damas et aux rosiers anciens à petites fleurs groupées. Placez à leur pied un *Geranium endressii* à floraison rose nacré. Il fera bel effet derrière des grandes molènes, pour une scène rustique et originale.

À SAVOIR
Certains lupins sont des plantes annuelles, tel *Lupinus pubescens* (60 cm), blanc, violet et dans des teintes allant du rose au cramoisi. Semez-le et cultivez-le comme les variétés vivaces.

Comportement

En pot. Sa taille le destine au jardin. Un point c'est tout !

En bouquet. Cueilli en début d'épanouissement, il ne dure pas moins de 8 jours en bouquet. Mariez-le aux dernières tulipes et aux pieds-d'alouette les plus grands (*D. grandiflora*).

Les meilleures variétés

Les classiques :
Le plus souvent, les lupins sont vendus en mélange non identifiés et vous n'aurez guère le choix de la couleur. Ce n'est pas très grave car leurs coloris sont, somme toute, en harmonie les uns avec les autres : blanc, rose, violet, jaune, pourpre.

Pour sortir des sentiers battus :
• Lupin arborescent (150 cm), *Lupinus arboreus*, aux fleurs blanches, bleu-violet ou jaunes, au parfum entêtant. Il est sensible au froid et appréciera un endroit abrité et une bonne couverture de feuilles mortes pour l'hiver.
Attention : ses racines sont peu profondes et, en situation très ventée, il a tendance à se coucher. À tuteurer impérativement…
• 'Minarette' (60 cm), une série d'hybrides de Russel nains, déclinant les mêmes coloris que leurs parents.

MARGUERITE DES JARDINS

Chrysanthemum hybride (famille des Astéracées), dite renonculier

Une des dernières plantes encore en fleur à la fin de la saison

Floraison : *juin à novembre*
Parfum : *un peu entêtant*
Feuillage : *vert, découpé*
Exposition : *soleil*
Sol : *ordinaire et bien drainé*
Hauteur : *45 à 120 cm*
Étalement : *40 à 60 cm*

MARIONS-LES
Toutes les variétés jaunes, orange ou rouges feront merveille en mélange avec des rudbeckias et des amarantes lie-de-vin. Associez les roses et les blanches aux asters qui se pavanent dans la même gamme.

Coupez-la à mi-hauteur après la floraison : elle résistera mieux au froid que si vous la coupez au ras du sol.

À SAVOIR
La tanaisie (120 cm), *Chrysanthemum vulgare*, fait partie de la grande famille des chrysanthèmes de jardin bien que sa fleur soit différente : une marguerite réduite à son cœur jaune et réunie en bouquet. Robustes, ses fleurs seront toujours au rendez-vous de juillet à septembre. Le parfum de son feuillage est parfois incommodant en plein soleil.

Les grandes marguerites blanches marquent avec bonhomie le début de l'été. Plantez-les en masse dans un coin un peu sauvage du jardin, elles y seront tout à fait à leur aise. Les marguerites d'automne accompagnent la chute des feuilles dans une symphonie de tons chauds.

Leucanthemum *'Priesterkragen'*

Culture

Plantez-les en automne, dans un mélange à parts égales de compost et de terre de jardin. En terrain lourd et humide, plantez en mars et remplacez le compost par de la tourbe. Arrosez régulièrement et paillez en été. Taillez court en fin de floraison.

Leucanthemum *'Princesse d'argent'*

Comportement

En pot. Choisissez les variétés les plus basses, à port touffu, qui se plairont dans un terreau ordinaire mais préféreront une situation ensoleillée. Un peu d'engrais ne fera pas de mal avant la floraison.

En bouquet. L'odeur un peu forte des grandes marguerites d'été peut incommoder certains. Si vous n'êtes pas de ceux-là, ne vous privez pas d'en faire de grosses brassées. Cueillez-les lorsque le cœur est tout entier jaune bien vif : elles dureront près d'une dizaine de jours s'il ne fait pas trop chaud chez vous. Jouez les compositions d'automne avec les coloris flammés.

N'hésitez pas à leur ajouter des branches de vignes vierges rougeoyantes qui retomberont sur le vase avec élégance, des branches de cornouiller avec leurs fruits rouges ou celles du cognassier du Japon et ses « pommes » d'or.

Leucanthemum *'Miss Muffet'*

Les meilleures variétés

- Les grandes marguerites d'été (50 à 60 cm) :
  - *Chrysanthemum leucanthemum* ou *Leucanthemum vulgare*, la plus proche de la marguerite des prés, fleurs blanches à cœur jaune en mai-juin.
  - *Chrysanthemum maximum* (80 à 100 cm), en fleur un peu plus tard, toujours blanche à cœur jaune, classique ou à pétales ébouriffés et à cœur plus ou moins volumineux. 'Petite princesse d'Argent' en est une variété naine qui ne dépasse guère 40 cm.
- Les marguerites d'automne (45 à 120 cm), *Chrysanthemum* hybride ou *Dendranthema*, sont avec les asters les dernières fleurs de la saison :
  - 'Clara Curtis' (70 cm), rose clair, dès la fin juillet.

- 'Anastasia' (50 cm), en pompons rose foncé.
- 'Denise' (40 cm), petits pompons jaune canari.
- 'Feu de l'Automne' (80 cm), rouge pourpré.
- 'La Perle' (70 cm), à fleurs simples blanches.
- 'Red Velvet' (80 cm), à fleurs doubles rouge pourpré, ressemblant à un dahlia.

Pour sortir des sentiers battus :

• *Chrysantemum articum* 'Roseum' (30 cm), à fleurs simples rose pâle sur feuillage vert sombre, d'août à septembre. Il en existe une variété jaune soufre, 'Schwefelganz'.

• *Chrysanthemum pacificum* (30 cm), aux fleurs en petits pompons jaunes d'octobre à novembre. Son feuillage vert-gris bordé d'argent est persistant, mais craint les fortes gelées, surtout si le sol est humide.

MIMULE

Mimulus luteus (famille des Scrophulariacées)

De la fraîcheur, de la fraîcheur...

Floraison : *juin à septembre*
Feuillage : *vert, dentelé*
Exposition : *soleil*
Sol : *riche et humide, sans être constamment détrempé*
Hauteur : *30 à 40 cm*
Étalement : *50 cm*

MARIONS-LES
Associez-le aux iris, aux primevères japonaises, auxquels il offrira un tapis d'or.

En mars-avril, une poignée de sang séché l'aidera à repartir.

Formant un tapis vigoureux, le mimule se plaît sur les berges d'une mare ou d'un bassin.

Culture

Plantez-le de préférence au printemps. Un tapis de feuilles mortes est une protection nécessaire en cas d'hivers rudes.

Comportement

En pot. Un terreau pour jardinière et une humidité légère mais permanente, une bonne lumière et un apport hebdomadaire d'engrais lui conviendront parfaitement. Éliminez régulièrement les fleurs fanées.

Les meilleures variétés

En dehors de l'espèce type, notez :

• *Mimulus cupreus* (10 à 20 cm), rampant aux grandes fleurs déclinant des tons cuivrés, mélange de jaune et de pourpre. Il est moins exigeant sur l'humidité du sol.

Ci dessus, de haut en bas :
Mimulus luteus
et Mimulus x de Burnett.

MOLÈNE

Verbascum hybride (famille des Scrophulariacées), dite molène de Phénicie

Contorsionniste de talent

Floraison : *juin à août*
Feuillage : *en rosettes, vert sombre ou gris argent*
Exposition : *soleil*
Sol : *riche et bien drainé*
Hauteur : *30 à 100 cm*
Étalement : *50 à 60 cm*

Chacune de ses fleurs ne dure qu'un jour, mais chaque matin en voit l'épanouissement d'une nouvelle, plus haut sur une tige qui n'en finit pas de pousser, jusqu'à en faire des tours sur elle-même.

Culture

Plantez-la en groupe de quatre ou cinq.

Ensuite, il n'y a plus rien à faire, si ce n'est couper les tiges juste après la floraison pour permettre aux touffes de se reconstituer avant l'entrée de l'hiver. Elle peut même donner une nouvelle floraison si vous prenez soin de couper les épis fanés, juste sous la dernière fleur.

Les meilleures variétés

• La molène dite bouillon blanc (150 à 200 cm), *Verbascum thapsus*, qui vit à l'état sauvage dans la plupart de nos campagnes et qui s'invite parfois dans nos jardins. Ne l'arrachez surtout pas, elle est si spectaculaire et vigoureuse, avec ses fleurs jaune citron, qu'elle vaut bien tous les hybrides et variétés les plus précieux. Néanmoins, si vous n'avez pas cette chance :

• 'Pink Domino' (90 cm), si vous préférez le rose soutenu, aux fleurs plus grandes.

Si belle au jardin, elle est trop grande pour les potées ou les jardinières. De même, sa taille l'écartera des bouquets.

MARIONS-LES
En compagnie de roses trémières ou de tournesols, elle donne de la hauteur aux massifs. C'est le moins que l'on puisse dire !

NEPETA

Nepeta x *faassenii* (famille des Lamiacées), dit dracocéphale de Sibérie

Il craint l'humidité

Floraison : *juin à septembre*
Feuillage : *aromatique, crispé, duveteux et gris argenté, persistant*
Exposition : *soleil*
Sol : *ordinaire, léger et sec*
Hauteur : *30 à 100 cm selon les variétés*
Étalement : *20 à 40 cm selon les variétés*

Le petit nepeta se plaît bien en bordure d'une allée. Il a tendance à mordre un peu sur son tracé, donnant une allure très naturelle de petit chemin. Les grands spécimens formeront de belles taches au milieu des massifs.

Culture

En sol lourd et humide, leur durée de vie est réduite : plantez-les dans de larges trous remplis de sable, de terre de jardin et de tourbe, en lignes ou par groupes de 4 à 6.

Coupez après la première floraison, mais pas trop court, pour continuer à avoir des fleurs tout l'été.

Les meilleures variétés

Les classiques :

• 'Six Hill's Giant' (50 cm), très vigoureux d'un beau bleu lavande.

• 'Snowflake' (30 cm), à fleurs blanches.

Pour sortir des sentiers battus :

• *Nepeta sibirica* (80 à 100 cm), aux grandes fleurs bleu-violet, en juillet et août. À tuteurer sous peine d'écroulement.

MARIONS-LES
Associez-le aux petits dahlias pompons, un peu désuets, et aux grandes marguerites d'été. Les grands népétas se marient à merveille avec les soleils, les sauges sclarées et les achillées.

ŒILLET

Dianthus (famille des Caryophyllacées), dit giroflier ou jalousie

Des couleurs et des parfums pour tous les usages

Floraison : *mai à septembre*
Parfum : *épicé*
Feuillage : *fin, gris, vert ou pourpré*
Exposition : *soleil*
Sol : *ordinaire, plutôt sec*
Hauteur : *15 à 50 cm selon les variétés*
Étalement : *20 à 35 cm selon les variétés*

À SAVOIR

Voici une famille riche en parfum qui se décline aussi en variétés bisannuelles.
L'œillet de poète (30 à 50 cm), *Dianthus barbatus,* offre des fleurs, de mai à août, regroupées en plateau, veloutées, déclinant tous les tons du rose, du rouge et du blanc. Il vous faudra le semer chaque année, en été, afin de le repiquer en place à l'automne.
Il tolère une ombre légère.

L'œillet est cultivé depuis l'Antiquité. Son élégance et la perfection qu'il a su atteindre au cours des siècles en font une fleur obligatoire, non seulement en boutonnière mais aussi partout où la couleur s'impose.

Culture

Vous le sèmerez en été, dans un coin abrité et légèrement ombragé du jardin, sur un sol ratissé de frais. Vous le repiquerez au même endroit, ou en godets, à l'automne, et le planterez au printemps suivant. Il est possible de le semer en place au mois de mai, mais les plantes obtenues sont beaucoup moins vigoureuses la première année.
Il est très florifère à condition de l'arroser régulièrement par temps sec et d'éliminer systématiquement les fleurs fanées.

Comportement

En pot. Préférez les œillets de Chine (*Dianthus chinensis*), annuels, aux variétés de jardin. Mais attention à l'humidité stagnante.

En bouquet. Sa tige solide, sa floraison abondante et régulière, son parfum… tout le destine aux bouquets. Cueilli à peine ouvert, les derniers pétales encore serrés dans leur gangue verte (le calice), il est capable de bien se tenir pendant une quinzaine de jours ! Changez l'eau de temps à autre car il engendre malheureusement de mauvaises odeurs.
Présentez quelques œillets mignardises dans une collerette de feuilles d'alchémille, avec quelques fleurs de cette dernière.
Les œillets de poète, les roses et les lavatères constituent un mariage heureux et élégant.

Un joli mariage d'œillets blancs ('Mrs Sinkins') et de pavots de Californie.

L'œillet porte malheur, dit-on.
Les actrices y sont allergiques.
Attention à qui on les offre !

Les œillets des fleuristes ont besoin d'un support pour ne pas s'affaisser. Prévoyez des branchages bas, bien ramifiés, plantés dès le printemps de préférence.

MARIONS-LES

L'œillet mignardise est tout désigné pour les bordures, seul ou en mélange avec des oreilles-d'ours (*Stachys lanata*).

Les œillets de poète et leurs fleurs en plateau gagneront de la légèreté en compagnie de pavots ou de gypsophile en sol profond.

Les œillets des fleuristes ont leur place en fond de potager dans le coin des fleurs à bouquet.

Les meilleures variétés

• Œillet mignardise (25 à 40 cm), *Dianthus plumarius*, aux petites fleurs simples ou doubles, à bords dentelés ou non, agréablement parfumées, de mai à juillet, et au feuillage gris argenté en coussins arrondis.

• Œillet à delta (15 cm), *Dianthus deltoides*, en fleur de mai à juillet, se reconnaît par la marque rouge des pétales à la base. Tous les tons du rouge au blanc, en passant par le rose, sont présents dans cette espèce. Très tapissant, il est l'hôte privilégié des rocailles ensoleillées :

- 'Leuchtfunk', d'un rouge très lumineux sur fond de feuillage pourpré.
- 'Albus', petites fleurs blanches sur feuillage vert.

• Œillet des fleuristes (40 à 50 cm), *Dianthus caryophyllus* 'Grenadin', aux fleurs plus volumineuses, simples ou doubles, très parfumées, de couleur jaune, rose, rouge ou blanche, sur un feuillage vert bleuté.

'Flashing Light'

Jeune bouton d'œillet des poètes.

Œillet mignardise 'Haitor White'.

ŒNOTHÈRE

Floraison : *mai à septembre*
Feuillage : *vert clair, parfois à reflet bleuté*
Exposition : *soleil*
Sol : *ordinaire et bien drainé*
Hauteur : *15 à 40 cm*
Étalement : *40 à 50 cm*

Œnothera (famille des Onagracées)

Fleur de crépon pour jardin naturel

Ses fleurs satinées en forme d'entonnoir sur une tige dressée ou couchée viendront éclairer le jardin du printemps jusqu'à la fin de l'été. Elle sera à son aise dans une partie un peu sauvage du jardin.

MARIONS-LES
Associez-la avec des hortensias classiques ou à panicules, des pivoines généreuses ou de grandes touffes d'hémérocalles.

Culture

Plantez en place au printemps ou semez en été, pour planter à l'automne. Dans ce dernier cas, la floraison a lieu l'année suivante. Aucun entretien n'est à prévoir par la suite. Et en plus elle se ressème toute seule !

Les meilleures variétés

• L'œnothère du Missouri (15 cm), *Oenothera missouriensis,* aux tiges tapissantes, portant de longues feuilles étroites, et vert bleuté et de grandes fleurs jaune citron.
• L'œnothère élégant (40 cm), *Oenothera speciosa,* aux grandes fleurs roses, parfumées. Un peu plus tardives, elles n'apparaissent qu'en juin.

PENTSTEMON

Floraison : *mai à juillet*
Feuillage : *vert*
Exposition : *soleil*
Sol : *ordinaire, bien drainé, même sec*
Étalement : *40 cm*
Hauteur : *45 à 60 cm*

Pentstemon hirsutus (famille des Scrophulariacées)

Une floraison éclatante et prolongée

Peu rustique, il préfère les endroits abrités. Ses tiges dressées portent des épis dont les fleurs rappellent un peu celles de la digitale.

Coupez le haut de la tige lorsqu'elle a atteint une vingtaine de centimètres. Cela favorisera la ramification.

Sa longue floraison pourrait en faire un bon candidat pour le balcon. Malheureusement, il n'y vit guère que deux ans.

Culture

Voici une plante à la floraison à la fois fournie et remarquablement longue si vous l'arrosez copieusement tout l'été. Plantez-le, de préférence au printemps, en lui choisissant un coin abrité, dans les régions à hivers rigoureux, et protégez la souche d'un matelas de feuilles mortes en fin de saison.

Comportement

En bouquet. Le pentstemon est toujours prêt pour des associations estivales très colorées. Il se tient bien une bonne semaine en bouquet.
Associez-le aux soleils, aux *Cosmos sulphureus*, aux dahlias…

Les meilleures variétés

- 'Andenken an Friederich Hahn' (60 cm), aux touffes denses et aux fleurs rouge rubis.
- 'Evelyn' (50 cm), aux petites fleurs rose frais à rose vif, à l'intérieur plus pâle.
- 'Snowstorm' (80 cm), à la végétation très vigoureuse et aux fleurs blanc pur.
- 'Gloire des Quat'rues' (60 cm), aux grosses fleurs violettes à intérieur blanc.

MARIONS-LES

Les fleurs bleues et blanches sont parfaites en compagnie de grands tabacs, de cosmos blancs ou roses et d'amarantes vertes.
Les nombreux hybrides arborant des coloris plus vifs, notamment les rouges et les pourpres, s'allieront avec bonheur aux pivoines de mêmes tons.

PERVENCHE

Vinca major (famille des Apocynacées)

Un excellent couvre-sol

Floraison : *avril à juin*
Feuillage : *vert ou panaché*
Exposition : *soleil ou ombre*
Sol : *léger et toujours un peu humide en été*
Étalement : *40 cm*
Hauteur : *30 cm*

Elles ne sont pas si nombreuses celles qui acceptent de fleurir même à l'ombre, sans aucune autre exigence. Aussi la pervenche mérite-t-elle toute votre attention ! Plantez-la dans tous les endroits impossibles de votre jardin, en larges plages pour en augmenter l'effet décoratif.

Culture

Aucun entretien n'est nécessaire si ce n'est une coupe sévère au printemps, voire même une coupe à la tondeuse, pour stimuler la croissance du feuillage et obtenir un tapis vert bien dense. Cela retarde un peu la floraison mais qu'importe !

Comportement

En pot. Elle saura conserver toute sa vigueur tapissante au pied d'espèces plus hautes. Se contentant d'un terreau allégé par du sable, elle exigera un arrosage constant mais modéré.

En bouquet. Il est tentant de mettre ses grandes fleurs d'un si beau bleu dans les bouquets mais elles tombent tout de suite !

Les meilleures variétés

Les classiques :
L'espèce type, au feuillage vert foncé et aux grandes fleurs violettes s'impose, avec :
- *Alba,* sa variante en blanc.
- *Variegata,* aux feuilles panachées. Elle préfère les situations ensoleillées le matin.

Pour sortir des sentiers battus :
- La petite pervenche (15 cm), *Vinca minor,* à fleurs et feuilles beaucoup plus petites. Chez elle, tout est plus petit que chez la « grande », sauf sa vigueur. Elle est souvent un peu plus lente à s'installer, mais en deux à trois ans, elle aura pris possession de tout l'espace disponible !

- *Alba,* à fleurs blanches.
- *Atropurpurea,* vigoureuse, à fleurs violines.
- *Variegata,* à feuillage panaché.

MARIONS-LES

Associez-la aux violettes, aux cyclamens de Naples ou aux narcisses botaniques, pour émailler de couleurs son tapis vert.

PHLOX

Phlox (famille des Polémoniacées)

Beau en bordure et dans les massifs

***Floraison** : avril à septembre selon les variétés*
***Feuillage** : vert*
***Exposition** : soleil, ombre légère*
***Sol** : riche, profond et toujours un peu humide en été*
***Hauteur** : 10 à 120 cm*
***Étalement** : 45 à 60 cm*

MARIONS-LES
Les phlox auront belle allure dans les massifs en compagnie de grands tabacs blancs et de lavatères arbustives, de vergerettes et d'anémones du Japon. Ils seront parfaits en bordure de rosiers paysagers dont les branches retombent vers le sol.

Ne divisez pas les pieds avant trois ans et seulement si c'est absolument nécessaire.

Il en existe de toutes les tailles et ses coloris sont très variés. Fleur de bonne compagnie, peu exigeante, le phlox supporte même assez bien une ombre légère.

Culture

Plantez en octobre ou en mars. Les grands phlox auront une croissance rapide en sol profond et bêché soigneusement, enrichi d'une bonne dose de compost, et leurs fleurs seront toujours au rendez-vous de l'été. Arrosez-les copieusement et apportez-leur de l'engrais chaque printemps.

Comportement

En pot. Tournez-vous plutôt vers le phlox annuel (*Phlox drummondii*), mieux adapté à la culture en jardinière. Il acceptera un peu n'importe quel terreau à condition que l'arrosage soit généreux et régulier. Prolongez la floraison en éliminant les fleurs fanées.

En bouquet. Seuls les grands phlox sont candidats au bouquet. Si vous les cueillez alors que les fleurs de l'extrémité ne sont pas encore épanouies, ils dureront une bonne semaine, voire plus. Mariez-les aux hortensias, aux lavatères et à l'aneth pour des bouquets lumineux.

Les meilleures variétés

• Phlox nain (10 cm), *Phlox douglasii* hybride, à petites fleurs arrondies, de mai à juin (parfois dès avril), et au feuillage persistant, en coussins :
- 'Crackerjack', carmin, très lumineux.
- 'Iceberg', blanc teinté de mauve.

• *Phlox subulata* hybride (15 cm), un peu plus dodu et à fleurs plus grandes, roses, blanches ou mauves, d'avril à mai.

• Phlox paniculé (80 cm), *Phlox paniculata,* aux fleurs groupées en bouquets denses et aux couleurs vives, de juillet à septembre :
- 'Amethyst' (80 cm), bleu-violet.
- 'Fanal' (90 cm), rouge.
- 'Fullhorn' (90 cm), rose brillant.
- 'Graf Zeppelin' (80 cm), blanc à cœur rose carminé.

• *Phlox maculata* hybride (80 à 120 cm), à épis moins volumineux, mais parfumés, de juin à août. Il se plaît en sol plutôt humide :
- 'Oméga' (80 cm), fleurs blanches à cœur rose.
- 'Rosalinde' (100 cm), rose-mauve.

PIED-D'ALOUETTE

Delphinium hybride (famille des Renonculacées), dit dauphinelle des jardins

Indispensable, très décoratif

Floraison : *juin à juillet, puis septembre*
Feuillage : *vert, découpé*
Exposition : *soleil*
Sol : *riche, à tendance argileuse*
Étalement : *40 à 50 cm*
Hauteur : *60 à 180 cm*

Sa floraison est courte mais combien éblouissante à la fin du printemps. Plantez-le parmi des roses remontantes, ce qui compensera son absence au cœur de l'été. En automne, lors de la seconde floraison, vous jouirez de nouveau de sa présence charmante en compagnie des fleurs de fin de saison.

MARIONS-LES
Les harmonies de bleus se marieront bien avec des heleniums, des heliopsis et des tournesols qui aiment les sols riches, eux aussi.

Coupez court les hampes florales fanées pour encourager une nouvelle floraison à la fin de l'été.

Culture

Achetez-le en fleur pour être sûr de sa couleur car les étiquetages des variétés sont parfois imprécis, voire inexistants. Veillez aussi à la disposition régulière des fleurs sur l'épi. À la plantation, préparez-lui un mélange de terreau, terre de jardin et compost, à parts égales. Pour être au mieux de sa forme, il demande un peu d'entretien : des arrosages répétés tout l'été, surtout après la coupe des fleurs opérée pour stimuler la seconde floraison, et des apports d'engrais chaque printemps, une bonne dose avant la floraison, une plus légère juste après. Attention aux limaces qui apprécient leurs jeunes feuillages !

Ci-dessus, *'Pacific Giant', bleu, et 'Sand Piper', blanc.*
À gauche, des petits Delphinium grandiflorum.

Comportement

En pot. Rien à dire. Comme toutes les fleurs de cette taille, elle paraîtrait un peu déplacée au balcon.

En bouquet. Vous pouvez compter sur lui pendant une huitaine de jours si vous le cueillez lorsque seuls les deux tiers de l'épi sont épanouis. Associez-le aux benoîtes et à des roses jaunes ou abricot, lors de leur première floraison, et aux heleniums, à l'automne.
Testez le séchage au micro-onde, pendant deux minutes à puissance minimale. Les bleus s'en trouvent préservés. Attention : une fois séchées, les fleurs sont fragiles.

Les meilleures variétés

Les classiques :
• 'Pacific Giant' (150 cm), une série à semer :
- 'King Arthur', violet à cœur blanc,
- 'Galahad', blanc,
- 'Percival', blanc à cœur noir,
- 'Astolat', rose à cœur noir.
- 'Black Knight', violet très foncé à cœur noir, l'un des coloris les plus intenses.

• 'Magic Fountains' (60 cm), les mêmes coloris que précédemment, le plus souvent en mélange, sur des tiges beaucoup plus courtes. Si vous habitez une région ventée, choisissez plutôt cette série-là.
Les autres variétés ne sont disponibles qu'en plants et sont plus rares, le bouturage n'étant pas facile chez les delphiniums. Elles ne présentent ni la richesse des couleurs, ni la variété de formes des fleurs des 'Pacific Giant'.

Pour sortir des sentiers battus :
• *Delphinium grandiflorum* (50 cm), aux fleurs bleu gentiane foncé, portées par des tiges minces et ramifiées, beaucoup plus légères que les hybrides précédents. Plus élégantes également en bouquet.
• *Delphinium* x *belladona* (80 à 100 cm), aux tiges florales bien ramifiées et buissonnantes, donnant l'impression d'un bouquet de fleurs.
- 'Casablanca' (120 cm), blanc pur.
- 'Cliveden Beauty' (150 cm), aux grandes fleurs bleu clair.
- 'Lamartine' (80 à 100 cm), bleu foncé à cœur brun.

PIVOINE DE CHINE

Paeonia lactiflora hybride (famille des Renonculacées), dite pivoine à odeur de rose

Floraison : *mai à juin*
Parfum : *proche de celui des roses*
Feuillage : *découpé, vert sombre*
Exposition : *soleil*
Sol : *riche, bien drainé et profond*
Hauteur : *90 à 120 cm*
Étalement : *90 à 100 cm*

Un trésor qui aime prendre son temps

Laissez-lui la vedette pendant sa floraison et associez-la avec une armoise à feuillage gris, bel écrin pour ses fleurs.

MARIONS-LES
Mariez-la avec des sauges qui prendront le relais de sa floraison pour le reste de l'été, tout en vous laissant jouir de l'opulence de son feuillage.

Culture

Sa durée de vie, 10 à 15 ans, est exceptionnelle pour une plante vivace.

Ce bouton bien fermé cache une fleur magnifique à éclore.

La pivoine prend son temps pour s'installer : sa floraison, peu fournie la première année, gagnera en beauté et en abondance avec le temps.

Aussi, soignez bien sa plantation. Tout d'abord, choisissez son emplacement avec soin car elle déteste qu'on la déplace et elle vous le ferait payer, le cas échéant, par quelques années de floraison épisodique et d'une générosité irrégulière.
Ameublissez la terre au fond du trou de plantation sur 30 à 40 cm de profondeur. Posez la souche sur le fond et remplissez le trou avec un mélange de compost et de terre de jardin à parts égales.
Ajoutez deux poignées de corne broyée. Ne l'enterrez pas trop : ses bourgeons doivent être sous 3-4 cm de terre, pas plus.
La pivoine à racines nues pourra être plantée de fin août à février. Achetée en conteneur ou en motte, plantez-la jusqu'à mars-avril.

Comportement

En pot. Elle manquerait de tout ce qu'elle apprécie, alors…

En bouquet. C'est avec la rose, la reine des bouquets de printemps. Ses fleurs opulentes composent de grands bouquets ronds qui gagnent encore en charme à la défloraison.
Cueillez-les lorsque les boutons globuleux laissent poindre quelques pétales colorés mais sont encore presque entièrement fermés. Elles dureront ainsi une huitaine de jours.
Mariez-les aux délicates alchémilles et aux ancolies dans les mêmes tons. À l'automne, employez leur feuillage rougeoyant pour agrémenter de petits bouquets ronds.

À SAVOIR
Il existe une variété de pivoines qui, une fois bien installée, forme de véritables arbustes à la floraison exceptionnelle : la pivoine en arbre, *Paeonia suffruticosa* (200 cm). En été, elle préfère bénéficier d'une ombre légère mais elle a néanmoins besoin d'au moins 4 à 5 heures de soleil par jour pour fleurir.
À la plantation, enterrez le point de greffe de 5 cm. Choisissez soigneusement son emplacement car elle n'aime pas les transplantations. Protégez-la, pendant les premiers hivers, avec un paillasson ou un voile d'hivernage.

Les meilleures variétés

Les classiques :

À fleurs doubles ou simples, roses, blanches, jaunes ou orange, elle décline toutes les couleurs, sauf le bleu. Il est difficile de faire une sélection dans la gamme très variée des pivoines, toutes somptueuses. Voici une liste de valeurs sûres avec lesquelles vous n'aurez que des satisfactions :

• 'Krinkled White' (90 cm), à fleurs simples blanches et aux étamines bien jaunes.

• 'Aztec' (100 cm), japonaise à fleurs rouges en coupe, avec un gros pompon de languettes jaunes, au centre.

• 'Bowl of Beauty' (80 cm), la même en rose nacré.

• 'Élise Renault' (70 cm), à fleurs doubles, lilas nuancé de pourpre.

• 'Sarah Bernhardt' (110 cm), à fleurs doubles rose argenté et délicieusement parfumées.

• 'Inspecteur Lavergne' (90 cm), à fleurs doubles rouge amarante.

• '*Edulis Superba*' (100 cm), d'un rose brillant, très parfumée,

• 'Madame de Verneville' (90 cm), blanc éclaboussé de pourpre, parfumée.

• Pivoine officinale (50 à 60 cm), *Paeonia officinalis*. Elle fleurit un peu plus tôt, dès avril, en fleurs doubles, globuleuses et plus nombreuses, mais dure peu (une dizaine de jours). Les variétés les plus vigoureuses :

- '*Alba plena*', blanc.
- '*Rosea plena*', rose.
- '*Rubra plena*', rouge.

Pour sortir des sentiers battus :

• *Paeonia tenuifolia* (60 cm), à fleurs rouge profond, simples et au feuillage découpé en fines lanières, très léger et élégant.

POTENTILLE

Potentilla hybride (famille des Rosacées)

Ses fleurs rappellent celles du fraisier

Floraison : *juin à août*
Feuillage : *vert ou gris*
Exposition : *soleil/mi-ombre*
Sol : *ordinaire et profond*
Hauteur : *40 cm*
Étalement : *50 cm*

MARIONS-LES
Mariez-la aux hélianthèmes et aux santolines pour créer des tapis vivement colorés. Elle sera également d'un bel effet au pied de giroflées ravenelles et de rosiers, en mélange avec des violettes cornues.

À SAVOIR
Il existe aussi des potentilles arbustives, très résistantes au froid et à la sécheresse. Évitez les tailles à la cisaille, qui favorisent la pousse des feuilles et non celle des fleurs. Coupez plutôt, au sécateur, juste le bout des branches. Nos préférées :
• 'Abbotswood', blanche, au beau feuillage bleu gris tombant tard en saison.
• 'Goldfinger', aux grandes fleurs jaune d'or, de mai à septembre.
• 'Princess', aux fleurs roses à cœur jaune, pâlissant à la chaleur.

De bonne composition, la potentille vivace est plutôt rampante et se plaît en bordure de massif. Le soleil lui convient bien mais un peu d'ombre ne lui fait pas peur.

Culture
Plantez-la par groupe de 3 ou 4 pieds dans un sol ordinaire. À l'automne, vous pouvez couper tout au ras du sol. Mais si vous choisissez de ne pas le faire, elle appréciera un nettoyage sévère à la sortie de l'hiver pour garder des touffes bien denses. Ôtez en priorité tout ce qui est sec et raccourcissez de moitié ce qui reste. Elle peut s'étioler après 3 ou 4 ans. Il est donc bon de diviser les souches régulièrement et de les replanter à un nouvel emplacement.

Comportement
En pot et en bouquet. C'est au jardin qu'elle se plaît le plus.

Les meilleures variétés
• 'Monsieur Rouillard', à fleurs doubles rouge foncé ourlées d'un liseré jaune.
• 'William Rollison', à fleurs doubles jaune orangé, plus clair au cœur.
• *Potentilla nepalensis*, 'Mrs Willmott', aux fleurs rose carminé et au feuillage vert gris.

REINE-DES-PRÉS

Astilbe hybride (famille des Saxifragacées)

La légèreté faite fleur

Floraison : *juin à juillet*
Feuillage : *vert ou bronze, découpé*
Exposition : *mi-ombre*
Sol : *frais, voire légèrement humide et riche*
Hauteur : *80 à 120 cm*
Étalement : *30 à 45 cm*

MARIONS-LES
Dans un sous-bois ombragé, associez-la à des hostas à moyen développement.

Plantez-la avec des primevères japonaises et une autre plante, appelée elle aussi reine-des-prés, *Filipendula ulmaria*, qui lui ressemble et prend le relais tout l'été. Son feuillage est élégant, bien découpé, parfois teinté de rouge.

Culture
À la plantation, en octobre ou en mars,

n'hésitez pas à apporter du compost ou du terreau de fumier bien décomposé. Veillez à ce que le sol reste frais en permanence, surtout pendant les périodes de sécheresse en été. Dans les régions très ensoleillées, elle supportera d'être plantée sous des arbres. À l'automne, rabattez-la au niveau du sol.

Comportement

En pot. Non, jamais en pot !

En bouquet. Elle dure une petite semaine si elle est cueillie en tout début d'épanouissement. La légèreté de son plumet se marie bien avec les roses, les dernières pivoines ou les iris. Pensez à elle dans les bouquets secs.

Les meilleures variétés

Les classiques :

• 'Bressingham Beauty' (120 cm), saumon.
• 'Anita Pfeiffer' (80 cm), rose-mauve.
• 'Gladstone' (50 cm), au feuillage vert foncé, bel écrin pour ses fleurs blanches.
• Astilbe de Chine (120 cm), *Astilbe chinensis*, dont 'Purpurkerze' rose foncé, dès juillet.

Pour sortir des sentiers battus :

• *Astilbe simplicifolia* 'Sprite' (40 cm), d'un beau rose nacré, en fleur en juin-juillet.

Si le jardin est vraiment trop sec, ne vous escrimez pas sur les arrosages, préférez l'astilbe de Chine, moins sensible à la sécheresse.

ROSE DE NOËL

Helleborus niger (famille des Renonculacées)

Elle fleurit même sous la neige

Avec son feuillage charnu et persistant et sa floraison qui peut durer des mois, elle fait partie de ces petits miracles dont nous attendons tous les ans le retour avec impatience.

Floraison : *décembre à mars*
Feuillage : *vert bleuté, découpé, coriace et persistant*
Exposition : *mi-ombre/ombre*
Sol : *riche et toujours un peu humide en été*
Hauteur : *30 cm*
Étalement : *40 à 50 cm*

Culture

Plantez-la dans un trou rempli à parts égales de compost et de terre de jardin. En terrain lourd, ajoutez une poignée de sable. En été, elle tolérera des sécheresses passagères, mais préférera de bons arrosages.

Comportement

En pot. On la plantera dans un mélange enrichi de compost et de terreau et la nourrira régulièrement. Rempotage ou division tous les 2 ans obligatoire.

En bouquet. À l'intérieur, elle souffre de la chaleur et sa tenue en vase n'excède jamais une semaine. Associez-la avec quelques branches d'hamamélis et de laurier-tin.

Les meilleures variétés

• *Helleborus orientalis* et ses hybrides (30 à 40 cm), aux coloris variés, de février à mai.
• *Helleborus foetidus* (50 cm), au feuillage vert sombre et brillant et aux fleurs vert pâle bordées de pourpre, de février à avril.
• Hellébore de Corse (60 cm), *Helleborus argutifolius*, aux feuilles vert bleuté, veinées de vert clair, et aux fleurs jaune lavé de vert, de janvier à mai.

MARIONS-LES

Mariez-la aux perce-neige, aux crocus botaniques, autant de fleurs qui n'ont pas froid aux yeux ! Mais attention : au contraire de ces deux-là, ses boutons floraux sont des friandises pour les limaces et les escargots. Protégez-les !

Ne divisez pas la souche sauf si elle est envahissante : elle n'aime pas ça et ne fleurira pas l'année suivante. Une poignée de compost à l'automne ne peut lui faire que du bien.

ROSE TRÉMIÈRE

Althaea rosea (famille des Malvacées), dite bâton de Saint-Jacques

Une grande, très grande classique

Floraison : *juin à septembre, parfois dès mai*
Feuillage : *vert*
Exposition : *soleil*
Sol : *riche et profond*
Hauteur : *200 cm*
Étalement : *60 cm*

Voici une autre classique de nos jardins, extrêmement florifère et parfois même envahissante. Mais comment lui en vouloir ? Elle donne à nos massifs ce petit air suranné qu'avaient les jardins de nos grand-mères. Employez-la en haie express le long d'une barrière de bois rustique ou en flambeau, au pied d'une clématite à floraison estivale.

'Nigra', une très étrange variété noire.

Culture

Plantez-la plutôt en septembre-octobre, elle sera plus florifère dès le printemps suivant. Vous pouvez aussi la semer en juin dans un coin inoccupé du jardin et la mettre en place à l'automne. Pensez à la tuteurer en région venteuse. Arrosez-la copieusement tout au long de l'été. En fin de floraison, rabattez-la à 15 cm du sol. Attention à la rouille qui envahit les feuilles dès la floraison. Essayez de sauver leur feuillage avec des pulvérisations à base de mancozèbe en traitement préventif, au printemps. Dès l'attaque, changez pour un traitement à base de triforine à pulvériser toutes les 3 semaines.

MARIONS-LES
En fond de massif, mariez-la à l'aneth ou au fenouil bronze, la molène ou les grands soleils, appuyée à un mur de pierre : l'effet sera spectaculaire.

Attention à l'invasion, car elle se ressème spontanément. Arrachez les importunes avant qu'elles n'aient 15 cm de haut. Après il est difficile de s'en débarrasser à cause de leurs profondes racines.

Comportement

En pot et en bouquet. Décidément trop grande pour l'un comme pour l'autre !

Les meilleures variétés

- 'Summer Carnaval', à fleurs simples.
- 'Chaters hybrids', une série aux fleurs de crépon en gros pompons, jaunes, rouge écarlate, roses ou violettes.
- 'Nigra' aux fleurs simples presque noires.

SANTOLINE

Santolina (famille des Astéracées)

Presque un arbuste buissonnant

Floraison : juillet à août
Feuillage : aromatique, fin gris argent ou vert foncé, persistant
Exposition : soleil
Sol : perméable et sec, même calcaire
Hauteur : 50 cm
Étalement : 50 à 60 cm

Avec les sauges vivaces, les nepetas et les géraniums vivaces, elle forme des massifs bas ou des bordures un peu échevelées donnant un air naturel à une allée.

Culture

Voici une plante sans aucun souci. Plantez-la en automne ou au début du printemps, un pied tous les 25 cm, et supprimez les fleurs fanées. Taillez-la quand vous le voulez. En plus, elle se bouture très facilement en août.

Comportement

En pot. Elle peut constituer des potées merveilleusement parfumées, en compagnie de plantes aussi peu exigeantes : romarin, sauge, lavande… Au soleil, près d'une fenêtre ouverte, elle flattera votre odorat tout l'été.

En bouquet. Employez les fleurs jaune pâle de la variété à feuillage vert dans de petits bouquets en compagnie de roses blanches ou jaunes et de quelques anémones du Japon aux couleurs pastel. Cueillez-les lorsque leur couleur est la plus vive.

Les meilleures variétés

- *Santolina chamaecyparis*, large buisson gris argent très lumineux et fleurs en pompons dorés. C'est la plus robuste.
- *Santolina rosmarinifolia*, à tiges plus raides, vert foncé, émaillée de petites fleurs jaune foncé.

MARIONS-LES

Mariez-la aux armoises, à la lavande et aux romarins pour un massif moutonnant dans les gris argent aux senteurs de garrigue.

SAUGE

Salvia (famille des Labiées), dite prudhomme, ou toute-bonne (sauge sclarée)

Une belle et grande famille très parfumée

Floraison : *mai à août*
Feuillage : *très varié, aromatique*
Exposition : *soleil*
Sol : *riche et bien drainé*
Hauteur : *60 à 90 cm*
Étalement : *45 à 60 cm*

MARIONS-LES
Associez la grande sauge sclarée avec des marguerites d'été et des lavatères arbustives. Bordez le tout d'un assortiment de sauges officinales, et vous obtiendrez un massif original et parfumé !

Coupez les fleurs fanées régulièrement pour favoriser la pousse du feuillage.

Connue depuis toujours pour ses qualités médicinales, la sauge officinale ne doit pas faire oublier les autres variétés, dont les fleurs en épis et le feuillage sont très décoratifs.

Culture

Plantez-la au printemps car les jeunes plants sont sensibles au froid et à l'humidité. En sol lourd, remplissez le trou de plantation d'un mélange à parts égales de terre de jardin, de sable et de tourbe. Taillez la sauge officinale en mars ou après la floraison, fin juillet, pour qu'elle reste compacte.

Comportement

En pot. Un terreau ordinaire, un arrosage parcimonieux et peu ou pas d'engrais, c'est tout. Il n'y a pas de quoi s'en priver…

En bouquet. Cueillez la sauge en plein épanouissement pour accompagner les soleils qui fleurissent à la même période.

Les meilleures variétés

• La sauge officinale (60 cm), *Salvia officinalis,* aux feuilles grises et allongées, aromatiques et persistantes. Épis de fleurs bleu-violet de mai à juillet. Davantage cultivée pour son feuillage que pour ses fleurs.
- 'Icterina', panachée de vert et de jaune.
- 'Purpurascens', gris pourpré.
- 'Tricolor', mêlant gris, rose et crème.
- 'Berggarten', aux grosses feuilles ovales et grises qui fleurit rarement.

• *Salvia nemorosa* (40 à 50 cm), aux fleurs plus spectaculaires, en juin ou juillet. Elle aime les terres à tendance argileuse.
- 'Ostfriesland', violet et pourpre.
- 'Blaukönigin', bleu violacé.
- 'Rose Queen', rose, évidemment.

• La sauge argentée (70 cm), *Salvia argentea,* aux grandes feuilles laineuses et grises, en rosettes collées au sol. Elle produit un buisson de fleurs blanches en mai-juin.

• La sauge sclarée (100 cm), *Salvia sclarea,* dite la « toute-bonne » en raison de ses multiples propriétés médicinales, aux grands épis bleus, roses ou mauves. Elle persiste rarement au-delà de 3 ans, mais se ressème généreusement. 'Turkestanica', bleutée, est la variété la plus élégante.

SAXIFRAGE

Saxifraga (famille des Saxifragacées)

Un coussin de fleurs

Floraison : *avril à juin selon les variétés*
Feuillage : *persistant, découpé, vert clair*
Exposition : *soleil/mi-ombre*
Sol : *ordinaire*
Hauteur : *10-40 cm*
Étalement : *45 cm*

À mi-ombre, il tiendra compagnie aux hostas. Au soleil, il bordera les allées. Il convient aux rocailles, mais se plaira aussi bien dans une terre ordinaire. Avouez qu'il n'est pas regardant !

Culture

Il pousse partout. Arrachez-le tous les 4 ou 5 ans et replantez les rejets de la périphérie, nettoyés des racines mortes et des feuilles sèches. Mieux : prélevez en été quelques rosettes saines et posez-les sur un pot rempli d'un mélange de terreau et de sable humide. Les boutures, enracinées au printemps suivant, pourront être plantées au jardin.

Comportement

En pot. Mieux vaut le laisser au jardin !

En bouquet. Avec des ancolies roses, pour le romantisme.

Les meilleures variétés

• Saxifrage mousse (15 cm), *Saxifraga arendsii* hybride, aux feuilles en lanières, vert lavé de brun, en coussins denses comme de la mousse et à petites fleurs blanches, roses ou rouges, entre avril et mai. Il a une nette préférence pour les situations ensoleillées.
• *Saxifraga* x *urbium* (30 cm), aux rosettes vert sombre à revers rouge formant des tapis denses. Fleurs blanches au cœur teinté de rose, de mai à juin. Il préfère l'ombre. 'Clarence Elliot' est la plus florifère de toutes.
• *Saxifraga paniculata* (40 cm), aux fleurs blanches ponctuées de rouge, entre mai et juin, et au feuillage dentelé en rosettes.

Un groupe de quelques pieds sera plus spectaculaire.

SÉDUM

Sedum (famille des Crassulacées), dit trique-madame

De la rocaille aux bordures ensoleillées

Entre les pierres d'un mur ou les dalles d'une allée, il poussera allégrement : chaleur et sécheresse sont ce qu'il aime. Ses fleurs restent décoratives même au cœur de l'automne.

Culture

Plantez-le en groupe au printemps, après les dernières gelées. Une fois installé, il est parfaitement rustique, mais jeune il peut être sensible au froid. Quand il vieillit, ses couleurs s'affadissent : arrachez au printemps, coupez au couteau quelques éclats portant des feuilles et des racines et replantez immédiatement.

Comportement

En pot. Il demande un entretien des plus limités. Plantez-le dans un mélange de terreau et de sable à parts égales. C'est tout.

En bouquet. Attendez l'automne pour marier les grandes fleurs vieux rose en plateau de *S. spectabile* avec des hortensias séchés pour de beaux bouquets de longue durée.

Les meilleures variétés

• Poivre-des-murailles (10 cm), *Sedum acre*, tapis de fleurs jaunes étoilées, en mai-juin.
• Orpin bâtard (10 cm), *Sedum spurium*, à feuilles vertes et fleurs roses, en juin-juillet.
• Grand orpin (50 à 60 cm), *Sedum spectabile*, à la floraison spectaculaire de l'été aux gelées, du vert tendre au rose pourpre en passant par un rose pâle très frais.
- 'Brilliant', à larges fleurs roses.
- 'Star Dust', blanc.
- 'Carmen', rose carmin.
- 'Herbstfreude', rouge-brun, coloration jaune des feuilles à l'automne. On le trouve aussi sous le nom de 'Autumn Joy'.
• *Sedum kamtschaticum* (15 à 20 cm), aux fleurs orangées, succédant à des boutons rouge vif. La variété panachée, 'Variegatum', est idéale en rocaille ou en potée.

Floraison : *mai à octobre selon les variétés*
Feuillage : *charnu, vert bleuté*
Exposition : *soleil/mi-ombre*
Sol : *ordinaire, profond, pauvre et sec*
Hauteur : *15 à 45 cm*
Étalement : *40 cm*

MARIONS-LES
Mariez les grands sédums aux armoises, lavandes et sauges pour une scène aux couleurs de la Méditerranée !

LES SOLEILS

Famille des Astéracées

Les rois de l'été

Floraison : *juin à octobre*
Exposition : *soleil*
Sol : *ordinaire, voire un peu riche pour les tournesols, les heleniums et les heliopsis*
Hauteur : *variable selon les espèces*
Étalement : *variable selon les espèces*

Sous cette appellation se cachent plusieurs espèces différentes qui ont toutes en commun des fleurs de type marguerite, jaunes plus ou moins doré, un cœur marron et une joyeuse vitalité. Roses trémières et tournesols vivaces en toile de fond, quelques heleniums mêlés de campanules à feuilles de pêcher, le tout bordé de petits dômes de rue et de coréopsis ou de nepetas : voilà un massif plein de soleils !

Culture

À la plantation en terre lourde, apportez un mélange à parts égales de terre du jardin, de compost et de sable, sauf pour les héléniums, les heliopsis et les tournesols qui supportent bien ce type de sol. Ils fleuriront plus longtemps si leurs pieds bénéficient en été d'un peu d'humidité : arrosez-les copieusement et paillez dès le mois de juin. Coupez régulièrement les fleurs fanées. Si vous en avez le courage, privez-vous de leur ultime floraison et rabattez en septembre pour mettre un terme à la floraison et aider les touffes à se reconstituer un peu avant l'hiver.

Comportement

En pot. Pas de pot pour ces grands sujets d'été.

En bouquet. C'est le genre de fleurs qui illuminent les bouquets. Ne vous en privez pas, d'autant que leur floraison est généreuse. Cueillez-les à peine épanouies lorsqu'il reste encore quelques pétales repliés : elles dureront alors une bonne semaine. En mélange, elles constitueront un bouquet très champêtre. Les grands tournesols et les glaïeuls, accompagnés d'aneth, composent de grands bouquets à poser par terre, dans une entrée par exemple.

À SAVOIR

Tous les soleils vivaces, ou presque, ont leur équivalent annuel. Ils se sèment en place en mai.
• Coréopsis (60 à 70 cm), *Coreopsis tinctoria,* aux grandes marguerites brunes et jaunes.
• Rudbeckia (30 à 100 cm), *Rudbeckia hirta* : 'Goldilocks' (60 cm), à fleurs doubles jaune orangé à cœur marron ; 'Irish Eyes' (60 à 70 cm), à cœur vert olive très saillant, en cône.
• Gaillarde (45 cm), *Gaillardia pulchella,* aux fleurs à cœur marron entouré de rouge cramoisi et bordé plus ou moins largement de jaune. Il existe une variété à fleurs doubles aux pétales curieusement frisés, 'Lollipop's'.
• Tournesol ou soleil (150 à 300 cm), *Helianthus annuus,* dont il n'est plus nécessaire de présenter les grandes fleurs épanouies entre juin et juillet. C'est la fleur préférée des jardiniers en « culotte courte » et des oiseaux qui raffolent de leurs graines.
• Gazania (20 à 30 cm), *Gazania splendens,* aux fleurs jaunes ou orange très lumineux, soulignées au cœur d'un halo sombre, et au feuillage vert sombre à revers argenté. C'est une vivace, non rustique, c'est pourquoi on la cultive comme une annuelle au nord de la Loire. En climat doux, elle survit aux hivers cléments.

Coreopsis grandiflora *à fleur double.*

Rudbeckia.

Gaillarde.

Helianthus.

Les meilleures variétés

• Coréopsis (50 à 60 cm), *Coreopsis grandiflora*, à fleurs doubles ou simples, légères et en pompons lâches, jaune d'or taché ou non de brun.

• Rudbeckia (60 à 90 cm), *Rudbeckia fulgida*, aux fleurs en très grandes marguerites aux pétales jaune citron légèrement recourbés et au cœur marron velouté et saillants sur fond de feuillage vert sombre.

• Gaillarde (30 à 70 cm), *Gaillardia* hybride, aux fleurs rouge-brun, jaunes ou rouges, cernées de jaune au pourtour, avec un cœur marron clair sur feuillage vert foncé. Attention : ses tiges portent des poils urticants et mieux vaut porter des gants à la cueillette.

• Tournesol (140 à 160 cm), *Helianthus decapetalus*, aux fleurs jaune d'or à cœur large en nid d'abeille. Il n'a que peu de ressemblance avec celui qui fleurit nos campagnes. Non rhizomateux, il ne risque pas d'envahir tout le jardin comme d'autres, de la même famille, en ont la réputation.

• Helenium (80 à 120 cm), *Helenium hybride*, aux grosses marguerites jaunes éclaboussées de rouge ou de brun, ou rouges bordées de jaune, au cœur saillant.

• Heliopsis (100 à 120 cm), *Heliopsis helianthoides*, à fleurs simples jaunes à cœur d'or, très robuste.

MARIONS-LES
Toutes les annuelles ont leur place au potager parmi les légumes. Surtout les tournesols avec leurs racines profondes ameublissant la terre et stimulant la croissance des concombres.

Les plus grandes variétés apprécieront d'être ramées, à la manière des petits pois, en installant de grands branchages bien ramifiés dès le printemps. Bien vite, ils seront cachés par la végétation.

VALÉRIANE

Centranthus ruber (famille des Valérianacées), dite barbe-de-Jupiter

Une belle et généreuse rustique

Floraison : *mai à août*
Feuillage : *vert bleuté*
Exposition : *soleil*
Sol : *pauvre et sec*
Hauteur : *60 à 70 cm*
Étalement : *45 à 60 cm*

Si vous avez la chance de la voir sortir d'un mur au hasard de ses vagabondages, laissez-la y prospérer c'est sa place la plus légitime dans le jardin. Sa floraison est généreuse et de très longue durée.

'Albus', à droite, et 'Coccineus', ci-dessus.

Culture

Dans les endroits ensoleillés, la valériane prend les couleurs les plus intenses. Elle supporte le calcaire et les cailloux. Taillez à 30-40 cm du sol en fin d'été après la floraison pour l'aider à se reconstituer. En sol lourd, elle ne vit pas plus de deux ans, mais se ressème partout, si bien qu'elle sera toujours présente.

Comportement

En pot. C'est en masse qu'elle est la plus élégante, alors abstenez-vous…

En bouquet. Ses épis lâches durent longtemps en vase. Cueillez-en des brassées pour accompagner des roses rouges ou rose soutenu, des coquelourdes et un brin de gypsophile pour une composition vaporeuse.

Les meilleures variétés

L'espèce type, bien sûr, et ses variétés les plus brillantes :

• 'Coccineus', d'un rouge intense.

• 'Albus', blanche.

MARIONS-LES
Mariez-les à des plantes aussi sobres qu'elle. Avec des nepetas, des grands sedums, et des hémérocalles, vous aurez une scène champêtre fleurie du printemps à l'automne.

VERGE D'OR

Solidago hybride (famille des Astéracées)

Floraison : *juin à septembre*
Feuillage : *vert clair, dense*
Exposition : *soleil*
Sol : *ordinaire et toujours humide en été*
Hauteur : *40 à 80 cm*
Étalement : *50 à 60 cm*

MARIONS-LES
Mariez ses grands épis souples jaune d'or avec les soleils, les sauges bleues, les véroniques en épi et les armoises.

Que d'or, que d'or !...

Son feuillage rappelle celui de la sauge et ses tiges bien dressées portent haut des épis plumeux de fleurs dorées, comme des étendards qui vont éclairer vos plantations.

Culture

Après la plantation, en automne ou au printemps par groupe de 3 à 5 pieds, il suffit de limiter son extension en la divisant tous les 3 ans. Attention, elle supporte mal la sécheresse et est alors sujette aux attaques d'oïdium : arrosez régulièrement en été s'il fait très chaud.

Comportement

En pot. La potée est incompatible avec sa haute silhouette.

En bouquet. Cueillez-la lorsque l'épi est épanoui aux trois quarts et elle durera une dizaine de jours. Elle donne de la légèreté aux bouquets colorés associant marguerites d'automne, soleils divers, dernières roses et baies de millepertuis.

Les meilleures variétés

- 'Laurin' (40 cm), jaune vif, un peu tardive.
- 'Strahlenkrone' (60 cm), jaune d'or, très élégante avec ses rameaux étalés.
- 'Mimosa' (120 cm), très vigoureux, aux fleurs jaune d'or.

VERGERETTE

Erigeron glaucus et hybrides (famille des Astéracées)

Floraison : *juin/juillet puis fin août/septembre*
Feuillage : *vert bleuté*
Exposition : *soleil*
Sol : *ordinaire, bien drainé et toujours un peu humide en été*
Hauteur : *50 à 60 cm*
Étalement : *30 à 40 cm*

Juste la regarder fleurir

Ses fleurs évoquent celles de l'aster d'automne. D'ailleurs, leurs familles sont proches. Mais la vergerette a le bon goût de fleurir plus tôt en saison que son cousin.

Culture

C'est vraiment une fleur sans souci. Rabattez-la après la première floraison et arrosez en été pour stimuler la seconde.

Comportement

En pot. Un terreau ordinaire dans un pot de 20 cm de diamètre suffit à son bonheur.

En bouquet. Comme toutes les fleurs en

forme de marguerites, le bouquet lui va bien et elle y vit longtemps. Cueillez-la lorsque son cœur est jaune vif, et associez-la aux grandes fleurs de saison.

Les meilleures variétés

Les classiques :
L'espèce type a de grandes fleurs roses à cœur jaune d'or. C'est la plus florifère. Elle a donné naissance à de nombreux hybrides qui connaissent une interruption de la floraison plus ou moins marquée en été :
- 'Dunkelste Aller' (60 cm), violet foncé.
- 'Quarkeress' (70 cm), bleu lavande.
- 'Rotes Meer' (50 cm), rose foncé presque rouge, l'un des plus robustes.

Pour sortir des sentiers battus :
Erigéron des murailles (20 à 25 cm), *Erigeron karvinskianum,* aux minuscules pâquerettes blanches à l'éclosion qui virent au rose en fin de floraison, C'est la plante idéale pour les endroits chauds et secs de votre jardin. Dans les régions aux hivers rigoureux, attendez le printemps pour le rabattre et couvrez-le de feuilles mortes.

MARIONS-LES
Violettes cornues, pavots d'Islande et érigérons des murailles produisent un mélange de couleurs tonique dès le début de l'été.
Mariez les grands érigérons aux asters d'été et d'automne : leurs fleurs sont en harmonie de formes et de couleurs. Quelques marguerites d'été blanches et des armoises grises viendront compléter la scène pendant le « creux » de la floraison estivale.

VÉRONIQUE EN ÉPI

Veronica spicata (famille de Scrophulariacées)

Floraison : juillet à août
Feuillage : long, denté, vert et lustré
Exposition : soleil/mi-ombre
Sol : riche, même un peu lourd et toujours un peu humide en été
Hauteur : 45 à 60 cm
Étalement : 40 cm

Des épis élancés

Si certaines variétés peuvent atteindre jusqu'à 1,50 m de haut, nous préférons les variétés plus courtes, qui résistent mieux au vent et sont tout aussi belles.

Culture

Coupez au ras du sol à l'automne et couvrez de feuilles mortes. Au printemps, une poignée de sang séché n'est pas pour lui déplaire. Simple, non ?

Comportement

En pot. Elle est rarement belle en potée car elle y souffre de la sécheresse et est rapidement envahie par l'oïdium en été.

En bouquet. Ses épis souples sont les meilleurs compagnons des grands soleils en bouquet. Ils durent une bonne huitaine de jours et se contorsionnent en spirale en vieillissant.

Les meilleures variétés

Outre l'espèce type, d'un bleu-violet soutenu :
- 'Alba' (40 cm), blanche.
- 'Erika' (30 cm), rose foncé.
- 'Heidekind' (20 à 25 cm), rose carminé.
- 'Romley Purple' (30 cm), violet foncé.

Attention à l'oïdium si elle souffre de la sécheresse. Arrosez très régulièrement en cas de canicule.

MARIONS-LES
Plantez-la parmi les roses et les vergerettes, accompagnée d'armoises grises et de grandes marguerites. En couple avec les lavatères, elle forme également des seconds plans de massifs pleins de légèreté.

LES ANNUELLES

Elles sont gaies, jolies, colorées, parfumées, éphémères. Elles passent un an, quelquefois deux dans votre jardin. Elles jouent souvent les bouche-trous, alors qu'elles méritent mieux que ce simple rôle.

Elles sont indispensables dans un jardin, surtout un jardin de débutant car elles sont faciles à semer ou à planter. Elles ne trahissent jamais, se laissent respirer et couper pour participer à des bouquets légers, délicats ou somptueux et généreux.

Si vous ne prenez garde à les cueillir avant qu'elles ne viennent à graines, elles risquent de vous faire la surprise de réapparaître l'année suivante, un peu partout dans le jardin, portées par le vent.

L'énorme avantage qu'offrent les annuelles et les bisannuelles, c'est qu'elles poussent et fleurissent vite. Elles sont donc des auxiliaires fondamentales pour remplir rapidement un massif de couleurs éclatantes, boucher un trou dans un parterre où les vicaces sont encore maigrichonnes ou éclairer un ensemble d'arbustes en cours de développement. Pour la plupart faciles à semer et à cultiver, elles feront la joie des jardiniers débutants qui pourront, grâce à elles, garnir tout leur jeune jardin sans grande difficulté. De plus, elles offrent un intérêt particulier par rapport aux vivaces : si une espèce ou une variété ne se plaisent pas, ou ne plaisent pas, ce n'est pas grave, de toute manière elles ne durent qu'une saison...
On trouve tout chez les annuelles : des naines et des grimpantes, de toutes les couleurs et de toutes les formes. C'est la magie au jardin : un simple semis et tout est transformé. Rappelons que si les annuelles poussent et fleurissent dans l'année de leur semis, les bisannuelles poussent l'année du semis et fleurissent l'année suivante.

Semées, plantées ou déjà en fleurs ?

Les fleurs annuelles et bisannuelles se présentent sous trois formes : des graines à semer généralement au printemps ou en fin d'hiver au chaud à la maison pour les annuelles, plutôt en fin d'été pour les bisannuelles ; des jeunes plantes en godets, à mettre directement en place au jardin ou dans les jardinières ; des potées déjà fleuries en pots de plastique noir d'un ou trois litres. Chaque forme a son utilisation propre.

Les graines offrent une grande diversité de choix, tant pour les couleurs que pour la forme même des fleurs (simples, doubles...).

C'est aussi le moyen le plus économique de fleurir votre jardin. Avec seulement quelques sachets de graines, on peut couvrir de grandes surfaces. Un sachet coûte de 10 à 15 F, 20 F tout au plus si vous choisissez des variétés particulières.

Les jeunes plants en godets sont très pratiques pour les paresseux ou pour combler les manques nés d'un semis obstinément stérile et refusant de lever. Ne souriez pas, les jardiniers les plus expérimentés ont tous subi cette déconvenue.

Le choix est plus restreint que si vous semez et l'originalité plus rare, bien que les points de vente « jardin » aient fait de gros progrès quant à la gamme proposée. Sachez que deux ou trois jeunes plants en godet vous coûteront le prix du plus modeste des sachets de graines !

Les potées, bien développées et bien fleuries, elles sont délicates à transplanter dans un jardin, mais ont l'avantage de constituer un massif en pleine floraison dès la plantation.

Cette forme de plantation n'est valable que pour les retardataires, surpris par le printemps, ou les indécis, incapables de choisir entre telle composition ou telle autre, et aussi pour ceux qui ont besoin de combler rapidement un massif de vivaces balbutiant. Le choix est restreint mais l'effet est instantané.

LES GRAINES, COMME UN SPÉCIALISTE...

Pour acheter les graines et en obtenir la plus grande satisfaction, il faut savoir décrypter les indications inscrites sur le sachet.
Doivent être précisés :

- la date à laquelle il faut semer ;
- la date du début de la floraison ;
- le nom français le plus courant, parfaitement lisible ;
- le nom de la race ;
- la variété ou la précision : "variée".
- le fait qu'il s'agit éventuellement d'un hybride.

Certaines de ces informations ne sont pas aussi évidentes qu'il y paraît à la première lecture.
La race est une obtention, souvent due au hasard, d'un groupe de plantes qui présente une caractéristique particulière concernant sa taille – haute, naine, tapissante... –, son allure générale – retombante, dressée ou ramifiée... –, ou la forme de la fleur – simple, double, à pétales découpés... –, relativement conforme à l'espèce type.
Prenons pour exemple la capucine : on trouvera dans cette catégorie des grandes capucines (*Tropaeolum majus*) et des capucines des Canaris (*Tropaeolum peregrinum*). Ce sont deux espèces différentes, et dans chacune des espèces, vous pourrez choisir des races différentes ; ainsi parmi les grandes capucines, vous pourrez choisir aussi bien des grimpantes de race « Hybride de Lobb » (souvent raccourcies à « De Lobb », le mot « hybride » doit faire peur) et des capucines naines de race « Tom Pouce » ou « Diamant ».
À la race n'est jamais associée une couleur particulière : il s'agit toujours de mélanges. Toutefois, il arrive que certains horticulteurs prennent le soin de séparer les couleurs dans leurs

sélections. On peut ainsi trouver des œillets d'Inde de la race « Globe citron » (jaune), et « Globe orange » (orange).

La variété est créée par un croisement entre deux ou plusieurs individus de l'espèce présentant des caractéristiques intéressantes. Les professionnels sélectionnent les « parents » pour leur silhouette, la durée de la floraison, la couleur, la forme des fleurs... Ils cultivent la variété obtenue pendant plusieurs années puis l'inscrivent sur un catalogue officiel et peuvent enfin la commercialiser sous le nom de baptême qu'ils auront eux-mêmes choisi. Ainsi, parmi les capucines naines, vous trouverez la variété « Pêche Melba », à fleurs jaune orangé clair et au cœur écarlate.

"Variée" (on lit parfois « mélange » sur les sachets de graines) signifie que le producteur de graines n'a pas pris la peine de séparer les coloris lors de la culture ni lors de la récolte. Toutes les graines sont alors mélangées et coûtent ainsi moins cher. On peut s'en satisfaire si on n'a pas besoin d'une harmonie de teintes précise, mais il est bon de savoir que dans un mélange il y a souvent une couleur dominante. Mais, rassurez-vous, bien souvent les mélanges sont suffisamment élégants pour qu'on puisse s'en satisfaire.

Les hybrides sont peu fréquents parmi les fleurs annuelles, à l'exception des espèces très employées par les professionnels (espaces verts des villes, paysagistes) – géraniums, pétunias, pensées, tabac, ageratums ou roses d'Inde – mais qui sont, au final, considérées comme des variétés. Les hybrides sont le résultat de croisements entre deux plantes parentes soigneusement sélectionnées pour leurs qualités exemplaires. Ainsi, la plante qui en naîtra bénéficiera du meilleur de chacun de ses géniteurs. Lorsqu'on parle d'hybride F1, c'est pour désigner un hybride de première génération : il est directement né de ses deux parents. Un hybride F2 est, lui, de deuxième génération, c'est-à-dire qu'il est l'« enfant » d'un hybride F1. Les critères de sélection répondent aux exigences des professionnels pour lesquels sont essentiellement créées ces variétés : résistance à la sécheresse (qualité fondamentale pour des fleurs plantées au milieu d'un rond-point routier), résistance aux maladies, à la pollution, longue durée de floraison, nombre et taille des fleurs... Bien sûr, un tel travail de sélection est coûteux et le prix des graines s'en ressent. Mais les plantes nées de ces graines-là sont souvent nettement supérieures. À vous de juger...

Pour vos achats de graines, préférez les marques qui offrent un double emballage : un sachet de présentation à l'intérieur duquel un deuxième petit sachet, hermétique, contient les graines. Non seulement les graines sont mieux protégées de la lumière et des intempéries, mais ces sachets comportent au dos une date limite de conservation correspondant à la durée de vie des graines tant que le sachet n'a pas été ouvert. Faites-y attention et vous pourrez constater combien la durée de vie d'une graine est différente selon les espèces.

Les mélanges ou les fleurs les plus faciles à réussir – œillets d'Inde, cosmos, soleils – peuvent s'acheter un peu n'importe où, alors que les pois de senteur ou les pétunias, plus délicats, s'achèteront plus volontiers dans des points de vente ou par le biais des catalogues spécialisés.

LES PLANTS : COMMENT RÉUSSIR

Les plants sont vendus sous deux formes :

- **en mini-mottes compressées** (attention : les plants poussant dans ces carrés de terre découpés sont très sensibles à la moindre sécheresse) ;
- **en godets** (la motte de terre protégée par le pot en plastique craint beaucoup moins la sécheresse).

Quand vous achetez un plant, vérifiez le degré d'humidité de la terre. Ce doit être votre premier geste. La terre est sèche, n'achetez pas, c'est sans appel. Examinez l'aspect des plants : ils doivent être trapus – les plus grands n'ont pas forcément le plus d'avenir – et, si possible, déjà ramifiés. Le feuillage doit être sain, mais les deux feuilles jaunes de la base ne doivent pas vous alarmer - les premières feuilles meurent naturellement dès que la plante grandit. Lors de cet examen passez – en douce – la main sur le feuillage : si vous déclenchez l'envol de mouches blanches, là encore n'achetez pas.

Ne vous laissez pas épater par les fleurs déjà écloses : elles sont là pour vous indiquer la couleur. Rien de plus. D'autant qu'il vous faudra les couper lors de la plantation pour favoriser l'enracinement et la ramification de la plante.

Comme tout le monde, c'est en fin de semaine que vous achèterez les plantes en pot. Tachez de connaître le jour de réception de la marchandise dans la jardinerie où vous avez vos habitudes et passez avant le grand rush du week-end afin de bénéficier d'un choix plus large et de plants plus frais.

La règle dans les jardineries ou les rayons spécialisés des grandes surfaces est de vendre des plants en barquettes déjà constituées. C'est souvent moins coûteux mais cela a l'inconvénient de vous empêcher de juger de la qualité de chacun des plants que vous achetez, car, évidemment, ils sont attachés les uns aux autres, et, parmi la masse constituée par les végétations indissociables, se cachent souvent quelques plants chétifs. Fournissez-vous auprès des producteurs locaux, leurs plants sont de votre région et, *a fortiori*, y seront adaptés.

POTÉES BIEN ARROSÉES, POTÉES DE QUALITÉ

Un jeune plant un peu faible mais bien planté et bien nourri rattrapera le temps perdu, alors que les potées fleuries, ayant déjà quelques mois de végétation derrière elles, ne « se referont pas » une santé aussi facilement.

Les conseils que nous donnons ci-dessus pour acheter les jeunes plants s'appliquent également aux potées fleuries. Soyez intransigeants sur l'arrosage et la silhouette de la plante. La terre humide au toucher est un très bon signe, comme les plantes bien ramifiées dès la base. Ne vous laissez pas séduire par le nombre de fleurs épanouies. Comptez plutôt les boutons prêts à s'ouvrir, garants de la longévité de la floraison.

Semer : les règles de l'art

Les plantes annuelles, pour la plupart, se sèment en place d'avril à début juillet. Plus vous sèmerez tard, plus la floraison sera tardive. Mais vous pouvez aussi décaler les semis de 15 jours en 15 jours pour bénéficier de floraisons échelonnées.

EN PLACE, UN GESTE GÉNÉREUX

Semez à la volée par grandes taches pour obtenir un effet de masse ; semer en ligne, dans un massif, risque de vous paraître bien peu esthétique à la floraison. En revanche, dans un potager bien ordonné, un tel semis fera merveille.

Inutile de travailler le sol en profondeur, surtout si les massifs sont déjà plantés de fleurs vivaces ou de bulbes. Cassez la croûte de terre en surface à l'aide d'une griffe. Enlevez les mauvaises herbes, s'il y a lieu. Par temps sec, arrosez en pluie fine la veille du semis pour que la terre humidifiée en profondeur favorise la germination.

La réussite du semis à la volée tient essentiellement à la répartition homogène des graines : elle est l'assurance d'une bonne croissance des plantes. Ne semez pas plusieurs grandes surfaces à la fois. Matérialisez les parties à semer (peu de planches, un cordeau, un tuyau d'arrosage...), séparez vos graines en deux parties égales, et semez la première partie dans un sens, et l'autre perpendiculairement.

Recouvrez vos semis d'une fine couche de terreau bien émietté, tassez avec le dos du râteau et arrosez légèrement, en pluie fine. Protégez vos semis des oiseaux, avec un grillage ou des branchages entremêlés, et étiquetez-les systématiquement. Maintenez la terre humide jusqu'à ce que les plants soient suffisamment développés pour supporter une certaine sécheresse.

Quel que soit le soin apporté au semis, les plantes seront toujours trop serrées. Il faut alors éclaircir – enlever les plantes les plus faibles pour laisser aux plus fortes davantage d'espace pour leur développement. Après avoir choisi les plants que vous laisserez en place, pensez à placer les tuteurs nécessaires aux espèces les plus grandes.

Cette technique vaut également pour les bisannuelles que vous sèmerez vers la fin de l'été. Une fois les plants levés, choisissez les plus robustes et repiquez-les en pépinière (un coin

Semez dans un sens puis dans l'autre.

Recouvrez d'une mince couche de terreau.

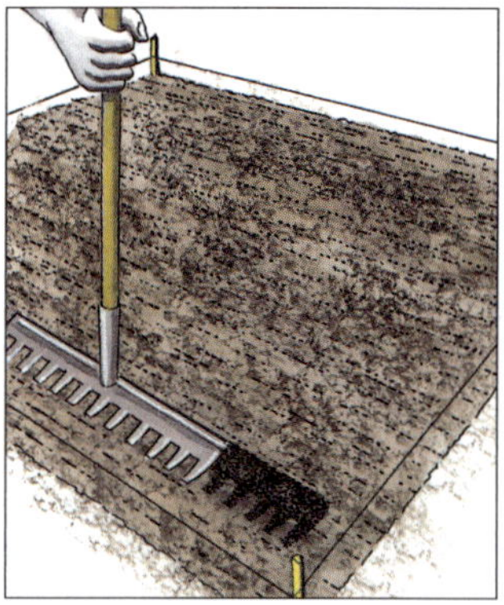

Puis tassez légèrement avec le dos du rateau.

libre du potager fera parfaitement l'affaire). Laissez se développer encore quelques semaines, et mettez les plus beaux sujets en place, en automne. Ils y passeront l'hiver avant de fleurir au printemps suivant.

LE CAS DES GROSSES GRAINES

Capucines, pois de senteur ou haricots d'Espagne ont des graines de grande taille, facilitant le respect des distances de plantation. Mais elles ont une peau coriace. Aussi, pour aider leur germination, il faut les ramollir : faites-les tremper dans de l'eau tiède, sur un radiateur, pendant quelques heures - mieux, prenez-y vous la veille du semis.

Dans le cas des graines à « peau » coriace, vous pouvez même pratiquer de petites incisions avec un couteau bien aiguisé. Ça aide aussi.

Pour germer, les annuelles demandent beaucoup de chaleur. En fonction du climat de votre région, les premiers semis auront lieu au début ou au milieu du printemps, pour que les fleurs s'épanouissent en début ou au milieu de l'été.

EN CAISSETTES, AU CHAUD

Il est possible d'avancer la date du début de la floraison. Mais il faut alors semer en caissettes, tenues chez vous au chaud en serre ou sous un châssis froid, pour ensuite repiquer les jeunes plants en godets avant de les mettre en place. Pour quelques semaines de gagnées, il en coûte beaucoup de travail. Pourtant, certaines annuelles ou bisannuelles fragiles doivent absolument subir ce traitement.

Pour les graines fines, comme le bégonia, il est de toute manière préférable de semer en caissettes, car le volume de graines est si petit, qu'il est pratiquement impossible de bien le répartir en pleine terre.

Quand les graines très fines sont de couleur foncée, on augmente leur volume, et on facilite donc leur dispersion, en les mélangeant avec du sable, et, inversement, avec du marc de café bien sec quand les graines sont de couleur claire. Ce contraste de couleur permet de mieux juger de la bonne répartition du semis.

Notez également que pour offrir de bonnes conditions de germination, le terreau doit être presque aussi fin que les graines. Tamisez-le à l'aide d'une simple passoire de ménage. Remplissez alors la terrine de semis du terreau tamisé, répartissez les graines en surface et recouvrez d'une couche fine du même terreau tamisé. Tassez avec une planchette, pulvérisez de l'eau sur la surface semée pour ne pas déranger les graines, et, bien sûr, maintenez le terreau constamment, mais modérément, humide jusqu'à la levée des graines. Et étiquetez vos semis.

Dès que les jeunes plants présenteront trois ou quatre feuilles bien développées, il faudra les repiquer. L'étape est nécessaire. Les racines de ces jeunes plants sont peu développées et, avant leur mise en place définitive, il faut leur offrir un milieu favorable à leur croissance. Ils seront plus résistants à la transplantation et fleuriront plus rapidement. Pour repiquer, utilisez des godets de tourbe biodégradable. Au moment de la transplantation en place, ils se dissoudront progressivement dans le sol. Remplissez ces godets de terreau « spécial semis » – infiniment préférable à n'importe quel autre substrat –, faites un trou avec un bâton dans chaque pot, séparez délicatement les jeunes plants en prenant grand soin de leurs fines racines, installez chaque plantule dans un godet, tassez

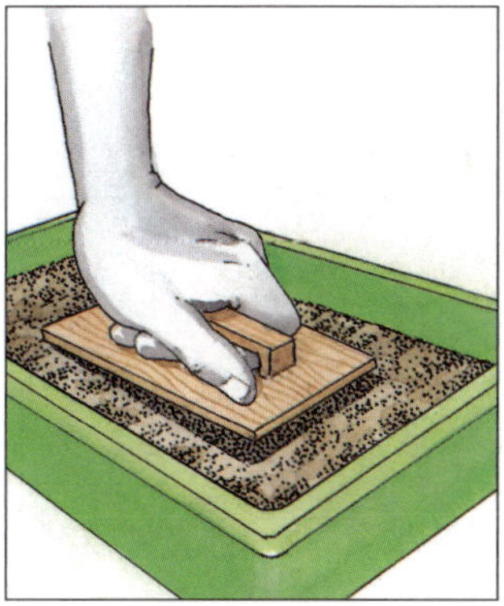

Préparez un terreau très fin et tassez-le.

Semez le plus clair possible.

Recouvrez de terreau et tassez de nouveau.

Séparez les plants avec soin, sans tirer sur le haut de la tige.

Repiquez délicatement chaque plant dans un godet de tourbe.

fortement autour avec les doigts, arrosez généreusement et maintenez l'humidité sans excès.

Il est possible que les racines des jeunes plants soient entremêlées comme un écheveau. Il est alors nécessaire de démêler les radicelles avec beaucoup de délicatesse et en évitant de les abîmer.

Adapter la plantation

Planter n'est pas un geste mécanique ni systématique, il est différent selon que la plantation a lieu en pleine terre ou en jardinière, que vous avez acheté ou produit les jeunes plantes, qu'elles sont en godets ou en grosses potées fleuries. Il convient de tenir compte de chaque cas de figure.

EN PLEINE TERRE

Les godets se plantent comme des fleurs vivaces (voir page 100) : ameublissez la terre, faites un trou au plantoir à bulbes, dépotez le jeune plant, griffez un peu les racines, placez dans le trou, remblayez avec une poignée de compost et arrosez abondamment. Si le plant est dans un godet de tourbe, introduisez ce dernier dans le trou évidemment sans dépoter. Dans les deux cas, maintenez le sol relativement humide pendant une quinzaine de jours, le temps que les racines colonisent la terre alentour.

LA PLANTATION EN JARDINIÈRE

Elle impose un nouveau terreau chaque année. Dans le fond de la jardinière, placez une couche de drainage de graviers ou de billes d'argile (5 cm minimum d'épaisseur) et recouvrez de la même hauteur de terreau. Dépotez les fleurs, disposez-les en quinconce sur le terreau sur deux lignes, les basses et les retombantes devant. Recouvrez de terreau jusqu'à affleurer le haut des mottes. Tassez et arrosez.

On a toujours tendance à planter trop serré afin d'obtenir un effet immédiat qui, malheureusement, ne se prolongera pas au-delà du début du mois d'août car les plantes finiraient par s'étouffer. Si, au contraire, on laisse de l'espace entre chaque plant – une dizaine de centimètres –, les fleurs auront la place de s'épanouir et fleuriront jusqu'aux gelées.

Quand on plante, on est impatient de voir apparaître les premières fleurs. Aussi, on achète des plants déjà fleuris. On oublie que cette floraison est le résultat de traitements spéciaux en serre, peu souhaitables sur de jeunes plantes. Hélas, il vous faudra couper toutes les fleurs de vos godets en place pour forcer les plantes à se ramifier et à prendre de l'ampleur. Les fleurs apparaîtront à nouveau, un mois plus tard et en plus grande quantité. Après cette seconde floraison, arrosez et patientez trois semaines à un mois avant d'apporter de l'engrais.

LES GROSSES POTÉES DÉJÀ FLEURIES

Elles sont plus délicates à traiter : elles sont en pleine croissance. Lors de la transplantation, il est souhaitable de ne pas perturber les racines. Trois solutions sont envisageables pour obtenir l'effet escompté.

• **Vous êtes un jardinier d'expérience**, vous planterez en pleine terre. Avant de retirer les plantes du conteneur, faites-les tremper dans une grande bassine d'eau afin que la motte soit bien détrempée. Ainsi, elle restera intacte lorsque vous la dépoterez, et les racines reprendront leur croissance aisément. Pour ne prendre aucun risque, on peut couper le conteneur plutôt que de tirer la motte : on évite ainsi qu'elle ne se casse. On peut alors la faire glisser dans le trou de plantation aussi intacte que possible. Les arrosages seront abondants et réguliers, même en pleine floraison. Il est important de ne pas effriter la motte ni de l'enterrer trop profondément. Idéalement, le haut de la motte doit affleurer la surface du sol. Ne vous inquiétez pas trop si la floraison connaît une courte pause après la plantation. C'est normal.

• **Vous manquez d'expérience :** il est possible d'enterrer la plante avec son pot directement au milieu du massif. Les racines des plantes n'étant pas dérangées par la transplantation, la floraison se poursuivra sans heurt. Songez toutefois à les nourrir avec un engrais liquide dilué dans l'eau d'arrosage, et à les arroser un peu plus généreusement que le reste du massif ; le pot fait barrage à l'humidité ambiante.

• **Si vous disposez de belles poteries** – des terres cuites italiennes, par exemple –, garnissez-les de ces potées déjà fleuries avec leurs conteneurs. Rien ne vous empêche de disposer ces poteries parmi les fleurs de votre massif. Les mêmes consignes concernant l'apport en engrais et l'arrosage que ci-dessus seront alors appliquées.

Entretien minimal

Les limaces et les escargots sont friands de ces jeunes feuilles bien tendres maintenues dans un milieu humide et peuvent annihiler vos plantations. Les granulés anti-limaces s'imposent, à renouveler après chaque pluie et chaque arrosage ou presque, pendant 15 jours à 3 semaines. Dès que le feuillage se développe, les gastéropodes l'apprécient moins, sans pour autant l'ignorer. Mais comme la végétation sera abondante, les dégâts seront peu apparents. Pour remplacer les granulés anti-limaces, vous pouvez utiliser la cendre de votre cheminée, après avoir retiré les morceaux de charbon de bois non consumés.

N'hésitez pas à pincer le bourgeon final de vos annuelles, une fois plantées et bien reparties : cela provoquera la ramification des plantes et multipliera le nombre de fleurs à venir sur chaque pied.

PROLONGEZ LA FLORAISON

Les annuelles demandent peu d'attention particulière, si ce n'est celle qui consiste à supprimer régulièrement leurs fleurs fanées. La formation de fruits, puis de graines ralentit, arrête même quelquefois l'éclosion de fleurs nouvelles. Au début de l'été, coupez sans relâche les fleurs fanées. Dès la mi-août, laissez mûrir certaines fleurs si vous souhaitez en récolter les graines.

Arrosez abondamment les annuelles que vous avez plantées fleuries ; les racines n'ayant pas eu le temps de se développer, elles sont incapables d'aller chercher de l'eau en profondeur. Elles aussi exigent la coupe régulière des fleurs fanées.

ET APRÈS LA FLORAISON...

En septembre-octobre, avant les gelées, récoltez les fleurs fanées des annuelles pour récupérer les graines à semer l'année prochaine. Économie facile. Toutes les graines ne sont pas bonnes à récolter, certaines ne donnent pas autant de satisfaction l'année suivante que la première année. Comme nous l'avons vu, toutes les graines hybrides F1 sont issues d'un croisement. Or, si vous récoltez leurs graines, vous obtiendrez, la seconde année, à la fois des plantes identiques à celles semées la première mais aussi des plantes issues de chacun des « parents » de ce croisement. Ces dernières auront-elles la taille, la couleur ou la vigueur que vous souhaitez ? La composition de vos massifs ne souffrira-t-elle pas de ce coup de dés ? Peut-être est-il préférable d'acheter de nouvelles graines tous les ans.

EN FIN DE SAISON

Dès que le gel a sévi, les fleurs annuelles n'ont plus aucun intérêt. Arrachez tout. Ne prenez pas le risque de les jeter sur le tas de compost car ces débris contiennent des graines que vous disperseriez ensuite sur tout le jardin en utilisant le compost. Sans parler des possibles maladies !

Certaines plantes ont la capacité de se ressemer naturellement si vous avez laissé les graines aller à maturité et tomber d'elles-mêmes sur le sol. Vous les verrez donc réapparaître l'année suivante sans aucun effort de votre part. Cette capacité vous est signalée chaque fois dans les pages qui suivent.

Pincez pour ramifier, et éliminez régulièrement les fleurs fanées.

AGERATUM

Ageratum houstonianum (famille des Astéracées), dite célestine

Petites, tendres, ébouriffées : exquises

Floraison : *juin à octobre*
Feuillage : *large, rugueux, légèrement arrondi d'un vert foncé*
Exposition : *soleil*
Sol : *riche, bien drainé et toujours un peu humide en été*
Hauteur : *30 à 60 cm*
Étalement : *20 à 30 cm*

Les fleurs annuelles d'été aux couleurs tendres ne sont pas si courantes que vous puissiez négliger les ageratums. Est-ce leur faute si tant d'espaces verts bordés de leur bleu couleur de porcelaine vous en ont dégoûté ? Découvrez les variétés hautes, idéales pour les bouquets, et les coloris insolites : le rose et le blanc.

Comportement

En pot. Plus que jamais, il faudra veiller à un arrosage régulier si vous voulez conserver des ageratums en jardinière. Seules les variétés basses y sont adaptées. Évitez le contraste entre l'espèce type et la couleur complémentaire, le jaune : navrant, votre balcon va ressembler à un jardin de sous-préfecture. Préférez les compagnes aux teintes pastel tels le brachycome aux petites marguerites bleues, blanches ou roses ou le lobélia pendula, d'un bleu plus soutenu. Accompagnez le tout du feuillage gris d'un hélichrysum, par exemple.

En bouquet. Seuls les grands ageratums rentreront dans la confection de vos bouquets. Vous serez étonné de leur longévité, si vous prenez soin d'ôter la grande majorité de leurs feuilles.
Cueillez-les lorsque les fleurs ne sont pas encore ouvertes, seul le cœur coloré est visible, les pétales ébouriffés ne sont pas encore déployés. Mariez-les avec des fleurs de « carotte sauvage » (*Ammi majus*) ou des petits pieds-d'alouette.

MARIONS-LES
En bordure, alternez alysse annuelle et ageratum rose ou blanc ;
au potager, ou ailleurs, mariez zinnias vivement colorés et grands ageratums bleu intense.

Arrosez régulièrement et, une fois n'est pas coutume, mouillez le feuillage, le soir bien entendu. C'est la meilleure prévention contre les attaques d'araignées rouges qui font lamentablement jaunir le feuillage et ralentissent la floraison.

Culture

Semez au chaud en caissette en mars, puis repiquez en godets trois semaines plus tard environ. Commencez à endurcir les jeunes plants à l'extérieur, en les sortant régulièrement quelques heures pendant les après-midi un peu chauds. Objectif : une plantation en mai – dernier carat – au jardin ! Bien sûr, vous pouvez acheter des plants en mai, mais vous ne disposerez alors que des variétés classiques bleues. Éliminez les fleurs fanées régulièrement également. Et arrosez généreusement en été.

Les meilleures variétés

- 'Bouquet Bleu' et 'Bouquet Blanc' sont deux variétés de grande taille, autour de 60 cm, aux tiges fortes qui n'ont pas besoin de soutien. Le premier arbore de grandes fleurs d'un bleu vif et le second, d'un blanc pur.
- 'Blue Ball', une variété naine (20 cm), le plus foncé des bleus.
- 'Pinky Improved' (20 cm), d'un rose soutenu très surprenant.
- 'White Hawaii' (15-20 cm), très trapu, aux nombreuses fleurs blanches.

ALYSSE ANNUELLE

Lobularia maritima ou *Alyssum maritimum* (famille des Brassicacées)

Des fleurs sans interruption tout l'été

Floraison : *juillet à octobre*
Parfum : *sucré rappelant le miel*
Feuillage : *petites feuilles fines en coussins dodus*
Exposition : *soleil*
Sol : *ordinaire*
Hauteur : *15 cm*
Étalement : *20 à 30 cm*

Cette petite fleur annuelle est presque tombée dans l'oubli, pendant de nombreuses années. Puis des coloris insolites, rouge, rose, saumon, sont venus rajeunir la gamme. Depuis, elle connaît un regain d'intérêt. Elle se plaît bien en bord de mer et dans les rocailles.

Culture

Les graines sont fines : mieux vaut les semer en caissette dès avril, en les couvrant pour maintenir une forte humidité. Dès que les jeunes plants, très fins, apparaissent, approchez-les de la lumière. Un mois plus tard, vous pourrez les planter directement au jardin. Si vous voulez fignoler, vous pouvez les repiquer une fois en godets : la reprise au jardin n'en sera que plus rapide. Mais il n'y a là rien d'obligatoire, car les alysses ont bon caractère. Arrosez, arrosez… au moins une fois par semaine et en abondance, sinon elles risquent de griller. Si cela devait vous arriver, pas de panique ! Coupez ras à la cisaille à gazon et arrosez en abondance : de nouvelles fleurs ne devraient pas tarder à poindre.

Comportement

En pot. Sa survie en potée est aléatoire car elle ne supporte absolument pas la soif : elle brunit tout de suite. Au jardin, il est possible de tolérer ce genre de caprices car les centres d'intérêt sont multiples. Mais au balcon, pas question !

En bouquet. Ce n'est pas une fleur pour les bouquets. Tant pis !

Les meilleures variétés

Les mélanges, déclinant toute la gamme du blanc au violet ou au bleu en passant par tous les roses, sont les plus courants. Ils forment de jolies bordures aux coloris changeants. Mais il y a plus :

Les classiques :

- 'Tapis de neige' (10 cm), la variété la plus parfumée et très florifère, d'un blanc pur.
- 'Nuit d'Orient' (10 cm), de couleur pourpre-violet très foncé.

Pour sortir des sentiers battus :

- 'New Apricot' (15 cm), une couleur originale, saumon très clair nuancé de crème.
- 'Wonderland' (10 cm), très tapissant d'un élégant rouge cerise.
- 'Rosy's Day', 15 cm, rose dragée très frais.

MARIONS-LES

Mariez-la au potager avec des herbes aromatiques vivaces, en bordure des allées : le feuillage gris des sauges ou le jaune lumineux d'un thym citron lui vont à ravir. Ailleurs, la variété 'Nuit d'Orient', violet-pourpre très foncé, contrastera joliment avec des pavots de Californie. Préférez les teintes plus douces de 'New Apricot' et de 'Rosy's Day' pour border des massifs mêlant armoises et anémones du Japon ou lavatères, belles-de-jour roses et œillets mignardises.

Avant de les arracher, faites tomber les graines en passant votre main dans les fleurs. Il y a fort à parier qu'elles vont se ressemer d'elles-mêmes, vous évitant, dans les années à venir, bien du tracas.

À SAVOIR

Une autre fleur porte le même nom. Il s'agit d'une vivace, l'*Alyssum saxatile*, 20 à 30 cm, plus connue sous le nom de Corbeille-d'or. Voir page 114.

AMARANTE

Amaranthus caudatus (famille des Amaranthacées), dite discipline de religieuse

Son nom est aussi une couleur

Floraison : *juillet à octobre*
Feuillage : *belles feuilles larges d'un vert lumineux*
Exposition : *soleil et chaleur*
Sol : *riche, bien drainé et toujours un peu humide en été*
Hauteur : *80 à 100 cm*
Étalement : *40 à 50 cm*

À SAVOIR
En Amérique latine, sur les hauts plateaux de la cordillère des Andes, les graines d'amarante constituent une nourriture très prisée des Indiens : elles contiennent beaucoup plus de protéines que les céréales. C'était, pour les Aztèques, une nourriture sacrée. En Asie, on en consomme les feuilles.

MARIONS-LES
En solitaire, la variété à fleurs vertes n'a que peu d'intérêt, mais associée à celle aux épis pourpres, elles offrent un spectacle remarquable. Pour une haie-écran express, appuyée à un grillage, associez tournesols, amarantes et grands tabacs.

Choisissez un vase bien stable pour éviter les chutes, ces grappes pendantes finissent par peser ! Il est possible de sécher les amarantes en les suspendant la tête en bas dans un local bien aéré.

NE PAS CONFONDRE
Celle que l'on appelle communément amarante crête-de-coq est en réalité une célosie.

A-t-on vu fleur qui garde son éclat aussi longtemps ? Pendant près de deux mois bien souvent. Cette grande fleur sans prétention a naturellement sa place parmi les légumes, d'autant qu'oignon, maïs et pommes de terre semblent bénéficier de sa proximité… à condition qu'elle ne soit pas en trop grand nombre : elle n'a pas son pareil pour extraire du sol toute la nourriture.

Culture

Vous pouvez semer directement en place, mais pas avant la mi-mai. Toutefois, ses graines sont si fines et la plante prend une telle ampleur que vous aurez tout avantage à semer en terrine, en mars, au chaud. Vous éviterez ainsi des éclaircissages fastidieux. Si vous semez en mars à l'intérieur, repiquez les jeunes plants le mois suivant, lorsqu'ils ont environ 5 cm et commencez à sortir les godets quelques heures par jour, dès qu'il fait doux, pour les endurcir. En mai, plantez-les à leur place définitive. Ils gagneront à être plantées dans un peu de compost. Tout l'été, arrosez-les et paillez dès le mois de juin pour maintenir le sol humide à leur pied.

Comportement

En pot. Pour grande potée uniquement (40 x 40 x 40 cm au minimum), de préférence carrée, pour plus de stabilité, leur stature ne supporterait pas autre chose. Mélangez au terreau un tiers de compost pour avoir une plante de belle ampleur. N'oubliez pas de les nourrir à l'engrais liquide toutes les semaines. Mariez-les aux grands tabacs blancs.

En bouquet. Cueillez-les à n'importe quel stade, elles durent environ une huitaine de jours. Ce sont des fleurs pour bouquet sophistiqué. Leur coloris pourpre fait bon ménage avec le vert chartreuse des euphorbes (*Euphorbia characias*) et des boules-de-neige vertes. Leurs épis pendants cassent la rigidité des grands tournesols.

Les meilleures variétés

Les classiques :

• L'amarante queue-de-renard, *Amaranthus caudatus*, aux épis pendants longs de presque 40 cm a donné son nom au rouge particulier de ses fleurs (ci-dessous). Elle existe aussi en blanc verdâtre.

Pour sortir des sentiers battus :

• *Amaranthus salicifolius* arbore un fin feuillage entièrement cramoisi.
• L'amarante 'Tête d'éléphant', *Amaranthus gangeticus*, ses épis dressés regroupés forment une impressionnante protubérance en forme de trompe d'éléphant. Il est possible de consommer ses jeunes feuilles comme des épinards.

ANTHÉMIS

Argyranthemum frutescens (famille des Astéracées)

Très vite très belle

Floraison : *mai à octobre*
Feuillage : *découpé plus ou moins finement, vert franc ou, plus fréquemment, vert bleuté ou tirant sur le gris*
Exposition : *soleil et chaleur*
Sol : *léger, voire sableux, surtout bien drainé*
Hauteur : *60 cm à 1 m selon les variétés*
Étalement : *50 à 60 cm*

La simplicité de ses petites marguerites, blanches, roses ou jaunes s'harmonisent avec tous les styles de jardin. Employez-la en massif de plan moyen pour donner du volume. Elle se plaît bien en bord de mer.

Culture

C'est une vivace, peu rustique en dehors de la région méditerranéenne ou le littoral Atlantique : elle meurt en dessous de - 3 à - 4 ° C et craint l'humidité. Aussi la cultive-t-on souvent comme une annuelle. On la plante au printemps en incorporant à la terre en place une à deux poignées de compost. Elle pousse très rapidement : 6 semaines après la plantation, elle a déjà presque atteint ses dimensions adultes.

Comportement

En pot. C'est une gourmande : il lui faut des apports d'engrais liquide « spécial plantes fleuries » tout au long de la saison, une fois tous les 15 jours au moins.
Bien nourrie, l'anthémis a tendance à étouffer ses voisines : mieux vaut la cultiver en solitaire. Pensez à éliminer régulièrement les fleurs fanées pour prolonger la floraison.

En bouquet. Elles n'ont que peu d'intérêt en bouquet. Mieux vaut employer de vraies marguerites.

Les meilleures variétés

Les classiques, en dehors de l'espèce type *A. frutescens* (80-100 cm) :
• 'Jamaïca Primrose', presque la même en jaune (80-100 cm).
• 'Vancouver', plus petite (60-80 cm), rose dragée au cœur bombé présentant comme des pétales frisés.

Pour sortir des sentiers battus :
• 'Rollason's Red' (60-80 cm), l'un des coloris les plus soutenus, aux pétales rouge-pourpre et au cœur marron entouré d'un halo jaune lumineux.
• 'Peach Cheek's' (60-80 cm), aux fleurs saumon délicat et siamoises (accolées dos à dos, plus il y a de soleil, plus elles le sont). Très sensible aux excès d'eau.
• *Argyranthemum fœniculacum* (80-100 cm), aux petites fleurs blanches, identiques à celles de l'espèce type, mais au feuillage vert bleuté, aérien, rappelant celui du fenouil.

MARIONS-LES
Elle est étonnante en moutonnement associée avec la lavande. Vous alternerez un pied de lavande et un pied d'anthémis sur quelques mètres carrés, vous créerez ainsi l'impression d'une prairie fleurie, de mai à juillet. Vous pouvez remplacer les lavandes par des géraniums vivaces qui ont cette même silhouette arrondie.

Comme c'est une vivace, il est possible de la conserver en pot d'une année sur l'autre en l'abritant l'hiver dans un local éclairé. Mais elle demandera un rempotage annuel dans un mélange de terreau et de compost. La floraison sera alors plus regroupée dans le temps : l'explosion en juin sera suivie d'une taille sévère en juillet afin d'obtenir de nouvelles fleurs à la fin de l'été.

À SAVOIR
Sous le même nom d'anthémis, existent deux variétés de fleurs vivaces, beaucoup plus petites à réserver aux bordures :
• *Anthemis cupaniana* (30 cm), au feuillage de fougère et aux fleurs blanches à cœur jaune, s'épanouissant en juin.
• *A. tinctoria* (50 cm), en français, camomille des teinturiers, jaune ('E.C. Buxton') ou crème ('Sauce Hollandaise') selon les variétés, fleurissant sans discontinuer de juin à la fin de l'été.

BÉGONIA

Begonia semperflorens (famille des Bégoniacées)

Son nom le précise : toujours en fleur...

Floraison : *juin aux gelées*
Feuillage : *Feuilles rondes un peu succulentes, vert franc, à revers pourpre ou entièrement pourpres.*
Exposition : *soleil*
Sol : *riche et bien drainé*
Hauteur : *20 à 30 cm*
Étalement : *20 cm*

MARIONS-LES
Ne mélangez pas toutes les couleurs et employez-les en taches en bordure de massifs : les blancs légèrement rosés, à feuillage vert clair, ou les roses vifs à feuillage pourpre se marient bien avec des anémones du Japon ou des impatiens.

NE PAS CONFONDRE
Ce bégonia annuel à petites fleurs avec son cousin, le bégonia tubéreux, aux corolles généreuses dont nous parlons dans le chapitre des fleurs à bulbes.

Ce sont des gourmands, fertilisez-les au moins une fois par semaine, de mai à septembre.
Ôtez régulièrement, à la main, les fleurs fanées.

Les jardins publics en ont fait un usage à dégoûter tous les amateurs de jardins fleuris. Et pourtant… c'est une excellente plante annuelle fleurie dont on aurait tort de se détourner.

Culture

Il est inutile d'acheter des graines : c'est plus de tracas que de satisfaction, d'autant que vous trouverez tout ce qu'il vous faudra en plants dans les jardineries. Plantez-les dans une terre bien humide, en mai au nord de la Loire, 15 jours plus tôt dans les régions clémentes. Maintenez la terre humide en été si vous souhaitez une floraison continue. Dès les premières gelées, arrachez et n'espérez pas qu'ils se ressèment naturellement !

Comportement

En pot. C'est une plante parfaite pour les jardinières : une floraison très longue et sans interruption, et une silhouette trapue. Sachez qu'ils ne sont jamais aussi florifères, ni aussi touffus qu'en solitaires.

En bouquet. Ce ne sont pas des fleurs pour les bouquets.

Les meilleures variétés

Choisissez-les par couleur, peu vous importe le nom de la variété.

BELLE-DE-JOUR

Convolvulus tricolor (famille des Convolvulacées), dite liseron du Portugal

Un rêve : des liserons fréquentables !

Ses couleurs très intenses ne tolèrent que la lumière solaire. La nuit, la belle-de-jour se ferme de peur, peut-être que la lune ne vienne ternir son éclat. Ressemblant à s'y méprendre à son cousin, le liseron, elle est la vedette d'un jardin sauvage au charme enfantin.

Culture

Elle tolère à peu près tout, mais sera plus belle si vous la soignez un peu. Ses graines sont plutôt du genre coriaces. Si vous ne voulez pas de surprise à la levée, aidez le germe à percer l'enveloppe qui paraît indestructible. Faites tremper les graines une nuit dans de l'eau tiède. Fendez la « peau » avec un couteau bien aiguisé et, si vous en avez la patience, nouvelle trempette une nuit.
Semez ensuite, directement en place, par groupe de 3 graines sur une bonne couche de terreau, car la transplantation est décommandée. Mais ne semez pas avant la fin mai car c'est une frileuse. Éliminez ensuite les deux plantes les plus faibles de chaque groupe. Arrosez régulièrement surtout en été, c'est indispensable pour maintenir une floraison généreuse et aussi parce que les araignées rouges se feraient une fête d'un coup de sécheresse, et alors finie la floraison ! Éliminez les fleurs fanées, c'est mieux : on dit que cela double le nombre de fleurs !

Comportement

En pot. Elles se plaisent en pot à condition de ne pas avoir soif. À la plantation, ajoutez un tiers de terre de jardin et arrosez régulièrement : même consigne qu'au jardin en ce qui concerne les araignées rouges. Associez-les avec des capucines naines abricot tels 'Pêche Melba' ou 'Tip-Top abricot'.

En bouquet. Ce n'est pas réellement une fleur à bouquets. Pourtant, quelques corolles flottant dans une coupe remplie d'eau, au centre d'une table, donneront une note champêtre à votre repas. Vous pouvez également lui associer une rose ou quelques capucines.

Les meilleures variétés

Il existe peu de variante des belles-de-jour classiques, à la corolle blanche, bordée d'un bleu intense et au cœur jaune.
Les Britanniques ont baptisé cette espèce type 'Royal Ensign'. Et vous en trouverez dans certains catalogues une version blanche 'White Ensign' et une rose, 'Rose Ensign', toutes deux un peu fades par rapport à l'originale.

Floraison : *juin à septembre*
Feuillage : *abondant, vert vif, bel écrin pour ces fleurs presque " fluo "*
Exposition : *soleil*
Sol : *riche, bien drainé et toujours un peu humide en été*
Hauteur : *20 à 30 cm*
Étalement : *20 cm*

À SAVOIR

Deux autres espèces de « liserons » se cultivent dans les jardins :
- le Liseron de Mauritanie, *Convolvulus mauritanicus*, aux petites fleurs bleu-violet à cœur blanc en entonnoir, au port tapissant. Vivace, mais peu rustique au nord de la Loire – son feuillage meurt en dessous de - 5° C –, cultivez-le en pot et abritez-le en hiver.
- *Convolvulus cneorum*, petit arbuste méditerranéen au feuillage persistant, gris et aux fleurs identiques au tristement célèbre liseron, la plaie des jardiniers. À cultiver en grands bacs (40 cm de profondeur au moins) en régions froides et à mettre à l'abri du froid en hiver.

MARIONS-LES

Associez-la à des soucis jaunes ou crème, installés en tapis à ses pieds, ou semez-la au potager, parmi vos aubergines : elles ont la réputation d'en éloigner les insectes indésirables.

ATTENTION !

Toutes les parties des belles-de-jour sont toxiques. Pas question de laisser les tout-petits goûter leurs feuilles, histoire qu'ils fassent leurs expériences !

BLEUET

Floraison : *juin à août*
Feuillage : *discret, vert légèrement grisé*
Exposition : *plein soleil*
Sol : *ordinaire, même pauvre*
Hauteur : *25 à 100 cm*
Étalement : *20 à 30 cm*

Centaurea cyanus (famille des Astéracées), dit casse-lunettes

Oh ! le beau bleu…

Si vous êtes de ceux qui ont la nostalgie des champs de blé émaillés de rouge et de bleu, faites-lui une petit place dans votre jardin. Il formera avec les roses ou les pivoines une scène élégante. Au potager, offrez-vous un joli rang fleuri en alternant bleuets et zinnias, deux fleurs bon enfant aux mêmes exigences.

Une belle association de teintes pour un coin un peu sauvage du jardin : Convolvulus *et bleuets.*

Culture

Semez-le, en place, à la volée. Sa tige fragile préfèrera un appui, un grillage, des branchages bien ramifiés comme ceux utilisés pour les petits pois, les branches basses des arbustes alentour, ou encore d'autres fleurs aux tiges plus solides. Pensez-y dès le semis.

Les semis de septembre sont les plus vigoureux et fleurissent plus tôt : quelle que soit votre région, il est possible de semer à cette date. En octobre, il vous faudra éclaircir ce semis automnal. Vous le protégerez sous une cloche transparente ou sous un film de plastique et recommencerez à éclaircir au tout début du printemps pour laisser 20 cm entre chaque bleuet. Ensuite, laissez-les vivre leur vie. Supprimez régulièrement les fleurs fanées pour prolonger la floraison.

Comportement

En pot. Leurs tiges grêles ne présentent pas d'intérêt pour la culture en pot. Et c'est en masse qu'ils font le plus d'effet.

En bouquet. C'est l'hôte des bouquets champêtres par excellence. Recréez l'ambiance que vous aimiez tant en associant dans un vase évasé, une brassée de graminées : des bleuets et des coquelicots.

Cueillez-le dès que le bouton est éclos, mais le cœur encore enfermé dans les pétales : il tiendra une semaine en vase.

Le séchage est facile : il suffit d'en suspendre des bottes la tête en bas dans un local aéré et sec.

À SAVOIR

D'autres fleurs, de la même famille, ressemblent au bleuet mais fleurissent dans d'autres gammes de couleurs. Elles ont la même robustesse et les mêmes exigences quant à la nature du sol. La seule différence : elles sont vivaces.

- *Centaurea macrocephala* (1,20 m), aux boutons marrons surmontés par la suite d'une houppette jaune vif, en été. Elles ne sont pas toujours très florifères.
- *Centaurea montana*, la Centaurée des montagnes (40 cm), s'orne de fleurs roses ou blanches, identiques à celles d'un bleuet, mais elles ne sont pas doubles, en mai-juin. C'est de loin la plus robuste.
- *Centaurea dealbata* (70 cm) est cultivée pour son beau feuillage au revers gris, très découpé, et ses fleurs d'un rose très lumineux contrastant avec le cœur blanc.

Les bleuets étaient autrefois surnommés « casse-lunettes » pour les bienfaits qu'ils apportent aux yeux fatigués. Lavez-vous les yeux avec une infusion de bleuet réalisée avec 40 g de fleurs jetées dans un litre d'eau bouillante. Laissez 10 minutes, filtrez et faites refroidir avant usage. Vous pouvez aussi en faire des compresses pour vos paupières.

Les meilleures variétés

Les classiques :

La plupart des grainetiers vous proposent les bleuets en mélange de bleu, blanc et rose ; le plus souvent il s'agit de centaurées 'Barbeau' ou 'Impériale', plus basses et légèrement parfumées.

Parmi les bleuets, la série Boy est sans doute la meilleure car sa taille raisonnable, autour de 90 cm, vous permet de les semer même dans les jardins les plus ventés :

- 'Blue Boy', bleu soutenu.
- 'Black Boy', marron foncé presque noir.
- 'Red Boy', rouge carmin.

Pour sortir des sentiers battus :

- 'Pinky', rose vif, un peu plus bas (environ 60 cm).
- 'Midget Mix', variété naine ne dépassant guère 25 cm.

MARIONS-LES

Dans un coin un peu sauvage, associez coquelicots, bleuets et gauras, ces délicates fleurs blanches en forme de papillon rassemblées en épis lâches sur des tiges si légères que le moindre souffle les fait onduler.

BRACHYCOME

Brachycome iberidifolia (famille des Astéracées)

Un nuage de fleurs

Floraison : *juillet à septembre*
Feuillage : *discret, très fin et découpé, vert clair*
Exposition : *soleil*
Sol : *riche et bien drainé*
Hauteur : *25 à 40 cm*
Étalement : *30 à 45 cm*

Ces petites marguerites aux couleurs douces sont de véritables miniatures. Leur port souple sera plus en valeur en suspension ou en jardinière qu'au ras du sol.

Culture

Ne vous lancez pas dans le semis : c'est inutile car vous trouverez en plants presque toutes les variétés proposées en graines. Attendez mai pour les planter au jardin. Apportez une poignée de compost à la plantation. Arrosez abondamment et régulièrement tout l'été. Éliminez régulièrement les fleurs fanées sinon il s'arrête de fleurir.

Dès les premiers signes de jaunissement, arrachez sans remords. Chaque année vous devrez recommencer car les cas de semis spontanés sont rares.

Comportement

En pot. À lui seul, il est capable d'occuper le devant de la scène pendant tout l'été, alors pourquoi lui adjoindre des acolytes qui ne lui plairont peut-être pas ?

On le dit très florifère – un nuage de fleurs bleues, blanches ou mauves. Il l'est, certes, si vous lui prodiguez des soins attentifs : sont nécessaires un arrosage régulier, tous les 2 jours en été, sans excès d'eau dans la soucoupe, et des apports d'engrais liquide toutes les semaines. Là aussi, l'élimination des fleurs fanées est impérative.

En bouquet. Non, ce n'est pas une fleur pour les bouquets. Autant en garnir des petits pots.

Les meilleures variétés

Vous les choisirez pour leur coloris, peu importe le nom de la variété, qui de toute manière est rarement précisé en jardinerie.

MARIONS-LES

Ils vous rendront de bons services pour alléger une touffe de tabacs blanc crème ou des petites anthémis vivaces (*Anthemis cupaniana*), blanche à cœur jaune.

CAPUCINE

Tropaeolum majus (famille des Tropaeolacées), dit cresson du Pérou

Débordante mais sympathique

Floraison : *juin à octobre*
Feuillage : *rond, vert plus ou moins foncé, très couvrant*
Exposition : *soleil/mi-ombre et chaleur*
Sol : *ordinaire, plutôt pauvre*
Hauteur : *20 à 150 cm*
Étalement : *30 à 50 cm*

Les capucines sont de véritables amies pour les jardiniers débutants, et pour tous les autres aussi : elles seront parfaites en bordure pour marquer une allée, dans des massifs un peu vides où vivaces et arbustes n'ont pas pris toute leur ampleur, ou encore grimpant à l'assaut d'un vilain mur à cacher au plus vite… Indispensables au potager, elles protègent les courges contre les punaises et attirent sur elles tous les pucerons du jardin laissant ainsi tranquilles les plantes voisines.

Culture

Connaît-on semis plus facile ? Leurs grosses graines tiennent bien entre les doigts les plus maladroits, les espacer régulièrement est un jeu d'enfant. Inutile, ici, de prévoir plus que le semis nécessaire, les « manques » à la levée sont extrêmement rares et les limaces n'ont aucun goût pour leurs jeunes plantules.

Creusez un sillon de 3 à 4 cm de profondeur, glissez une graine tous les 12 à 15 cm et recouvrez. Leur croissance généreuse aura tôt fait de bouleverser l'aspect un peu rigide de votre semis rectiligne.

Semez les grimpantes par groupes de 3 graines au pied de leur support.

Par la suite, oubliez les variétés à fleurs simples, elles se débrouillent très bien toutes seules.

Celles à fleurs doubles ont besoin que vous éliminiez les fleurs fanées régulièrement sinon la floraison risque de se ralentir sérieusement.

Vous n'aurez probablement pas besoin de les ressemer : elles le font naturellement. Par sécurité, récupérez quelques graines des plantes dont vous avez particulièrement apprécié le coloris pour de nouveaux semis, ailleurs.

Comportement

En pot. Semez directement en pot : une graine pour un diamètre de 15 cm suffit amplement pour les variétés naines ; comptez 25 cm pour les capucines grimpantes.

Évitez de les mélanger avec d'autres plantes, le résultat n'est pas très heureux, tant elles se suffisent à elles-mêmes. Un terreau enrichi d'au moins un tiers de sable est l'idéal, sauf pour la capucine des Canaris qui préfère le terreau seul.

Toutes supportent une certaine sécheresse sans défaillir.

En bouquet. Ce n'est pas à proprement parler une fleur pour les bouquets parce que ses tiges sont relativement courtes. Mais laissez flotter ses corolles dans une coupe basse, au centre de la table, ou confectionnez de petits bouquets naïfs en l'associant à quelques bleuets et à une branche de lierre avec ses baies, encore vertes ou déjà noir bleuté.

La veille du semis, pensez à faire tremper les graines dans un peu d'eau tiède. C'est mieux, sans être obligatoire !

SPÉCIAL GOURMAND

Quelques pétales de capucines éparpillés égayeront une salade, d'autant que leur petit goût sucré est très agréable.
Faites macérer des graines de capucine encore vertes dans du vinaigre et vous obtiendrez un condiment qui ressemble aux câpres.

MARIONS-LES

Plantez-les en ligne sur fond de poirées à cardes rouges, ou au centre d'un massif, guidées par des tuteurs de bambou réunis en tente indienne. Elles s'installeront volontiers dans un parterre d'œillets d'Inde à petites fleurs simples, de zinnias nains et de dahlias pompons.

Les meilleures variétés

Les classiques :
Préférez les variétés dont les fleurs dominent le feuillage : cette indication est le plus souvent portée sur le sachet de graines de chacune d'entre elles.

Parmi les naines :
• 'Impératrice de Indes' (25-30 cm), une grande classique d'un beau rouge intense, à fleurs simples, sur fond de feuillage vert sombre.
• 'Tip-Top' (20 cm), pour ses couleurs originales : abricot, rouge grenat profond, orange flammé.
• 'Whirlybird' (30 cm), pour ses fleurs doubles carmin ou jaune d'or.

Parmi les grimpantes :
• 'Hybride de Lobb' (3 m). Rien n'a encore supplanté ces hybrides, vigoureux, florifères, colorés (rouge, orange, brun, rose…)

Pour sortir des sentiers battus :
• 'Alaska' (25-30 cm), au feuillage éclaboussé de crème.
• 'Pêche Melba' (25-30 cm), jaune pâle à grandes taches rouges au centre, sur un feuillage sombre.
• Capucine des Canaris (2,50 m et plus), *Tropaeolum peregrinum,* encore appelée *T. canariensis,* est l'originale de la famille : son feuillage est très découpé, léger ; ses fleurs sont frangées et munies d'un étendard jaune vif. Elle préfère une ombre légère.

À SAVOIR
Il existe également des capucines vivaces grimpantes. Sachez qu'elles sont beaucoup moins généreuses que leurs cousines annuelles. Seuls des soins attentifs vous permettront d'en obtenir une floraison qui n'aura rien à envier aux annuelles.

• La capucine tubéreuse, *Tropaeolum tuberosum* (1,20 m), est une plante très frileuse. Seules les variétés hâtives telle 'Ken Aslet' peuvent fleurir chez nous, de juillet à septembre. Plantez-les au printemps dans un mélange à parts égales de terreau et de compost. Arrachez dès les premiers froids et entreposez pour l'hiver les tubercules à l'abri du froid dans de la tourbe maintenue légèrement humide.

• La capucine tricolore, *Tropaeolum tricolorum* (1,20 m), grimpante, porte des fleurs en cornet orange garnies d'un éperon clair ou soutenu, de juin à septembre.

• *Tropaeolum speciosum,* (3 à 5 m), grimpante, aux fleurs rouges remarquables, de juin à septembre, ne prospèrent bien que dans les régions humides en permanence et clémentes.

CÉLOSIE

Celosia argentea (famille des Amaranthacées), dite passe-velours

Ralliez-vous à leurs panaches colorés

Floraison : *juillet à octobre*
Feuillage : *feuilles ovales, vert clair, légèrement tombantes*
Exposition : *soleil*
Sol : *riche, profond, toujours un peu humide en été*
Hauteur : *30 à 100 cm*
Étalement : *30 cm*

Désherbez soigneusement entre les jeunes célosies car elles couvrent peu le sol et laissent facilement la place à la concurrence.

À SAVOIR

Il arrive que les célosies s'éteignent sans crier gare. Un matin, elles sont là sur la terre, couchées, toutes flétries, sans raison apparente : elles sont sensibles à une maladie insidieuse et redoutable, la pourriture du collet, qui les cisaille.
Il n'y a rien à faire sinon de ne pas les planter de nouveau au même emplacement l'année suivante.

MARIONS-LES

Mariez-la avec de grands ricins, de grandes amarantes et des tournesols. Vous jouirez d'une scène grandiose et sans souci, à réserver pour les grands espaces, dégagés, que l'on peut voir avec du recul.
Les petites célosies plumeuses se plairont au potager parmi les rangs de laitue, dont la couleur tendre fera un charmant contraste avec leurs teintes vives. Cette gourmande se plaira dans ce terrain fertile.

La célosie crête-de-coq, très en vogue au début du siècle pour ses fleurs curieuses, a connu un oubli passager. Aujourd'hui, elle revient dans les scènes de jardin beaucoup moins sophistiquées.

Culture

Vous ne trouverez en jardinerie que des plants nanifiés qui auront du mal à prendre « de l' épaisseur » et qui vous donneront bien peu de satisfaction.
Faites donc vos propres semis. Les graines sont fines et une pincée jetée dans une caissette de terreau à semis suffira à vous fournir un beau parterre. Repiquez un mois plus tard, même si les jeunes plants sont plutôt filiformes : ils s'étofferont plus tard. Attendez la fin mai pour planter au jardin. Mélangez une bonne dose de compost à la terre en place. Fin juin, paillez avec une couche de compost décomposé : les célosies sont des gourmandes. Arrosez-les toutes les semaines et ajoutez un peu d'engrais liquide toutes les 3 semaines environ.

Comportement

En pot. Elle n'aime pas beaucoup la concurrence. Mieux vaut prévoir de la laisser seule. Tout au plus pouvez-vous l'associer avec des plantes à feuillage doré, comme de l'origan doré. Les feuilles de la base ont toujours tendance à jaunir : enlevez-les régulièrement pour conserver un aspect soigné à votre plantation. Les arrosages à l'engrais liquide sont obligatoires presque toutes les semaines.

En bouquet. Les célosies crêtes-de-coq sont les plus utilisées et servent souvent de base à des bouquets sophistiqués associant des arums blancs, des grands lis, des roses classiques ou des grandes fougères. Mais rien ne vous empêche d'agrémenter un petit bouquet champêtre d'un plumeau de célosie plumeuse aux couleurs éclatantes. Cueillez-les en début d'épanouissement : tout l'épi doit être coloré, mais encore un peu fermé. Ôtez toutes leurs feuilles si vous voulez les garder longtemps.

Il est possible de les faire sécher sans que leurs couleurs ne s'altèrent trop. Cueillez-les bien sèches, à la fin d'une journée ensoleillée, éliminez les feuilles, coupez les tiges en biseau et faites-les trempez dans quelques centimètres d'eau. Entreposez le tout dans un endroit bien sec et aéré et attendez, sans recharger le récipient en eau : le séchage sera ainsi très progressif. Une fois séchés, vous pouvez laquer les épis plumeux avec une laque pour cheveux pour prolonger leur conservation.

Les meilleures variétés

Les classiques :

Deux variétés se disputent la vedette :

- La célosie crête-de-coq, 'Cristata Chef' (100 cm), que l'on appelle aussi amarante crête-de-coq et dont la fleur évoque la crête du volatile (rose, rouge, pourpre, jaune). Très originale, 'Cristata Chef Bicolore' porte des fleurs jaunes flammées de rouge.
- La célosie plumeuse ou à panache, 'Pyramidalis' (25-30 cm), dont les fleurs en plumet prennent des teintes très lumineuses (rouge, jaune, orange, pourpre, rose vif…). Réservez-la pour le balcon et au jardin, préférez-lui *Celosia globosa* 'Sparkler', aux fleurs semblables, mais beaucoup plus haute (80 cm).

Pour sortir des sentiers battus :

Si vous cherchez vraiment l'originalité, vous pouvez essayer la *Celosia spicata* 'Flamingo Feather', dont les fleurs arborent une couleur rose qui, à notre avis, lui fait perdre tout le charme des célosies.

Ci-dessus, une célosie crête-de-coq.
En page de gauche, une célosie plumeuse.

CLÉOME

Cleome hassleriana (syn. *C. spinosa*) (famille des Capparacées)

Soyez patient : la levée est longue

Floraison : *juin à octobre*
Feuillage : *discret, vert clair, présence d'une épine sur la tige à la base de chaque feuille*
Exposition : *soleil*
Sol : *fertile et bien drainé*
Hauteur : *100 à 120 cm*
Étalement : *40 à 60 cm*

Les cléomes sont des fleurs de belle prestance, leur haute taille, leurs fleurs volumineuses et pourtant légères, la délicatesse de leurs dégradés de rose… tout chez eux est élégance. Leur silhouette légère vous autorise à les planter en grands groupes, d'au moins 15 à 20 pieds, pour faire de l'effet.

Culture

Pas question d'en trouver des plants, vous devrez donc vous lancer dans le semis. En avril, semez en caissette pas trop dense dans un mélange sableux « spécial semis » que vous placerez dans un coin abrité du jardin. Fin mai-début juin, vous pouvez planter dans les massifs. Avant, ils auraient trop froid et végéteraient. Arrosez régulièrement et, en début d'été, paillez le sol pour éviter les à-coups d'arrosage.

Comportement

En pot. Leur croissance rapide fait des potées spectaculaires. Donnez-leur un pot assez grand et stable d' au moins 35 cm de diamètre. Plantez-les en solitaires – deux plants par pot – dans un mélange à parts égales de terre de jardin et de terreau. Arrosez copieusement et apportez de l'engrais liquide tous les 15 jours.

En bouquet. Leurs tiges épineuses n'incitent pas à les cueillir et c'est tant mieux car ils ne dureraient pas longtemps en vase !

Les meilleures variétés

Les classiques :

Vous les trouverez le plus souvent en mélanges de roses tout à fait charmants.

Pour sortir des sentiers battus :

- 'Purple Queen' un grand (1,20 à 1,50 m) d'une couleur pourpre, la plus foncée.
- 'Helen Campbell', blanc pur.
- 'Reine des cerises', rose carmin.

Le mieux est de placer votre caissette à semis sous un châssis, ou à l'abri sous une cloche de verre ou de plastique transparent. Soyez patient, la première plantule n'apparaît bien souvent qu'au bout de 3 semaines.

MARIONS-LES

Ils seront à leur place dans les massifs d'arbustes, parmi des rosiers de type ancien. Tentez également les associations pastel avec des anémones du Japon, des grands tabacs blancs, des cosmos ou des grandes graminées comme des *Pennisetum* aux épis plumeux.

CLOCHETTE D'IRLANDE

Mollucella laevis (famille des Labiées)

Floraison : *juillet-août*
Feuillage : *vert clair*
Exposition : *soleil*
Sol : *riche et bien drainé*
Hauteur : *50 à 70 cm*
Étalement : *40 à 50 cm*

MARIONS-LES
Bien dressées sur leurs tiges, elles formeront d'élégants fonds de massif clairs sur lesquels les fleurs rouges ou pourpres feront merveille : amarantes, roses rouges, lupins pourpres... Utilisez-la également en groupe, au centre de massifs bas de roses et d'œillets d'Inde, par exemple, pour donner de la hauteur, ses « chandelles » vertes émergeant du tapis coloré.

En bouquet, mariez-la à des grands glaïeuls, ou des dahlias décoratifs à grosses têtes dont on ne sait jamais trop quoi faire. Associez-la à quelques tiges d'aneth pour donner un peu de légèreté et vous obtiendrez un résultat dont vous serez fier. C'est une composition à poser à terre, dans une pièce vaste.

Une Irlandaise étrange

Ses calices d'un vert frais, regroupés en longs épis dressés, au centre desquels se nichent de petites fleurs blanches ressemblant à celles des orties (elles sont de la même famille) font toute son originalité.

Culture

Semez-la en terrine, en mars-avril, dans un coin abrité du jardin ou au chaud. Mettez les jeunes plants en place dès qu'ils sont assez robustes. Par la suite, arrosez modérément pendant tout l'été. Et voilà.

Comportement

En pot. Sa forme étrange mérite d'être mise en valeur dans une poterie italienne sophistiquée, de 25 cm de diamètre minimum. Ajoutez à un terreau pour géranium 2 ou 3 poignées de compost bien décomposé. Semez directement dans le pot en avril et éclaircissez par la suite.
Elle préfère être seule. Entourez-la de quelques pots de géraniums pourpres aux pétales de velours. Arrosez fréquemment en été.

En bouquet. Elle est capable de durer une bonne semaine en bouquet sans montrer le moindre signe de lassitude et puis, rapidement, ces grandes « fleurs » vertes jaunissent. Il est possible de les faire sécher alors en bottes, la tête en bas. Elles se conservent bien au moins 3 mois.

Les meilleures variétés

L'espèce type est déjà bien assez surprenante comme cela. Inutile de rechercher encore plus spectaculaire.

LES COLOQUINTES

Cucurbita pepo (famille des Cucurbitacées), dites barbarines

Floraison : *juillet à octobre (+ fruit)*
Feuillage : *large, en étoile, vert moyen, rugueux*
Exposition : *soleil/mi-ombre*
Sol : *riche, fraîchement fumé et toujours un peu humide en été*
Hauteur : *10 à 15 cm*
Étalement : *80 cm à 1 m*

Bien nourries, elles courent, elles courent...

Les coloquintes n'ont pas leur pareil pour faire la chasse aux mauvaises herbes dans les coins oubliés du jardin : rien ne pousse sous leurs grandes feuilles. Si vous les laissez courir sur le sol, elles apprécieront un peu d'ombre aux heures les plus chaudes de la journée : cela limite les attaques d'oïdium, auxquelles elles sont sensibles. Par contre, lorsqu'elles sont guidées à l'assaut d'un treillage, elles se portent bien mieux en plein soleil.

MARIONS-LES
Utilisez-les dans un massif aux couleurs vives en les guidant sur de solides tuteurs en châtaignier réunis en tente indienne. Au pied, installez un parterre de roses d'Inde jaunes et de dahlias décoratifs à grosses têtes. Une poignée de *Cosmos sulphureus* donnera de la légèreté à l'ensemble.

Elles vont se conserver presque tout l'hiver chez vous. Nettoyez soigneusement les traces de terre pour celles cultivées au sol et laissez-les bien sécher.

Culture

Semez directement en place, en mai, par groupes de trois graines dans des trous remplis de compost et espacés de 60 cm à 1 m. Au départ, guidez sur leur support celles qui doivent grimper. Par la suite, leurs vrilles se débrouillent toutes seules.
Cueillez les coloquintes le plus tard possible mais avant les gelées car elles y sont sensibles.

Comportement

En pot. Semez 3 graines dans un pot de 20 à 25 cm, rempli de compost, et conservez seulement la plante la plus forte. Si vous la faites grimper sur la rambarde de votre balcon, guidez-la au départ.
Les coloquintes ont horreur d'avoir soif : soignez les arrosages et placez-les à mi-ombre pour limiter les pertes d'eau.
N'oubliez pas de leur donner un peu d'engrais une fois par semaine.

En bouquet. On ne peut bien sûr pas parler de bouquet. Toutefois, les coloquintes peuvent servir de vases à de petites compostions de fleurs d'automne.
Coupez le haut et évidez à la cuillère les graines et la partie de la chair qui se détache facilement, glissez un morceau de mousse de fleuriste et imbibez-le d'eau. Il ne vous reste plus qu'à y piquer quelques fleurs : marguerites d'automne ou chrysanthèmes, derniers petits soleils, asters...

Les meilleures variétés

Inutile de chercher la perle rare : achetez les mélanges de coloquintes que l'on trouve partout. Si jamais l'une d'entre elles vous séduit plus que les autres, récupérez ses graines à maturité, faites-les sécher et semez-les au printemps.

ATTENTION !
Comme toutes les Cucurbitacées, les coloquintes sont particulièrement sensibles à l'oïdium. En fin de saison, leurs feuilles se couvrent de ce feutrage blanc très caractéristique.
Après septembre, il est inutile d'intervenir. En tout début de culture (juin ou juillet), on peut essayer de pulvériser une solution de permanganate – une dose pour 3 litres d'eau – qui s'achète en pharmacie.

COSMOS

Cosmos (famille des Astéracées)

Une aubaine ! il fleurit mieux en sols pauvres

Floraison : *juin/juillet à octobre*
Feuillage : *Vert clair, très découpé, aérien*
Exposition : *soleil*
Sol : *léger, plutôt pauvre et surtout bien drainé*
Hauteur : *60 à 150 cm*
Étalement : *60 à 80 cm*

MARIONS-LES
Il apprécie les associations aériennes, avec des nigelles de Damas, des lavatères, quelques anémones du Japon qui déclinent les mêmes gammes de couleurs. Le *Cosmos sulphureus*, aux teintes plus toniques, préfèrera la compagnie de petits dahlias ou se noiera, avec bonheur, dans le moutonnement gris des armoises.

Éliminez régulièrement les fleurs fanées jusqu'en août, ensuite laissez-les mûrir pour récolter leurs graines pour les semer au printemps prochain.

À SAVOIR
Les pucerons sont friands de leurs jeunes pousses. Si vous intervenez tôt, il vous suffira d'éliminer les extrémités atteintes. Sinon, il faudra traiter…

Les grands cosmos classiques, roses, pourpres ou blancs, sont une aubaine pour les jeunes jardins où ce ne sont pas les emplois qui manquent : fond de massif, bouche-trou dans des massifs d'arbustes ou de rosiers nouvellement plantés… Les cosmos sont parfaits dans chacun de ces rôles.

Culture

Dans un sol trop riche, c'est le feuillage qui se développera en abondance, aux dépens de la floraison, qui restera maigrichonne. Semez directement en place, en mai. Les grosses graines sont faciles à manipuler et vous maîtriserez sans difficulté la densité du semis : comptez environ une graine tous les 5 cm. Elles germent facilement et, trois semaines plus tard, vous éliminerez tous les plants en surnombre afin de préserver l'espace vital de chacun. Profitez-en pour repiquer les pieds en excédent dans un autre endroit du jardin : ils fleuriront un peu plus tard que les autres, mais qu'importe ! Quand les plants ont 30 cm, pincez-leur la tête pour les forcer à se ramifier : ils n'en seront que plus résistants au vent et bien plus florifères. Si vous êtes pressés de les voir fleurir, réservez ce traitement à un plant sur deux. Une fois en fleur, arrosez-les régulièrement : c'est le seul moyen de prolonger leur floraison jusqu'aux gelées.

Comportement

En pot. Leur silhouette un peu dégingandée n'est pas très séduisante en pot. Abstenez-vous, même avec les petites variétés.

En bouquet. Il n'y a pas fleur plus élégante en bouquet. Glissez trois cosmos blancs dans un soliflore, cela suffit ! Vous souhaitez réaliser un plus gros bouquet ? Mariez-

le à d'autres fleurs champêtres et légères, comme des anémones du Japon et des fleurs de fenouil ou d'aneth. Il peut durer une bonne semaine si vous le cueillez lorsque son cœur est encore jaune vif.

Les meilleures variétés

Deux espèces de cosmos se partagent la vedette dans les jardins :

• *Cosmos bipinnatus* (1 à 1,50 m), à grandes fleurs simples roses, blanches ou pourpres ornées d'un cœur jaune vif.
- 'Picotee' aux fleurs bicolores, blanches et bordées d'un liseré pourpre.
- 'Aldebaran' ou 'Sea Shells', deux variétés très proches, à fleurs plus petites aux pétales tuyautés.
- 'Sonata', mêmes fleurs que la variété classique, mais une taille en dessous (pas plus de 40 à 50 cm). Idéale en région ventée.

• *Cosmos sulphureus* (60 cm), aux fleurs beaucoup plus petites, doubles, en pompon lâche, jaunes, oranges ou rouge vif.
- 'Bilbo' (20 cm), nouvelle variété jaune, compacte, la seule qui puisse éventuellement convenir pour la culture en pot.

DIMORPHOTHÉCA

Dimorphotheca aurantiaca (famille des Astéracées)

Des fleurs spectaculaires et sans exigences

Floraison : *juillet à octobre*
Feuillage : *vert argenté, duveteux et parfumé*
Exposition : *soleil*
Sol : *léger et bien drainé*
Hauteur : *20 à 40 cm*
Étalement : *15 à 20 cm*

Dimorphothéca ou ostéospermum, quelle est la différence ? Vous rencontrerez peut-être cette double appellation qui, naguère, n'en faisait qu'une. Les botanistes distinguent aujourd'hui les premiers, les variétés annuelles, des seconds, les variétés arbustives vivaces. Tout cela est sans importance pour nous puisque, aucun n'étant rustique, tous sont cultivés comme des fleurs annuelles.

'Whirly', aux curieuses fleurs dont les pétales, en spatule, sont terminées par une partie élargie.

Dans les régions clémentes, si vous leur avez choisi une place abritée, un bon matelas de feuilles mortes permettra aux ostéospermums de passer l'hiver, dehors, sans encombre. Ailleurs, bouturez.

Culture

Semez les annuelles (dimorphotécas) en mai, directement en place : il est facile de bien les répartir car les graines sont grosses. Couvrez de sable fin et patientez. Éliminez les quelques plants en surnombre en juin et laissez-les prospérer. Plantez les vivaces (ostéospermums) en godet, en mai. En août, vous pourrez en faire des boutures, comme pour les géraniums, et les conserver ainsi en godet tout l'hiver, dans un local frais mais hors gel et bien éclairé.

Comportement

En pot. C'est la plante de potée par excellence : elle fleurit généreusement même à sec. Mélangez une cuillère de sang séché au terreau de plantation. Arrosez une fois par semaine, c'est suffisant, et profitez-en pour lui donner de l'engrais.

En bouquet. Tout comme au jardin, ses fleurs se fermeront dans vos bouquets quand vient la nuit pour se rouvrir le lendemain matin. N'allez surtout pas croire qu'elles sont fanées : elles tiennent une bonne semaine. En dehors de cette particularité, elles ont toutes les qualités requises pour tenir le rôle des marguerites dans vos bouquets, la couleur en plus !

Les meilleures variétés

Les annuelles classiques :

- 'Étoile Polaire' (40 cm), blanc pur à cœur bleuté.
- 'Glistening White' (20 cm), blanc pur et cœur noir.
- 'Orange' (40 cm), orange vif à cœur foncé.
- 'Mode d'été' (30 cm), un mélange de coloris chauds : orange, abricot, saumon, jaune d'or…

Les vivaces à cultiver comme annuelles :

- *Osteospermum barberiae* (30 cm), rose ou pourpre à œil noir.
- *Osteospermum eklonis* (60 cm), blanc à revers bleu et cœur bleu pâle, le plus répandu.
- 'Whirly' (60 cm), blanc bleuté aux curieux pétales terminés en spatule.

MARIONS-LES

Mariez-les avec des fleurs qui ont autant d'éclat : par exemple, les jaunes et les orange avec un bataillon de roses d'Inde géantes, mêlées de camomille des teinturiers (*Anthemis tinctoria*), bordées de cinéraires maritimes au feuillage gris.

FICOÏDE

Mesembryanthemum spectabilis (famille des Aizoacées)

Une dure à cuire

Floraison : *juillet à août*
Feuillage : *vert gris, charnu et étroit*
Exposition : *soleil*
Sol : *sec, même pauvre*
Hauteur : *15 cm*
Étalement : *20 à 30 cm*

MARIONS-LES
À part le pourpier à grandes fleurs, parions que vous ne trouverez aucune candidate pour lui tenir compagnie dans des situations aussi extrêmes, sauf quelques sédums tout aussi résistants. Peu importe : son coloris presque fluorescent attire tous les regards et ne laisserait pas de place à une autre vedette.

Il n'y a pas tant de fleurs en pot qui vous réclament si peu d'arrosage, profitez-en... à condition d'avoir un balcon plein sud.

C'est une vivace qui n'a rien de rustique sous nos latitudes. Mieux vaut donc la semer chaque année comme une annuelle. Ses fleurs ressemblant à des marguerites se ferment avec le coucher du soleil et attendent presque son zénith, le lendemain, pour s'épanouir à nouveau. Et s'il n'y a pas assez de soleil, elles ne s'ouvrent pas. Elle est tout indiquée pour fleurir les endroits difficiles, écrasés de soleil, pierreux, pauvres… Les rocailles l'accueillent volontiers.

Culture

Semez en place, en mai ou juin, lorsque la terre est assez réchauffée. Recouvrez d'une fine couche de sable et patientez. Trois semaines plus tard, les plantules sont bien sorties et semblent déjà à l'étroit. C'est le bon moment pour ôter les plants en surnombre et les replanter ailleurs, ou en pot.

Comportement

En pot. Mieux vaut la planter dans de relativement petits pots qui la garantiront contre les excès d'arrosage. Sinon, ses racines plutôt sensibles, risquent de pourrir.
Pour la plantation, mélangez sable et terreau à parts égales, rien de plus si ce n'est une poignée de gravier au fond du pot. Apportez-lui de l'eau tous les 15 jours et surtout pas d'engrais.

En bouquet. Ce n'est pas une fleur pour vos bouquets, il suffit de la regarder !

Les meilleures variétés

Les classiques :
• 'Tapis Magique', un mélange très lumineux de plantes roses, saumon, violettes, oranges, ou blanches. C'est le plus couramment employé.

Pour sortir des sentiers battus :
• 'Lunette', une variété originale, jaune citron à cœur rouge (ci-contre).

GÉRANIUM

Pelargonium zonale et *P. peltatum* (famille des Géraniacées)

Qui pourrait leur ravir la vedette ?

Floraison : *juin à octobre/novembre*
Feuillage : *arrondi, vert, parfois taché, zébré, marbré de couleurs, rugueux et aromatique*
Exposition : *soleil*
Sol : *riche et toujours un peu humide en été*
Hauteur : *20 à 40 cm*
Étalement : *30 à 40 cm*

Bien sûr, les puristes vous diront que ce sont des pélargoniums, réservant le terme « géranium » aux vivaces, les seuls, les vrais géraniums ! Nous, nous continuerons à les appeler géraniums. Leurs fleurs s'épanouissent sans discontinuer, mais elles ne doivent pas pour autant vous faire oublier leurs feuillages tout aussi décoratifs.

Culture

Ne vous lancez pas dans le semis, vous ne retireriez de vos efforts que des géraniums d'une décevante banalité. Les plants sont beaucoup plus riches en variété. Ne les plantez pas avant la fin avril, dans un terreau largement enrichi de compost, de préférence en jardinière ou en grandes potées : ces stars méritent mieux que d'être installées à ras de terre dans vos massifs. Coupez les fleurs présentes au moment de la plantation et arrosez régulièrement, tous les 2 jours au moins. Dès que la seconde vague de boutons apparaît, apportez de l'engrais une fois par semaine.

Comportement

En bouquet. Ce n'est pas vraiment une fleur à bouquet, laissez-le dans sa jardinière !

Les meilleures variétés

Difficile de conseiller une variété tant il en existe et pour tous les goûts. Certaines présentent un double intérêt : des fleurs et un feuillage originaux. C'est de ceux-là dont nous vous parlerons. Les autres, vous les trouverez partout, dans les jardineries ou les catalogues de vente par correspondance.

Les classiques :

• 'Vancouver Centenial', rouge avec des feuilles aux bords dentelés, couvertes d'une macule pourpre et bordée de vert.
• 'Stellar', aux feuilles et aux fleurs comme déchiquetées, blanc, blanc et rouge, rouge ou rose.
• 'Rambler', aux fleurs telles des mini-bouquets roses et aux pétales incurvés, roses ou rouges.
• 'L'élégante', géranium lierre aux fleurs blanches, striées de pourpre, à cœur blanc. Ses feuilles sont vertes, bordées de blanc et de rose.
• 'Duc d'Anjou', géranium-lierre aux feuilles bordées d'un large liseré blanc, fleurs roses ou rouges.
• 'Christian', lierre rose ou rouge dont les nervures sont soulignées de jaune pâle.

Les parfumés :

• 'Mabel Grey', rose pâle à macule pourpre et 'Concolor Lace', rose fuchsia, embaumant le citron.
• *Pelargonium odoratissimum*, à petites fleurs blanches sentant la pomme.
• *Pelargonium. tomentosum*, aux grandes feuilles veloutées au parfum de menthe.
• 'Scarlet Unique', à la belle fleur rouge vif, à l'arôme de carotte fraîchement râpée !
• *Pelargonium. fragans* et *Pelargonium. fragrans Variegated*, qui tous deux sentent l'eucalyptus.

MARIONS-LES
Alysses maritimes et plectranthus panaché d'ivoire qui retombent sur le bac, voilà un bel écrin pour accueillir des géraniums droits.
Au potager, logez les parfumés parmi les aromatiques, en bordure.
Les géraniums-lierre ne sont jamais aussi resplendissants qu'en solitaire, en suspension.

En août, bouturez : c'est facile et c'est le meilleur moyen de conserver vos géraniums préférés durant l'hiver. Rentrez dès octobre à l'abri du gel.

À SAVOIR
Il est possible de préparer des boissons rafraîchissantes avec les feuilles des géraniums parfumés, un peu comme du thé au géranium.

GIROFLÉE ANNUELLE

Matthiola (famille des Brassicacées), dite millionnaire

De lourds épis, du printemps à l'automne

Floraison : *mars à octobre selon les variétés*
Parfum : *sucré et capiteux*
Feuillage : *Vert gris ou bleuté, assez dense au pied*
Exposition : *soleil, voire un peu d'ombre en été lorsqu'il fait très chaud*
Sol : *ordinaire, même sableux, travaillé en profondeur et surtout bien drainé*
Hauteur : *40 à 60 cm*
Étalement : *30 à 40 cm*

MARIONS-LES
Elle décline toutes les couleurs sauf le bleu et l'orange. Suivant l'époque où elle fleurit, elle s'harmonisera avec les tulipes, au printemps, avec des anémones, un tapis de népétas, des coussins de géraniums vivaces ou des renoncules plus tard.
Elle se plaît bien en bord de mer.

On les plante dans les massifs en leur coupant la tête pour les obliger à ramifier et à produire encore plus de fleurs.

ATTENTION !
• Les pucerons ont un faible pour leurs jeunes pousses. Surveillez attentivement en début de saison afin de traiter en tout début d'attaque.
• Le mildiou gêne leur croissance : elles se rabougrissent.
Si vous avez des doutes, retournez les feuilles pour voir !...
Et agissez s'il y a lieu.

Son parfum suave, ses fleurs aux corolles doubles un peu maladroites évoquent sans conteste les jardins de nos grand-mères où elles trônaient en bonne place : en potées près de la margelle du puits ou en rangs parmi les poireaux et les haricots verts. On la nomme aussi « quarantaine » ou « violier ».

Culture

Semez-la entre mars et juin, dans la pépinière du potager ou dans un coin ombragé de votre jardin, dans une terre soigneusement ameublie.
Inutile d'enrichir avec du compost, elle n'est pas très gourmande. Couvrez d'un voile de forçage pour accélérer la germination, gage d'une belle floraison.
N'attendez pas trop longtemps pour repiquer (environ 15 jours) : lorsque les plantules atteignent 5 cm de haut, elles sont prêtes. Au-delà, leur longue racine vous fera des difficultés pour rentrer dans le godet.
Lorsqu'elles sont suffisamment vigoureuses, 3 semaines plus tard au grand maximum, plantez-les au jardin, là aussi dans une terre travaillée en profondeur.

Comportement

En pot. C'est l'usage traditionnel des giroflées de printemps ou d'été. Leurs racines se développant en profondeur, offrez-leur des pots plus hauts que larges : 25 cm de haut au moins.
Arrosez-les régulièrement tout au long de l'été, ôtez les fleurs fanées régulièrement et apportez-leur un engrais « spécial plantes fleuries » toutes les semaines.

En bouquet. Élégantes fleurs à bouquets, elles ont cependant tendance à faire croupir l'eau si leurs feuilles y baignent. Aussi, n'oubliez pas d'enlever toutes celles qui pourraient tremper.
Elles adoucissent la raideur des tulipes et allègent les bouquets de roses ou de pivoines. Giroflées d'été, roses ou mauves, pieds-d'alouette bleus et alchémilles sont de formidables complices pour des bouquets très raffinés.

Les meilleures variétés

Il est parfois difficile de s'y retrouver avec les giroflées. On prétend certaines annuelles, d'autres bisannuelles. En réalité, tout dépend de la période où vous les semez : tôt au printemps, elles fleuriront au cours de l'été ; plus tard, en mai-juin, ne comptez que sur une floraison printanière l'année suivante.

Mais une fois qu'elles ont fleuri, arrachez-les, car elles n'auront jamais plus cette éblouissante floraison parfumée qui vous a séduit.

• Violier d'été ou giroflée quarantaine, *Matthiola annua,* la plus grande (60 cm), décline toute la gamme des roses, mauves et blancs. Les fleurs doubles sont beaucoup plus fréquentes que les fleurs simples, mais ces dernières sont toujours présentes dans les sachets de graines. Même si l'emballage vous certifie 100 % de fleurs doubles ! La variété 'Excelsior' se prête davantage à la culture d'été, alors que 'Giroflée de Nice' est plus favorable à celle de printemps. Certaines variétés sont presque bleues.

• *Matthiola incana.* Ces épis de fleurs, le plus souvent pourpres, sont un peu plus courts, une dizaine de centimètres. Souvent considérée comme bisannuelle, elle peut être semée tardivement en juillet.

À SAVOIR

Très proche parent des giroflées, le vélar (20 à 30 cm), *Erysimum linifolium,* est, lui, vivace, quoiqu'un hiver vraiment rude puisse en venir à bout.

Offrez-lui une situation abritée.

Il arbore en mai-juin une fleur typique de la famille (4 pétales en croix), violette, et son feuillage persistant forme de gros coussins aussi hauts que larges.

Les giroflées ravenelles ou « jalousies » (50 à 60 cm), *Cheiranthus cheirii,* sont en réalité vivaces : on les considère souvent comme annuelles car si vous n'ôtez pas les fleurs fanées, elles dépérissent rapidement, dès la seconde année.

Elles donnent plutôt des fleurs simples dans les teintes chaudes : rouge, pourpre, chocolat, jaune orangé ; elles peuvent aussi être bicolores. Les variétés naines (20 cm), de création récente, sont mieux en pot. Elles sont beaucoup moins parfumées, voire absolument inodores.

GYPSOPHILE

Floraison : *juin à septembre*
Feuillage : *vert bleuté, très fin*
Exposition : *soleil*
Sol : *ordinaire, pas trop acide*
Hauteur : *60 cm*
Étalement : *30 cm*

Gypsophila elegans (famille des Caryophyllacées), dit œillet d'amour

Des petites fleurs blanches aériennes

Sa légèreté donne du volume aux massifs. Employez-le en larges groupes, partout où vous voulez combler un vide.

Culture

Semez en place, dès septembre de préférence. Ne vous affolez pas, il peut être un peu capricieux et, parfois, seuls quelques plants daigneront sortir de terre. Vous pourrez renouveler votre semis au printemps, en mars ou avril. Ces plants fleuriront un peu plus tard dans le courant de l'été.
Les semis d'automne produiront une grosse floraison en juin-juillet. Ensuite, coupez-les à 30 cm du sol et vous les verrez refleurir en fin d'été. Arrosez s'il fait vraiment sec.

Comportement

En pot. Les variétés basses donnent du volume à vos jardinières. Mélangez une poignée d'écorces de pin broyées au terreau, pour améliorer le drainage. Semez directement en place. Arrosez au moins une fois par semaine : il tolère la terre qui se dessèche en surface.

En bouquet. On l'a souvent mis à toutes les sauces dans les bouquets, ce qui a fini par le desservir. Il reste néanmoins une bonne base pour des bouquets romantiques, avec des roses ou des renoncules par exemple. Ne le faites pas dépasser du bouquet : au contraire, coupez-le un peu plus bas que les autres fleurs.
Vous pouvez essayer de le faire sécher, mais il perd beaucoup de son intérêt car ses fleurs déjà petites se rabougrissent encore.

MARIONS-LES
Mariez-le tout particulièrement avec des roses, des arbustes feuillages panachés de blanc ou de crème : il mettra en valeur leur panachure. Entourez-le de cosmos et de cléomes pour une composition presque irréelle qui dansera au moindre souffle.

Si nécessaire soutenez-le avec des branchages secs comme on le fait pour les petits pois au potager.

À SAVOIR
D'autres gypsophiles sont vivaces. Ils ont les mêmes exigences que l'espèce annuelle. Le semis se fait au printemps et la floraison a lieu l'année suivante.
- *Gypsophila paniculata* (90 cm), les plus grands. Les fleurs doubles comme celles de 'Bristol Fairy', blanches, et de 'Flamingo', roses, sont les plus spectaculaires.
- *Gypsophila repens* (15 cm), très petites fleurs blanches ou roses. Avec sa silhouette étalée, il est capable de couvrir une surface égale à 4 fois sa hauteur.
- *Gypsophila muralis* 'Garden Pride' (20 cm), rose clair, à la silhouette en boule est idéale en suspension.

Les meilleures variétés

Les classiques :
- 'Roi des halles', le plus courant, blanc à grandes fleurs simples.
- 'Rose', rose vif.

Pour sortir des sentiers battus :
- 'Cramoisi Kermesina', un coloris soutenu, cramoisi, original.

Le gypsophile ajoute une vapeur de fleurs à tout ce qui l'entoure.

HÉLIOTROPE

Heliotropium peruvianum (famille des Borraginacées), dit fleur des dames

Fragrances envoutantes pour les soirées d'été

Floraison : *juin à octobre*
Parfum : *vanillé et sucré*
Feuillage : *vert foncé, gaufré*
Exposition : *soleil/mi-ombre*
Sol : *riche et bien drainé*
Hauteur : *40 cm*
Étalement : *20 à 25 cm*

Vous choisirez les héliotropes d'abord pour leur parfum envoûtant, puis pour leur couleur unique, un violet sombre et si velouté que l'on a envie d'y passer la main pour vérifier comme ils sont doux ! Placez-les en bordure de l'allée ou en potée sur la terrasse pour vous enivrer de leur arôme.

Culture

Inutile de semer. Achetez des plants, en avril ou en mai, selon le climat de votre région. Installez-les dans une terre de jardin additionnée d'un tiers de tourbe et d'un tiers de compost. Si votre sol est suffisamment léger, la tourbe est inutile.
Arrosez souvent, c'est un plaisir car leur parfum s'exhale davantage.

Comportement

En pot. Plantez-les dans des pots de 30 cm de diamètre remplis pour moitié de terreau, d'un quart de tourbe et d'un quart de terre de jardin ou de terre à rosiers du commerce. Comme au jardin, coupez leur extrémité lorsqu'ils atteignent 25 cm et arrosez tout l'été. Un peu d'engrais soluble toutes les semaines.

En bouquet. Non, ce n'est pas une fleur de bouquet.

Les meilleures variétés

Ne cherchez pas une variété particulière, choisissez-les plutôt pour leur couleur : bleu moyen ou violet-pourpre foncé. Oubliez le blanc qui, à notre avis, est sans grand intérêt.

ATTENTION !
Cultivés en pot, ils sont facilement la proie des mouches blanches ou aleurodes. En prévention, arrosez leur feuillage régulièrement.

À SAVOIR
Vous pouvez les conserver d'une année sur l'autre en rentrant les pots dans un local non chauffé, à l'abri du gel et bien éclairé. En avril rempotez et sortez au balcon.

Étêtez les plants lorsqu'ils atteignent une vingtaine de centimètres de hauteur : ils se ramifieront mieux et vous donneront davantage de fleurs.

MARIONS-LES
Évitez-lui la compagnie de feuillages gris qui lui donnent un air de deuil. Préférez l'or d'un origan doré ou d'un coléus, la pâleur douce des tabacs jaune-vert...

IMPATIENS

Impatiens (famille des Balsaminacées), dite balsamine de Zanzibar

Elle travaille dans l'ombre, tout en douceur

Floraison : *juin à octobre*
Feuillage : *dense, vert mat, parfois très coloré (impatiens de Nouvelle-Guinée)*
Exposition : *une ombre légère ou le soleil du matin*
Sol : *de préférence riche et toujours un peu humide en été, mais elle tolère à peu près tous les types*
Hauteur : *15 à 200 cm*
Étalement : *30 à 50 cm*

MARIONS-LES
Les plus tapissantes sont plus belles en solitaires. Mariez celles de taille moyenne, entre 20 et 50 cm, avec des heuchères aux fleurs fines. Réservez les grandes impatiens, balsamines ou autres, au fond des massifs un peu sauvages, ou adossez-les à une clôture de bois rustique.

À l'ombre, peu de fleurs s'épanouissent avec autant de générosité. L'impatiens est une véritable aubaine pour garnir le pied des arbres, à condition de l'arroser régulièrement. Plantez-la en tapis d'une seule couleur, le résultat est beaucoup plus élégant que ces mélanges de rouge, de rose, de mauve et de blanc que l'on voit trop souvent dans les espaces publics.
Le blanc ou le rose pâle sont les couleurs de l'ombre, douces et lumineuses tout à la fois. Les rouges sont à bannir sauf si vous tentez de les planter dans des coins ensoleillés sans être brûlants : certaines variétés le tolèrent.

Culture

Semez, d'avril à début mai dans un endroit abrité, les balsamines et *Impatiens roylei*. Repiquez 4 à 6 semaines plus tard, en place au jardin, entre mai et juin. Enterrez une partie de la base des tiges : de nouvelles racines y apparaîtront et les plantes résisteront mieux au vent et n'en seront que plus florifères.
Pour toutes les autres impatiens, ne vous cassez pas la tête : achetez des plants. En général, l'offre est assez variée pour satisfaire vos goûts les plus sophistiqués. Les limaces apprécient les jeunes plants : protégez vos plantations.

L'impatiens a toujours soif : arrosez-la donc abondamment surtout s'il fait très chaud, au moins tous les deux jours en été.

Comportement

En pot. Choisissez des variétés un peu précieuses, aux fleurs doubles ressemblant à des boutons de rose, comme 'Bellizzy double F1' et pas uniquement les plus tapissantes. Leurs silhouettes un peu massives ont meilleure allure dans des pots hauts, une vingtaine de centimètres au moins. Soignez l'arrosage qui devra être quotidien en été.

En bouquet. Ce n'est pas ce que l'on appelle une fleur à bouquets. Même les grandes variétés sont éphémères en vase. Par contre, des petits pots font un chemin de table très élégant.

NE PAS CONFONDRE

Balsamine et balsamite (*Chrysanthemum balsamita* ou *Tanacetum balsamita*) qui est une plante condimentaire et médicinale dont on consomme les feuilles dans les salades, les potages ou avec le mouton. Son goût se situe au carrefour de la menthe, de la mélisse et de la sauge. À employer avec parcimonie car leur arôme est puissant.

Si elles souffrent de la soif, elles perdent leurs feuilles, comme si elles voulaient, par là, économiser le peu d'eau dont elles disposent. Toutefois, une bonne taille, un traitement plus clément (arrosages réguliers et un peu d'engrais liquide), et les voilà reparties !

Les meilleures variétés

Les classiques :

• Les impatiens hybrides (15 à 30 cm) à petites feuilles ovales, vert mat plus ou moins foncé et à fleurs plates déclinant toute la gamme des roses, rouges et blancs.

• Les impatiens de Nouvelle-Guinée (30 à 40 cm), à fleurs et à feuilles plus grandes, panachées parfois de jaune, à la silhouette plus élancée. Elles se comportent bien au soleil s'il ne fait pas trop chaud. Choisissez-les autant pour leur feuillage que pour leurs fleurs. À l'intérieur, avec une bonne lumière et une humidité bien contrôlée, elles sont capables de continuer à pousser et à fleurir même en hiver.

Pour sortir des sentiers battus :

• Les impatiens balsamines, également appelées tout simplement balsamines (50 cm), ont de grandes fleurs qui s'étagent le long d'une tige solide. Elles supportent un peu de soleil.

- 'À fleur de camélia' est une variété à fleurs doubles, la plus courante.

• *Impatiens roylei* dépasse les deux mètres en quelques mois. Ses fleurs lilas, en grappes légères, s'épanouissent tout le long de la tige, d'août à octobre. Elles exhalent une délicate odeur de prune.

Elle se ressème spontanément avec tant de facilité qu'elle peut en devenir même envahissante.

JULIENNE DES DAMES

Hesperis matronalis (famille des Brassicacées), dite cassolette

Injustement oubliée, elle a pourtant sa place au jardin

Floraison : *mi mai à début juillet*
Parfum : *très odorant le soir*
Feuillage : *vert franc, lisse*
Exposition : *soleil, même quelques heures par jour seulement*
Sol : *ordinaire, même pauvre*
Hauteur : *60 à 80 cm*
Étalement : *60 cm*

MARIONS-LES
Alchémille et grandes campanules blanches prolongent l'effet décoratif de sa floraison.

Récupérez quelques plants si vous avez eu la main lourde en semant et attendez septembre pour les planter dans vos massifs.

À SAVOIR
Pas facile de démêler le vrai du faux dans les ouvrages sur le jardin : tantôt la julienne des dames est annuelle, tantôt bisannuelle ou vivace ? Qui croire ? Disons qu'elle est bisannuelle : elle forme d'abord une rosette de feuilles et, après un hiver en terre, se décide à fleurir. Mais elle se ressème avec un tel entrain que vous la verrez réapparaître tous les ans comme une vivace…

NE PAS CONFONDRE
Il existe une autre julienne : la julienne de Mahon, *Malcolmia maritima*, annuelle elle aussi mais pas du même genre que notre julienne des dames. Beaucoup plus petite et plus grêle – pas plus de 20 cm de haut et de 10 cm de diamètre –, elle fleurit en été en rose, mauve, carmin ou blanc. Elle préfère les sols fertiles et bien drainés.

Ses grappes de fleurs blanches ou violettes, nombreuses et légères, donnent une impression de nuage. Avec les roses anciennes, elle forme le plus élégant des parterres car elle connaît son apogée en même temps.

Culture

Semez en mai dans un coin abrité du jardin à la terre bien ameublie, recouvrez les graines d'un peu de sable et arrosez doucement. Il est rare de devoir ressemer l'année suivante car elle se ressème d'elle-même volontiers.

Comportement

En pot. Ce n'est guère sa vocation : au jardin en larges groupes, elle est bien plus à son aise.

En bouquet. C'est probablement à sa bonne tenue en bouquet que la julienne doit son succès d'autrefois.
Cueillez-la dès que les premières fleurs de la tige commencent à s'épanouir et elle ne durera pas moins de 8 jours dans votre bouquet… à condition de lui retirer ses feuilles qui donnent une très mauvaise odeur à l'eau, en se décomposant.
Comme au jardin, elle est la compagne rêvée des bouquets de roses romantiques, mais les petits pieds-d'alouette, les églantines ou encore les ornithogales s'accordent aussi avec elle.

Les meilleures variétés

Vous n'aurez guère le choix qu'entre ses deux coloris naturels, le blanc ou le violet. Pourquoi chercher autre chose, ils sont parfaits !

LAVATÈRE

Lavatera trimestris (famille des Malvacées), dite mauve fleurie

Buissonnante, elle forme une haie temporaire idéale

Floraison : *juillet à août*
Feuillage : *vert franc*
Exposition : *soleil*
Sol : *ordinaire*
Hauteur : *60 cm*
Étalement : *25 à 30 cm*

La lavatère est vraiment facile à vivre et elle se ressème tous les ans, avec tant de régularité que l'on pourrait presque la considérer comme une vivace.

Inutile de couper les fleurs fanées : une fois la formation des graines amorcée, finie la floraison, mais elle a déjà tant duré ! À l'automne, secouez pour semer sur place la production de graines de l'année ou arrachez et récoltez les graines pour les semer ailleurs.

MARIONS-LES
Mariez-les avec les cléomes, les cosmos, l'aneth vert de préférence et bordez le tout de tabacs nains vert-jaune ou blanc lavé de rose.

Culture

Semez directement en place en mai dans des sillons profonds d'environ 5 cm, que vous comblerez ensuite avec un mélange à parts égales de terreau et de compost.
Une fois levés, 3 semaines plus tard, éliminez les plants en surnombre pour laisser un espace de 20 à 25 cm autour de chaque plante. Arrosez souvent et copieusement en été.

Comportement

En pot. Le terreau pour géraniums leur convient très bien. Arrosez-les très régulièrement et nourrissez-les avec un peu d'engrais chaque semaine en été.
Semez-les au pied d'un rosier-tige dans un grand bac ou faites-en de généreuses potées, juste soulignées par une bordure d'hélichrysum gris qui retombe sur le bord du pot.

En bouquet. Pour des bouquets champêtres, en brassées avec des cosmos, des roses anciennes et des touffes d'armoises ou de santoline, au feuillage gris : magnifique ! Cueillez-les lorsque les fleurs sont encore en cornets à peine ouverts : elles dureront une petite semaine.

Les meilleures variétés

Les classiques :
Vous les trouverez le plus souvent en mélange de rouge, de pourpre et de blanc, une bien jolie harmonie. Pour les maniaques de la couleur :
- 'Mont Rose', à grandes fleurs roses veinées de carmin.
- 'Mont Blanc', blanc pur.

Pour sortir des sentiers battus :
- 'Régis Rubis', pour les amateurs de couleurs foncées : il est pourpre.

À SAVOIR
Depuis quelques années, les lavatères arbustives, *Lavatera olbia* ou *Lavatera thuringiaca*, ont supplanté la variété annuelle.
Il faut dire qu'elles sont des plus généreuses : toujours plus florifères d'année en année, si vous avez soin de les couper à 30 cm du sol à l'automne. Plantez-les en godet dans des trous remplis de compost. Enterrez une partie de la base des tiges : des racines en partiront et les lavatères prendront plus rapidement de l'ampleur. Elles se bouturent facilement à l'automne.

À DÉCOUVRIR
La mauve, *Malva sylvestris*, 1,50 m, sa cousine, aux fleurs au coloris intense, violet-pourpre. Il arrive qu'elle se naturalise et devienne vivace dans le jardin. Installez-la dans un coin un peu déshérité.

LIN

Floraison : juin à juillet
Feuillage : fin, vert-jaune lumineux ou vert bleuté
Exposition : toute exposition
Sol : ordinaire
Hauteur : 30 à 40 cm
Étalement : 15 cm

Linum grandiflorum (rouge) ou *L. usitatissimum* (bleu) (famille des Linacées)

Une annuelle particulièrement prolifique

Ses fleurs rouge intense ou bleu azur sont spectaculaires en grandes masses dans un coin de prairie fleurie ou parmi des massifs d'arbustes à floraison printanière, par exemple, dont il prolonge l'effet décoratif.
Ses tiges souples et fines ondulent avec grâce au moindre souffle d'air.

MARIONS-LES
Mariez les lins rouges aux nigelles, aux lavatères et aux cosmos.

Les fruits, des capsules toutes rondes, sèchent facilement, en botte, à l'air libre. Associez-les en gerbe à des chardons bleus et des amarantes vertes.

Culture

Semez en place à la volée, pas trop dense, d'avril à juin. Faites des semis successifs espacés d'une quinzaine de jours les uns des autres, afin de prolonger la floraison. Éliminez les plants en surnombre, si vous avez eu la main lourde, surtout pour le premier semis : laissez un plant tous les 10 cm.
Ensuite, ne vous en préoccupez plus.

À SAVOIR
Le lin bleu semé parmi les pommes de terre les protègerait des doryphores, en augmenterait la croissance et la saveur.

Comportement

En pot. Ce n'est pas une plante de potée, car c'est en masse dense qu'il est le plus décoratif.

En bouquet. N'allez pas croire que son apparente fragilité l'exclut des bouquets. Au contraire ! Aussi décoratif en fleur qu'en fruit, le lin est une fleur idéale pour des bouquets champêtres. Ses graines séchées durent longtemps : disposez-les en touffes dans vos bouquets.

Les meilleures variétés

Vous n'aurez le choix qu'entre deux couleurs : le rouge, d'origine méridionale, qui est le plus communément cultivé dans les jardins, et le bleu azur du lin des champs, un peu plus difficile à trouver dans les catalogues de grainetiers. En dehors de ses qualités décoratives, ce dernier peut jouer le rôle d'engrais vert, d'autant que ses racines profondes et très nombreuses sont capables de parfaitement décompacter un sol lourd.

NE PAS CONFONDRE
Ces lins annuels avec le lin pérenne, *Linum perenne*, (40 à 50 cm de haut) fleurissant bleu clair de mai à juillet. Il préfère les sols légers. Vous le sèmerez de mai à juin dans un coin abrité. Recouvrez-le d'un lit de sable. Vous le repiquerez en place à l'automne, à 20 cm d'écart en tous sens.

LOBÉLIA

Lobelia erinus (famille des Campanulacées)

Un bleu profond incomparable

Floraison : *juillet à septembre*
Feuillage : *vert franc, en petits coussins*
Exposition : *soleil de préférence, mais tolère un peu d'ombre*
Sol : *riche et toujours un peu humide en été*
Hauteur : *15 à 20 cm*
Étalement : *15 cm*

La couleur des lobélias est ce qui fait tout leur charme. Associez-les aux alysses maritimes en bordure ou aux oreilles-d'ours gris argenté (*Stachys lanata*) pour un ensemble raffiné.

Culture

Le semis est plutôt difficile en raison de la finesse des graines et de la fragilité des plantules qu'il faut repiquer par petits groupes.
Préférez donc le plant. Plantez, en avril ou en mai, directement en place, en tache ou en bordure, pour obtenir un effet plus spectaculaire.
Arrosez très régulièrement pour soutenir la floraison. Paillez avec 5 cm de tourbe dès le mois de juin pour alléger votre peine.

Comportement

En pot. Préférez les variétés appelées « cascade », qui retomberont avec élégance sur le rebord de vos potées et jardinières.

En bouquet. Il n'y a qu'à le regarder pour comprendre que celui-là ne sera pas une vedette des bouquets !

Les meilleures variétés

Le choix n'est pas très développé en jardinerie : les couleurs se limitent souvent au bleu et au blanc, et les formes varient entre les variétés naines et celles en cascade retombantes. Par contre, en graines, on trouve des variétés roses, violettes, carmins, lilas… Pour les semeurs confirmés.

De l'eau tous les 2 à 3 jours, de l'engrais toutes les semaines, c'est là le secret de leur floraison généreuse en pot.

À SAVOIR

Il existe également un lobélia vivace, *Lobelia cardinalis* (80 cm), aux fleurs de forme identique, rouge écarlate, d'août à septembre, aux feuilles vert frais ou teintées de pourpre.

MARIONS-LES

Pour une plate-bande contrastée, plantez-le en bordure de tabacs jaune-vert très pâle ponctués de sauge bleue. En potée, osez le mariage géranium lierre blanc et lobélia.

MUFLIER

Antirrhinum majus (famille des Scrophulariacées), dit mufle de veau

Une gueule-de-loup bien innocente

Floraison : *juillet à octobre*
Feuillage : *vert moyen, discret*
Exposition : *soleil*
Sol : *riche et bien drainé*
Hauteur : *30 à 60 cm*
Étalement : *30 à 45 cm*

MARIONS-LES
Mélangez mufliers rouges, oranges et saumon avec des petits phlox dans la même gamme de teintes, des soucis ou des némésias.
Pour une harmonie pastel, associez des mufliers roses ou jaune pâle à des cosmos, des tabacs rosés et des armoises.

Retirez régulièrement les fleurs fanées sinon la longue floraison ne sera pas assurée !

Les beaux épis chargés de ses curieuses fleurs lippues font tout son charme ! Il s'agit en réalité d'une vivace, mais elle est si peu rustique qu'il est impératif de la cultiver comme une annuelle.

Culture

Semez au chaud, en février, dans une terrine. Ne vous impatientez pas : la germination peut prendre 2 à 3 semaines. Repiquez une fois en godet, toujours au chaud, pour fortifier les plants. Dès le mois d'avril, commencez à faire séjourner vos plants dehors, au moins dans la journée lorsqu'il y a du soleil, pour les endurcir. En mai, plantez-les à leur place définitive.

Comportement

En pot. À la plantation, ne les serrez pas trop car ils sont sensibles à la pourriture grise, ou botrytis, souvent dûe à une mauvaise aération au niveau du feuillage. Ils préfèrent les pots profonds, d'au moins 20 cm de hauteur.

En bouquet. Cueillez les épis lorsque les deux premières fleurs sont à peine épanouies. Cela vous assurera près d'une semaine de fleurs dans la maison. Enlevez toutes les feuilles, ils ne s'en comporteront que mieux. Associez-les à des fleurs souples pour casser leur raideur. Gerbes d'arums et de mufliers, noyées dans un nuage de fleurs de carotte sauvage (*Ammi majus*) ou d'aneth vous prouvera qu'il peut participer à des bouquets très sophistiqués.

Les meilleures variétés

Toutes les couleurs sont disponibles, à l'exception du bleu. Le plus souvent, ils sont vendus en mélanges, mais leurs coloris sont si bien assortis que cela n'a vraiment aucune importance.
On les distingue avant tout par leurs tailles : les grands, de 60 cm à 1 m ; les moyens, de 40 à 60 cm ; les petits, de 20 à 30 cm. Les catalogues des grainetiers proposent une foule de variétés, chaque couleur étant toujours représentée dans les différentes tailles.

Nous ne vous indiquons ici que quelques curiosités :
- 'F1 Précurseur' (80 cm), à fleurs vraiment très grandes, roses, blanches ou en mélanges variés.
- 'Night and Day' (45 cm), un muflier rouge cramoisi très proche du noir, tant il est foncé, bordé de blanc.
- 'F1 Madame Butterfly' (80 cm), pour les inconditionnels des fleurs doubles.

MYOSOTIS

Myosotis alpestris (famille des Borraginacées), dit aimez-moi

Ne l'oubliez pas au printemps !

Floraison : *avril à mai*
Feuillage : *vert moyen, rugueux*
Exposition : *soleil/mi-ombre*
Sol : *riche*
Hauteur : *15 à 25 cm*
Étalement : *15 à 20 cm*

Les primevères et les pensées sont ses compagnes dans les bordures printanières. Recherchez plutôt l'harmonie de couleurs et n'écoutez pas ceux qui disent qu'au printemps tous les mélanges sont possibles.

Culture

En mai/juin, semez en caissette ou directement dans un coin abrité du jardin. Recouvrez juste d'un peu de terreau et d'un journal humide jusqu'à la levée. (une semaine environ). Plantez en place en septembre/octobre quand les annuelles libèrent la place. Ils fleuriront au printemps suivant.

Comportement

En pot. Pour potées éphémères en attendant les annuelles estivales, en compagnie de tulipes et de narcisses.
Il se plaît dans des coupes basses, seul, en masse ou accompagné d'autres fleurs de saison. Arrosez sans excès mais régulièrement, il supporte mal l'humidité permanente : une sécheresse passagère provoque le flétrissement prématuré de l'ensemble de la plante.

En bouquet. Pour un petit bouquet de rien du tout, à une période où les fleurs sont rares. En compagnie de pâquerettes, d'une tulipe à petite fleur et d'un brin de laurier-sauce, voilà de quoi égayer votre table de nuit ou la salle-de-bain.
Un petit bouquet de primevères et de myosotis dans une collerette de feuilles de lierre est tout aussi charmant.

Les meilleures variétés

Soyez résolument classique, recherchez le bleu et délaissez le rose ou le blanc, un peu trop précieux.

- 'Indigo' (25 cm), bleu indigo (on l'aurait parié !).
- 'Ultramarine' (15 cm), le plus foncé des bleus.
- 'Anne-Marie Fisher' (15 cm), bleu ciel.

Choisissez les plus foncés, tel cet 'Indigo' du plus bel effet : ils ont plus de caractère.

MARIONS-LES
Pensées bleu foncé, myosotis et primevères rose fuchsia formeront un bel ensemble. Associez-les aussi aux petites tulipes botaniques (15 à 20 cm de haut) telle *Tulipa bakerii* 'Lilac Wonder', rose lilas à cœur jaune clair, ou aux doubles hâtives (25 à 30 cm) qui ressemblent à des pivoines en s'ouvrant.

Vers la fin du printemps, les touffes commencent à se dessécher, les graines sont mûres. Secouez-les pour qu'elles se ressèment sur place. Important : au jardin, le myosotis protège les framboisiers des vers blancs.

À SAVOIR
Il existe aussi un myosotis vivace, le myosotis des marais, *Myosotis palustris*, qui fleurit en été, du même bleu azur. Il préfère les bords de l'eau pour s'épanouir. L'infusion de ses fleurs a des vertus apaisantes pour les yeux fatigués. Comptez 15 g de tiges fleuries pour un litre d'eau bouillante, faites infuser 10 minutes puis filtrez. Laissez refroidir.

NIGELLE

Nigella damascena (famille des Renonculacées), dite cheveux de Vénus

Invitez-la pour ses fleurs et ses fruits

Floraison : *juillet à août*
Feuillage : *fin, discret, vert clair*
Exposition : *soleil/mi-ombre*
Sol : *ordinaire, plutôt pauvre*
Hauteur : *40 à 50 cm*
Étalement : *20 à 30 cm*

Cheveux de Vénus, herbe à l'araignée… les surnoms ne lui manquent pas. Tous rappellent sa légèreté ou la curieuse forme en ballon étoilé de son fruit, aussi décoratif que sa fleur.

MARIONS-LES
C'est dans un coin sauvage du jardin qu'elle sera le plus à son aise, parmi des cosmos, des gauras ou des cléomes. Elle se glisse avec grâce entre les branches d'un rosier, rose de préférence, en compagnie d'anémones du Japon.

Culture

Semez en place, en octobre de préférence, sauf si votre terre est argileuse. Il est également possible de semer au printemps, à la volée, après avoir passé un coup de griffes superficiel. Arrosez, s'il fait sec pendant la période qui suit le semis, pour conserver la terre bien humide. Et continuez tout l'été pour soutenir la floraison.

Ne coupez pas les fleurs fanées : les fruits sont tout aussi charmants que les fleurs.

À SAVOIR
En Inde et en Turquie, on parsème la croute du pain de ses petites graines noires. Pour les récolter, coupez les fruits avant leur pleine maturité, faites sécher une botte tête en bas, puis brisez les têtes pour récupérer les graines.
Elles ont un goût qui rappelle le poivre et l'anis. Faites-les griller avant de les employer, pour en faire ressortir les arômes.
Elles parfument délicatement es pains, les cakes et les plats de légumes, en particulier ceux à base d'aubergines.

Comportement

En pot. Un terreau ordinaire leur convient très bien. Choisissez des variétés courtes. Plantez-les en mélange avec d'autres estivales à la floraison prolongée : bacopa, alysse ou lobélia.

En bouquet. Les fleurs ne sont pas de très longue durée, 5 jours tout au plus, mais c'est le propre des bouquets frais que de mourir un jour… pour vous permettre d'en créer d'autres !
Ses fruits sont aussi élégants que ses fleurs en bouquet et durent plus longtemps. De plus, il est facile de les faire sécher, en les suspendant tête en bas, en botte, dans un local aéré et sec.
Associez-les à des petites roses, des dimorphothécas blanc bleuté ou des petits pieds-d'alouette.

Les meilleures variétés

Les classiques :
- 'Miss Jekyll', d'un bleu très foncé,
- 'Mulberry Rose', blanches en bouton, ses fleurs deviennent rose carmin à plein épanouissement.
- 'Blanche', blanche évidemment, mais avec un cœur vert tendre.

Pour sortir des sentiers battus :
- 'Shorty' (15 cm), bleu-mauve à fruits très ronds.
- La nigelle d'Espagne (60 cm), *Nigella hispanica,* aux fleurs lilas-pourpre marquées d'un œil noir.

ŒILLET D'INDE

Tagetes patula (famille des Astéracées), dit passe-velours

Des couleurs, du parfum : une star

Floraison : *juillet à octobre*
Parfum : *senteur balsamique*
Feuillage : *vert franc ou bleuté*
Exposition : *soleil*
Sol : *ordinaire et toujours un peu humide en été de préférence*
Hauteur : *25 à 30 cm*
Étalement : *20 à 25 cm*

Semez-le en ligne, au potager, pour aider à la bonne santé de vos légumes. Bordez vos allées des variétés miniatures qui forment des petits dômes fleuris. Alternez avec de la santoline verte, et le chemin vers le jardin sera plein de senteurs.

Culture

Semez, c'est si facile. Directement en place dès la fin avril. Quinze jours à 3 semaines plus tard, éliminez les plants en surnombre pour laissez 15 cm entre ceux que vous conservez. Repiquez les autres ailleurs, au pied des tomates, par exemple.
Protégez les jeunes plantations des limaces et des escargots.

Comportement

En pot. Il s'y plaît à condition de l'abreuver régulièrement et de lui apporter de l'engrais tous les 15 jours.

En bouquet. Il y a bien d'autres candidates au bouquet : laissez-le trôner au jardin ou au balcon.

Les meilleures variétés

Les classiques :
Évitez les variétés dites « à fleurs de scabieuse », dont les pompons, très doubles, sont un peu lourds. Nous préférons les œillets d'Inde à fleurs simples, qui présentent une belle diversité de couleurs chaudes et veloutées, pleines de charme. Fouillez les catalogues des grainetiers et découvrez leurs trésors. Pour exemple :
• 'Disco' à fleurs très plates, jaune vif, orange, rouge-acajou bordé de jaune et jaune à cœur pourpre.
• 'Monsieur Majestic' strié d'acajou velouté et de jaune vif.

Pour sortir des sentiers battus :
En jardinerie, vous trouverez vendus sous le nom de « tagètes » des œillets d'Inde miniatures, *Tagetes tenuifolia*. Ce sont leurs fleurs qui sont surtout de petite taille. Ils sont le plus souvent vendus en mélange et vous pouvez vous en contenter car les couleurs proposées vont très bien ensemble. Toutefois, si vous préférez une couleur en particulier, choisissez :
• 'Gnom', jaune d'or.
• 'Ornament', brun rouge à cœur jaune.
• 'Tangerine Gem' d'un bel orange très lumineux.

Arrosez copieusement, une fois par semaine, pour soutenir la floraison. Coupez les fleurs fanées jusqu'à la mi-août ; ensuite, laissez-les mûrir pour récupérer les graines.

MARIONS-LES
Une idée de massif : une bordure d'œillets d'Inde ; derrière, de l'armoise grise et des *Cosmos sulphureus* ; derrière encore, une double rangée de soleils de taille moyenne. Essayez, vous serez agréablement surpris par ce tableau champêtre.

À SAVOIR
Les œillets d'Inde sont toujours les bienvenus au potager. Leurs racines sécrètent des substances qui empoisonnent les nématodes, ces vers qui font sournoisement disparaître vos légumes. Leur odeur éloigne bon nombre d'insectes indésirables. Enfin, leur simple présence semble favoriser la croissance de leurs voisines, c'est surtout vrai des tomates.

PÂQUERETTE

Floraison : *mars/avril à mai*
Feuillage : *vert clair, rond*
Exposition : *soleil/mi-ombre*
Sol : *ordinaire*
Hauteur : *20 cm*
Étalement : *12 à 15 cm*

Les retardataires peuvent encore en planter en février/mars à la faveur d'un redoux. Mais pas plus tard que le 15 mars !

MARIONS-LES
Myosotis, pensées, primevères sont leurs compagnes toutes désignées.

Bellis perennis (famille des Astéracées), dite fleur de Pâques

Un charme simple, sans chichis

Modeste, c'est en grande tache ou en bordure qu'elle fait le plus d'effet. Installez-la parmi des vivaces encore endormies : elle occupera le terrain en attendant leur réveil. En potées, associez-la aux jacinthes et aux petits narcisses botaniques.

Culture

Inutile de vous tracasser avec le semis, pas si aisé que cela. Vous trouverez dans le commerce bon nombre de plants qui vous donneront satisfaction. Plantez à l'automne, de préférence, dès que vos massifs d'annuelles sont libérés. Par la suite, elles ne vous demanderont aucun entretien.

Comportement

En pot. Sans grandes exigences, elle préfère les mélanges de trois quarts de terreau avec un quart de sable. L'arrosage n'est indispensable que pour conserver la terre humide, sans excès.

En bouquet. Pour de petits bouquets ronds, entourés de lierre, au charme enfantin. Renouvelez le genre en associant pâquerettes, santolines et laurier-sauce : vous aurez le parfum en plus. Cueillez-les lorsque le cœur jaune est encore invisible : elles dureront plus d'une semaine s'il ne fait pas trop chaud chez vous.

Les meilleures variétés

À notre goût, restons classique : la pomponette, la pomponette et encore la pomponette ! C'est celle que vous trouverez le plus souvent en plants. Ne cherchez rien d'autre : elle est parfaite !

PAVOT

Papaver ou *Eschscholzia* (famille des Papavéracées)

Des pétales de soie à rendre jaloux les papillons

Floraison : *mai à juin ou à septembre selon les variétés*
Feuillage : *feuilles allongées et découpées, d'une vert bleuté*
Exposition : *soleil*
Sol : *riche et bien drainé*
Hauteur : *0,50 à 1 m selon les variétés*
Étalement : *30 à 40 cm*

Leur floraison éblouissante de couleurs est éphémère pour certains, mais des semis successifs de différentes variétés peuvent pallier cet inconvénient.

Un pavot 'À fleur de pivoine'.

Culture

Semez les pavots en pleine terre, d'avril à fin mai, directement à leur place définitive. Recouvrez d'une fine couche de terreau.
Éclaircissez lorsque les jeunes plants ont 3 ou 4 feuilles pour ne laisser qu'un pavot tous les 15 à 20 cm.
Par la suite, s'ils se plaisent, ils sont capables de se ressemer naturellement. Vous n'aurez ainsi pas à recommencer le semis chaque année.

Comportement

En pot. Leur silhouette peu étoffée et leur durée de floraison courte n'en font pas une plante pour potée de premier choix. Seul le pavot de Californie est vraiment un bon candidat, seul ou associé à des sauges bleues (*Salvia patens*). Semez-le directement dans un pot ou dans une jardinière.

En bouquet. Ils forment de charmants bouquets, un peu champêtres, si vous les associez à d'autres fleurs légères comme les renoncules ou les nigelles de Damas (en fleur ou en fruit). Cueillez-les par brassées,

quand les premiers pétales commencent juste à percer l'enveloppe verte qui les emprisonne. Pour les conserver, il vous faudra arrêter l'écoulement de latex blanc qui se produit lorsque vous coupez la tige : trempez celle-ci dans de l'eau bouillante ou passez-la dans la flamme d'une allumette. Sinon il se forme un bouchon empêchant la fleur de boire l'eau du vase et elle fanera très rapidement. Changez l'eau tous les jours.

Les meilleures variétés

Les classiques :

• Le pavot de Californie (25-30 cm), *Eschscholzia californica*, à la fleur en coupe qui s'ouvre largement au fur et à mesure de la floraison, d'un bel orange vif ou jaune d'or, apparaissant entre mai et juin. Préfère les sols sableux, même pauvres.
• Le pavot des jardins (1 à 1,25 m), *Papaver somniferum*, aux grandes fleurs simples ou doubles, aux pétales froissés comme du papier crépon, en juin.
• Le vrai coquelicot (60 cm), celui des champs de blé, *Papaver rhoeas*, rouge, rose saumon ou blanc, à fleurs doubles ou simples. Réalisé en septembre, le semis donne de meilleurs résultats.

Une fois défleuris, apparaissent les gros fruits bleuâtres à collerette : éliminez-en la plus grande part, même si vous les trouvez esthétiques car ils vont projeter sur votre jardin une multitude de graines. Et vous risquez l'invasion ! Ne conservez que ceux que vous voulez vraiment voir se ressemer naturellement.

MARIONS-LES

Associez-les avec d'autres annuelles qui prendront le relais. Pour garder à votre massif toute sa légèreté, optez pour les cosmos ou des nigelles de Damas. Si vous privilégiez la couleur, tournez-vous vers les soucis ou les zinnias. Vous pouvez également les semer parmi des asters ou des marguerites d'automne qui fleurissent plus tard en saison : ils occuperont l'espace en les attendant.

À SAVOIR

Certains pavots sont vivaces :

• Le pavot d'Orient (60 cm), *Papaver orientalis*, le plus célèbre d'entre tous, avec ses grandes corolles froufroutantes, à l'œil noir velouté, déclinant toute la gamme des rouges aux roses en passant par le blanc.
Citons 'Allegro', rouge sang, 'Picotee', blanc bordé de rouge orangé et 'Perry's White', blanc pur, pour les plus communes. Ils aiment le soleil et une terre bien drainée. Ils s'épanouissent de juin à juillet.

• Le pavot d'Islande (40 cm), *Papaver nudicaule*, est une exception : il est vivace, mais a tendance à disparaître. Aussi est-il souvent considéré comme annuel. Tentez de le conserver d'une année sur l'autre. S'il ne réapparaît pas, vous en serez quitte pour un nouveau semis… à moins qu'il ne se ressème lui-même, ce qui lui arrive souvent. Il fleurit d'avril à septembre déclinant des tons chauds : rouge, orange, jaune, blanc, très lumineux. Plantez les jeunes plants dans une poche de terreau (un trou de 20 cm de côté et 20 cm de haut environ, rempli de terreau). À la fin de la floraison, coupez tout à 10 cm du sol : vous verrez renaître, sinon des fleurs, au moins un beau feuillage bleuté constituant un bel écrin pour les autres fleurs de votre massif.

Coquelicot (en page de gauche) ou pavot de Californie (ci-contre), quel jardin saurait s'en passer ?

Pour sortir des sentiers battus :

• *Eschscholzia californica* 'Soie d'Orient', bicolore à cœur clair jaune ou crème bordé d'un coloris plus soutenu, orange, rouge ou rose.

• *Eschscholzia californica* 'Ballerine double', étonnant pour ses corolles doubles.

• *Eschscholzia californica* 'Red Chief', d'un surprenant rouge vif.

• *Eschscholzia californica* 'Blanc', blanc crème nuancé de rose très pâle.

• *Papaver somniferum* 'À fleur d'œillet', aux pétales curieusement frangés.

• *Papaver somniferum* 'À fleur de pivoine' (75 cm), très doubles aux pétales ébouriffés, ressemblant étrangement à une mini-pivoine.

• 'Drapeau Danois', un hybride à fleur rouge marquée d'une étrange croix blanche en son centre.

QUAND LES PLANTES SOIGNENT

Méfiance ! Les graines de *P. somniferum* encore immatures sont très toxiques. En revanche lorsqu'elles sont mûres, leur goût de noisette est très agréable sur du pain ou des brioches.

PENSÉE

Floraison : *mars à juin (grosses fleurs), juillet à septembre/octobre (petites fleurs)*
Feuillage : *vert franc, discret*
Exposition : *soleil*
Sol : *ordinaire*
Hauteur : *20 cm*
Étalement : *15 à 20 cm*

Viola tricolor (famille des Violacées), dite herbe de la Trinité

Plantées à l'automne, elles sont plus florifères

La pensée à petites fleurs est en réalité une vivace, parfaitement rustique, mais beaucoup moins généreuse dès la deuxième année. Si bien qu'il vaut mieux l'arracher dès que la floraison est terminée et faire de nouveaux semis.

Culture

Dans la gamme des pensées à grosses fleurs, achetez des plants, de préférence en automne.
L'offre dans tous les points de vente « jardin » est assez fournie pour que vous trouviez pensées à votre goût... À l'achat, préférez les plants en boutons non fleuris : ils reprendront mieux au jardin.
Pour celles à petites fleurs, vous ne couperez pas au semis... pas bien compliqué au demeurant.
Dans un coin abrité du jardin, à la terre bien ameublie, voire enrichie de quelques poignées de terreau, semez à la volée dès le mois de juillet. Couvrez d'une fine couche de terreau et maintenez humide jusqu'à l'apparition des premières feuilles. Éclaircissez si vous avez eu la main lourde.
Dès octobre, les plants seront prêts à prendre place dans vos massifs. De plus, si vous avez essuyé un incident de semis, il ne sera pas trop tard pour vous rabattre sur des barquettes de pensées !
Dès le printemps, pensez à arroser s'il fait très sec.
À la fin de la floraison, autour de la fin juin, arrachez les variétés à grosses fleurs.
Taillez court, en juillet, celles à petites fleurs, qui seront alors défleuries, pour encourager une seconde floraison qui se produira en début d'automne, sans oublier d'arroser régulièrement tout au long de l'été. Un bon paillis vous aidera à vous acquitter de cette tâche.

Comportement

En pot. Un diamètre d'au moins 20 cm, du terreau pour géraniums et de la terre de jardin à parts égales (à défaut, de la terre à rosiers du commerce fera l'affaire), un arrosage régulier, de l'engrais tous les 15 jours dès les premières fleurs... et vos pensées en pot auront atteint le paradis!

En bouquet. Bien que la pensée ne soit pas à proprement parler une fleur à bouquets, vous pouvez en glisser quelques-unes parmi des primevères ou des pâquerettes, dans de tout petits vases. Elles se tiennent bien pendant 5 ou 6 jours, s'il ne fait pas trop chaud chez vous.

Un truc qu'elles adorent : étalez une bonne couche (2 cm) de graviers fins ou de sable sur votre semis. Éliminez quelques plants si vous avez eu la main lourde pour le semis, afin que ceux qui restent en place aient de l'espace pour prendre des forces.

À SAVOIR

Le genre *Viola* comprend aussi des espèces vivaces bien connues sous le nom de violette, comme *Viola odorata*, qui forme de jolis tapis parfumés pour emplacements ombragés. Elle préfère les sols légers et riches à la fois. Sa floraison est plus longue, d'avril à septembre, et moins spectaculaire que celle de sa cousine.
Les meilleures d'entre elles :

- 'De Toulouse' (15 cm), un grand classique, l'une des plus parfumées, à fleurs doubles, bleu lavande.
- 'Reine des Blanches' (15 cm), double, blanche et délicatement parfumée également.
- 'Mamola d'Udine' (15 cm), à grandes fleurs doubles lavande, avec une pointe de blanc à la base de la corolle, bien parfumée également.

Les meilleures variétés

Les classiques :

En plants, il est rare que vous sachiez quelle variété vous achetez. Choisissez-les donc selon leur couleur. Si vous vous lancez dans le semis, préférez les valeurs sûres, celles à grandes fleurs, comme la série 'Géante Suisse' :

• 'Alpensee', bleu foncé à macule noire.
• 'Coronation Gold', jaune pur.
• 'Black' pour les amateurs de fleurs noires. C'est la plus foncée de toutes.
• 'Fanal des Montagnes', cuivrée à macule noire.

Pour sortir des sentiers battus :

• 'Roméo et Juliette', à grandes fleurs déclinant des teintes tendres, pour un printemps romantique.
• 'Chalon', à grandes fleurs aux pétales curieusement ondulés qui donne l'impression d'une fleur double. À couleurs nuancées et macule marron plus ou moins grande, parfumée, ce qui ne gâte rien.
• 'Jocker' une série à grandes fleurs toutes bicolores, parfois même tricolores :
- 'Bleu Clair', bleu lavande avec un œil plus foncé, cerné de blanc.
- 'Jolly', au cœur orange vif, bordé de violet-pourpre intense. Un beau contraste qui réveille le printemps !
• 'Johnny Jump Up', à petites fleurs violettes et à cœur jaune pâle strié de violet.
• 'King Henry', violette à cœur jaune.
• 'Princesse', compacte et à la longue floraison, existe en plusieurs coloris : pourpre à large macule jaune, bleu ciel à petit œil jaune, bleu lavande avec une large macule jaune pâle.

MARIONS-LES

Mariez les bleus et les oranges avec de petits narcisses botaniques, juste un peu plus grands.
Allégez leur silhouette dodue par quelques brins de myosotis.
Les teintes pastel forment de beaux tapis dans les massifs de tulipes aux couleurs en harmonie. Elles ont, en plus, l'avantage de rester en fleur plus longtemps et de prendre ainsi le relais de la floraison des tulipes un peu courtes.

PÉTUNIA

Petunia (famille des Solanacées)

De délicieuses trompettes en papier crépon

Floraison : *juin à octobre*
Feuillage : *vert franc, duveteux et collant*
Exposition : *soleil, mais pas de situation brûlante*
Sol : *profond, chaud, toujours un peu humide en été*
Hauteur : *20 à 25 cm*
Étalement : *20 à 30 cm*

MARIONS-LES
Mariez-les à une alysse maritime et au feuillage argenté d'un hélichrysum, ou bien laissez-leur la vedette, seuls dans leur pot.

Si vous voulez vraiment semer parce que vous avez découvert la perle rare, chez quelque grainetier, employez une méthode rapide. En mai, semez en terrine couverte d'une vitre, à déposer dans un coin abrité du jardin. Dès la levée, éliminez les plants en surnombre pour laisser environ un plant tous les 4 cm. En juin, vos pétunias seront prêts à rejoindre le jardin ou les potées. Ils fleuriront plus tardivement, à partir de juillet, que ceux que vous avez achetés et plantés en mai.

Trop sensible aux intempéries, il a failli tomber dans l'oubli. Puis les surfinias, une création japonaise des années 90, sont apparus. Un pétunia retombant, offrant des boules de fleurs tout l'été, a redoré le blason de toute la famille. Les nouveaux hybrides à grandes fleurs sont beaucoup moins fragiles. Leur seul défaut : une soif que seuls des arrosages quasi quotidiens peuvent assouvir ! Ils seront plus beaux en potées qu'au ras de la terre où les fleurs seront toujours un peu souillées.

Culture

Le semis n'est pas simple et mieux vaut vous procurer des plants. D'autant que la variété ne manque pas, tant en jardinerie que dans les catalogues.

Préférez des plants trapus et peu ou pas fleuris. Plantez-les dans un mélange de deux tiers de terreau pour un tiers de tourbe. Comptez 3 ou 4 plants pour une jardinière de 60 cm car ils n'aiment pas être trop serrés.

Tout l'été, arrosez régulièrement, ôtez les fleurs fanées et coupez au moins de moitié toutes les ramifications qui ont tendance à « filer », c'est-à-dire celles qui deviennent exagérément longues, repoussant les fleurs loin du cœur de la plante. Bien entendu, il ne faut pas oublier de donner de l'engrais liquide, tous les 10 à 15 jours.

Comportement

En bouquet. Bien d'autres espèces conviennent davantage aux bouquets, laissez-le au jardin et au balcon.

Les meilleures variétés

Les classiques :

En ce qui concerne les plants, il est rare que la variété soit indiquée avec précision par le marchand. Choisissez-les donc selon leur couleur.

Ceux que l'on trouve aujourd'hui sont des hybrides F1, pour la plupart, plus résistants aux intempéries.

Si vous vous lancez dans le semis, sachez que les fleurs moyennes ou miniatures sont plus résistantes à la pluie que les grandes.

Voici quelques bonnes variétés, mais la liste est loin d'être exhaustive, il suffit d'une visite en jardinerie pour s'en persuader :

- 'F1 Profusion', une série à petites fleurs qui s'illustre par sa résistance exceptionnelle aux intempéries, à tel point que vous pouvez l'employer au jardin en bordure. Elle se trouve dans de nombreux coloris, en mélanges.
- 'F1 California Girl', jaune clair.
- 'F1 Celebrity Pink Morn', rose clair à gorge crème.

Pour sortir des sentiers battus :

- 'F1 Double', étonnantes fleurs doubles, parfumées, aux pétales ondoyants, violets, rose saumon ou blancs.
- 'Surfinia', une série de pétunias retombants à petites fleurs, aux couleurs plutôt agressives (pourpre violet) à l'origine, déclinée aujourd'hui dans des gammes plus nuancées et plus douces : blanc pur, blanc veiné de violet, rose clair…
- 'Million Bells', une série de pétunias miniatures, peu exigeants en entretien, aux fleurs en clochettes (leur entonnoir est plus court). Existe en rose vif, en rouge ou en bleu.
- 'F1 Fortunia', un hybride retombant, lui aussi, à fleurs un peu plus grandes que le 'Surfinia', rose ou pourpre.

POURPIER

Portulaca grandiflora (famille des Portulacacées), dit chevalier d'onze heures

Une succulente pour les coins les plus arides

Vous l'aimerez pour ses fleurs en papier de soie aux coloris lumineux qui accrochent la lumière et pour sa formidable modestie. Très résistant, il n'a pas son pareil pour tapisser une partie ingrate du jardin, caillouteuse et écrasée de soleil, tout en n'exigeant aucun soin particulier.

Culture

Semez directement en place, du mois d'avril au mois de juin, ou, encore plus facile, procurez-vous quelques plants dès le mois de mai pour les planter au jardin immédiatement, en espaçant les pieds de 20 cm environ.
Si vous avez semé, n'hésitez pas à éclaircir : le pourpier a besoin d'un peu d'espace pour s'épanouir.
Apportez de l'eau seulement si la plante montre des signes d'épuisement : ses feuilles commencent à se rider et à se flétrir. Cela peut arriver, parfois, dans des situations vraiment brûlantes.

Comportement

En pot. C'est la plante idéale pour les paresseux. Inutile de prévoir en été des arrosages répétés : vous pouvez partir en vacances sans crainte. Plantez-les dans un mélange pauvre (deux tiers de terre à cactées et un tiers de terreau ordinaire), en groupe ils feront plus d'effet : comptez 4 ou 5 plants en godet dans un pot de 20 cm de diamètre.

En bouquet. Bien d'autres espèces conviennent davantage aux bouquets, alors laissez-les dehors, au jardin et sur la terrasse.

Les meilleures variétés

Votre choix sera vite fait : vous les trouverez en mélange de couleurs (blanc, jaune, saumon, rouge), soit à fleurs simples, soit à fleurs doubles. Ces dernières variétés sont les plus spectaculaires et ne demandent aucun soin supplémentaire.

Floraison : *juin à septembre*
Feuillage : *vert bleuté, charnu*
Exposition : *soleil*
Sol : *sec et pauvre*
Hauteur : *20 cm*
Étalement : *20 à 30 cm*

À SAVOIR

Il ne faut pas confondre ce pourpier avec celui du potager : il s'agit du *Portulaca oleracea*, aux feuilles charnues, rondes, vert lumineux, riches en vitamine C, que l'on déguste en salade. Leur saveur acidulée est très rafraîchissante mais ses fleurs n'ont rien de spectaculaire.

MARIONS-LES

Rares sont les compagnes qui tolèreront des conditions de culture aussi extrêmes. Citons les petites cactées et les échévérias, pour les non-rustiques, les joubarbes (*Sempervivum*) et les sédums, parmi les vivaces. Vous pouvez aussi les mêler aux ficoïdes, dont les couleurs sont en harmonie.

Arrosez modérément à la plantation afin d'assurer la reprise, ensuite laissez-les vivre !

PRIMEVÈRE DES JARDINS

Primula x *hortensis* (ou *P. vulgaris*) (famille des Primulacées)

Pour un début de printemps multicolore

Floraison : *février à avril*
Feuillage : *vert franc, ovale et gauffré*
Exposition : *mi-ombre*
Sol : *riche et toujours un peu humide en été*
Hauteur : *15 à 20 cm*
Étalement : *15 à 20 cm*

Plantées à l'automne, elles profiteront du moindre redoux pour reprendre leur croissance et fleuriront plus tôt. Si le printemps est très sec, n'hésitez pas à arroser un peu.

ATTENTION !
Les oiseaux adorent les primevères bleues. Il arrive qu'ils dévorent entièrement leurs capitules.
Si tel est le cas, consolez-vous avec les autres coloris !

À SAVOIR
La famille des primevères est vaste et certaines d'entre elles peuvent être considérées comme de vraies vivaces, chaque année au rendez-vous et toujours plus belles.
• Les petites auricules (15 cm), *Primula* x *pubescens*, dont les tiges, et parfois la plante entière, sont recouvertes d'une pruine lui donnant des reflets argentés. Originaires des montagnes, elles sont robustes et supportent même la sécheresse en été. Leurs coloris sont étonnants, toujours en contraste : bordure claire et cœur sombre ou inversement.
• Les primevères du Tibet (60 cm), *Primula florindae*, aux fleurs jaune pâle, parfumées, réunies en bouquet sur de longues tiges droites, en juin-juillet. Elles préfèrent le bord de l'eau. Ailleurs, cultivez-les en pot en laissant de l'eau dans la soucoupe.
• Les primevères japonaises (60 cm), *Primula japonica*, aux fleurs réunies en couronne sur des tiges dressées, grêles, aux couleurs très lumineuses. Elles aussi aiment les bords de l'eau.

Elle fait partie, avec la pensée et le myosotis, du trio de petites plantes qui annoncent les beaux jours. C'est en réalité une vivace, à feuillage persistant, mais elle a tendance à perdre l'intensité de ses couleurs si on ne la renouvelle pas. Rocaille, bordure, coin d'une marche de pierre, sommet d'un muret : autant de situations où elle se sentira parfaitement à son aise.

Culture

Ne vous lancez pas dans le semis et achetez des plants. Toute la gamme de coloris est disponible à l'automne ou au printemps. Sachez qu'il est mieux de planter à l'automne, dans des trous remplis de compost, mais un« rattrapage » au printemps donne aussi de bons résultats.

Comportement

En pot. Potées ou jardinières, tout leur convient. Deux tiers de terreau et un tiers de compost sont indispensables. Pensez à arroser même s'il pleut : les feuilles des primevères couvrent une grande partie du pot et empêche l'eau de pénétrer. En fin de floraison, arrachez pour laisser la place aux annuelles estivales.

En bouquet. On a toujours envie de faire des bouquets avec les premières fleurs du printemps et elles s'y prêtent toutes avec bonne grâce. Dans un grand vase carré, pas très haut, alignez debout, bien serrés, narcisses botaniques (*N. cyclamineus*, par exemple), primevères jaunes et blanches, quelques branches courtes d'éléagnus à grande macule jaune sur la feuille : voilà un centre de table idéal pour les fêtes de Pâques. Mais les primevères sont également ravissantes en petits bouquets ronds, enserrés dans la collerette de leurs propres feuilles.

Les meilleures variétés

Celles qui sont proposées en plants sont de deux types : les acaules, dont les fleurs semblent posées sur les feuilles, plus élégantes dans une rocaille et en potées ; les polyanthes, aux fleurs réunies au bout d'une tige courte en bouquet rond, mieux adaptées aux bordures. C'est leur couleur qui guidera votre choix.

REINE-MARGUERITE

Callistephus chinensis (ou *sinensis*) (famille des Astéracées), dite aster de Chine

Floraison : *juillet à septembre*
Feuillage : *vert moyen, ovale et dentelé*
Exposition : *soleil*
Sol : *riche, bien drainé et toujours un peu humide en été*
Hauteur : *20 à 60 cm*
Étalement : *30 à 40 cm*

Leur charme un peu vieillot va bien au potager

La reine-marguerite est une fleur du potager typique. Ses formes simples vivement colorées côtoient tous les légumes sans jurer et elle se plaît dans une terre riche et bien travaillée.

Culture

Semez dans une terrine dès le mois d'avril et entreposez-la dehors, juste protégée d'un voile de forçage pendant une bonne semaine. Dès le mois de mai, vous pourrez repiquer en laissant 10 cm entre chaque pied, puis plantez fin mai au jardin, dans un trou rempli de compost. Paillez tout de suite car elles ont horreur d'avoir soif. Prévoyez des arrosages copieux tout l'été et même un peu d'engrais soluble en début de floraison.

Comportement

En pot. Préférez les formes naines, la potée ronde ou carrée à la jardinière où l'alignement en rang d'oignons les guette. Elles font beaucoup plus d'effet en masses compactes. Ne les associez à aucune autre. À la plantation, enrichissez le terreau d'une bonne poignée de compost par pot et arrosez tous les jours en été. Donnez de l'engrais une fois par semaine.

En bouquet. Cueillez-les lorsque leur cœur est encore jaune clair, pour les variétés simples, et lorsqu'il n'est pas encore visibles, pour les fleurs doubles. Ainsi vous parviendrez à les conserver une bonne semaine en vase. Seules, elles composent des bouquets pleins d'un charme désuet ; en grandes brassées, avec des asters d'été, des dahlias, c'est un délire de formes et de couleurs.

Les meilleures variétés

Une constante : leur vaste gamme de couleurs, allant du blanc au rose carmin, du mauve au bleu-violet. Trois hauteurs sont à votre disposition :

- Les grandes, autour de 60 cm (pensez à les tuteurer) :
- 'Arc-en-ciel', à grandes fleurs simples, très colorées.
- 'Beauté d'Amérique', à fleurs doubles telles celles des pivoines.
- 'Plume d'Autruche', aux pétales effilés, très fins, comme nacrés, qui lui donne une allure vaguement japonisante.

- Les moyennes, entre 30 et 45 cm :
- 'Pompon' (40 cm), aux pétales courts et tuyautés à la manière des dahlias pompons.
- Les petites, autour de 20 cm :
- 'Love Me', aux fleurs irrésistibles, avec des pétales rayonnants, très fins et nacrés.
- 'Reine des Naines', aux belles fleurs doubles.

Coupez la moitié de la tige principale des variétés hautes lorsqu'elles ont 40 cm, vous les forcerez à se ramifier et elles seront plus résistantes au vent et aux intempéries.

MARIONS-LES
Plantez-les parmi les laitues, le vert tendre leur va bien au teint !

ROSE D'INDE

Tagetes erecta (famille des Astéracées)

De l'or dans les massifs

***Floraison** : juillet à octobre*
***Parfum** : senteur balsamique*
***Feuillage** : vert franc ou bleuté, découpé*
***Exposition** : soleil*
***Sol** : riche et toujours un peu humide en été de préférence*
***Hauteur** : 50 à 80 cm*
***Étalement** : 30 à 40 cm*

La mode des jardins à l'anglaise l'avait chassée de nos massifs, mais elle est d'une telle bonne volonté qu'elle a su se rappeler à notre bon souvenir. Ses fleurs semblent faites pour rester épanouies jusqu'à l'hiver et même les intempéries semblent n'avoir aucune prise sur elles.

MARIONS-LES
Mariez-les au feuillage doré d'un hélichrysum, d'un coléus. Noyez-les dans la dentelle d'un cosmos blanc et pimentez le tout d'une sauge violette.

Plantez au jardin après avoir pincé le bout de la tige principale de chaque plant. Cela les forcera à se ramifier : les tiges seront plus solides et aussi plus florifères.

Culture

Le semis est extrêment facile à réussir et vous auriez tort de passer à côté des meilleures variétés par crainte de le rater. Dès le mois d'avril, jetez quelques graines dans une terrine remplie de terreau à semis, et couvrez d'une vitre. Placez dans un coin chaud du jardin. Une dizaine de jours plus tard, éliminez les plants en surnombre, pour ne laisser qu'un plant tous les 5 cm. Vous pouvez repiquer une fois en godet, mais ce n'est pas obligatoire. Plantez au jardin dès la fin mai et arrosez une fois par semaine, pour soutenir la floraison. Paillez pour économiser votre peine.

Comportement

En pot. Si vous êtes un inconditionnel et que vous n'avez pas de jardin, vous pouvez vous offrir une bonne grosse potée de roses d'Inde. Pas moins de 30 cm de diamètre, pour obtenir un bel effet ! Un bon terreau enrichi de compost et des arrosages réguliers sont obligatoires !

En bouquet. Si vous la cueillez à peine épanouie et que vous lui ôtez la majorité de ses feuilles, elle durera une dizaine de jours. Attention en la manipulant : sa tige creuse est fragile et se plie facilement. Associez-la à la légèreté des nigelles de Damas en fruit, des fleurs d'aneth ou d'alchémilles et rehaussez le tout par une touche de petits delphiniums bleus.

Les meilleures variétés

Préférez les variétés hautes, à partir de 60 cm :
- 'Schneewalzer' (60 cm), blanc vanille.
- 'F1 Doubloon' (75 cm), très grandes fleurs jaune pâle.
- 'F1 Orange Jubilée' (60 cm), très grandes fleurs orange vif.
- 'Uranus' (60 cm), jaune ou orange, aux tiges très solides.

SOUCI

Calendula officinalis (famille des Astéracées), dit mirliton

Un bouche-trou fidèle et inépuisable

Il porte bien mal son nom car il ne vous en causera aucun : semez-le partout où vous ne savez pas quoi planter d'autre, lors des premières années de votre jardin. Il occupera la place en chassant les mauvaises herbes et vous aurez de quoi faire de charmants bouquets.

Floraison : *mai (semis d'automne) à octobre*
Feuillage : *vert franc, rugueux et aromatique*
Exposition : *soleil*
Sol : *ordinaire*
Hauteur : *30 à 40 cm*
Étalement : *20 à 30 cm*

Culture

Dès l'automne, semez quelques graines à la volée. Au printemps, recommencez à partir de mars, 2 ou 3 fois en espaçant les semis de 15 jours afin d'avoir des fleurs tout l'été.
Éclaircissez chaque fois vos semis pour laisser entre 15 et 20 cm entre chacun des plants que vous conservez. Vous pouvez repiquer les plants excédentaires dans un autre coin du jardin, si vous le souhaitez. Arrosez bien après le repiquage. Une fois semé, le souci se débrouille tout seul.

Comportement

En pot. Ce n'est pas vraiment sa vocation car c'est en masse qu'il est le plus spectaculaire. Mais vous pouvez le cultiver en grande potée, d'au moins 25 cm de diamètre, en compagnie d'œillets d'Inde miniatures. Il vous faudra alors un terreau enrichi de compost et des arrosages fréquents.

En bouquet. C'est l'hôte des bouquets champêtres, très colorés et sans prétention. Cueillez-le lorsque le cœur est encore masqué par les pétales : il se conservera une bonne huitaine de jours dans un vase. Mariez-le, en respectant une certaine harmonie de couleurs, avec des reines-marguerites, des bleuets, des zinnias ou encore des dahlias.

Les meilleures variétés

Les classiques :
Chaque grainetier a « son » souci en version orange vif et en version jaune d'or. Tous sont équivalents.

Pour sortir des sentiers battus :
• 'Fiesta Gitana' (30 cm), jaune ou orange aux pétales soulignés d'un fin liséré marron.
• 'D'Ollioules' (50 cm), jaune ou orange à cœur grand et vert.
• 'Prince indien' (60 cm), aux pétales orange foncé à revers rouge-acajou.

De l'eau tous les 2 à 3 jours, de l'engrais toutes les semaines, c'est là le secret de leur floraison généreuse en pot.

À SAVOIR
Autrefois, les pétales de souci étaient employés comme colorant alimentaire : le beurre était plus jaune… Quelques fleurs, fraîches ou sèches, dans l'eau de cuisson du riz le coloreront en jaune et l'aromatiseront légèrement.
Une pincée de pétales dans une soupe en avive la saveur.
Une infusion de pétales (30 g par litre d'eau environ) vous aidera à digérer, après un bon repas.
Enfin, si vous voulez avoir la peau douce, jetez quelques têtes de souci dans votre bain.

MARIONS-LES
Parmi des bleuets, bleus exclusivement, des roses d'Inde et un moutonnement de santoline grise ou verte, voilà sa place ! À moins que vous ne préfériez le voir égayer le potager parmi les salades, en rang comme ses voisins, les légumes.

STATICE

Limonium sinuatum (famille des Plombaginacées)

Même fraîche, elle semble sèche

Floraison : *juin à septembre*
Feuillage : *vert gris, très discret*
Exposition : *soleil*
Sol : *ordinaire*
Hauteur : *40 à 50 cm*
Étalement : *30 cm*

MARIONS-LES
Associez-les à une armoise grise ou à une rue au feuillage bleuté et à quelques roses d'Inde aux couleurs douces, crème ou jaune pâle.

Voici encore une fleur vivace non rustique, que l'on cultive par commodité comme une annuelle sous nos latitudes. Mais, cette fois, il ne s'agit pas d'une vedette du jardin : la statice est plutôt une fleur d'appoint, modeste, essentiellement cultivée pour être coupée et agrémenter les bouquets secs.

Culture

Semez-la en terrine dès février, au chaud, à l'intérieur.
Éliminez quelques plants dès la levée pour laisser les plus forts se développer. Un repiquage sera nécessaire, en mars-avril, toujours sous abri et, enfin vous pourrez les planter au jardin en mai. Ensuite, pas d'entretien particulier.

Une autre méthode de séchage : elle sèche très facilement si vous la laissez dans un vase avec un peu d'eau, jusqu'à l'assèchement. Elle tiendra deux mois et ensuite partira en poussière.

Comportement

En pot. Elle ne présente vraiment aucun intérêt en pot ou en jardinière, sinon celui de préparer les bouquets secs.

En bouquet. C'est là qu'elle vous rendra le plus de service. Elle joue dans d'autres gammes de couleurs, le même rôle que le gypsophile. Son extrême longévité (parfois 15 jours) est appréciable.
Pour l'utiliser comme fleur séchée, cueillez-la avant l'épanouissement complet des fleurs et suspendez-la, en bouquet, la tête en bas, dans un local sec et aéré.

À SAVOIR
Il existe une espèce de statice vivace et rustique dans nos régions : *Limonium latifolium* (60 cm), aux fleurs beaucoup plus petites réunies en un nuage bleu clair ou blancs, de juillet à septembre. Ses exigences sont similaires à l'autre.

Les meilleures variétés

Les classiques :
Choisissez-les par couleur, pour l'harmonie de vos massifs, dans la série 'Compindi' (50 cm) :
- 'Iceberg', blanc, pur.
- Bleu foncé.
- Bleu ciel.
- 'Abricot', un rose à peine mêlé de jaune.
- Rose carmin.

Pour sortir des sentiers battus :
- 'Côte d'Or', si vous aimez le jaune vif.

TABAC

Nicotiana affinis ou *alata* (famille des Solanacées)

Ce cousin florifère ne se fume pas

Floraison : *juin à octobre*
Feuillage : *vert clair, un peu collant, plus ou moins large selon la taille des variétés*
Exposition : *soleil/mi-ombre*
Sol : *riche et profond*
Hauteur : *30 à 200 cm*
Étalement : *30 à 50 cm*

Le tabac est à la fois décoratif et très parfumé. À placer au jardin ou sur un rebord de fenêtre.

Culture

Vous pourriez vous contenter de jeunes plants achetés en jardinerie, mais vous vous priveriez d'une belle palette de coloris en ne tentant pas le semis. D'autant que les tabacs en plants sont tous de petite taille (30 cm) et donc destinés aux bordures et aux jardinières seulement.
Si vous voulez partir à la rencontre des vrais tabacs, le semis n'est pas très difficile. Semez en terrine en avril à la chaleur. Ayez la main légère : les graines sont fines. Ne les recouvrez pas, tassez fortement et maintenez humide en pulvérisant. Éliminez quelques plants à la levée pour permettre aux autres de forcir.
Dès qu'ils ont 5 cm, courant mai, ils rejoindront le jardin. Plantez-les dans des trous remplis de compost.
À l'automne, vous pouvez en recueillir les graines sauf celles des hybrides F1 qui ne vous donneraient rien. Ou alors laissez faire la nature, ce serait bien le diable s'ils ne se ressemaient pas naturellement.

Comportement

En pot. Comptez 5 plants pour une jardinière de 60 cm de long remplie d'un terreau enrichi d'une à deux poignées de compost. La floraison sera plus longue si vous la soutenez d'un peu d'engrais liquide toutes les semaines. Vous pouvez aussi les planter au pied d'arbustes en bac.

En bouquet. Nous n'avons jamais essayé et la littérature est muette sur le sujet, mais pourquoi pas ? Essayez de les marier avec des cosmos, des anémones du Japon, des bleuets… des fleurs simples, mais dans des associations de couleurs raffinées : jouez le camaïeu de roses ou le doux contraste du bleu et du blanc…

Les meilleures variétés

Les classiques :
En plants, vous trouverez 'Nicky et Domino', culminant à 30 cm, rouge, saumon et rose vif.
En graines :
- 'Blanc' (80 cm), le plus commun, un blanc très parfumé.
- 'Lime Green' (80 cm), son frère, jaune vert clair.

Pour sortir des sentiers battus :
- 'F1 Havana Apple Blossom' (40 cm), aux fleurs blanches à revers saumon.
- *Nicotiana sylvestris* (2 m), à grappes de fleurs blanches très légères, très parfumées.

MARIONS-LES
Mariez les tabacs de taille moyenne avec des cosmos, des pavots de Californie pastel et bordez le tout d'oreilles-d'ours (*Stachys lanata*). Les grands tabacs (*Nicotiana sylvestris*) sont à réserver au fond de massifs où ils formeront un beau duo avec l'amarante queue-de-renard-lie-de-vin. Ajoutez quelques pieds d'aneth et vous aurez une scène originale.

Il n'est malheureusement pas possible de cultiver partout du tabac ornemental : dans les zones de production de tabac commun, celui que l'on fume, il est réglementé pour éviter la propagation de maladies à grande échelle. Renseignez-vous auprès de votre mairie.

À SAVOIR
Le tabac est un gros consommateur de potassium, tous ses résidus de culture en sont donc riches. Pensez à les utiliser dans votre compost (sans les graines !) car les légumes, fruits et fleurs sont friands de cet élément.

VERVEINE

Verbena (famille des Verbénacées)

Une remarquable palette de formes et de couleurs

Floraison : *juin à octobre*
Feuillage : *vert clair à légèrement gris, rugueux*
Exposition : *soleil*
Sol : *riche et toujours un peu humide en été*
Hauteur : *20 à 180 cm*
Étalement : *20 à 30 cm*

MARIONS-LES

Mariez les verveines annuelles, courtes, avec des santolines, des touffes de thym ou des cinéraires maritimes en bordure de vos massifs les plus colorés.
Les verveines rugueuses, plus hautes, feront merveille avec des sauges officinales ou des pétunias à condition de bien arroser. Enfin, les grandes verveines de Patagonie allègeront les massifs de soleils de leurs pompons pourpres à mauves portés par des tiges grêles.

Les verveines modernes sont résolument des classiques de nos jardins.

Culture

Le plus simple est d'acheter des plants au printemps, même un peu tard : la verveine pousse rapidement et peut attendre mai pour rejoindre sa place définitive, d'autant qu'elle est plus belle en fin de saison.
Juste après la plantation, arrosez régulièrement avec un engrais « spécial plantes fleuries » pour la stimuler, puis laissez-la se débrouiller seule.
En paillant au début juillet avec du compost, vous lui donnerez encore plus de vigueur et sa floraison durera plus longtemps.
Vous pouvez essayer de conserver les verveines rugueuses, vivaces mais peu rustiques, d'une année à l'autre en les bouturant en fin d'été. Conservez-les en godets tout l'hiver dans un endroit frais, éclairé et hors gel. Vous les replanterez en avril-mai. En situation abritée, il est possible de les couper au ras du sol en fin de saison, de les couvrir de feuilles et d'abriter le tout sous une cloche de jardin.
Les grandes verveines de Patagonie, vivaces et aussi peu rustiques, se ressèment spontanément avec allégresse. Vous finirez même peut-être par les trouver envahissantes !

Le semis est quelque peu capricieux et n'en vaut guère la chandelle. Tout ce que vous trouvez en graines, vous le retrouverez en plants ou presque !

Comportement

En pot. Les verveines annuelles se plaisent en jardinière car elles fleurissent généreusement et tolèrent très bien une sécheresse relative. Les variétés à port rampant ou retombant sont d'un bel effet dans les paniers suspendus, à l'anglaise. Un terreau ordinaire leur convient très bien.

En bouquet. Ce n'est pas une fleur pour les bouquets.

Les meilleures variétés

Les classiques :

• Verveine annuelle (20 à 30 cm), à fleurs veloutées, rouges, rose vif, pourpres, mauves et blanches. Elles portent parfois au cœur un curieux œil blanc qui attire le regard sur votre bordure ou votre jardinière.
- 'Peach and Cream', une nouvelle variété très florifère, qui décline, au fur et à mesure de son épanouissement, toute la gamme de couleurs du crème à l'abricot clair.
- 'Tapien', autre création récente, très tapissante qui produit des cascades de fleurs d'un beau bleu violacé.
- 'Babylon', au port en boule, très aérienne, rouge, rose, mauve, violette.

Pour sortir des sentiers battus :

Les verveines vivaces, non rustiques :
• Verveine rugueuse (30 à 40 cm), *Verbena venosa* (ou *rugosa* ou *rigida*), très résistante à la sécheresse, violet foncé ou blanc bleuté.
• Verveine de Patagonie (80 à 100 cm), *Verbena bonariensis*, aux tiges légères, très hautes, terminées par des petites fleurs en pompon, donne de la légèreté à vos compositions fleuries.

ZINNIA

Zinnia elegans (famille des Astéracées)

La fleur de nos grand-mères qui va si bien au potager !

***Floraison** : juin-juillet à octobre*
***Feuillage** : vert clair, rugueux*
***Exposition** : soleil*
***Sol** : riche et toujours un peu humide en été*
***Hauteur** : 30 à 80 cm*
***Étalement** : 20 à 30 cm*

Ils offrent parmi les annuelles une des floraisons les plus généreuses et les plus colorées.

Culture

Le semis ne présente pas de difficulté : il se fait en avril, dans une caissette remplie de terreau ordinaire, couverte pour qu'ils aient bien chaud. Il sortent en deux semaines. Dès qu'ils ont 4 à 5 cm de haut, repiquez-les en godets et entreposez-les au soleil, dans un coin abrité du jardin. Vous les mettrez en place, dans des trous remplis de compost, vers la fin mai, pas avant car ce sont des frileux. Arrosez copieusement dès la plantation, et donnez un peu d'engrais tous les 15 jours. Pincez les têtes pour provoquer la ramification et multiplier la floraison. De même, éliminez les fleurs fanées. Paillez début juillet avec du compost.

Comportement

En pot. Même les zinnias de petite taille, au port un peu trop raide, manquent d'élégance en potée. Si vous n'avez que cette solution, plantez-les en groupe serré dans un grand pot pour une touffe bien fournie. Un terreau ordinaire leur va très bien si vous arrosez, comme au jardin, tous les 15 jours avec de l'engrais « spécial géraniums ».

En bouquet. Ils tiennent longtemps dans les bouquets et apportent une note de gaieté bien venue dans les bouquets ronds de dahlias, à fleurs simples ou pompons, de phlox, de marguerites et de sauges bleues.

Les meilleures variétés

Les classiques :

• 'Géant de Californie' (70 cm), à grandes fleurs de couleurs vives, rouges, orange, jaunes, blanches et rose vif.
• 'Géant à fleurs de dahlia' (80 à 100 cm), aux grandes fleurs à pétales arrondis.
- 'Purity', blanc pur.
- 'Météor', rouge écarlate.
- 'Purple Prince', violet.
- 'Envy', vert chartreuse, très élégant.

Pour sortir des sentiers battus :

• Zinnia 'Whirligig' (50 cm), aux fleurs plates, bicolores.
• Zinnia mexicain (35 cm), *Zinnia mexicana,* aux fleurs simples, jaunes, orange ou blanches sur fond de feuillage vert intense. Plus il fait chaud et plus il est vigoureux.

MARIONS-LES

Mariez-les avec des reines-marguerites, en évitant les associations de couleurs trop criardes, des phlox ou des amarantes. Mais leur meilleure place est sans doute au potager, parmi les choux aux feuilles vert cru, bleutées, voire au pourpre des choux rouges.

En plants, vous risquez d'être un peu déçu par leur petite taille, car ils sont souvent traités avec un nanifiant pour accélérer la floraison et sa présentation sur les étalages !

LES BULBEUSES

Pour tous, tulipes, jacinthes, narcisses sont synonymes de printemps. Il est vrai que ces grosses masses colorées, étalées au jardin, sur la pelouse ou dans les bois, appellent les premiers rayons du soleil et signalent le renouveau de la nature.

On aurait tort d'ignorer les petits bulbes – crocus, fritillaires, perce-neige, muscaris –, si joyeux aux premiers beaux jours, tout comme les grands et gros bulbes de l'été ou ceux que l'automne se réserve. Quoi de plus beau que les lis de la Madone, les hémérocalles, rouges, orangés, jaunes, mélangés aux agapanthes bleues ou blanches ? De plus étrange que l'apparition des colchiques ? Je ne saurais trop vous recommander les aulx d'ornement, leurs variétés sont nombreuses, leur floraison spectaculaire. Ils sont encore peu connus mais leurs fleurs sont si étonnantes qu'elles ne laissent aucun visiteur du jardin indifférent.

Les dahlias demandent quelque recherche pour trouver des variétés hors des « jardins battus ». Cherchez, vous trouverez et le bulbe et l'emplacement.

Comme on le fait traditionnellement, nous avons choisi de regrouper ici les plantes à vrais bulbes (narcisses, tulipes, par exemple, qui ressemblent à des oignons), à cormus (comme les glaïeuls ou les crocus), à tubercules (les bégonias ou les anémones) et à rhizomes (comme ceux de l'iris des jardins).

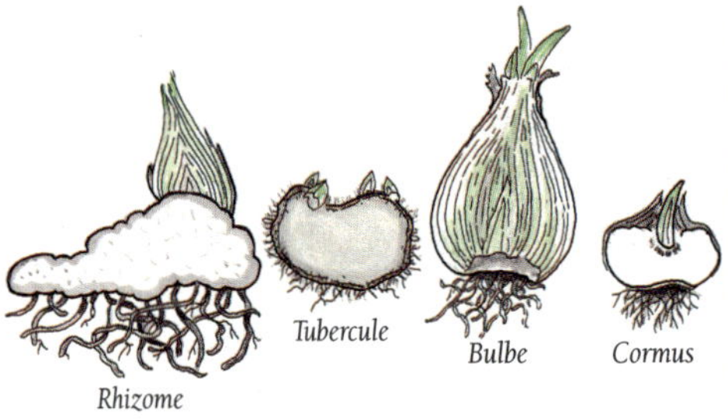

Tous ces organes sont en fait de grosses réserves nutritives permettant à la plante qu'ils renferment de survivre jusqu'à la saison où sa végétation redémarrera, et la protègent en même temps.

On plante les bulbeuses en pleine dormance et quand les conditions sont réunies, la plante se développe, au dépend des réserves. Ainsi, lorsqu'une tulipe est en fleur, son bulbe a presque totalement disparu. Une fois défleurie, la plante reconstitue ses réserves, et son bulbe, grâce à son feuillage et à la photosynthèse. Lorsque le feuillage jaunit et se flétrit, en fin de saison, la plante entre de nouveau en dormance et le bulbe est prêt pour une nouvelle période d'attente.
Mais commençons par le commencement.

Achetez en plein connaissance

Un bulbe, ou un tubercule, contient tout ce qui est nécessaire à l'épanouissement de nouvelles fleurs. La vigilance au moment de l'achat est donc indispensable pour mettre de son côté toutes les chances d'obtenir une belle floraison.

SOYEZ EXIGEANT

Pour choisir un bulbe, il faut le regarder et le toucher. Il doit être sain, bien conservé et de belle taille. L'assurance de fleurs de qualité passe par là.

Rejetez les bulbes présentant des moisissures, qui se manifestent par des traces brunes ou rougeâtres. Sitôt le bulbe infecté planté dans une terre humide, elles trouveraient une atmosphère idéale pour se développer et le pourrir.

N'hésitez pas à tâter chaque bulbe : il doit être ferme et souple à la fois. Sa fermeté indique qu'il n'est pas pourri, sa souplesse qu'il n'est pas desséché. Les bulbes à tunique (tulipes ou glaïeuls, par exemple) doivent présenter une « peau » brillante et saine. Tous devront être exempts de taches suspectes, signes d'autres maladies.

Autant de qualités qu'il est absolument impossible de vérifier, bulbe à bulbe, dans des sachets tout préparés. De plus, les mélanges de couleurs et de tailles que certains renferment ne seront pas forcément à votre goût. Aussi, nous vous suggérons de préférer les achats au détail, où les bulbes sont présentés en vrac, chaque fois que cela sera possible : vous pourrez choisir les plus sains et combiner vous-même vos couleurs. Lorsque ce n'est pas indispensable, nous le signalons dans les pages qui suivent, pour chaque bulbe concerné.

Détournez-vous sans hésitation de ces sachets entreposés dans des magasins surchauffés, car il est à craindre que les bulbes qu'ils contiennent supporteront mal de retourner au froid, en terre dans le jardin. Il arrive même que certains revendeurs peu scrupuleux laissent à la vente des bulbes déjà germés, voire laissant apparaître les premières feuilles. Ne les achetez pas, même en solde ! Les bulbes ont eu chaud, ils s'imaginent déjà au printemps.

NE TARDEZ PAS

Enfin, nous vous conseillons de faire vos achats le plus tôt possible en saison (dès la fin de l'été ou au tout début de l'automne, pour les bulbes à floraison hivernale et printanière ; dès le printemps et en été, pour ceux à floraison estivale et automnale) : moins les bulbes auront traîné à l'étalage, moins ils auront souffert.

Ainsi, mieux vaut acheter trop tôt que trop tard, et si vous n'avez pas le loisir de planter vos bulbes immédiatement après achat, placez-les au frais dans un endroit sec, aéré et obscur. Une terrine ou une petite caisse remplie de tourbe ou de sciure de bois vous permettra de reporter la plantation de près de 6 semaines, sans dommages pour les bulbes, qui se trouveront mieux chez vous que sous les néons du marchand.

LE BON CALIBRE

Choisissez des bulbes de belle taille, car plus ils sont gros et plus la floraison sera spectaculaire. Une nuance, peut-être : mieux vaut conserver les plus gros bulbes de jacinthe pour les cultiver à l'intérieur, car leurs grosses têtes fleuries au bout de leurs longues hampes sont très sensibles aux intempéries, au vent en particulier, s'ils ne sont pas plantés dans un coin très protégé du jardin.

Pour chaque espèce, le calibre doit être précisé : il est le garant d'une qualité minimum. ce calibre est indiqué selon la circonférence du bulbe : ainsi, un bulbe de 10 cm de circonférence sera indiqué comme de calibre 10. Pour exemple, le calibre minimum pour un crocus est de 9 ; pour une tulipe de 12 à 14, selon la variété ; pour une jacinthe de 17 ou 18. Les narcisses, eux, sont classés en catégories symbolisées par les lettres DN. DNII ou DNIII vous assureront une belle floraison, en dessous : méfiance !

Bulbes ou tubercules	**Période d'achat**	**Calibre moyen**
Bégonia	mars-Avril	5/6
Crocus	août-mi octobre	9/10
Dahlia	avril à mi-mai	pas de calibre défini (nombre de patates)
Glaïeul	mars à mai	14/4
Jacinthe	octobre-novembre	17/18
Lis	février-mars	16/18
Lis de la Madone	septembre	18/20
Narcisse	septembre-octobre	DNII-DNIII
Tulipe	octobre-mi-décembre	12/+

BULBES : COMBIEN ?

En floraison printanière, les bulbes plantées en masse sont d'un effet spectaculaire. Ces crocus, muscaris, perce-neige, anémones blanda se plantent par groupes de 25 à 30, voire beaucoup plus, au même endroit. Les tulipes, narcisses et jacinthes par 10 au minimum.

N'hésitez pas à les disposer les uns tout près des autres pour que l'effet de masse joue son rôle en plein. Le meilleur écartement pour les tulipes et les narcisses est d'environ 12-15 cm, alors que pour les crocus et autres petits bulbes, 7 à 10 cm est la distance la plus adaptée.

Planter à la bonne profondeur

Pour ne pas se tromper, installer n'importe quel bulbe à une profondeur égale à deux fois et demie sa hauteur. C'est la règle.

Mais pas de règle sans exception : les fritillaires, colchiques et lis (sauf le lis de la Madone) demandent plus de profondeur, alors que bégonias, iris de jardin et cyclamens préfèrent affleurer la surface du sol.

... ET DANS LE BON SENS

Pas toujours facile de déterminer dans quel sens il faut planter : formes variées, présence ou non de divisions, pointes ou creux... tous ces éléments peuvent semer le trouble.

- Narcisses, tulipes, lis, jacinthes, glaïeuls ou crocus se plantent la pointe vers le haut.
- Les bégonias et les cyclamens de Naples se plantent le creux du bulbe tourné vers le haut.
- Les dahlias conservent toujours un reste de tiges sèches de l'année précédente qu'il faudra orienter vers le haut à la plantation.

Si le doute persiste, cela arrive fréquemment avec les petits bulbes secs, plantez-les « sur la tranche », en biais, la tige trouvera toujours le chemin du soleil.

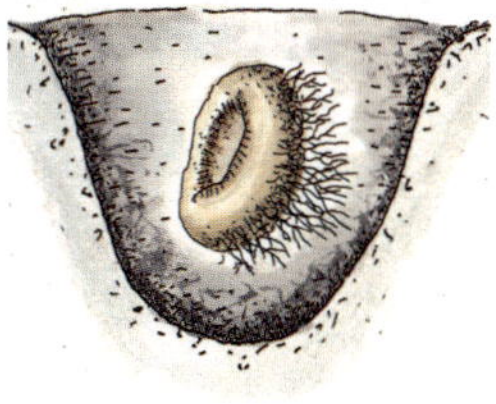

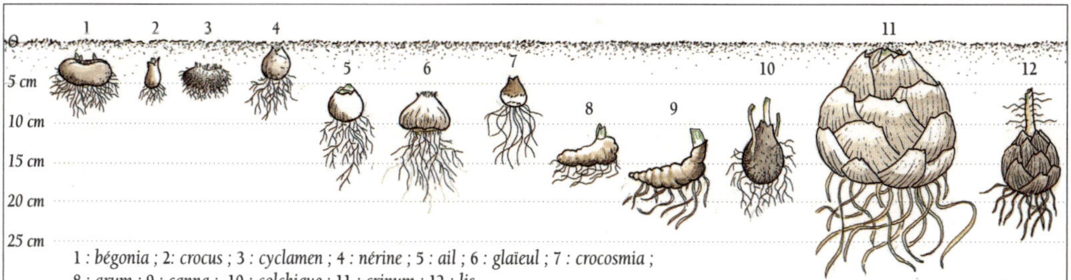

1 : bégonia ; 2: crocus ; 3 : cyclamen ; 4 : nérine ; 5 : ail ; 6 : glaïeul ; 7 : crocosmia ; 8 : arum ; 9 : canna ; 10 : colchique ; 11 : crinum ; 12 : lis

UNE MÉTHODE POUR CHAQUE ENDROIT

Première méthode :

Si les bulbes sont placés au milieu d'autres plantes vivaces ou annuelles, ou encore d'arbustes ou dans la pelouse, il faut les planter chacun leur tour, avec un plantoir à bulbes. Il existe des modèles gradués qui permettent d'évaluer la profondeur de plantation. Souvent, ils s'ouvrent, libérant la carotte de terre que vous avez ôtée pour faire le trou. Cet outil est beaucoup plus efficace que le plantoir conique qui laisse une poche d'air entre la base du bulbe et la terre, nuisible à la croissance des racines.

Quel que soit le terrain, introduisez dans le fond de chaque trou une poignée de sable pour caler le bulbe et le maintenir au sec. Replacez sur le bulbe la terre prélevée avec le plantoir à bulbes.

On est toujours tenté d'installer des bulbes, gros ou petits, dans la pelouse. Pour obtenir un effet « naturel », prenez vos bulbes à la poignée et jetez-les à la volée pour les planter où ils sont tombés. Attention, les petits bulbes sont parfois invisibles dans le gazon : enduisez-les de farine pour mieux les repérer.

Les tubercules de dahlias sont plus volumineux, il faudra donc creuser un trou à la pelle-plantoir, avant d'étaler dans toutes les directions « les patates du tubercule ». Recouvrez en tassant la terre entre les « patates » pour favoriser un bon enracinement. Pour les iris, voir page 226.

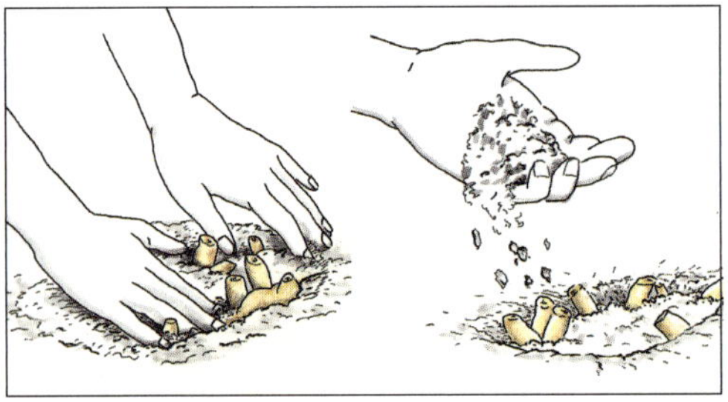

Deuxième méthode :

Pour obtenir un grand et beau massif de bulbes, un effet de masse du plus bel effet, il faut installer un minimum de 50 à 60 bulbes au mètre carré, par groupes de 10 à 20 dans la même variété. Devant une telle quantité, pas question de faire un trou de plantation au plantoir, bulbe par bulbe. Il faut les disposer en bandes. Creusez une bande de 30 cm de large environ. Étalez une bonne couche de sable pour faciliter le drainage en profondeur et maintenir les bulbes au sec tout l'hiver.

Alignez en quinconce trois à quatre rangs de tulipes, par exemple. Calez chaque bulbe la pointe vers le haut, en opérant un mouvement de rotation en le posant dans le sable. Recouvrez de terre. Tassez. Pas d'arrosage. Les myosotis, et les pensées faisant bon ménage avec les bulbes, il vaut mieux les planter en même temps que l'on met en place des oignons de tulipe ou de narcisse. En le faisant plus tard, on risque d'endommager des bulbes.

Faut-il planter tous les ans ?

Les tulipes botaniques, narcisses, crocus, colchiques, cyclamens de Naples et anémones blanda se naturalisent dans le jardin. Inutile donc de les replanter tous les ans. Certains autres dégénèrent plus ou moins vite et il faudra les remplacer régulièrement.

Entre la plantation et la floraison, pas d'entretien, qu'ils soient « naturalisables » ou pas. Dès que les fleurs sont fanées, coupez-les soigneusement et arrosez une fois par semaine avec un engrais spécial « plantes fleuries » pour encourager les bulbes à reconstituer leurs réserves et vous assurer une floraison éblouissante l'année suivante. L'opération d'arrosage, avec engrais, se déroulera jusqu'au complet jaunissement du feuillage, que vous pourrez alors retirer sans difficulté.

Si vos bulbes sont destinés à se naturaliser, coupez leur feuillage jauni à ras du sol et oubliez-les jusqu'à l'année suivante. Une poignée de poudre d'os ou de corne broyée peut ne pas faire de mal. Pour les bulbes gélifs – dahlias, glaïeuls... –, qui demandent à être arrachés pour être conservés avant d'être replantés à la saison suivante, voyez ci-dessous.

LES MEILLEURES BULBES QUI SE NATURALISENT AU JARDIN

ail	fritillaire (*)	oxalis (**)
anémone (**)	iris bulbeux	perce-neige
arum	jacinthe (*)	renoncule (**)
belle-de-nuit	lis de la Madone	scille
colchique	muguet	tulipe botanique
crocus	muscari	tulipe pluriflore
cyclamen de Naples	narcisse	
	nérine (**)	

(*) dégénère rapidement au bout de 3 ans
(**) à couvrir en hiver

Certains bulbes ont soif en été

Certains bulbes ont besoin d'arrosages copieux en été pour soutenir leur floraison.

Pas d'eau sur le feuillage des bégonias, sinon gare au blanc (le terrible oïdium) !

Les dahlias ont également besoin d'eau et surtout doivent être protégés par des granulés anti-limaces ou de la cendre, renouvelés après la pluie ou l'arrosage, car leur jeune feuillage excite l'appétit vorace des limaces et des escargots.

Pendant la floraison, un arrosage avec un engrais spécial « plantes fleuries » tous les 15 jours sera particulièrement apprécié des bulbes d'été (lis, hémérocalles...).

Tuteur ? Oui, pour les grandes

Les grands dahlias, les glaïeuls, les lis sont des plantes hautes aux fleurs lourdes que le vent risque de casser. Rien de pire que ces belles fleurs brisées ou couchées au milieu des massifs. Un soutien est indispensable.

On peut les planter au pied d'un mur ou dans un massif d'arbustes, dont les branches basses leur serviront de soutien.

En groupes serrés, ils s'appuieront les uns sur les autres et chaque tuteur, discret, presque invisible, soutiendra quatre ou cinq fleurs dès l'instant où un lien enroulé en spirale les maintiendra droit.

Le tuteur individuel se place impérativement au moment de la plantation, sinon le tubercule invisible risque de se trouver perforé.

Un tuteur ne dépassant pas en hauteur la moitié de la taille adulte de la plante sera parfaitement efficace et saura mieux se faire oublier.

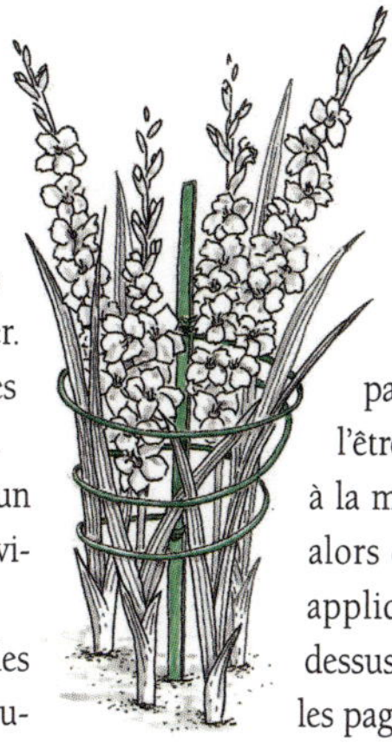

Protégez les bulbes d'été du froid

La plupart des bulbes d'été (dahlias, bégonias, glaïeuls) sont sensibles au froid et requièrent un abri protégé pour l'hiver. Après la floraison, quand les fleurs commencent à se faner, tirez doucement sur les tiges, à la base des feuilles, pour évaluer l'étendue de la motte.

Plantez votre fourche-bêche au large, pour ne pas prendre le risque de blesser les tubercules. Ils pourriraient. Soulevez la motte en faisant levier sur le manche. Éliminez le feuillage en ne gardant que 12-15 cm de hauteur de tige, après avoir pris soin de noter précisément la couleur, le type de fleur et la taille (ces précautions sont surtout valables pour les dahlias). Souvent au moment de la plantation, la mémoire fait défaut.

Après le nettoyage, suspendez les tubercules pendant quelques jours dans un endroit sec et aéré, afin qu'ils perdent une partie de leur eau : ils ne s'en conserveront que mieux pendant l'hiver. Débarrassez-les de la terre encore accrochée en les secouant, et entreposez-les dans un local frais, sec, hors gel, à l'abri de la lumière, jusqu'au printemps prochain.

Les dahlias sont au mieux dans un cageot, sur un lit de tourbe à peine humide, les restes de tiges vers le haut, et recouverts de papier journal. Vous pourrez vérifier régulièrement leur état et si, par malchance, l'un d'eux venait à pourrir, éliminez-le avant qu'il ne contamine les autres.

Cela dit, si certains autres bulbes ne sont pas particulièrement sensibles au froid, ils peuvent l'être à l'humidité ou dégénérer s'ils restent en terre à la mauvaise saison – c'est le cas des tulipes. Il est alors conseillé de les mettre à l'abri, eux aussi, en appliquant la même méthode que celle décrite ci-dessus. Nous le signalons, espèce après espèce, dans les pages qui suivent.

ACONIT D'HIVER

Eranthis hyemalis (famille des Renonculacées)

Des fleurs d'or pour éclairer l'hiver

Floraison : *février à mars*
Feuillage : *vert, divisé*
Exposition : *mi-ombre*
Sol : *riche, bien drainé et frais*
Hauteur : *10 cm*
Étalement : *10 cm*

MARIONS-LES
En tapis au pied d'un hamamélis, vous aurez le parfum en plus !

Ses petites fleurs de bouton d'or et le perce-neige s'épanouissent en même temps. Pour peu qu'il neige à leur sortie, le tableau sera fantastique, au pied d'un cornouiller blanc à bois rouge ou jaune presque fluo, par exemple.

Culture

Plantez-le, en groupe, à l'automne dans un trou rempli de compost. Laissez-le ensuite vivre sa vie : il se naturalise facilement et forme rapidement de larges plages. Divisez-le à l'automne quand il prend trop d'ampleur.

Comportement

En pot. Typiquement destiné au jardin, il est capable d'y affronter toutes les intempéries. En pot, il ne serait pas dans son élément.

En bouquet. Il peut accompagner quelques violettes mais, ce n'est pas sa vocation première. D'autant qu'il tourne facilement de l'œil à la chaleur de l'appartement : le contraste avec le jardin, sans doute !

Les meilleures variétés

Il n'y en a qu'une et une seule, on ne risque pas d'avoir l'embarras du choix !

AGAPANTHE

Agapanthus africanus (syn. *A. umbellatus*) (famille des Liliacées)

Frileuse et « humidophobe » !

Floraison : *juillet à août*
Feuillage : *large, vert foncé, persistant*
Exposition : *soleil*
Sol : *riche et chaud, bien drainé*
Hauteur : *100 cm*
Étalement : *60 cm*

MARIONS-LES
Mariez le bleu des agapanthes, aux hémérocalles jaune pâle ou aux grands tabacs blancs. Et pourquoi pas les deux, agrémentés de quelques cosmos blancs ?

Plus à son aise dans le midi de la France, elle peut s'acclimater au nord de la Loire, à condition de se voir appliquer les quelques précautions indispensables à son bon développement.

Culture

Elle est frileuse, c'est son défaut. L'humidité lui est vraiment pénible : à la plantation, au printemps, formez une petite butte autour du pied pour que l'eau s'écoule. Choisissez toujours une exposition ensoleillée, plein sud, et si vous redoutez vraiment le froid, cultivez-la en pot. Couvrez avec une bonne couche de feuilles mortes et un plastique à bulles retenu par des pierres, dès que le feuillage a jauni. Ne la déplacez pas : elle a besoin d'être bien installée pour fleurir.

Comportement

En pot. Comptez 3 pieds pour un diamètre de 40 à 45 cm rempli pour moitié de terreau et pour moitié de compost. Vous les rentrerez à l'abri du gel, en hiver. Si vous voulez les inclure dans les massifs, vous pouvez enterrer ces pots en n'oubliant pas alors de les arroser régulièrement.

En bouquet. Sa longue tige couronnée d'une ombelle bleue participe avec élégance aux bouquets un peu hauts. Elle dure une petite semaine si on la cueille lorsque les fleurs commencent à peine à éclore.

Les meilleures variétés

L'espèce type est très belle. Vous la trouverez en bleu, en mauve ou en blanc.

AIL D'ORNEMENT

Allium (famille des Liliacées)

Très décoratif et sans odeur

En bordure du potager, il fait écho à ses cousins plus alimentaires. Parmi les roses, sa grosse tête oscille avec bonhomie et il sera également spectaculaire en groupe.

Culture

Les aulx (on dit aussi « ails ») sont vendus en petits « bulbes » (on les appelle des caïeux) ou en tête, comme celles que l'on utilise à la cuisine. Il faut alors extraire les gousses et les planter une à une. N'employez pas celles du centre, les plus rondes, car elles fleurissent rarement. Plantez-les en septembre-octobre, en les enfonçant dans la terre avec le doigt, la pointe vers le ciel.
Lorsque les fleurs sont fanées, coupez-les et faites-les sécher pour vos bouquets d'hiver. À l'automne, coupez tout au ras du sol et couvrez la souche de feuilles mortes si vous habitez dans une région froide. L'ail est parfaitement rustique : vous pouvez donc le laisser en place de nombreuses années.

Comportement

En pot. Les petites espèces sont parfaites en coupes ou en jardinières. Plantez-les comme au jardin, dans un mélange de terreau ordinaire allégé de sable, à maintenir légèrement humide en permanence.

En bouquet. Ils sont très spectaculaires en pleine floraison et leur durée peut excéder 15 jours. Ne les oubliez pas dans vos bouquets secs. L'ail géant composera avec les tournesols, les glaïeuls et les grands dahlias, des bouquets monumentaux. L'*A. moly* et l'*A. sphaerocephalum*, plus frêles, entrent dans des compositions plus raffinées, alliant renoncules, roses, et alchémilles par exemple.

Les meilleures variétés

- *Allium unifolium* (15 à 20 cm) pointe ses petites fleurs roses, réunies en un bouquet léger, en avril. Calibre minimal : 5 +.
- *Allium christophii* (50 cm), aux têtes étoilées rose-violet, ressemblant à l'ail géant mais en plus petit. Les capsules de graines brunes sont décoratives également. On le trouve aussi sous le nom de *A. albopilosum*. Calibre minimal : 12 +.

- *Allium caeruleum* (60 cm), aux fleurs en petites boules étoilées bleues. C'est l'ail le plus bleu. On le trouve aussi sous le nom de *A. azureum*. Calibre minimal : 4 +.
- *Allium giganteum* (120 à 150 cm), un peu handicapé par la taille et la grosseur de ses fleurs, autour de 15 cm de diamètre, sauf si vous le plantez parmi des arbustes à feuillage bas. Calibre minimal : 20 +.
- *Allium moly* (30 cm), à fleurs jaunes, pousse à l'état sauvage dans les bois espagnols. Calibre minimal : 4 +.
- *Allium sphaerocephalum* (90 cm), aux fleurs pourpres, dont les feuilles disparaissent aussitôt la floraison terminée. Cultivez-le dans un coin du potager, pour faire des bouquets. Calibre minimal : 5 +.

Floraison : *avril à juillet selon les variétés*
Feuillage : *linéaire, vert*
Exposition : *soleil*
Sol : *ordinaire et pas trop humide en été*
Hauteur : *15 à 150 cm selon les variétés*
Étalement : *6 à 30 cm selon les variétés*

MARIONS-LES
Mariez les grands aulx (*Allium giganteum* et *Allium christophii*) à des touffes de santolines grises, des lavandes ou des agapanthes pour un massif de fleurs curieuses.

Si votre terrain est lourd, incorporez, avant plantation, une bonne quantité de tourbe à la terre de votre jardin.

ARUM

Zantedeschia aethiopica (famille des Aracées)

Grande fleur blanc pur et feuillage verni

Floraison : *mars à juin*
Feuillage : *vert sombre, large, brillant*
Exposition : *soleil/mi-ombre*
Sol : *riche, léger et toujours un peu humide*
Hauteur : *60 à 100 cm*
Étalement : *50-60 cm*

MARIONS-LES
Il forme une scène très naturelle en compagnie de lysimaques rampantes, jaune vif, et d'iris d'eau.

Il est très élégant au bord d'une pièce d'eau ou en frise dense soulignant un mur de pierre.

Culture

Plantez-le au printemps pour qu'il soit bien installé avant de subir les premiers froids. Un peu frileux, il appréciera une situation chaude et à l'abri du vent, au pied d'un mur au sud, par exemple. Une poignée de terreau dans son trou lui suffira. Il peut ne pas fleurir la première année. Éliminez les fleurs fanées pour ne pas l'épuiser. À l'automne, couvrez la souche d'une couche de compost. Tous les 3 ans, il vous faudra le diviser en février, ou en mars au plus tard.

Comportement

En pot. Plantez-le, au printemps, dans une terre de jardin mélangée à parts égales avec du compost dans un pot de 30 cm. Arrosez-le bien, mais gardez-le au sec en hiver.

En bouquet. C'est une fleur que tous les fleuristes emploient dans des compositions sophistiquées et pas toujours du meilleur goût. Épargnez-lui les roses rouges ! Mariez-le plutôt aux tulipes, aux baies colorées des viornes ou du millepertuis, aux mufliers…

Les meilleures variétés

Le blanc, bien entendu, le plus majestueux, mais aussi le plus robuste.

Pour sortir des sentiers battus :

- 'Green Goddness' (100 cm), aux fleurs blanches au cœur et vertes en périphérie.
- Arum jaune (100 cm), *Z. elliottiana*, jaune d'or aux feuilles éclaboussées d'argent.
- Arum rose (40 cm), *Zantedeschia rehmannii*, aux fleurs rose lavé de mauve.

BÉGONIA TUBÉREUX

Begonia tuberhybrida (famille des Bégoniacées)

En potée ou en massif d'été

Floraison : *juillet à octobre*
Feuillage : *vert bleuté, parfois pourpre au revers*
Exposition : *mi-ombre*
Sol : *riche et toujours un peu humide en été*
Hauteur : *25 à 30 cm*
Étalement : *15 à 30 cm*

MARIONS-LES
Mariez-le avec les autres fleurs de l'ombre, les impatiens et les fuchsias, pour des scènes gaies dans une lumière pleine de douceur.
En potée, il s'associe volontiers aux helichrysums et aux lobélias.

La particularité principale du bégonia tubéreux est la qualité et la luminosité de ses couleurs. Toutes les nuances sont représentées, à part le bleu et le violet. Sa culture en pot ou au jardin suit des règles simples.

Culture

Choisissez des tubercules d'un calibre 5/6, voire plus. Plantez-les en mars-avril, directement en place ou dans vos pots, presque en surface, à 2 ou 3 cm de profondeur, le creux vers le haut. Vous pouvez les faire démarrer à l'avance, en février-mars, dans de la tourbe humide et à la chaleur. Dès que les pousses apparaissent, ils sont bons à planter. Mais pas avant la mi-mai au jardin, après les gelées. Le feuillage du bégonia a horreur de l'humidité, qui cause des attaques d'oïdium : arrosez sans le mouiller, avec un arrosoir à long bec. En fin de saison, arrachez et conservez les tubercules avec les autres bulbes.

Comportement

En pot. Le mode de culture, vous le connaissez maintenant. Son milieu favori est le terreau pour jardinières ou la terre de jardin additionnée d'un peu de tourbe. Tenez le pot à l'abri du gel pendant l'hiver, sans arroser. Remplacez le terreau au printemps.

En bouquet. Non, mais les bégonias en pots feront de ravissants centres de table.

Les meilleures variétés

Vous avez le choix entre deux familles : les bégonias droits et ceux à port retombant, ou 'Pendula'. Parmi les « droits » :

• 'Non Stop', série très florifère à grandes fleurs doubles supportant un peu de soleil.
• 'Flamingo', bicolore aux pétales épais et ondulés, jaune et rouge ou blanc et rose.
• 'Fimbriata', aux pétales frangés comme ceux d'un œillet ; jaunes, roses ou blancs.

Pour sortir des sentiers battus :

• 'Crispa Marginata', un « droit » à grandes fleurs simples, blanc ou jaune pâle bordé de rouge vif, aux pétales très ondulés.
• 'Bertini', une très ancienne variété à fleurs simples rouge vermillon, jaunes, roses ou orange.

Pour éviter que l'humidité stagne dans le creux du bulbe, inclinez-le légèrement dans son trou de plantation.

BELLE-DE-NUIT

Mirabilis jalapa (famille des Nyctaginacées), dite herbe-triste

Couleur intense et parfum capiteux

C'est quand la lumière décline qu'elle ouvre ses corolles aux couleurs intenses et vous offre son parfum capiteux. Aussi, placez-la non loin de la maison, en bordure de la terrasse où vous dînez les soirs d'été.

Culture

Les bulbes sont difficiles à trouver et peu commodes à planter : il s'agit de « carottes » à la peau noirâtre. C'est donc sous la forme de graines que vous l'achèterez. Semez-la en avril, dans une caissette remplie de terreau et exposée au soleil. Un mois plus tard, mettez en place les jeunes plantes, qui fleuriront dès la première année, en fin d'été.

Comportement

En pot. Sa racine très longue s'accommodera mal de la culture en pot.

En bouquet. Ne s'ouvrant que la nuit, elle est une piètre candidate aux bouquets.

Les meilleures variétés

L'espèce type est parfaite. Vous la trouverez le plus souvent en mélange de jaune d'or et de rose tyrien, parfois bicolores. On peut conseiller 'Tea Time', plus compacte.

Floraison : *juillet à août-septembre*
Parfum : *délicat et sucré*
Feuillage : *vert clair, dense*
Exposition : *soleil*
Sol : *ordinaire, même pauvre*
Hauteur : *40 à 90 cm*
Étalement : *60 à 70 cm*

MARIONS-LES

Mariez-les aux tabacs et aux cosmos, le tout bordé de capucines pour un ensemble parfumé aux couleurs gaies.

Leurs graines sont grosses et vous favoriserez leur germination en les laissant tremper une nuit dans l'eau tiède avant le semis et en blessant superficiellement la carapace qui les enveloppe avec un couteau bien aiguisé. Attention de ne pas couper la graine.

CANNA

Floraison : *juillet à août*
Feuillage : *large, vert franc, pourpre ou bleuté, parfois nervuré de clair.*
Exposition : *soleil*
Sol : *riche et toujours un peu humide en été*
Hauteur : *60 à 150 cm selon les variétés*
Étalement : *30 à 50 cm selon les variétés*

Canna indica (famille des Iridacées), dit balisier canne-d'Inde ou faux sucrier

Très grand, richement coloré

Choisissez le canna autant pour la beauté de ses fleurs aux couleurs variées, que pour son feuillage original, pourpre, bleuté ou nervuré de jaune. Il forme, en groupe, une belle toile de fond pour des fleurs plus basses.

MARIONS-LES
Offrez-lui la compagnie de fleurs à la stature aussi élevée, comme les amarantes ou les grands tabacs blancs. Quelques cosmos ajouteront à la scène un peu de légèreté.

Culture

Achetez les bulbes en février ou mars, assez tôt car ils se conservent mal en sachet. Préférez ceux de calibre I : ils porteront deux yeux. Plantez-les dans un pot rempli de tourbe, que vous poserez sur un radiateur, près d'une fenêtre. Arrosez régulièrement, sans excès, pour encourager le démarrage de la végétation. Sortez-les et plantez-les dès que les gelées ne sont plus à craindre, jamais avant fin mai au nord de la Loire. Gourmands, ils apprécient les terres riches : incorporez du compost à la plantation et arrosez en été avec un engrais liquide « spécial plantes fleuries ». Paillez avec du compost dès l'apparition des feuilles. La floraison s'étalera de juin à fin août, selon la date de plantation. En septembre, arrachez, éliminez les tiges et entreposez les bulbes dans de la tourbe légèrement humide. Au printemps suivant, coupez-les en tronçons sphériques portant au moins deux yeux.

Comportement

En pot. Il vient bien en grandes potées, selon le même mode de culture qu'au jardin, dans un mélange terreau-sable, en compagnie de fleurs plus basses ou tapissantes. C'est aussi un bon moyen pour le préserver du froid, car il est moyennement rustique.

En bouquet. Laissez les grands au jardin et cueillez les petits à peine éclos avec leur feuillage pour de belles brassées d'été.

Les meilleures variétés

- 'Striatus' (100 à 150 cm), orange aux feuilles striées de jaune.
- 'Angele Martin' (100 à 150 cm), rose saumoné à feuillage pourpré.
- 'En Avant' (100 à 150 cm), jaune piqueté de rouge sur feuillage vert.
- Félix Roux' (60 cm), rouge à feuillage pourpre.
- 'Gnom' (60 cm), rose à feuillage vert.

COLCHIQUE DES PRÉS

Colchicum automnale (famille des Liliacées), dite safran bâtard

Des fleurs à l'automne

Floraison : *fin août à octobre*
Feuillage : *vert, assez dense*
Exposition : *soleil/mi-ombre*
Sol : *à tendance acide, toujours un peu humide en été et bien drainé*
Hauteur : *10 à 15 cm selon les variétés*
Étalement : *25 cm*

La colchique marque la fin de l'été, comme dit la chanson. Elle forme rapidement de larges taches colorées à l'automne dans toute terre ordinaire de jardin, à tendance acide. Aussi ses fleurs rose lilas sont-elles parfaites, en groupes, au pied d'arbustes qui se colorent d'or avant l'hiver, comme certains cornouillers.

À gauche, la colchique 'The Giant'.
Ci-dessus, de haut en bas, Colchicum *'Waterlily'* et Colchicum byzantinum.

Choisissez au moins un calibre 13 + pour obtenir de nombreuses fleurs dès la première année.

MARIONS-LES
Avec un caryopteris ou un camélia à floraison d'automne, en fleurs à cette période, le mariage est des plus réussi.

Culture

Ajoutez de la terre de bruyère à la plantation, en juillet ou août. Arrosez en cas de sécheresse après la plantation et tant que le feuillage reste vert. C'est tout !

Comportement

En pot. Elle ne se plaît qu'au jardin : impossible de la faire fleurir en potée ou en jardinière.

En bouquet. Trop fragile, elle vous décevrait si rapidement que mieux vaut encore la laisser où elle est.

Les meilleures variétés

- 'Automn Queen', à fleurs lilas et cœur blanc, la première à fleurir, dès le début août parfois. Elle est plus élancée, autour de 15 à 20 cm de haut.
- 'Water Lily', aux énormes fleurs roses doubles, ressemblant à un petit nénuphar, en septembre.
- *Colchicum speciosum* (20 cm), à grandes fleurs roses au centre blanc, en septembre-octobre.

À SAVOIR
Il existe également des crocus qui fleurissent à l'automne dans les mêmes situations. Plantez-les au printemps, un peu plus tôt que les colchiques :
- *Crocus speciosum* (15 cm), à grandes fleurs bleues en septembre. Son coloris varie en nuance d'une année sur l'autre. Calibre minimum : 5 +.
- Safran (10 cm), *Crocus sativus*, bleu rayé et au pistil d'un orange vif. Calibre minimal : 7 +.

CROCUS À GRANDES FLEURS

Crocus vernuus (famille des Liliacées), dit safran des fleuristes

Les premières joies colorées du printemps

Floraison : *mars à avril*
Feuillage : *linéaire, vert*
Exposition : *soleil*
Sol : *ordinaire et bien drainé*
Hauteur : *12 à 15 cm selon les variétés*
Étalement : *6 à 10 cm selon les variétés*

La veille de la plantation, pensez à faire tremper les bulbes dans un peu d'eau tiède. C'est mieux, sans être obligatoire !

MARIONS-LES
Associez-le à des petites pervenches aux feuillages denses, des *Helleborus orientalis* et des iris de Hollande. Pour ajouter une note de gaieté, plantez quelques pieds de primevères jaune pâle dans cet ensemble.

En pot, parsemant la pelouse, dans la rocaille, en larges plages au pied des arbres… le crocus a sa place partout. Il fera merveille sous les arbres, en tapis.

Culture
Plantez-le en automne dans un terrain léger. Si tel n'est pas le cas dans votre jardin, glissez une poignée de sable au fond du trou de plantation. Demandez un calibre 5+ ou 6+ selon les variétés. Après floraison, laissez-le en place, ne coupez pas son feuillage avant qu'il ne soit jaune et flétri et il sera au rendez-vous chaque printemps.

Comportement
En pot. Sa floraison semble un peu plus longue. Vous le planterez comme au jardin, dans un terreau mélangé de sable.

En bouquet. Non, ou alors en tout petits bouquets, de très courte durée, dans des soucoupes remplies d'eau.

Les meilleures variétés
Les crocus sont souvent vendus en mélanges. Ne cherchez pas plus loin, leurs coloris sont assortis. Mais si vous insistez :
- 'Pickwick', blanc strié de violet foncé.
- 'Jeanne d'Arc', blanc pur.

Pour sortir des sentiers battus :
- *Crocus chrysanthus* (8-10 cm), le premier à fleurir à partir de janvier, avec des fleurs plus petites que ses collègues.
- *Crocus imperialis* (6-7 cm), parmi les plus précoces.
- *Crocus tommasinianus* (6-7 cm), aux fleurs lilas intense et pistils orange vif, d'une robustesse à toute épreuve en sous-bois.

CYCLAMEN DE NAPLES

Cyclamen neapolitanum (ou *hederaefolium*) (famille des Primulacées), dit pain-de-pourceau

Des lumères pour habiller l'ombre

Floraison : *août à novembre*
Feuillage : *en cœur, marbré de vert plus clair ou d'argent*
Exposition : *ombre/mi-ombre*
Sol : *riche et bien drainé*
Hauteur : *8 à 10 cm*
Étalement : *15 cm*

Il est charmant en larges plages, sous des arbres, où ses petites fleurs roses évoquent les sous-bois parfumés de l'automne. Après la floraison, le feuillage reste décoratif jusqu'à sa disparition, en avril ou mai.

Comportement

En pot. Il se plaît en pot où il reste décoratif longtemps grâce à son feuillage. Plantez-le avec des bruyères d'hiver qui prolongeront l'effet de floraison jusqu'à la disparition de ses feuilles, au printemps.

Sa meilleure utilisation reste l'habillage des sous-bois. Dommage que ses tiges soient si petites : impossible de les utiliser dans des bouquets.

MARIONS-LES
Mariez perce-neige et cyclamens au pied d'un cerisier à fleurs pour un décor « quatre saisons ». Le premier s'unira aux fleurs roses en pompons, le second s'alliera aux couleurs chaudes de son feuillage d'automne.

Culture

Achetez un calibre 10+, pas moins pour une belle floraison dès l'année suivant la plantation. Plantez en automne. Il aime les terres légères et riches : incorporez une poignée de terreau ou de terre de bruyère à la terre de plantation. Et oubliez-le.

Les meilleures variétés

Allez au plus simple : l'espèce type donne des fleurs qui varient du mauve au rose pâle. Toutefois, il existe une variété, *Cyclamen persicum* 'Album', qui produit des fleurs d'un blanc pur du plus bel effet en mélange ou en plages monochromes.

DAHLIA

Dahlia (famille des Astéracées), dit géorgine

La gloire de l'arrière-saison

Floraison : *juillet à octobre*
Feuillage : *vert franc, voire pourpre*
Exposition : *soleil*
Sol : *riche, profond et bien drainé*
Hauteur : *35 à 100 cm selon les variétés*
Étalement : *30 à 70 cm selon les variétés*

Gourmand mais sans prétention, il trouve sa place partout. Au potager, en bordure ou en ligne, où ses meilleures compagnes seront les choux, les poirées et tous les légumes de taille imposante, à la mesure de sa propre stature. En massif, il aura le talent d'apporter la richesse de sa couleur, de sa forme et de son feuillage jusque tard en saison.

Un dahlia de type cactus, classique, toujours élégant.

Culture

Achetez les tubercules au plus tard fin mars-début avril. Entreposez-les chez vous dans de la tourbe humide, au chaud, pour faire apparaître des pousses avant la plantation : vous prenez ainsi un peu d'avance. Comptez une quinzaine de jours minimum pour le démarrage de la végétation. Plantez par groupe de 3 ou 5, bien espacés, en juin au nord de la Loire, lorsque les gelées ne sont plus à craindre, et en mai en zone plus clémente.
C'est un gourmand : incorporez une bonne dose de compost à la plantation. Placez le départ des tiges ou les jeunes pousses vers le haut. Tassez délicatement la terre à la main entre les diverticules des tubercules, au fur et à mesure que vous rebouchez. Arrosez abondamment et attendez le démarrage. Et protégez la végétation contre les limaces : elles adorent les jeunes pousses du dahlia. Encouragez la floraison par des arrosages répétés et des apports d'engrais liquide spécial « plantes fleuries » tout au long de l'été. Dès que les gelées ont noirci leur feuillage, arrachez les dahlias, coupez les tiges à 10-15 cm de la base et laissez sécher à l'air libre pendant quelques jours. Secouez l'excès de terre et entreposez les tubercules sur un lit de tourbe dans des cageots recouverts d'une bonne couche de papier journal. Le tout sera placé dans un local frais, mais hors gel.

Dahlia 'Tsuki yori no Shisha'. Devinez son origine !

Dahlia pompon 'Vizir'.

MARIONS-LES
Il se mariera bien avec des cosmos et des grands tabacs qui allègeront sa silhouette. Les plus petits (simples ou pompons) pourront jouer aux dames avec la santoline, si vous les plantez en damier.

Pour obtenir davantage de fleurs sur les dahlias pompons, coupez l'extrémité des tiges dès qu'elles portent 3 rangées de feuilles. Vous encouragerez ainsi la ramification.

À SAVOIR
Les grands dahlias à très grosses fleurs ont besoin de tuteurs solides, d'une hauteur au moins égale au deux tiers de leur taille adulte. Placez-les dès la plantation.

Comportement

En pot. Les dahlias nains reviennent en force dans les jardinières, remplies de terreau ordinaire ou de bonne terre de jardin additionnés d'une bonne poignée de compost. Ils sont si colorés qu'ils méritent d'être cultivés seuls. Arrosages abondants et apports d'engrais réguliers sont les secrets de la réussite. En fin de saison, traitez les tubercules comme ceux du jardin.

En bouquet. Connait-on meilleure fleur coupée ? Le dahlia ne dure pas loin d'une dizaine de jours si vous le cueillez au début de son épanouissement, lorsqu'il reste encore quelques pétales non déployés. Si les fleurs énormes font beaucoup d'effet au jardin, mieux vaut les éviter en bouquet : trop lourdes, elles font chuter les vases et sont difficiles à marier. Associez les dahlias à collerette et les dahlias pompons aux soleils à fleurs légères, comme les heleniums, les rudbeckias ou les gaillardes. Les dahlias roses ou mauves s'accordent parfaitement avec les phlox ou les asters.

Les meilleures variétés

Tout comme les tulipes et les narcisses, les dahlias existent dans une infinité de couleurs et de nombreuses formes, et il est bien difficile de faire un choix. Voici les grandes familles de dahlias parmi lesquelles vous trouverez forcément des variétés répondant à votre attente.

Un dahlia cactus jaune et son cousin, rose (à droite), encore plus ébouriffé...

Si vous hésitez, innovez un peu chaque année et conservez uniquement les dahlias qui se sont bien comportés chez vous et dont vous avez apprécié la beauté.

- Dahlia à fleurs simples, ou à collerettes (35 à 40 cm), aux fleurs les plus proches de celles de la marguerite, à cœur jaune et à la collerette de pétales unique.
- Dahlia cactus (40 à 150 cm), aux fleurs tout ébouriffées.
- Dahlia décoratif (40 à 150 cm), aux fleurs sages, bien dessinées, parfois très grandes.
- Dahlia pompon (50 à 70 cm), aux charmantes fleurs en « nid-d'abeille ».

FREESIA

Freesia (famille des Iridacées)

Peu rustique, il préfère la chaleur

Floraison : *juillet à septembre*
Parfum : *suave*
Feuillage : *vert, discret*
Exposition : *soleil, à l'abri du vent*
Sol : *riche, sablonneux et léger*
Hauteur : *30 à 40 cm*
Étalement : *25 cm*

Pensez à toujours le placer à portée de nez : en potée près de la maison ou en bordure d'allée pour ne pas vous priver de son parfum entêtant.

Culture

Choisissez au moins un calibre 5/6, voire 6+ : c'est la garantie d'une belle floraison dès l'année de plantation. Plantez-le en avril, à l'abri du vent. Ensuite, il ne demande aucun soin. Arrachez fin octobre et entreposez au sec avec les autres bulbes.

Comportement

En pot. Vous pouvez le planter en pot, en septembre ou octobre au plus tard. Comptez 6 à 8 bulbes par pot pour un bel effet et offrez leur un mélange à base de sable, de terreau et de terre de jardin en proportions égales. Placez le tout dans un endroit clair, aéré et frais : les freesias fleuriront dès février dans le meilleur des cas. Arrosez-les juste pour maintenir le mélange humide. Vous pouvez les sortir dès qu'il fait bon au dehors.

En bouquet. Les bouquets d'été ne sauraient se passer de son parfum. Évitez toutefois de le mettre dans une chambre : il peut indisposer tant sa senteur est capiteuse. Cueillez-le lorsqu'il est encore en bouton, mais déjà coloré. Il se conservera alors une huitaine de jours.
Mariez sa grâce à d'autres fleurs raffinées, un nuage de gypsophile, des campanules, un cosmos blanc…

Les meilleures variétés

Vous le trouverez le plus souvent en mélanges de jaune, de blanc, de rose et de mauve, et cela suffit bien tant le freesia est gracieux. Les variétés à fleurs doubles ont des fleurs plus grosses que celles à fleurs simples mais perdent un peu du charme des freesias classiques.

MARIONS-LES
Le freesia est plus élégant en masse et en second plan, associé à quelques renoncules. Plantez-le au pied d'un geranium vivace comme *G. renardii*, à fleurs blanches veinées de bleu.

Pensez à le soutenir car ses tiges sont fragiles : à l'abri d'un mur ensoleillé, il y a beaucoup moins de risques de casse.

FRITILLAIRE

Fritillaria imperialis (famille des Liliacées), dite herbe-aux-sonnettes

Un surnom mérité : la couronne impériale

Floraison : *avril*
Feuillage : *vert clair*
Exposition : *soleil/mi-ombre*
Sol : *riche, profond et toujours un peu humide en été*
Hauteur : *50 à 100 cm*
Étalement : *25 à 40 cm*

La fritillaire mérite d'être plantée en groupes nombreux, dans les plates-bandes. Elle n'en sera que plus spectaculaire et, si elle se plaît, elle finira par produire de belles touffes.

Fritillaria imperialis.

Fritillaria meleagris.

Culture

Elle apprécie les terres riches et bien drainées, même calcaires. Achetez des bulbes de calibre 22/24 au moins et plantez-les tôt à l'automne, d'autant que la conservation en sachet n'est pas bonne. Plantés fin août-début septembre, ils vous assurent une floraison au printemps suivant. Laissez-les en place plusieurs années. En février, jetez une pelletée de terreau sur chaque bulbe.
En général, la fritillaire ne dure guère plus de 3 ans, mais il arrive qu'elle se plaise suffisamment pour persister plus longtemps. Il vous faudra alors la diviser au bout de 5 ans.

Comportement

En pot. Elles se plaisent, une seule saison, dans une bonne terre riche en humus. Maintenez humide jusqu'au début de la végétation et évitez les excès d'eau ensuite. Après la floraison, replantez-la au jardin. Préférez les variétés de petite taille.

En bouquet. Associez les grandes fritillaires à des tulipes perroquet qui apporteront un brin de fantaisie. Des euphorbes characias complèreront la composition.

Les meilleures variétés

Les classiques :
Les fritillaires classiques se déclinent en orange ou en jaune, faites votre choix !

Pour sortir des sentiers battus :
- Fritillaire œuf-de-pintade (25 cm), *Fritillaria meleagris,* aux fleurs en clochettes violettes marquées d'un damier plus clair, en mars. Elle apprécie les terres humides.
- Fritillaire de Corse (80 cm), *Fritillaria persica,* aux clochettes brun-violet couvertes d'un léger voile gris, la pruine, sur fond de feuillage bleuté.

Elle fera beaucoup d'effet en groupes de 4 à 6 bulbes.

MARIONS-LES
Mariez les fritillaires oranges à des tulipes dans les mêmes nuances, notamment la gracieuse 'Princesse Irène' ou la folle 'Flaming Parrot', accompagnées de benoîtes qui termineront en beauté la floraison de cet ensemble printanier. Les jaunes gagneront à s'élever sur un tapis de violettes cornues 'Johnny Jump Up' et à s'associer aux tulipes noires 'Black Night'.

GLAÏEUL

Gladiolus hybride (famille des Amaryllidacées)

On aime, ou on n'aime pas !

Floraison : *juillet à septembre*
Feuillage : *en glaives, vert, rugueux*
Exposition : *soleil*
Sol : *riche et toujours un peu humide en été*
Hauteur : *50 à 150 cm selon les variétés*
Étalement : *10 à 15 cm selon les variétés*

MARIONS-LES
Mariez-les avec d'autres géants du jardin : les amarantes, les grands tabacs ou les tournesols.

En lignes au potager, les glaïeuls feront écho aux poireaux bleutés avec leurs couleurs éclatantes ou s'acoquineront avec les maïs et les tomates. Parmi des arbustes à feuillage, plantés en groupes de 3 à 5, leurs fleurs, juste soutenues par les branches basses de leurs voisins, ils prendront des allures un peu folles et leur pompe sera atténuée par le fond de feuillage, idéal pour les tons les plus veloutés de rouge et de pourpre.

Culture

En mars ou avril, achetez des bulbes assez gros, d'un calibre minimal de 14/16, mieux encore, de 16+. Les glaïeuls nains, naturellement plus petits, ne se rencontrent guère au-delà du calibre 12/14.
Ils sont un peu gourmands : apportez-leur une poignée de poudre d'os à la plantation, en mars-avril, et des arrosages réguliers avec un engrais spécial « plantes fleuries » au cours de l'été. Ils préfèrent une situation abritée du vent et vous devrez penser à les soutenir dès qu'ils atteignent 30 à 40 cm par des tuteurs aussi discrets que possible et qui n'excèderont pas la moitié de leur taille adulte.
Lorsque vous éliminez les fleurs fanées ou cueillez les fleurs pour les bouquets, ne les coupez pas trop bas : laissez du feuillage à la plante car il est indispensable au bulbe pour reconstituer ses réserves.
Les glaïeuls ne sont que moyennement rustiques. En octobre, procédez donc à l'arrachage et entreposez-les avec les autres bulbes, après les avoir fait sécher à l'air.
Vous pouvez détacher les bulbilles apparues à la base du bulbe principal. Vous les planterez dans un coin bien abrité du jardin, sous une bonne couche de feuilles mortes, et les y laisserez un an. Vous les nourrirez régulièrement pendant tout l'été et les arracherez à l'automne suivant. Mis en place au printemps suivant, ils fleuriront alors avec leurs grands frères, mais deux ans plus tard. Le jardinier est patient !

Comportement

En pot. Ils sont d'une taille trop importante pour supporter d'être contenus dans un pot, si grand soit-il.

En bouquet. Cueillez-les lorsque le premier fleuron du bas de la tige s'épanouit : ils dureront 10 jours au moins. Vous prendrez soin d'éliminer au fur et à mesure les fleurons fanés pour conserver à votre bouquet un aspect soigné.
Réalisez ainsi des bouquets monumentaux à poser à terre, pour décorer un perron ou une terrasse, un soir de fête. Mariez-les alors aux tournesols et aux amarantes lie-de-vin.

Les meilleures variétés

Difficile de faire un choix à votre place parmi les multiples variétés existantes. Choisissez les rouges ou les pourpres pour le velouté de leurs fleurs, ou préférez les tons pastel, qui allègent leurs épis lourdement chargés.

- 'Arabian Night', d'un beau pourpre foncé.
- 'Traderhorn', un classique rouge velouté à peine marqué d'un trait blanc.
- 'Champagne', jaune pâle juste strié de rouge au cœur.
- 'Magistral', un blanc marqué de pourpre au cœur.
- 'Vedi Napoli', rose lilas, marbré de blanc, plus clair au cœur.

Pour sortir des sentiers battus :

Optez pour les glaïeuls nains, beaucoup plus légers. Ils ont les mêmes exigences que les grands glaïeuls. Leurs tiges, plus courtes, sont plus souples.

- Glaïeuls papillon (100 cm), *Gladiolus papilio,* aux fleurs plus petites et aux pétales ondulés, le plus souvent bicolores.
- *Gladiolus nanus* ou *colvillei* (50 à 60 cm), blanc ou saumon à gorge marquée respectivement de vert et de violet. Les fleurs sont en épis plus lâches.

Un glaïeul étrangement coloré : Gladiolus 'Prinz Clauss'.

Lorsque vous coupez les fleurs, notez immédiatement la couleur avec une étiquette attachée à la touffe, car il vous sera difficile ensuite de vous rappeler qui est qui !

GLAÏEUL D'ABYSSINIE

Acidenthera murielae (famille des Iridacées)

Pour la beauté et le parfum...

Associez sa fleur originale à un écrin de feuillage gris telle celui des armoises ou des santolines. Ne le placez pas trop loin des bordures des massifs, afin de profiter de son parfum au cours de vos promenades.

Culture

Il craint l'humidité : n'hésitez pas à incorporer une bonne dose de sable à la terre de plantation.
C'est un frileux, attendez que le sol soit suffisamment chaud, en mai, pour le planter. Achetez des bulbes d'un calibre d'au moins 10+.

Les meilleures variétés

L'espèce type tient toutes ses promesses.

Floraison : *août à septembre*
Parfum : *sucré rappelant le miel*
Feuillage : *en forme de glaives*
Exposition : *soleil*
Sol : *riche, sablonneux et léger*
Hauteur : *60 cm*
Étalement : *15 à 20 cm*

MARIONS-LES
Bordez son pied d'un *Geranium endressii* rose nacré. Mariez-le aux acanthes et aux phlox pour un massif un peu monumental.

Bien que de haute stature, il se prête bien à la culture en pot, pour créer des touffes aériennes.

HÉMÉROCALLE

Hemerocallis (famille des Liliacées)

Comme un lis, les couleurs en plus

Floraison : *juin à juillet*
Feuillage : *en lanières, vert*
Exposition : *soleil/mi-ombre*
Sol : *riche et toujours humide en été*
Hauteur : *30 à 100 cm selon les variétés*
Étalement : *30 à 60 cm selon les variétés*

Longtemps seulement disponible en jaune et orange, le « lis d'un jour » aux couleurs pastel sera plus à son avantage à l'ombre, mais fleurira moins généreusement qu'au soleil.

Culture

Il est possible de la planter, par groupe d'au moins 3 ou 5 bulbes, dès la fin de l'été et jusqu'en octobre. Mais si vous la plantez au printemps, ne dépassez pas la fin mars. Chaque printemps, couvrez les touffes installées d'une bonne couche de compost et attendez que la floraison décline, au bout de quelques années, pour les diviser, en septembre de préférence. Supprimez soigneusement les fleurs fanées : elles forment des graines qui épuisent la plante.

Comportement

En pot. Non, oubliez cette idée : il a besoin d'espace…

En bouquet. Ses fleurs ne durent qu'un jour, d'où son surnom. Ce n'est pas ce que l'on recherche dans un bouquet !

MARIONS-LES
Mariez-les aux roses, aux anthémis, aux pivoines. L'hémérocalle jaune est du plus bel effet avec des ancolies bleues ou des campanules, bordées d'une frange d'alchémilles.

Les meilleures variétés

• Hémérocalle jaune (60 cm), *Hemerocallis flava,* en fleur dès la fin mai, elle dégage un parfum de fleur d'oranger.

• Les Américains nourrissent à son égard une passion délirante qui a présidé à la naissance de très nombreux hybrides. Le choix est donc difficile, en voici quelques beaux spécimens :

- 'Stella de Oro' (30 cm), d'un bel orangé velouté.
- 'Autumn Red' (90 cm), rouge brique à cœur jaune.
- 'Corky' (70 cm) à petites fleurs jaune clair à revers brun.
- 'Bertie Ferris' (50 cm), à petites fleurs orangées très frisottées.
- 'Jock Randall' (70 cm), rouge framboise à cœur jaune, feuillage persistant.
- 'My Belle' (60 cm), rose doux, finement nervuré, à la forme parfaite.
- 'So Lovely' (80 cm), crème au cœur vert.
- 'Scorpio' (60 cm), à fleurs aux pétales très fins et recourbés, jaunes avec un halo orangé au cœur.

IRIS DES JARDINS

Iris (famille des Iridacées), dit flamme

La beauté faite fleur

Floraison : *mai à juin*
Feuillage : *en forme de glaive*
Exposition : *soleil/mi-ombre*
Sol : *riche et bien drainé*
Hauteur : *20 à 100 cm selon les variétés*
Étalement : *15 à 40 cm selon les variétés*

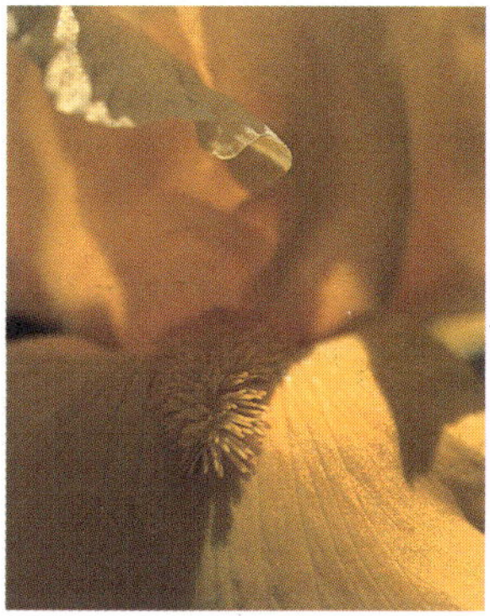

'Sun Miracle'.

MARIONS-LES
En compagnie des roses, ils paraîtront moins déplumés, une fois la floraison achevée.

Plantez les iris au moins par groupe de trois rhizomes. Très vigoureux, ils formeront en deux ans de belles touffes imposantes.

À SAVOIR
Il existe également deux autres catégories d'iris, aux exigences très différentes :
– Les iris bulbeux, qui se plantent en septembre-octobre pour fleurir dès le printemps suivant, jusqu'au milieu de l'été. Certains se naturalisent bien.
– Les iris d'eau, qui prospèrent en milieu humide, et se plantent en automne pour fleurir en mai-juin.

Les iris rhizomateux se plaisent entre eux : réservez-leur leur propre espace, bordé d'alchémilles, d'achillées ou de santolines, mais pas juste à l'endroit du jardin où vous vous tenez le plus souvent. Car rappelez-vous : ils ne sont vraiment spectaculaires qu'un mois par an.

Culture

Les grands iris de jardin sont faciles à cultiver. Ils sont peu exigeants sur la nature du sol pourvu qu'il ne soit pas humide en hiver. Par précaution, améliorez le drainage en incorporant du sable à la terre de jardin, lors de la plantation. Ils résistent très bien à la sécheresse et prospèrent presque à la surface du sol. Creusez un trou en forme de triangle et en pente douce : la partie la plus large doit avoir 10 cm environ de profondeur et la plus étroite, orientée vers le soleil, arriver au niveau du sol.

Préparez les iris avant de les planter. Enlevez toutes les petites racines sèches. Appuyez sur la racine charnue (le rhizome) et si vous trouvez une partie molle, éliminez-la avec un couteau bien affûté. Ne coupez pas les feuilles vertes à plus de 15 cm au-dessus de la racine en éventail.

Posez la racine charnue dans le trou, de telle sorte que les racines fines s'étalent dans la partie la plus large et la plus profonde. La partie supérieure de la racine charnue doit dépasser du sol : elle profitera ainsi de la chaleur des premiers rayons du soleil printanier. Recouvrez en tassant fortement avec le plat de la main.
Arrosez légèrement juste après la plantation et, ensuite, laissez les iris se débrouiller seuls.

Comportement

En pot. Comme leur nom l'indique, laissez les grands iris au jardin. Seuls les petits iris bulbeux se plairont en potée, dans un terreau bien drainé et enrichi de sable.

En bouquet. Même ceux de votre jardin ne sont pas très durables en bouquet. Ils sont pourtant du plus bel effet dans des bouquets à longues tiges.

Les meilleures variétés

• *Iris pallida* (100 cm), aux feuilles larges, vert-gris un peu bleuté, et aux grandes fleurs bleu lavande et parfumées en mai. Il existe une variété aux feuilles panachées de jaune et une autre aux feuilles panachées de blanc.
• *Iris versicolor* (80 cm), aux grandes feuilles étroites, pourprées à la base, et aux fleurs pourpres tirant sur le brun. 'Kermesina' est une variété plus pourpre encore.

Les iris hybrides des jardins sont le plus souvent classés par taille :
• Les petits (20 à 40 cm) pour les bordures, en fleurs fin mars-début avril :
- 'Brassie', jaune chrome veiné de chamois.
- 'Cherry Garden', rouge-brun très sombre.
- 'Sapphire Gem', bleu clair veiné de bleu foncé à barbe blanche.
• Les moyens (40 à 60 cm), en fleur un peu après, de la fin avril à la mi-mai :
- 'Butterpat' (50 cm), jaune et blanc.
- 'Bel Azur' (60 cm), bleu.
- 'Pharaon Daughter' (40 cm), rose chair.
• Les grands (60 à 100 cm), en fleur encore plus tard en mai ou juin.
- 'Accent', jaune et brun.
- 'Bicentennial', blanc et or.
- 'Blue Staccato', bleu et blanc.
- 'Latin Lover', rose et pourpre.
- 'Tuxedo', bleu-violet presque noir.

'Amethyst flame'.

JACINTHE

Hyacinthus orientalis (famille des Liliacées)

Floraison : *mars à avril*
Parfum : *suave*
Feuillage : *vert franc*
Exposition : *soleil/mi-ombre*
Sol : *ordinaire*
Hauteur : *20 à 25 cm*
Étalement : *15 à 20 cm*

Des effluves de senteur

Elles sont indispensables dans un jardin bien fait, pour leurs couleurs et leur parfum, qui marquent le retour de la belle saison.

Culture

En sol lourd, incorporez du sable ou de la tourbe à la terre de jardin. Dès la fin de la floraison, coupez ses fleurs. Donnez-lui un engrais complet, après floraison, pour éviter qu'elle ne dégénère trop vite. Quand le feuillage jaunit, arrachez-la et conservez-la dans un local frais et obscur. Si vous la laissez en place, elle reviendra invariablement au type sauvage, aux épis de fleurs plus clairsemés et plus lâches. Au bout de 2 à 3 ans, vous serez obligé de la remplacer.

Comportement

En pot. Elle resplendit seule, ou en mélange avec des narcisses botaniques et des tulipes. Elle est capable de fleurir sur un lit de gravier. Il faudra jeter le bulbe ensuite : vous ne parviendrez pas, même avec de l'engrais, à lui faire reconstituer ses réserves.

En bouquet. Ou plutôt forcée dans un vase à jacinthe, l'eau effleurant juste le bulbe, car elle durera ainsi 8 à 10 jours. Elle peut toutefois composer le cœur odorant d'un petit bouquet de printemps, mariée à d'autres bulbeuses précoces.

Les meilleures variétés

Elles sont nombreuses et toutes aussi belles. Restez classique dans les coloris : le bleu, le blanc et le rose franc, sont ce qui va de mieux à la jacinthe.

MARIONS-LES
Jacinthes violettes, tulipes jaune pâle, comme 'Sweetheart', ou blanches à fleurs doubles ('Cardinal Mindszenty') et muscaris, un beau mariage pour un tableau printanier, tout en délicatesse. Vous pouvez tenter l'alliance de jacinthes roses, de tulipes doubles 'Peach Blossom', sur un tapis de corbeilles-d'argent si vous préférez les tons pastel.

Sachez que les jacinthes doubles donnent de grandes fleurs vraiment très spectaculaires mais si lourdes qu'il faut souvent les tuteurer.

LIS

Lilium (famille des Liliacées)

Beau et célèbre depuis toujours

Floraison : *juin à août selon les variétés*
Feuillage : *vert franc, parfois assez clair*
Exposition : *soleil/mi-ombre*
Sol : *ordinaire, neutre de préférence*
Hauteur : *80 à 130 cm selon les variétés*
Étalement : *25 à 50 cm selon les variétés*

Sa beauté est éphémère, mais absolument irremplaçable, quant à son parfum, n'en parlons pas ! Plantez-le, en groupe, au milieu de massifs de fleurs plus durables.

MARIONS-LES
Sur un tapis de géraniums vivaces par exemple, ou parmi des roses et autres arbustes à fleurs d'été sur lesquels il s'appuiera.

Pour éviter que l'humidité ne stagne dans le creux du bulbe, inclinez-le légèrement dans son trou de plantation.

Culture

À l'achat, soyez exigeant sur la qualité du bulbe car il se conserve difficilement : rejetez tous ceux qui portent des traces de moisissure ou un rougissement suspect. Peu difficile à cultiver, il aura néanmoins du mal à fleurir en sol lourd et compact. Ameublissez le terrain sur la profondeur d'un fer de bêche et préparez un mélange à parts égales de terre de jardin et de compost. Plantez tous les lis, en mars ou avril, entre 12 et 15 cm de profondeur, sauf celui de la Madone qui se plante moins profond et à l'automne, de préférence. Arrosez régulièrement dès que la floraison commence.

Comportement

En pot. Si vous le plantez en pot, offrez-lui un diamètre de 30 cm minimum, remplissez pour moitié de terreau et pour moitié de compost.

En bouquet. Il est beau dans toutes les circonstances, même seul. Alors ne vous en privez pas. Attention à leur odeur forte !

Les meilleures variétés

Les lis orientaux (on dit aussi royaux), *Lilium regale* et ses hybrides (100 à 120 cm), se conservent difficilement d'une année sur l'autre. Leurs fleurs très sophistiquées, en juillet ou août, viennent mal au jardin. Si vraiment vous y tenez, achetez-les en mélange, inutile de faire plus de frais.

Ceux qui se naturalisent facilement au jardin :

• Le lis de la Madone (100 à 140 cm), *Lilium candidum*, aux grandes fleurs blanches parfumées en juin et au feuillage vert clair presque persistant. Il accepte un terrain un peu calcaire et pousse bien au soleil. Calibre minimal : 20 +.
• *Lilium speciosum* 'Rubrum' (100 à 130 cm), d'un rose ponctué de pourpre ravissant, et très parfumé, en fleur en août. Il ne tolère pas du tout le calcaire ; si tel est le cas de votre sol, plantez-le en pot dans de la terre de bruyère. Calibre minimal : 18/20.
• Lis trompette (80 cm), *Lilium longiflorum*, aux fleurs blanches en cornets regroupés en haut de la tige, en juillet-août.

MONTBRETIA

Crocosmia crocosmiiflora (famille des Iridacées)

Rustique, sauf en région froide

Floraison : *juillet/août*
Feuillage : *en glaives, vert*
Exposition : *soleil*
Sol : *riche, sablonneux et léger*
Hauteur : *60 cm*
Étalement : *10 à 12 cm*

Il est facile à vivre et se naturalise avec enthousiasme, dès lors qu'il n'est pas installé en terrain lourd.

Culture

Plantez-le en mars ou avril, dans un mélange de terre de jardin et de compost, et divisez tous les 3 ans, à la même époque. Couvrez à l'automne d'une couche de feuilles mortes en régions froides ou, mieux, arrachez-le en octobre pour le stocker avec les autres bulbes. En sol fertile et bien drainé, ses fleurs se renouvellent de juin jusqu'aux gelées. Mais il peut être capricieux : tantôt il disparaît après une floraison sans panache, tantôt il réapparaît tous les ans, toujours plus luxuriant, voire envahissant.

Comportement

En pot. Ce n'est pas vraiment son lieu de prédilection, mais essayez-le dans un terreau très allégé de sable.

En bouquet. Excellente fleur coupée, ses fleurs retombantes dureront huit jours au moins dans les bouquets d'été. Utilisez également son beau feuillage qui reste dressé, lui.

Les meilleures variétés

L'espèce type se décline en plusieurs nuances subtiles allant du jaune orangé au rouge orangé, avec parfois des fleurs bicolores où la couleur est plus claire au centre et plus soutenue en bordure.

MARIONS-LES
Mariez-le avec des soleils, dans un massif estival tonique. Parmi des arbustes à feuillage clair, tel l'oranger du Mexique, vous profiterez mieux de ses nuances.

MUGUET

Convallaria majalis (famille des Liliacées), dit lis-de-mai

Doux parfum et belles clochettes, il est à sa place partout

Floraison : *mai*
Feuillage : *vert franc, large*
Exposition : *ombre/mi-ombre*
Sol : *riche et frais*
Hauteur : *15 à 20 cm*
Étalement : *60 cm ou plus une fois installé*

Encore une plante symbole du printemps, l'une des plus populaires aussi.

Culture

Plantez-le, en groupe de 30 pieds, à 10 cm les uns des autres, tôt en automne pour qu'il soit présent au printemps suivant. Enterrez à peine le bout de la griffe blanche et recourbée et étalez les racines dans le trou de plantation. Arrosez régulièrement à la fin de la floraison. Paillez au début du printemps avec du terreau de feuilles ou du compost.

Comportement

En pot. C'est souvent comme cela qu'on vous l'offre. Mais il ne s'y plaît pas bien longtemps. Alors, autant le laisser au jardin où, une fois installé, il sera d'une générosité et d'une fidélité exceptionnelles.

En bouquet. Pour qu'il dure, cueillez-le lorsque les clochettes du bas sont ouvertes et fraîches, celles du haut déjà blanches mais encore fermées.

Les meilleures variétés

Rien que l'espèce type ! Les variétés roses ne sont plus du muguet !

MARIONS-LES
Le muguet est du plus bel effet au pied d'arbustes à floraison printanière, cognassier du Japon ou cassis-fleurs, avec quelques pieds de petites pervenches.

À SAVOIR
Les fruits rouges et brillants du muguet sont toxiques. Prenez garde que les jeunes enfants ne s'en approchent pas. Raison de plus pour couper les fleurs fanées !

MUSCARI

Floraison : *mars à mai*
Feuillage : *fin, vert franc*
Exposition : *soleil/mi-ombre*
Sol : *ordinaire et bien drainé*
Hauteur : *12 à 20 cm*
Étalement : *10 cm*

Muscari armeniacum (famille des Liliacées), dit lilas-de-terre

Un bleu lumineux

Facile à acclimater et d'un développement généreux, plantez-le en bordure en alternant ses deux coloris, le bleu et le blanc. Ou bien tentez les vastes plages au pied des arbres.

MARIONS-LES
Associez-le à l'euphorbe *Euphorbia polychroma* pour créer un tapis contrasté et lumineux au pied d'arbustes à feuillage pourpre, noisetier, ou continus.

Divisez-les régulièrement pour qu'ils continuent à fleurir.

Culture

En sol fertile, il sera toujours au rendez-vous du printemps. Ajoutez une poignée de compost à la terre de plantation et couvrez-en la souche chaque automne. Comptez un calibre minimum de 10+ pour avoir des muscaris de qualité.

Comportement

En pot. Il est parfait pour les jardinières : plantez-le en groupe serré dans du terreau ordinaire bien drainé. Attendez le départ de la végétation pour commencer à arroser. Jetez-le après la saison.

En bouquet. C'est une excellente petite fleur un peu sèche, de très bonne tenue en bouquet de toute petite taille, avec des crocus ou des perce-neige.

Les meilleures variétés

Il existe en blanc et en bleu. N'hésitez pas à les mélanger en les plantant.

NARCISSE

Floraison : *mars à mai selon les variétés*
Parfumé *pour certaines variétés*
Feuillage : *fin, vert*
Exposition : *soleil/mi-ombre*
Sol : *ordinaire*
Hauteur : *20 à 50 cm*
Étalement : *15 à 20 cm*

Narcissus (famille des Amaryllidacées), dit moulin-à-vents

Toutes les formes et toutes les combinaisons

Les narcisses nains trouvent leur place en petits groupes dans la rocaille, en bordure de massif ou même en jardinière. Les grands narcisses seront à leur avantage par 30 ou 50 unités en lignes au potager, ou en groupes de 7 à 9 parmi des arbustes à floraison printanière tels les forsythias, les pommiers et poiriers, les *Prunus triloba* ou les cassis-fleurs.

À SAVOIR
La jonquille est une variété particulière de narcisse (*Narcissus obvullaris*) que l'on trouve à l'état sauvage chez nous.

Culture

Plantez-les tôt, avant la fin octobre. Dans les zones très humides en hiver, glissez une bonne couche de gravier dans le trou de plantation. Par temps sec, arrosez-les dès le début de la floraison. Au soleil, ils fleuriront plus précocement ; à l'ombre légère, la floraison sera plus longue et les coloris plus vifs. Les narcisses multiflores sont un peu plus sensibles au froid que les autres : plantez-les donc un peu plus profondément dans les régions froides et protégez-les avec une bonne couche de feuilles mortes pendant l'hiver.

Narcisses sur fond de digitales.

Comportement

En pot. Faciles à cultiver en jardinière, les narcisses ont juste besoin d'une terre de jardin bien drainée et d'un peu de soleil. Après floraison, jetez-les : ils auront du mal à reconstituer leurs réserves.

En bouquet. Les narcisses se tiennent bien dans un vase, une dizaine de jours sans broncher, à condition de les cueillir en début d'épanouissement. Ne cueillez pas les feuilles, elles sont utiles à la régénération du bulbe pour la prochaine floraison. Réalisez avec les narcisses botaniques de petits bouquets en les mariant avec des primevères et des violettes. Mêlez les narcisses multiflores parfumés avec des branches de prunus ou de cognassiers.

Les meilleures variétés

Les nains ou botaniques :

• *Narcissus cyclamineus* 'Tête à Tête'(20 à 25 cm), dont chacune des tiges porte deux fleurs dos à dos, déclinant deux nuances de jaune en mars-avril.

• Narcisse multiflore (30 à 40 cm), chacune de ses tiges portent plusieurs fleurs très parfumées en mars-avril. C'est le narcisse idéal pour faire de beaux bouquets.

- *Narcissus tazetta* 'Scarlet Gem', jaune à cœur orange.
- *Narcissus triandrus* 'Thalia', aux fleurs plus grandes, blanches et inclinées délicatement vers le sol. On le dit le plus parfumé.
- *Narcissus triandrus* 'Hawera', aux petites fleurs jaunes aux trompettes plus soutenues.

• Narcisse des poètes ((45 cm), *Narcissus poetaz*, le dernier à fleurir, blanc avec une couronne centrale orange vif, très parfumé.

• Jonquille vraie (20 cm), *Narcissus obvullaris*, d'un beau jaune d'or, qui se naturalise facilement partout.

Les narcisses hybrides à grandes fleurs : Les variétés de narcisses à grandes fleurs (30 à 40 cm), *Narcissus* hybride, sont les plus tardifs, entre mars et avril. En voici quelques-unes parmi nos préférées, à vous d'en choisir d'autres selon vos goûts :

- 'Cassata' (50 cm), à fleurs d'orchidée jaune pâle.
- 'Las Vegas' (30 cm), jaune pâle et jaune d'or.
- 'Golden Harvest' (35 cm), jaune simple.
- 'Ice Follies' (35 cm), crème et jaune citron.
- 'Chinese Coral' (30 cm), blanc ivoire et saumon.

MARIONS-LES

Mariez les narcisses 'Thalia' aux fleurs blanches et délicates aux cœurs-de-Marie pour une scène pleine de délicatesse.

À SAVOIR

La fleur de narcisse est composée de deux parties :
- la collerette, qui est constituée des sépales de la fleur (ceux qui forment le calice vert de la plupart des autres fleurs), colorés et élevés au rang de pétales ;
- la coupe, ou trompette selon sa forme, que constituent les pétales soudés au centre de la collerette. C'est elle qui apporte toute la fantaisie, en se doublant ou en se frisottant.

NÉRINE

Floraison : *septembre à octobre*
Feuillage : *en lanières souples, vert*
Exposition : *soleil*
Sol : *ordinaire, bien drainé, même pauvre*
Hauteur : *45 à 50 cm*
Étalement : *15 cm*

Nerine bowdenii (famille des Amaryllidacées)

Elle se plaît au pied d'un mur exposé au soleil

Rustique dans les parties les mieux protégées du jardin, elle porte aussi le joli nom de Lis de Guernesey. Ses fleurs rose tendre durent longtemps.

Culture

C'est une frileuse : plantez-la en petites taches, en avril-mai, dans un endroit abrité du vent. Une fois plantée, laissez-la en place plusieurs années, elle sera toujours au rendez-vous de la fin de l'été. Divisez-la tous les 4 ou 5 ans, au printemps. En hiver, couvrez-la d'un épais paillis de feuilles mortes.

Comportement

En pot. Peu exigeante, la nérine se satisfera de terreau ou de terre de jardin, à part égale avec du sable, pour le drainage. Cultivez-la comme au jardin avec les mêmes précautions : attention au vent et au froid.

En bouquet. À marier avec d'autres fleurs aux teintes pastel ; elle tiendra une bonne semaine en vase.

Les meilleures variétés

Contentez-vous de l'espèce type, elle est très belle.

MARIONS-LES
Mariez-la, par groupe de 3 à 5, à des crocus d'automne blanc, des cyclamens de Naples et des colchiques dans les mêmes gammes de rose.

Dans les régions vraiment froides, plantez-la en pot, que vous abriterez en hiver.

OXALIS

Floraison : *mai à juin*
Feuillage : *ressemblant à celui du trèfle, vert gris*
Exposition : *soleil/mi-ombre*
Sol : *riche, bien drainé et léger*
Hauteur : *8 à 10 cm*
Étalement : *15 cm*

Oxalis adenophylla (famille des Oxalidacées), dit surelle

De ravissants coussins émaillés de rose

Cette petite plante tapissante et généreuse est capable de s'installer et de prospérer sans aucun soin particulier dans tous les jardins et presque dans toutes les situations. Ses fleurs, rose clair au cœur blanc, accompagnent d'abord le muguet en tout début de floraison, puis les roses à petites fleurs et les ancolies roses.

Culture

Plantez en septembre ses bulbes curieusement velus, par groupe de 3 ou 5, après avoir soigneusement ameubli le sol.
Posez-les à plat au fond du trou de plantation.
En sol lourd, étalez une couche de gravier au fond du trou de plantation. Arrosez régulièrement tout l'été : son feuillage fourni

est gros consommateur d'eau. Une fois défleuri, coupez les fleurs et paillez avec une couche épaisse de compost. Couvrez-le d'un bon matelas de feuilles mortes en hiver. C'est un pantouflard : évitez de le déplacer ou de le diviser trop souvent, et toujours après la floraison si nécessaire.

Les meilleures variétés

Ne cherchez pas l'introuvable : l'espèce type a toutes les qualités requises pour vous satisfaire.

MARIONS-LES
Essayez un mariage inédit : oxalis et *Allium roseum* dominés par des jacinthes roses et, pourquoi pas, par 'Angélique', une tulipe double tardive d'un rose pâle délicat.

PERCE-NEIGE

Galanthus nivalis (famille des Amaryllidacées), dit grelot-blanc

Le froid n'a pas prise sur lui

Parfois difficile à implanter, mais généreux ensuite, il se plaît au pied d'une haie qu'il souligne d'une blancheur immaculée au printemps quel que soit le temps. C'est en large bande qu'il fait le plus d'effet car sa fleur est menue.

Floraison : *février à mars*
Feuillage : *vert franc*
Exposition : *mi-ombre*
Sol : *riche*
Hauteur : *12 à 15 cm*
Étalement : *10 à 15 cm*

MARIONS-LES
Mariez-le à la rose de Noël, au pied des arbres et arbustes.

Culture

En sol léger à tendance acide, il vivra longtemps. En sol lourd, il vous faudra le renouveler tous les 2 ou 3 ans car il dégénèrera vite. Dans ce dernier cas, enterrez-le un peu moins profondément. N'hésitez pas à en planter au moins 50 bulbes ensembles et prévoyez un calibre minimum de 6+. Vous le diviserez tous les 3 ou 4 ans après la floraison, quand le feuillage est encore vert. Ainsi il aura le temps de se remettre du « choc » avant la fin de sa saison.

En bouquet. Liez-les en petites bottes, ravissantes avec du feuillage de laurier-tin ou d'oranger du Mexique, délicatement parfumées. Au frais, ils dureront longtemps.

Au soleil, il s'épanouira avec une bonne semaine d'avance sur ses congénères installés à mi-ombre.

Comportement

En pot. Plantez-le en groupe, 20 bulbes dans un pot de 18 cm, dans un mélange à parts égales de terre de jardin, de sable et de terreau. Arrosez modérément. Il durera plusieurs années.

Les meilleures variétés

Vous n'en trouverez qu'une et c'est bien suffisant. Le perce-neige a pour seul et unique intérêt sa floraison très précoce. Il peut se naturaliser s'il se plait chez vous. Divisez les touffes en fin de floraison.

RENONCULE

Ranunculus (famille des Renonculacées), dite rouma

Floraison : *mai à juin*
Feuillage : *vert, découpé, basal*
Exposition : *soleil*
Sol : *ordinaire et toujours un peu humide en été*
Hauteur : *25 à 35 cm*
Étalement : *15 cm*

MARIONS-LES
Au printemps, mariez-la aux tulipes doubles, sur un tapis de primevères auricules et de violettes cornues.

Une reine en bouquet

Ranunculus asiaticus *en mélange.*

En plus de ses couleurs vives et de son élégante floraison, elle est facile à obtenir dans un jardin. Sa silhouette gracile a sa place parmi des vivaces aux feuillages plus volumineux, comme des pivoines ou des lupins.

Culture

Elle redoute l'humidité : en sol lourd, incorporez du sable et de la tourbe à la terre de jardin. Plantez-la en septembre-octobre dans la plupart des régions, en la protégeant d'un matelas de feuilles mortes. Avant la plantation, faites tremper les griffes toute une nuit dans un bol d'eau tiède.
À l'achat, exigez au moins un calibre 8+. Si votre sol est léger, vous pouvez la laisser en place plusieurs années.
Donnez-lui alors, à l'automne, un engrais riche en potasse et à action lente : une poignée par m² incorporée par griffage de la surface du sol lui suffit. En sol lourd, mieux vaut la déterrer chaque année, lorsque le feuillage est fané, et la conserver au sec et à l'abri du gel pour la remettre en place au printemps suivant.

Comportement

En pot. Dans un pot de 15 cm de diamètre, préparez-lui un mélange plutôt consistant : terre de jardin (ou terre à rosiers du commerce) et terreau à parts égales. Plantez-la en septembre-octobre, et tenez le pot à l'abri du gel. Pendant la floraison, arrosez fréquemment et ajoutez une fois par semaine un engrais « spécial géraniums ».

En bouquet. Elle dure longtemps si vous la cueillez alors que le bouton est encore bien serré mais laisse déjà apparaître la couleur de la fleur. En brassée, elle se suffit à elle-même. Vous pouvez aussi la marier avec des ancolies, en fin de saison.

Si vous connaissez des hivers rudes avec des périodes de froid prolongées, attendez mars pour la mettre en place : elle fleurira vers la fin du printemps.

Les meilleures variétés

Offrez-vous des 'Friandine', une amélioration obtenue par l'INRA, très florifère et très vigoureuse, aux fleurs bien pleines. En mélanges – c'est ainsi que vous les trouverez le plus souvent –, leurs coloris sont assortis : jaune, rose, saumon, blanc…
- F1 'Cappuccino', mérite une mention spéciale pour sa couleur originale, blanc crème bordé de pourpre.

Renoncules 'Friandine'.

SCILLE CAMPANULÉ

Scilla campanulata (famille des Liliacées)

Un tapis de fleurs bleues

Les scilles campanulés bleus sont plus séduisantes lorsqu'elles sont plantées en larges taches, au pied d'un forsythia par exemple, seules ou mélangées avec d'autres petits bulbes de printemps. Ne rechignez pas à en planter de bonnes quantités.

***Floraison** : avril à mai*
***Feuillage** : fin, vert*
***Exposition** : soleil/mi-ombre*
***Sol** : riche, bien drainé et toujours un peu humide en été*
***Hauteur** : 30 cm*
***Étalement** : 10 cm*

Culture

Elle se naturalise facilement dans le jardin, si vous la plantez en terrain sec et légèrement acide. Incorporez donc du sable et un peu de terre de bruyère à la plantation. Tous les 4 ou 5 ans, divisez les touffes les plus imposantes. Achetez un calibre 7+ ou, mieux, 8+.

Comportement

En pot. Elle se plaît en pot, seule ou avec d'autres bulbes annonciateurs du printemps : narcisses nains ou tulipes botaniques, quelques primevères… Un terreau ordinaire ou une bonne terre de jardin bien drainée suffisent à son bonheur. Après la floraison, transplantez la motte entière au jardin ou jetez-la car il est difficile de la faire reprendre au jardin après un séjour en potée.

Une véritable prairie de Scilla sibirica, mêlées de tulipes et de jacinthes : un véritable rêve de printemps !

En bouquet. Pour de petits bouquets de saison, de courte durée malheureusement.

Les meilleures variétés

La scille existe en blanc, en bleu et en rose, et est parfois vendue en mélanges.

Pour sortir des sentiers battus :

- Scille de Sibérie (15 cm), *Scilla sibirica*, aux fleurs bleues un peu plus précoces, en mars.
- Jacinthe des bois (25 cm), *Scilla nutans*, à la floraison bleu foncé, parfumée et plus tardive, en mai.

Un bulbe à installer entre les touffes de plantes de terre acide (azalées, rhododendron, pieris, camélia…) : il se naturalisera avec le temps.

MARIONS-LES

Mariez ses jolies fleurs rappelant la jacinthe avec tous les petits bulbes de printemps, mais en jouant toujours sur la masse.

TULIPE

Tulipa (famille des Liliacées)

Classique mais indispensable

Floraison : *mars à mai selon les variétés*
Feuillage : *large, vert, parfois bleuté ou marbré de brun*
Exposition : *soleil/mi-ombre*
Sol : *ordinaire et bien drainé*
Hauteur : *20 à 75 cm selon les variétés*
Étalement : *10 à 15 cm selon les variétés*

Une multitude de variétés s'offre à l'amateur de tulipes. Hautes, basses, aux couleurs simples ou panachées, hâtives ou tardives… elles peuvent éclairer votre jardin pendant une longue période et font de merveilleuses fleurs à couper. Abusez-en !

Culture

À l'achat, préférez les bulbes fermes, d'une belle couleur ivoire, bien enveloppés dans une pelure brune et brillante. Pour s'assurer une belle floraison, le calibre sera au minimum de 12+. Pour les tulipes botaniques, le calibre est plus faible : 11/12.
Plantez-les serrés, espacés de 12 à 15 cm au plus selon leur calibre, en larges groupes, pas moins de 20 bulbes par variété. Évitez de trop mélanger les couleurs : c'est ainsi qu'elles feront le plus d'effet.
Attention à l'excès d'humidité : glissez une poignée de sable sous le bulbe, dans le trou de plantation. Cela vous permettra aussi de mieux caler le bulbe, la pointe vers le haut.
En fin de saison, coupez les fleurs fanées au bas de la tige et apportez de l'engrais « spécial géraniums », toutes les semaines, jusqu'au jaunissement complet du feuillage. Ensuite arrachez-les et entreposez les bulbes dans un endroit sec, frais et hors gel. Si vous ne les arrachez pas, vos tulipes vont rapidement dégénérer.

MARIONS-LES
Plantez les grandes tulipes devant un massif d'arbustes ou accompagnées de fleurs plus basses, comme des myosotis, des primevères ou des pensées, afin d'atténuer leur éventuelle raideur. Les giroflées ravenelles s'accommoderont des tulipes les plus grandes aux tons chauds, avec une petite préférence pour les folles corolles des tulipes perroquets. Les armoises grises offriront un bel écrin aux couleurs plus tendres : rose, pourpre clair ou mauve. Quant aux tulipes botaniques, au feuillage marbré de brun, il ne leur faut pas moins que des heuchères à feuillage pourpre ou argenté, des pervenches ou des aubriètes en tapis. Employez la *Tulipa greigii* en vedette dans un groupe restreint ou dans une potée.

Comportement

En pot. Préférez les variétés les plus courtes et plantez-les à l'automne, en les serrant presque à se toucher, dans un mélange de terreau et de terre de jardin à parts égales. Arrosez tous les 2 ou 3 jours dès le début de la floraison. Jetez les bulbes par la suite car, même à coups d'engrais, elles ne parviendront pas à reconstituer leurs réserves.

En bouquet. Cueillez-les tulipes lorsque le bouton est bien formé et qu'il se colore à peine : vous les garderez ainsi une huitaine de jours. Plus il fera chaud chez vous et moins elles se conserveront. Elles ont la particularité de continuer à pousser en vase, ce qui donne au bouquet des allures changeantes, leurs grandes tiges se contorsionnant vers la lumière. Évitez de les associer aux narcisses : ils ne s'entendent pas du tout et se font dépérir mutuellement rapidement. Les tulipes fleur de lis prennent en s'épanouissant des formes très esthétiques dans les bouquets.

Parmi les plus grandes tulipes, les tulipes perroquet ont les tiges les plus souples. Plantez-les dans un endroit abrité du vent, près d'un mur par exemple.

Les meilleures variétés

Il s'agit plutôt ici de dresser un panorama des formes de tulipes disponibles sur le marché, tant les variétés sont innombrables. Elles sont peu coûteuses : essayez-en de nouvelles chaque année pour fixer votre choix. Vous ne conserverez que celles qui se sont montrées les plus belles.

Les botaniques :

- *Tulipa fosteriana* (30 à 50 cm), aux grandes fleurs allongées, en mars-avril. Sa tige courte est un réel avantage dans les jardins ventés. Issue de tulipes sauvages, elle est très rustique et peu exigeante.
- *Tulipa greigii* (25 à 40 cm), aux fleurs bien fermées, en mars-avril, et au feuillage veiné de marron.
- *Tulipa kaufmanniana* (20 à 30 cm), aux fleurs s'ouvrant largement à l'épanouissement, en mars-avril.
- Tulipe pluriflore (25 à 30 cm), *Tulipa praestans*, contrairement aux autres tulipes, elle porte plusieurs fleurs sur la même tige : elle est charmante en bouquet.

Les grandes hybrides :

• Tulipe Darwin (40 à 50 cm), c'est la tulipe classique : silhouette élancée, grosses fleurs bien dessinées, aux coloris très variés, en mars-avril.

• Tulipe double (20 à 35 cm), un peu plus courte, sa fleur prend en s'ouvrant des allures de petite pivoine tant les pétales sont nombreux. Ni la pluie ni le vent ne semblent la gêner. Les tardives ont des fleurs encore plus pleines qui s'épanouissent en mai.

• Tulipe fleur de lis (40 à 50 cm), aux fleurs très fermées et aux pétales pointus, en fin de saison, en mai.

• Tulipe perroquet (40 à 50 cm), aux fleurs un peu folles, si vous recherchez l'originalité, en avril-mai.

• Tulipe triomphe (35 à 40 cm), à la fleur bien ovale et ouverte au sommet, en avril ou mai.

• Tulipe Rembrandt (50 cm), aux corolles en forme de flamme, panachées ou zébrées de coloris bien soutenus, en avril-mai.

• Tulipe frangée (50 cm), parmi les plus grandes, aux pétales curieusement découpés sur les bords, en mars-avril.

LES INCLASSABLES

Plutôt qu'inclassables, peut-être devrait-on les appeler uniques. Elles ont des points communs mais ne se ressemblent pas. Chacune fait partie d'une famille, quelquefois nombreuse, mais sans rentrer jamais dans une catégorie bien définie.

Les hortensias, par exemple, peuvent avoir une tête ronde ou plate, grimper, avoir des panicules ou des feuilles rougisseantes à l'automne mais ils ne sont comparables à aucune autre plante. Les clématites grimpent ; certes le lierre, le jasmin, le chèvrefeuille aussi. Quoi de commun entre ces inclassables ? Rien. Et pourtant, chacune a un feuillage, des fleurs, des odeurs, un port différents, personnalisés, uniques.

Certaines d'entre elles tiennent à une position solitaire dans le jardin et d'autres préfèrent la compagnie de nombreux congénères ou d'autres plantes avec lesquelles elles se trouvent en connivence. Ne les ignorez pas. Essayez-les : certaines d'entre elles sont même annuelles.

BIGNONE

Campsis grandiflora (famille des Bignoniacées)

Elle grimpe partout mais en plein soleil, impérativement

Floraison : *juillet à septembre*
Feuillage : *découpé, vert foncé*
Exposition : *soleil*
Sol : *ordinaire, même calcaire et sec*
Hauteur : *8 à 12 m*
Étalement : *7 à 8 m*

Exubérante, elle ne tarde pas à couvrir des surfaces importantes de son feuillage caduc. Au nord de la Loire, offrez-lui un mur au sud pour qu'elle vous donne une floraison abondante rouge orangé.

MARIONS-LES
Associez-la à une clématite aux teintes complémentaires, telles 'The President' (bleu profond) et 'Warsaw Nike' (pourpre sombre), ou aux couleurs assorties, comme *Clematis orientalis* 'Orange Peel' aux clochettes orange clair.

Culture

Plantez-la entre octobre et mars, par temps plutôt doux et à l'abri des vents d'hiver : elle est moyennement résistante au froid. Jetez simplement une poignée de compost au fond du trou de plantation et n'apportez surtout pas d'engrais : en sol trop riche, elle ne produit que du feuillage et vous n'auriez qu'une maigre floraison.

Au printemps, taillez toutes les tiges secondaires à 2 ou 3 bourgeons du départ de la ramification. Après trois ans, éliminez de temps à autre une branche charpentière – les plus grosses et les plus longues – afin de rajeunir la plante. Jusque-là, laissez-la pousser à sa guise. Comme le lierre, elle est capable de se fixer seule à son support car ses rameaux sont munis de crampons.

Comportement

En pot. Sa culture en pot est possible mais très difficile au-delà de trois ans.

En bouquet. Non, ce n'est pas une fleur à bouquet.

Les meilleures variétés

En dehors de l'espèce type, choisissez :

• *Campsis* x *tagliabuana* 'Mme Galen', aux fleurs saumonées regroupées en bouquets.
• *Campsis radicans* 'Flava' ou 'Yellow Trumpet', aux fleurs jaunes, arborant un tube plus étroit, un peu plus tardives (août-septembre).

La bignone, bien installée, peut couvrir de très larges surfaces.

CHÈVREFEUILLE

Lonicera japonica (famille des Caprifoliacées)

Une floraison parfumée de longue durée

Comme la clématite, le chèvrefeuille aime avoir les pieds au frais et la tête au soleil. Son pied appréciera l'ombre d'une lavande ou d'une armoise. Il se plaira à grimper dans un arbre au feuillage léger ou dans une haie libre à laquelle il apportera un peu de fantaisie.

Culture

Plantez-le entre octobre et mars. Une poignée de de poudre d'os l'aidera à démarrer. Comme il est relativement frugal, il se contentera ensuite d'un paillage de terreau à chaque printemps. Mais il ne vous en voudra pas si vous oubliez de le faire une année. Le chèvrefeuille est parfaitement capable de prospérer, et parfois plus rapidement, à la mi-ombre : ses fleurs, moins nombreuses mais aux couleurs plus douces, resteront épanouies plus longtemps. Moralité : en région très ensoleillée, mieux vaut les planter à l'ombre légère.
La sécheresse le rend sensible à l'oïdium : des arrosages répétés et abondants en été sont fortement recommandés.
De temps à autre, il est bon de rajeunir le pied en coupant à la base une grosse branche devenue moins florifère.
Le bouturage est un jeu d'enfant.

Comportement

En pot. Cultivez-le dans un pot de 40 cm de diamètre, dans un mélange à part égale de terre à rosiers (un peu lourde) et de compost. Arrosez-le surtout régulièrement : il ne supporte pas de manquer d'eau, et son feuillage sèche aussitôt.

En bouquet. Ses tiges très souples feront merveille dans des compositions basses pour un centre de table parmi des roses, des anémones du Japon ou d'autres corolles délicates.

Cueillez-le lorsque ses fleurs sont bien épanouies : en vase, elles dureront environ 5 jours.

En hiver, vous pourrez employer ses baies noires et brillantes, mais prenez garde à leur toxicité : si vous avez de jeunes enfants, mieux vaut s'en abstenir !

Les meilleures variétés

Les classiques :

- 'Halliana', l'un des plus parfumés, à fleurs blanches devenant jaunes en vieillissant.
- 'Henryi', aux feuilles plus allongées, vert brillant et foncé, aux fleurs rose saumon en juillet-août, suivies de baies noires en automne et en hiver. Le plus résistant au froid, mais sans parfum.
- 'Chinensis', fleurs rouge pourpre et blanches, très parfumées, feuillage vert et pourpre. Beaucoup plus petit que les autres, il ne dépasse guère 2 mètres.

Pour sortir des sentiers battus :

- *Lonicera tellmanniana* aux fleurs jaune cuivré en juin-juillet, à feuillage caduc vert bronze.
- *Lonicera* x *heckrottii*, aux fleurs rouges à l'extérieur et orangées à l'intérieur, légèrement parfumées, à feuillage caduc aux reflets bleutés. Parmi ses variétés : 'Gold Flame', aux mêmes fleurs bicolores, plus pastel.

***Floraison** : mai à octobre*
***Parfum** : léger et sucré, ressemblant à celui du seringat*
***Feuillage** : vert mat, persistant ou semi-persistant selon la rigueur de l'hiver*
***Exposition** : soleil/mi-ombre*
***Sol** : sec, ordinaire, mais pas trop calcaire*
***Hauteur** : 5 à 6 m*
***Étalement** : 4 à 5 m*

MARIONS-LES
Mariez-le avec un lierre panaché d'or ou une vigne vierge : ils sont les seuls à pouvoir rivaliser avec sa vigueur un peu envahissante.

Plus il fleurit et moins il pousse. La taille a donc pour but de rétablir un certain équilibre. Au printemps, coupez environ un tiers des branches.

CLÉMATITE À GRANDES FLEURS

Clematis hybride (famille des Renonculacées)

Le port et la floraison d'une reine

Floraison : *mai à octobre, en deux floraisons pour certaines variétés*
Feuillage : *vert, parfois découpé*
Exposition : *soleil*
Sol : *riche, proche de la neutralité (pH entre 6,5 et 7,5) et pas trop lourd*
Hauteur : *6 à 8 m*
Étalement : *1 à 2 m*

Les jeunes pousses sont très sensibles aux courants d'air : protégez-les contre le vent dominant avec une tuile faisant écran.

MARIONS-LES
Un pied de lavande, des lupins, des phlox ou des pivoines, autant de compagnes sans prétention qui se marient à merveille avec elle.

La clématite est fille des bois. De ses racines ancrées au pied des arbres, elle s'élève vers le sommet pour trouver le soleil. D'où la fameuse règle « pied à l'ombre et tête au soleil » qui lui est chère. Pour la satisfaire, placez-la à l'abri d'un arbre, ou plantez des arbustes, ou toute autre plante à feuillage permanent, autour de son pied pour tenir ses racines au frais. Employez-la sur des clôtures à hauteur d'homme, pour compartimenter élégamment le jardin.

Culture

Les clés de la plantation sont le drainage, la profondeur de plantation et la protection des jeunes pousses. La clématite a horreur de l'eau stagnant à ses pieds, surtout en hiver. Si votre terre est lourde et très humide, étalez donc une bonne couche de gravier au fond du trou de plantation. Entre octobre et mars, plantez en enterrant au moins 10 à 15 cm de la tige : des racines secondaires en partiront. Mais pour éviter de planter la motte trop profondément, inclinez-la légèrement. Comblez le trou de plantation avec un mélange à parts égales de terre de jardin et de compost. En terrain lourd, ajoutez une part de tourbe. Méfiez-vous de la voracité des limaces qui, d'un coup de « dents », sont capables de sectionner la jeune tige et condamner la plante à une mort certaine. Des granulés anti-limaces sont indispensables. Chaque printemps, paillez le pied avec une épaisse couche de compost qui maintiendra une certaine fraîcheur au cours de l'été. En hiver, une couche de paille ou de feuilles mortes peut aider à protéger les racines des fortes gelées. La taille est inutile pour les clématites à petites fleurs, sauf pour nettoyer les branches sèches, abîmées ou mortes, après la floraison. Les clématites à grosses fleurs réclament un peu plus d'attention. Évitez de les couper au ras du sol en fin de floraison, comme cela est parfois préconisé. Comme souvent, éliminez les fleurs fanées au fur et à mesure. En fin d'hiver, éliminez les rameaux les plus frêles. Si vous notez que la floraison est moins fournie en été, pratiquez un rajeunissement en raccourcissant de moitié la végétation au printemps. Arrosez soigneusement et apportez de l'engrais liquide.

Comportement

En pot. Elle se plaît dans un grand bac d'au moins 40 cm de profondeur, si vous ombragez ses racines. Plantez-la dans un mélange à parts égales de terreau et de compost et n'oubliez pas une bonne couche de gravier au fond, pour le drainage. Arrosez avec de l'engrais liquide tous les 15 jours. Soyez sévère pour la taille : réduisez des deux tiers de la hauteur chaque printemps.

En bouquet. Ses grandes fleurs ont des tiges bien trop courtes pour entrer dans la composition d'un bouquet. Mais vous pouvez réaliser des compositions flottantes en centre de table, dans des coupes plates.

Les meilleures variétés

Les classiques :

• 'Vyvyan Pennel', aux grandes fleurs bleu (jusqu'à 20 cm de diamètre), très doubles en première floraison (mai-juin).

• 'Jackmanii', d'un violet très lumineux.
•'Docteur Ruppel', bicolore (rose clair et rose foncé) très classique, mais jamais décevante, contrairement à 'Nelly Moser', à laquelle elle ressemble fort.
• 'Snow Queen', blanche avec un toupet d'étamines, au cœur teinté de mauve, en fleur de mai à juin puis en septembre.
• 'Rouge Cardinal', aux fleurs pourpre velouté très régulières, de juin à septembre.
• 'Venosa', aux fleurs régulières lavande lavé de blanc au cœur, de juin à septembre.
• 'Warsaw Nike', violet foncé, de juin à septembre.

Pour sortir des sentiers battus :
• Clématite à petites fleurs (3 à 6 m), *Clematis montana*, en fleur en mai-juin, bien plus vigoureuse que les variétés à grandes fleurs :
- 'Mayleen', blanche au parfum d'œillet,
- 'Elisabeth', rose embaumant la vanille.
• *Clematis viticella* 'Tango', plus petite (2 à 4 m), aux fleurs blanches à bord pourpre et cœur pourpre foncé, de juillet à septembre.
• *Clematis orientalis* 'Orange Peel', aux pétales fins orange pâle et à cœur sombre, d'abord en clochettes puis s'étalant, en juin-juillet puis en septembre.
• *Clematis alpina,* la première à fleurir en avril-mai, toute en clochettes bleues.
• *Clematis armandii,* au feuillage persistant, aux fleurs parfumées en avril-mai, blanches ou rosées.

À SAVOIR
Bien souvent, les variétés à fleurs doubles lors de la première floraison présentent des corolles simples à l'automne. Il n'y a rien d'étonnant : les fleurs doubles sont produites par des rameaux de l'année précédente et, au printemps, ce sont eux qui portent les fleurs. À l'automne, ce sont les rameaux produits au cours de l'été qui prennent le relais, d'où cette différence de forme entre les deux floraisons. Si votre clématite vient à sécher brusquement, pas de panique : coupez ses tiges à ras, elle repartira. Elle aura été victime d'un mauvais virus.

COBÉE

Cobaea scandens (famille des Polémoniacées)

Une belle un peu fragile mais bien généreuse

Floraison : août à octobre
Feuillage : persistant, vert foncé, découpé
Exposition : soleil
Sol : léger, riche et toujours un peu humide en été
Hauteur : 5 m
Étalement : 1 à 2 m

Ses fleurs vert-jaune en début d'épanouissement virent ensuite au pourpre. La rambarde d'un balcon lui convient si l'ensoleillement est intense. Attention alors à satisfaire sa soif !

Culture

C'est une vivace qui aime la chaleur plus que tout. Dans la plupart de nos régions, il est impossible de lui faire passer l'hiver dehors. En outre, si on peut la conserver d'une année sur l'autre, elle devient de moins en moins florifère. Aussi est-elle le plus souvent cultivée comme une annuelle. Semez-la dès la fin février, en laissant préalablement tremper ses graines 24 heures dans de l'eau tiède. Disposez trois graines par godet (de tourbe ou de plastique) en les enfonçant à 3 cm de profondeur. Tenez les godets à l'intérieur, au chaud et humides, et trois semaines plus tard, les jeunes plantules seront assez développées pour être endurcies progressivement dans le jardin. Au nord de la Loire, vous pouvez sans crainte les replanter dans le jardin, vers la fin du mois de mai, après les dernières gelées.

Comportement

En pot. Choisissez un pot de 25 cm de diamètre dans lequel vous mettrez de la terre de jardin ou un terreau ordinaire. Placez-le dans un coin abrité et bien ensoleillé du balcon ou de la terrasse. Arrosez abondamment tous les 2 jours en été.

En bouquet. Impossible ! Renoncez.

Les meilleures variétés

Outre la variété pourpre classique, il existe une variété blanche, 'Alba', dont les fleurs blanchissent en vieillissant.

MARIONS-LES
Mélangez-la à des pois de senteur ou un houblon, sur un mur ou un grillage de clôture.

À SAVOIR
Seules les graines fraîches sont capables de germer. Il est donc inutile de conserver vos graines de cobée d'une année sur l'autre.

Il est essentiel d'arroser la cobée abondamment en été car elle est gourmande et fragile en cas de sécheresse.

GLYCINE

Wisteria japonica ou sinensis (famille des Légumineuses)

Rustique et galopante, elle habille tout très vite

Floraison : *mai à juin*
Parfum : *soutenu, voire entêtant*
Feuillage : *découpé, vert tendre au printemps, vert franc en été et jaune d'or à l'automne*
Exposition : *soleil*
Sol : *riche et pas trop calcaire*
Hauteur : *8 à 10 m*
Étalement : *1 à 5 m*

MARIONS-LES
Associez-la à une clématite ou à un rosier grimpant vigoureux, pour prolonger sa somptueuse floraison.

Elle est parfaitement à sa place partout, dès lors qu'elle a de la place pour s'étaler, même sur un grillage de clôture où les passants, vos visiteurs et vous-même pourrez profiter de son éclatante beauté au printemps. En été, elle saura vous cacher des regards indiscrets de son feuillage à la fois dense et léger.

Culture

Plantez-la d'octobre à mars, par temps doux, dans un trou d'environ 30 cm de diamètre et de profondeur, rempli d'un mélange à parts égales de terreau, de fumier et de terre de jardin, additionné d'une poignée d'engrais complet.
Ne la collez pas à son futur support : laissez une distance d'au moins 50 cm. Ne la guidez pas sur du treillage car elle va former des branches puissantes qui finiraient par faire éclater ses mailles.
Le mieux est d'attacher les jeunes pousses sur des fils de fer solides, tendus sur un mur.
Si vous décidez d'en garnir un arceau, fixez-la sur l'un des côtés et évitez qu'elle ne s'introduise entre les mailles du support. De même, pas question de la laisser partir à l'assaut d'un toit. Coupez sans pitié tout ce qui aurait de telles velléités.
La taille est d'ailleurs nécessaire pour canaliser son énergie. Attendez quelques années (environ 5 ans) qu'elle soit bien installée et taillez tous les ans, à la fin août, les jeunes rameaux à 5 ou 10 cm du départ de la ramification. Ce sont eux qui porteront les fleurs de l'année suivante. Si la croissance automnale a été très active, taillez de nouveau ces rameaux en laissant deux ou trois yeux, au printemps lorsque les bourgeons commencent à grossir.

Comportement

En pot. Elle est bien trop vigoureuse pour s'y plaire longtemps !

En bouquet. Ses grappes sont bien plus élégantes sur la plante que dans un vase.

Les meilleures variétés

Elle existe en mauve, bleu-violet, blanc ou rose. Mais cette dernière teinte manque un peu d'élégance car elle n'est jamais bien franche. La glycine vient de Chine (*W. sinensis*) ou du Japon (*W. japonica*). Si les fleurs et les feuilles de ces deux espèces sont presque identiques, quelques caractéristiques vous permettront de mieux les distinguer :

• **La glycine de Chine** est plus parfumée. Elle fleurit tôt au printemps, avant l'apparition des feuilles, ce qui l'expose parfois aux désastres des gelées printanières. En région froide, mieux vaut renoncer à ce type de glycine. Les grappes de fleurs sont plus courtes et leur épanouissement simultané du haut en bas de la grappe. Il arrive qu'elles fleurissent une seconde fois au mois de juillet.

• **La glycine japonaise** fleurit plus tard, lorsque les feuilles commencent à apparaître, et se soustrait ainsi aux risques de gelées printanières. Elle possède les grappes de fleurs les plus longues. Leur épanouissement commence au bout de la grappe et gagne progressivement le haut.

HARICOT D'ESPAGNE

Phaseolus coccineus (famille des Légumineuses), dit faséole

Des fleurs légères comme des papillons

Floraison : *juillet à octobre*
Feuillage : *découpé, vert franc*
Exposition : *soleil*
Sol : *ordinaire*
Hauteur : *3 m*
Étalement : *30 cm*

Il est le trait d'union rêvé entre le jardin de fleurs et le potager, et devrait idéalement marquer l'entrée de ce dernier. Sinon, il se fera un plaisir de partir à l'assaut de tout support disgracieux que vous souhaiteriez cacher pour la saison, avant de trouver une solution durable.

Culture

Au printemps (dès la mi-avril au nord de la Loire), semez cette annuelle en place au pied du support à habiller, par groupes de 2 ou 3 graines espacés d'une quinzaine de centimètres environ.

Pour mettre toutes les chances de votre côté, faites tremper les graines dans de l'eau tiède, sur un radiateur, une nuit avant de les enfoncer dans le sol, à 2 cm de profondeur.

Plus le sol est riche et plus la végétation du haricot d'Espagne sera impressionnante, mais il saura se contenter de la terre en place, quelle qu'elle soit. Pas de soin particulier ensuite. En fin de saison, récoltez les graines.

Comportement

En pot. Plantez trois tuteurs, formant une tente indienne, de 2 m de hauteur environ, dans un pot de 20 ou 30 cm de diamètre rempli de terreau ordinaire. Au pied de chacun de ces tuteurs, enfoncez 3 graines de haricots d'Espagne, comme indiqué pour le jardin. Ensuite, arrosez régulièrement, tous les 2 jours, sous peine de voir la floraison s'interrompre brutalement. C'est tout.

En bouquet. Leurs fleurs ont des tiges courtes, mais se tiennent parfaitement bien en bouquet. Employez-les dans de petites compositions, associées avec des roses blanches, quelques heleniums, un pavot… sur une table de nuit ou dans la salle de bains, où la place est bien souvent limitée.

Les meilleures variétés

Certaines ont des fleurs blanches, d'autres des fleurs rouges, mais c'est sous forme de mélange que vous les achèterez le plus souvent : ne cherchez pas plus loin, vous ne trouverez pas mieux !

Les longues gousses plates des haricots d'Espagne sont comestibles : dégustez-les jeunes, comme des mange-touts. Les grains peuvent également se consommer, comme des haricots secs que l'on cueille à maturité, lorsque les gousses jaunissent et se dessèchent.

À SAVOIR

Conservées dans des bocaux transparents, leurs jolies graines marbrées de blanc et de brun, parfois de mauve, sont très décoratives.

HORTENSIA

Hydrangea macrophylla (famille des Saxifragacées)

Un charme un peu désuet

Floraison : *juillet à octobre*
Feuillage : *ovale, denté, vert clair, brillant*
Exposition : *soleil/mi-ombre*
Sol : *légèrement acide et toujours un peu humide en été*
Hauteur : *0,80 à 2 m*
Étalement : *0,50 à 0,80 m*

MARIONS-LES
Mariez-les avec des fleurs simples, sans prétention, quelques sauges bleues, des géraniums vivaces ou des lavatères arbustives.

Tous les 5 ans, taillez-le sévèrement aux deux tiers de sa hauteur : cela retarde la floraison estivale mais évite que l'arbuste se dégarnisse de la base. Les variétés grimpantes ne nécessitent qu'une taille de nettoyage régulière.

Bien que rustique, l'hortensia peut se révéler sensible au froid et aux vents glacés. Il devra être planté dans un endroit bien abrité du jardin, dans les régions à hivers rigoureux.

Culture

À la plantation, en automne ou au printemps, mélangez en parts égales terreau et compost, et ajoutez une poignée de corne broyée car il est gourmand. Creusez un trou à peine plus grand que la motte et offrez-lui un emplacement légèrement ombragé dans les régions très ensoleillées. Ailleurs il supportera le soleil, à condition d'avoir le pied au frais. Aussi, paillez-le chaque printemps avec une bonne couche de compost. En fin de saison, ne coupez pas les fleurs fanées : elles restent belles en vieillissant car leurs couleurs changent, pour se teinter de pourpre. De plus, si vous les laissez en place tout l'hiver, elles protègeront les jeunes bourgeons du froid.

Au printemps, contentez-vous de raccourcir d'un tiers les tiges portant des fleurs fanées et laissez les autres intactes à moins qu'elles ne soient abîmées, mortes ou mal placées.

Comportement

En pot. C'est le seul moyen d'obtenir des hortensias bleus dans une région à sol calcaire ! Choisissez une variété à petit développement (1 m à 1,50 m).
Il lui faut un bac de 40 cm de diamètre et de profondeur. Mélangez terreau, tourbe et compost à parts égales.
Placez le bac dans un endroit bien abrité des courants d'air et arrosez régulièrement, en apportant de l'engrais liquide tous les 15 jours.

En bouquet. Les fleurs d'hortensia se tiennent très bien en vase pendant une dizaine de jours, si vous les cueillez lorsque le cœur de chaque fleur qui compose la tête est encore fermé. Les têtes les plus petites seront les vedettes de bouquets ronds en compagnie d'anémones du Japon, de phlox ou d'asters. Les plus grosses se suffiront à elles-mêmes.
Fin septembre, cueillez les têtes dans leur parure automnale, un jour bien sec : elles garderont leur bel aspect tout l'hiver et composeront de charmants bouquets secs.

La couleur des fleurs d'hortensia évolue avec le temps. Toutefois, rappelez-vous que les bleus sont difficiles à obtenir, si on n'habite pas la Bretagne !

Les meilleures variétés

• **Hortensias à têtes rondes**

Ils sont si nombreux qu'il est bien difficile de faire un choix. Toutefois 'Chaperon Rouge' (rose carmin), 'Madame Émile Mouillère' (blanc pur à rose pâle en vieillissant) et 'Générale Vicomtesse de Vibraye' (bleu pastel) sont des valeurs sûres. On peut citer aussi :

- 'Leuchtfeuer' (1 m), aux fleurs rouge sombre et aux feuilles bordées de brun.
- 'Hovaria' (1,20 m), hortensia « caméléon », nouvelle variété, dont les fleurs rose pâle en début de saison deviennent vertes en été et arborent une belle teinte carmin dès le début de l'automne.
- 'Ayesha' (2 m), aux pétales frisés déclinant des tons pastel de mauve, variables d'une fleur à l'autre.

• **Hortensias à têtes plates**, ou « bonnets de dentelle » comme les nomment nos voisins d'outre-Manche. Ils sont très élégants, avec leurs inflorescences composées d'une collerette de fleurs à larges pétales – les fleurs stériles – et, au centre, de petites fleurs d'un ton généralement plus soutenu – les fleurs fertiles.

- 'Blue Wave' (1,80 m), bleu à rose pâle au centre et blanc légèrement bleuté au pourtour.
- 'Flamingo' (1,50 m), rose légèrement bleuté au centre et rose foncé autour, avec des pétales frisottés.
- 'Feu d'artifice' (1,10 m), mélange de grandes fleurs blanches, aux pétales pointus, portées par de longues tiges, au pourtour, et de minuscules fleurs, tirant sur le rose et le vert, au centre.
- 'Mousmee' (0,80 m), aux fleurs rouge carmin très soutenu.

Pour sortir des sentiers battus :

• Hortensia à panicules (1,50 à 2 m), *Hydrangea paniculata*, aux fleurs blanches regroupées en cônes lâches, rosissant en fin de saison.

- 'Grandiflora', le premier à fleurir, dès juillet.
- 'Tardiva', attend août pour fleurir.

• Hortensia à feuilles de chêne (1,50 à 2 m), *Hydrangea quercifolia*, dont les tiges portent des grappes de fleurs blanches, en épis lâches, de juillet à août, et des feuilles vert foncé, rugueuses rappelant la forme de celles du chêne. Le feuillage a une belle couleur acajou à l'automne.

• Hortensia grimpant (4 m), *Hydrangea petiolaris*. Il est idéal pour couvrir un mur exposé au nord mais ses pourfendeurs dénoncent sa courte floraison et sa longue période de repos hivernale, laissant sur le mur un entrelacs de vilaines branches noirâtres. Son feuillage, vert tendre au printemps, devient sombre en été et s'éclaire de jaune d'or à l'automne. En début d'été, ses fleurs aériennes, blanc crème, font leur apparition. Patience, il met près de 5 ans à bien s'établir ! Il sera plus fourni en climats humides.

À SAVOIR

La belle couleur bleue des hortensias ne s'obtient qu'en terrain acide. Ailleurs, il vire au mauve ou au rose violacé, une couleur plutôt décevante. Et cela, même si vous l'aidez par des apports réguliers d'ardoises pilées, d'engrais dit « bleuissant » ou de sulfate d'aluminium.

HOUBLON DORÉ

Floraison : *septembre à octobre*
Feuillage : *vert doré, surtout en début de saison, un peu rugueux*
Exposition : *soleil*
Sol : ordinaire, toujours un peu humide en été
Hauteur : *6 m*
Étalement : *2 à 3 m*

Humulus lupulus 'Aureus' (famille des Cannabinacées)

Du feuillage en abondance dès la première année

Son beau feuillage fourni en fait une toile de fond idéale pour un massif légèrement ombragé du jardin. Guidez-le sur la rambarde du balcon et il vous ménagera très rapidement un espace intime de verdure.

En bouquet. Ses tiges trop souples ne donnent rien de bon en bouquet.

Culture

Vivace, il ne nécessite aucun soin particulier et sa croissance rapide lui permet de couvrir 4 m^2 dès sa deuxième année. Il faut guider continuellement les rameaux sur le support car ils ont tendance à s'enrouler sur eux-mêmes.
Dans le Midi, ne le placez pas en plein soleil car ses feuilles seraient marquées de brûlures disgracieuses. Il appréciera des arrosages répétés s'il fait très sec en été.

Comportement

En pot. Préférez le houblon annuel pour la culture en pot. Plantez-le dans un mélange de terreau et de compost et arrosez-le très régulièrement. Évitez les emplacements trop ensoleillés car vous ne pourriez alors jamais étancher sa soif.

Les meilleures variétés

On trouve parfois une variété de houblon vivace à feuilles vertes mais elle est plutôt rare car celle à feuillage doré lui a ravi la vedette. C'est en début de saison, au printemps et en début d'été, que la couleur de ses feuilles est la plus blonde.

MARIONS-LES
Mariez-le aux clématites à grandes fleurs dont les couleurs gagneront en intensité sur ce fond doré.

Seules les plantes femelles portent de curieux fruits vert clair à l'automne, si l'été a été bien chaud, mais il est indispensable de planter également un pied mâle pour les obtenir. Ce sont ces fruits qui entrent dans la fabrication de la bière.

À SAVOIR
Il existe également un houblon annuel, *Humulus japonicus*, aux feuilles vertes ou panachées de crème. D'une vigueur remarquable, il est capable d'atteindre 3 m de haut et de garnir efficacement, en une saison, un mur, une clôture ou la souche d'un arbre mort. Ainsi, vous pourrez le tester et opter ensuite pour la variété vivace si vous le désirez.

IPOMÉE OU VOLUBILIS

Ipomaea purpurea (famille des Convolvulacées)

Ses fleurs s'ouvrent le matin et se ferment l'après-midi

Floraison : *juillet à septembre*
Feuillage : *en cœur, vert franc et large*
Exposition : *soleil*
Sol : *riche et toujours un peu humide en été*
Hauteur : *2 à 3 m*
Étalement : *30 cm*

Ses fleurs délicates en trompettes rouges, roses ou violettes sont idéales pour former des écrans légers dans tous les coins abrités des courants d'air.

Culture

Cette vivace grimpante est loin d'être rustique sur la majeure partie du territoire, mieux vaut donc la cultiver comme une annuelle. Semez-la au chaud, début avril, en godets. La germination demande beaucoup de chaleur : une température de 22 à 24 °C est indispensable. Dès l'apparition des premières feuilles, on peut réduire la température aux alentours de 20 °C. Vers la mi-mai, par beau temps, sortez les jeunes plants en plein air quelques heures par jour pour les endurcir. Fin mai, il est temps de planter. Dans les régions à été chaud et long, il est possible de semer directement en place à condition d'abriter le jeune semis avec des cloches de jardin transparentes jusqu'à la levée des feuilles. Ensuite, on les soulèvera progressivement quelques heures par jour, jusqu'à les ôter complètement.

Comportement

En pot. L'effet n'est guère spectaculaire et l'effort pour les maintenir humides considérable : mieux vaut s'abstenir !

En bouquet. Impossible d'utiliser leurs trompettes en bouquet, la tige est trop courte !

Les meilleures variétés

Vous les trouverez le plus souvent en mélange et c'est ainsi qu'elles sont les plus ravissantes.

MARIONS-LES
Mariez-le à d'autres grimpantes délicates comme des clématites

La germination sera facilitée si vous faites tremper les graines une nuit dans de l'eau tiède.

JASMIN

Jasminum (famille des Oléacées)

Floraison : *décembre à février, ou juin à septembre selon les variétés*
Parfum : *capiteux pour le jasmin officinal*
Feuillage : *discret, vert franc, persistant*
Exposition : *soleil/mi-ombre*
Sol : *ordinaire, pas trop lourd ni trop humide*
Hauteur : *3 à 6 m*
Étalement : *3 à 5 m*

À l'automne, recouvrez le pied d'un bon matelas de feuilles mortes ou de paille pour protéger les racines du gel.

MARIONS-LES
Mariez le jasmin d'été aux roses anciennes dans les nuances pastel ou composez un tableau d'une élégance très britannique en plantant à son pied des armoises grises et des nepetas.

À SAVOIR
Attention : tous les jasmins blancs et parfumés ne sont pas des jasmins officinaux. Deux autres variétés *J. polyanthum* et *J. grandiflorum*, assez répandues notamment chez les fleuristes, sont beaucoup plus sensibles au froid et il n'est pas question de les planter au jardin. Seuls les possesseurs de véranda pourront les conserver d'une année à l'autre.

Ils sentent bon selon la variété et la saison

Le feuillage délicat et les petites fleurs blanches étoilées du jasmin officinal méritent une place de choix sur une arche ou un treillage fin appuyé à un mur, orienté au sud s'il est planté au nord de la Loire. Plantez le jasmin d'hiver près de la maison pour l'admirer de votre fenêtre tous les jours sans affronter les frimas.

Culture

Plantez-le toujours au printemps dans un large trou rempli de compost. Ainsi il sera bien installé avant l'hiver et saura mieux affronter le froid.
Aucune taille ne se justifie, mais un nettoyage des branches sèches ou abîmées s'impose régulièrement, au printemps pour le jasmin d'hiver, et au cœur de l'été après la première vague de floraison pour les autres.
Attention : une taille tardive diminue la résistance au froid.

Comportement

En pot. Il y poussera plus lentement. Offrez-lui un mélange de sable, de fumier bien décomposé, de terreau et de tourbe à parts égales. Arrosez une à deux fois par semaine.

En bouquet. Une grappe des fleurs très parfumées du jasmin d'été dans un petit bouquet de fleurs de saxifrages, le tout enroulé dans une feuille d'hosta bleutée et vous avez un élégant bouquet pour la salle de bains. Évitez la table de nuit car le parfum capiteux du jasmin peut indisposer certaines personnes.

Les meilleures variétés

Les classiques :
• Jasmin d'hiver (3 à 4 m), *Jasminum nudiflorum,* aux fleurs étoilées, jaunes, apparaissant en plein hiver, à la faveur des redoux, sur les rameaux nus. C'est là son unique intérêt : le reste du temps, il développe un véritable fouillis de branches vert pâle. Contrairement aux autres jasmins, qui sont des lianes, il s'agit d'un arbuste à branches retombantes.
• Jasmin officinal (6 à 8 m), *Jasminum officinalis,* aux fleurs étoilées, blanches et parfumées, craignant le gel (- 5 °C régulièrement et pendant de longues périodes). Plutôt destiné aux régions à hivers doux, il pourra prospérer en région moins favorisée dans un coin bien abrité du jardin.

Pour sortir des sentiers battus :
• *Jasminum beesianum,* à petites fleurs presque rouges. Rustique en région parisienne.

KIWI D'ORNEMENT

Actinidia kolomikta (famille des Actinidiacées)

Pour son feuillage et sa vigueur

Il aime se faufiler dans un grand arbre : son feuillage coloré soulignera la silhouette du tronc. Employez-le pour couvrir une pergola et vous jouirez de son ombre bienfaitrice dès le deuxième été suivant l'installation.

Ne soyez pas impatient : ses belles couleurs apparaissent au bout de quelques années de plantation seulement. D'une année sur l'autre, l'intensité de la coloration et sa disposition sur les feuilles varient.

Culture

Sa pire ennemie est la sécheresse. En région parisienne, il se délecte d'un mur exposé au sud. Dans les régions très ensoleillées, l'est ou l'ouest lui conviendront mieux. À la plantation, enterrez la motte et un segment de tige de 10 à 15 cm de longueur dans un mélange à parts égales de compost et de terreau. Si nécessaire, inclinez la motte dans le trou de plantation. Évitez les apports d'engrais les premières années. Ensuite restez parcimonieux. La taille annuelle est inutile. De temps à autre, rajeunissez la plante en coupant tous les rameaux à 30 cm du départ de la ramification, en mars.

Comportement

En pot. Il est bien trop vigoureux pour se contenter de si peu !

En bouquet. Son très beau feuillage, à la longue durée de vie en vase, accompagnera des fleurs pastel dans des tons d'ivoire et de rose, telles les lavatères, les asters ou les hortensias.

Les meilleures variétés

Il n'existe que la variété type en pied mâle ou femelle. Les deux sont nécessaires si vous souhaitez des fruits. La fleur est agréablement parfumée.

Floraison : *juin*
Feuillage : *d'abord bronze, puis panaché de crème et de rose lorsqu'il est jeune*
Exposition : *soleil*
Sol : *riche, pas trop calcaire et toujours un peu humide en été*
Hauteur : *3 à 5 m*
Étalement : *3 à 5 m, et plus*

À SAVOIR

On dit que les plants mâles sont plus colorés que les femelles : rien n'est moins sûr. Les fleurs sont discrètes et les petits fruits formés sont comestibles. De là à dire qu'il sont bons…

LAVANDE

Floraison : *juin à juillet*
Parfum : *incomparable*
Feuillage : *fin, vert gris, persistant*
Exposition : *soleil*
Sol : *ordinaire, pas trop humide en hiver*
Hauteur : *0,30 à 0,70 m*
Étalement : *0,30 à 0,60 m*

Lavandula angustifolia (famille des Labiées)

Facile à vivre, elle est belle et sent bon

Quel jardin saurait se passer de ses coussins bleutés si agréablement parfumés ? Placez-la à portée de main : personne ne résiste au plaisir de caresser son dos rond et d'exhaler ainsi tout son parfum.

Culture

La plantation, de septembre à mars, est un jeu d'enfant. La seule chose qui la dérange est une humidité constante du sol pendant l'hiver. Si votre terrain est lourd, plantez-la sur une butte et étalez une couche de gravier au fond du trou de plantation. Taillez-la régulièrement pour lui garder une belle silhouette. Procédez en deux temps :
- **en avril**, pratiquez une petite toilette à la cisaille à gazon pour régulariser sa forme arrondie ;
- **en août**, après la floraison, réduisez la végétation d'un tiers en ayant soin de toujours tailler sur des tiges vertes et non sur le bois sec qui est au centre de la touffe. La lavande n'est pas capable de repartir sur ce bois trop vieux. Cette deuxième coupe permet d'enlever les fleurs fanées.

Comportement

En pot. Elle se plaît en pot, mais y dégénère rapidement même si vous lui apportez de l'engrais.
Ne la conservez pas au-delà de deux ans. Ensuite, elle prend une silhouette dégingandée, fort disgracieuse.

En bouquet. Son étonnante durée de vie, pourvu que vous la cueilliez lorsque les épis présentent seulement une ou deux fleurs épanouies, et son parfum en font une composante indispensable des bouquets d'été.
Bien sûr, les roses sont de bonnes compagnes, mais les anthémis, les heleniums ou les coréopsis créent avec la lavande des associations toniques et gaies.

Les meilleures variétés

Les classiques :
La lavande vraie à feuilles étroites (*Lavandula angustifolia*) est la plus parfumée. Mais d'autres variétés tendent à la supplanter, avec des périodes de floraison plus longues et parfois plus spectaculaires. Même si vous êtes amateurs d'insolite, ne vous laissez pas tenter par les lavandes blanches ou roses. Elles sont loin d'être aussi jolies.
• 'Dutch Lavender', une lavande qui nous vient de Hollande, au feuillage large, bleu-gris en fleur de juillet à septembre. C'est la plus rustique.
• Lavande naine, 'Hidcote Blue', d'un bleu-violet intense, ne dépasse guère 15 cm. Idéale en pot.

Pour sortir des sentiers battus :
• Lavande papillon, *Lavandula stoechas* 'Pedunculata', aux curieuses fleurs surmontées d'un toupet rose violacé, plus sensible au froid et de floraison moins longue.

MARIONS-LES
Elle fait merveille en compagnie de grandes touffes d'anthémis 'Sauce Hollandaise', d'*Argyranthemum*, de roses roses ou blanches. Et si vous disposez de beaucoup d'espace, testez-la en rangs alternés avec des lignes de santolines vertes : le mariage de leurs silhouettes arrondies donnera une sensation de mer moutonnante.

Pour parfumer vos armoires, cueillez les brins de lavande lorsque l'épi est en tout début de floraison : seules les premières fleurs de la base doivent être déjà épanouies. C'est à ce moment qu'elles sont les plus parfumées et leurs tiges sont encore suffisamment souples pour se plier au tressage, si vous le souhaitez.

LIERRE

Hedera helix (famille des Araliacées)

Un alpiniste élégant

Si son emploi classique est le camouflage d'un mur ingrat et qu'il donne du caractère à une façade sans charme, il ne faut pas négliger le rôle de faire-valoir que ses variétés à feuillage remarquable jouent à merveille, en tapis au pied d'arbustes ou de hautes fleurs vivaces.

Culture

Il préfère l'ombre, et de loin : les panachures de son feuillage s'en portent mieux. Évitez-lui les murs blancs, exposés au soleil, où la réverbération est forte : ce serait la brûlure assurée. Le lierre est si vigoureux qu'il ne vous demandera aucun soin particulier, même à la plantation, en automne ou au printemps. Pour lui assurer tout de même un départ rapide, plantez-le dans un mélange de terre de jardin et de compost, et arrosez-le durant les deux premiers étés. Ensuite il se débrouillera seul. Mais si vous le laissez faire, sa croissance se ralentira, ses feuilles perdront en partie leurs caractéristiques, fleurs et fruits feront leur apparition. Et il perdra de son intérêt. Mieux vaut le tailler de temps à autre pour lui conserver son feuillage jeune, le plus décoratif.

Comportement

En pot. Choisissez des variétés à petites feuilles qui se plairont davantage en pot. Retombant sur un bac, au pied d'un arbuste ou partant à la conquête d'une rambarde, il se contentera d'un terreau ordinaire. Un peu de sang séché au printemps ou un rempotage lui assureront une bonne croissance.

En bouquet. Jouez de la souplesse des tiges qui tiennent en bouquet. Une fois votre composition réalisée et bien installée dans son vase, piquez quelques branches de lierre sur le tour et les faisant retomber.

Les meilleures variétés

La famille des lierres est vaste. Attention, tous ne sont pas rustiques et planter un lierre acheté chez un fleuriste peut vous exposer à quelques déboires : bien souvent les variétés employées ne résistent pas au froid. Choisissez-le en fonction de son emploi :

• Pour un bon camouflage, optez pour une variété à feuilles larges, peu écartées les unes des autres : son pouvoir couvrant sera fort.

• Pour une dentelle végétale qui soulignera un muret, préférez une variété à petites feuilles bien écartées. Les panachures ivoire ou blanches s'harmonisent mieux avec les teintes grises de crépi ou de pierre ; les tons jaunes avec les couleurs ocre.

- Lierre cœur-d'or (3 à 6 m), 'Oro Di Bogliasco', aux petites feuilles vertes largement tachées de jaune d'or au centre.
- Lierre d'Irlande (8 à 10 m), 'Hibernica', aux grandes feuilles vert sombre, très vigoureux pour situations difficiles sous les arbres ou à flanc de talus.
- Lierre des Canaries, 'Gloire de Marengo' (3 à 4 m), un classique parmi les panachés de blanc, mais pas toujours rustique en toutes situations. Au nord de la Loire, il demande une situation abritée, notamment des vents froids hivernaux, ce qu'il redoute le plus.
- 'Elegantissima' (3 à 4 m), petites feuilles panachées de blanc également.
- 'Glacier' (2 m), petites feuilles vert et ivoire.
- 'Ivalace' (1 à 2 m), aux petites feuilles vert foncé et brillantes, curieusement ondulées sur les bords, aux nervures plus claires.
- *Hedera colchica* 'Dentata Variegata' (4 à 5 m), l'un des plus rustiques, aux feuilles larges bordées de jaune. Sa croissance est lente.
- 'Atropurpurea' (4 m), en été vous le pensez ordinaire, dès les premiers froids il devient noir violacé : belle broderie pour l'hiver.
- 'Tricolor' (1 à 2 m), panaché de blanc, se teintant de rose dès que la température passe en dessous de zéro ou en cas de sécheresse.

Feuillage : *persistant, vert mat ou brillant, panaché de crème ou de jaune, bleuté, plat ou frisé, selon les variétés*
Exposition : *soleil/mi-ombre*
Sol : *ordinaire*
Hauteur : *3 à 10 m selon les variétés*
Étalement : *3 à 5 m selon les variétés*

À SAVOIR

Le lierre a mauvaise réputation. On a tout dit, qu'il perçait les murs, descellait les pierres… que sais-je encore ? Tout cela est faux et c'est l'état du mur qui reste en cause. Le lierre aimant le calcaire, ses crampons auront tendance à s'insinuer profondément – trop profondément – entre les pierres assemblées avec des joints de sable et de chaux des vieux murs. Dans ce cas, le lierre est à proscrire. En revanche, les murs « modernes » jointoyés au ciment ne subiront aucun dégât : les crampons du lierre ne feront que s'y accrocher, sans y puiser de nourriture. Et même, il protègera efficacement du vent et des intempéries une façade exposée au nord, et son épais matelas de feuilles servira d'isolant. Néanmoins, ne le laissez pas grimper sur le toit : il ne manquerait pas d'aller voir sous les tuiles ou les ardoises ce qui s'y passe.

Les feuilles brillantes supportent mieux les emplacements ensoleillés que les feuilles mates. Supprimez impérativement les tiges de feuilles vert uni qui poussent dans les variétés panachées, sinon la panachure disparaîtra.

LILAS

Syringa vulgaris (famille des Oléacées)

Floraison : *mai*
Parfum : *délicieux !*
Feuillage : *vert franc*
Exposition : *soleil/mi-ombre*
Sol : *ordinaire*
Hauteur : *3 à 4 m*
Étalement : *2 à 3 m*

Rustique, il résiste même aux fumées des villes

C'est parmi d'autres arbustes que le lilas trouvera son meilleur emploi. Éblouissant à peine un mois par an, il s'appuiera ainsi sur des voisins à floraison très printanière ou estivale, ou d'autres, à feuillage panaché, auxquels son feuillage vert clair servira d'élégant arrière-plan.

Planté en groupe ou en haie, le lilas est l'une des gloires incontestables du printemps.

MARIONS-LES
L'érable 'Flamingo', le laurier-tin ou le cornouiller ne sont pas des compagnons trop envahissants.

À SAVOIR
Les fleurs les plus grosses et les plus doubles durent moins longtemps que les simples, au jardin comme en vase.

Culture

Plantez-le, entre octobre et mars, dans un trou rempli de compost auquel vous ajouterez une poignée d'engrais complet. Donnez-lui un emplacement dégagé, à au moins un mètre de tout voisin : il a besoin d'air pour bien pousser. Les variétés modernes sont généralement greffées sur un lilas sauvage, naturellement à fleurs simples mauves. À la plantation, n'enterrez pas le point de greffe sinon les fleurs du porte-greffe prendront le pas sur celles de la variété greffée que vous avez choisie. De même, arrachez les jeunes tiges qui sortent du sol au pied du lilas : ce sont des rejets du porte-greffe. Par la suite, nourrissez-le régulièrement, en mars, avec un engrais « spécial arbustes fleuris » : deux poignées pour les lilas à fleurs doubles et une pour ceux à fleurs simples.

Comportement

En pot. Ce n'est pas sa tasse de thé !

En bouquet. C'est le meilleur usage qu'on peut en faire ! Seul, en grandes brassées parfumées, ou accompagné de pivoines, de branches de cerisiers à fleurs, de grands iris, il constitue de grands bouquets, à poser au sol de préférence : leurs effluves vous chatouilleront les narines au passage.

Les meilleures variétés

Les classiques :

- 'Madame Lemoine', un grand classique à grosses fleurs blanches.
- 'Président Grey', violet bien double.
- 'Charles Joly', un double, lie-de-vin.
- 'Michel Brunner', un double, lilas pâle.
- 'Sensation', élégant, à fleurs simples, aux pétales rose vif bordé de blanc.
- 'Souvenir de Louis Spaëth', un rouge pourpre à fleurs simples.

Pour sortir des sentiers battus :
Lilas à petites fleurs (2 m), *Syringa microphylla 'Superba'*, aux fleurs plus petites, vaporeuses, très parfumées s'épanouissant de mai à septembre, avec parfois une interruption en plein été.

PASSIFLORE

Passiflora caerulea (famille des Passifloracées)

Elle est très frileuse

Floraison : *juin à septembre*
Parfum : *léger*
Feuillage : *découpé, vert sombre*
Exposition : *soleil/mi-ombre*
Sol : *ordinaire, léger et bien drainé*
Hauteur : *3 à 6 m*
Étalement : *20 cm*

Ses fleurs, très spectaculaires, méritent un emplacement bien en vue et surtout très abrité car elle est sensible au froid : un mur exposé au sud est l'idéal.

Culture

Elle aime la chaleur, le soleil et l'eau : des exigences pas toujours faciles à satisfaire, les emplacements les plus ensoleillés étant également les plus secs.
Plantez-la en mai, dans un mélange à parts égales de compost et de terre ordinaire. Arrosez pendant tout l'été, très régulièrement. Dès l'automne, protégez son pied d'un bon matelas de feuilles mortes ou de tourbe. Il arrive que le froid ruine le feuillage, mais elle repart alors de la base.
La taille consiste simplement à nettoyer ce qui gêne, ce qui est mort, malade ou abîmé. Un support lui est indispensable pour grimper. Vous la guiderez et attacherez les jeunes pousses au départ. Par la suite, ses vrilles lui permettront de se tenir seule.
Les fruits, consommables, mais pas très intéressants sous nos latitudes, n'apparaissent que dans les régions chaudes. Inutile donc d'en attendre au nord de la Loire.

Comportement

En pot. Offrez-lui un pot de 30 cm de diamètre. Remplissez-le à parts égales de compost, de terreau, de terre de jardin et de sable. Arrosez-la très régulièrement en été et rempotez chaque printemps dans un pot d'une taille immédiatement supérieure. En prévoyant un support directement fixé sur le pot, vous pourrez ainsi la rentrer à l'abri du gel pendant l'hiver.

En bouquet. Elle n'y est guère à son aise.

Les meilleures variétés

Les classiques :
Outre la variété type à grandes fleurs bleues, notez :
- 'Constance Eliott', aux fleurs blanches.
- 'Rosea', aux fleurs roses.

Pour sortir des sentiers battus :
- *Passiflora incarnata,* elle disparaît complètement en hiver et repart de la souche chaque printemps. Sa fleur est blanche à grande « couronne » mauve et dégage un parfum très doux.

MARIONS-LES
Mariez-la à un jasmin officinal qui appréciera le même emplacement abrité et dont les fleurs blanches et vaporeuses mettront en valeur celles de la passiflore.

POIS DE SENTEUR

Lathyrus odoratus (famille des Légumineuses), dit gesse odorante

Des papillons immobiles et muticolores

***Floraison** : juin à septembre*
***Parfum** : miel et fleur d'oranger*
***Feuillage** : vert légèrement gris, très léger*
***Exposition** : soleil*
***Sol** : profond, riche et toujours un peu humide en été*
***Hauteur** : 1,50 m*

Mieux vaut prévoir de l'attacher régulièrement au support : il y parvient difficilement tout seul et a tendance à se coucher.

Ne cherchez pas à lui donner de la compagnie : il n'aime pas cela. Il exige tous vos soins, pour lui tout seul. Palissez-le sur un grillage léger qui se fera des plus discrets dès que les premières fleurs seront épanouies.

Culture

Vous pouvez choisir entre deux méthodes selon votre patience. Semer à l'automne, en godets, avance la floraison printanière, la rend plus abondante et fournit des plants plus trapus. Mais il faut pouvoir abriter les plants du gel durant l'hiver. Le semis direct en place, en avril, vous offrira ses premières fleurs en début d'été. Qu'importe puisque les fleurs de printemps sont si nombreuses et toutes plus éclatantes les unes que les autres. Quoique vous choisissiez, entamez la belle intégrité de la « peau » coriace des graines par quelques coups de lame de rasoir superficiels. Un trempage d'une nuit dans de l'eau tiède encouragera également la germination. Semez les graines par groupes de 3 ou 4. Attention aux limaces friandes des jeunes plants : la protection par des granulés, renouvelée après chaque pluie, s'impose. Laissez une dizaine de centimètres entre les groupes si vous semez en place, et 15 cm entre chaque plant obtenu par le semis d'automne que vous mettrez en place à la même époque. Vous les installerez de préférence dans un sol profondément bêché et enrichi de compost. Ils ne supportent pas d'avoir soif : leur feuillage grille tout de suite. Pour parer tout incident de ce type, paillez avec une bonne épaisseur de compost dès qu'ils ont atteint 20 cm et arrosez régulièrement tout l'été. Un peu d'engrais soluble tous les 15 jours sera le bienvenu. Ne laissez par mûrir une seule gousse : ce serait la garantie de mettre fin à la floraison. Éliminez-les très régulièrement.

Comportement

En pot. Pas facile de les réussir en potée tant ils sont assoiffés. Semez une dizaine de graines dans un pot de 30 cm de diamètre, rempli d'un mélange de terreau ou de compost et de terre à rosiers qui retient bien l'eau. Palissez sur le pot sinon il a tendance à partir dans tous les sens.

En bouquet. Plus vous cueillerez de fleurs et plus il en produira, alors ne vous en privez pas ! Cueillez-les épanouies : elles durent 5 jours en vase. Composez de petits bouquets en leur associant quelques gypsophiles, des tabacs crème, une rose, en d'autres termes des fleurs délicates pour des compositions raffinées et délicieusement parfumées.

Les meilleures variétés

Les classiques :

Bannissez les nains ou demi-nains, encore plus sensibles à la sécheresse. Préférez les variétés anciennes, les plus solides.

- 'Antique Fantasy', très parfumée.
- 'Mammouth', aux grandes fleurs, s'épanouissant rapidement.
- 'Spencer', à grandes fleurs groupées, idéales pour les bouquets.

Vous les trouverez le plus souvent en mélanges de couleurs, rose, bleu, mauve, blanc, rouge et jaune, et c'est très bien ainsi !

Pour sortir des sentiers battus :

- Pois vivace, *Lathyrus latifolius*, aux fleurs massives rose vif, sans parfum, mais d'une vigueur exceptionnelle. Il a l'avantage d'être toujours au rendez-vous de l'été et de fleurir très longtemps. Existe en blanc.

VIGNE VIERGE

Parthenocissus ou Ampelopsis (famille des Vitacées)

Elle rougit à l'automne pour notre bonheur

Feuillage : *large ou découpé, vert ou pourpre*
Exposition : *soleil/mi-ombre*
Sol : *riche, profond et légèrement humide*
Hauteur : *10 à 15 m*
Étalement : *30 cm*

Elle se fixera partout avec vigueur. À feuilles caduques, elle prend des teintes rougeoyantes incomparables à l'automne. Pensez à la faire grimper dans les vieux arbres dont elle soulignera la charpente.

Culture

Au soleil les couleurs d'automne auront plus d'éclat, mais la vigne vierge prospère aussi dans une ombre légère.
Soignez son installation, en octobre ou en mars, en remplissant le trou de plantation, d'un diamètre de 30 cm au moins, avec du compost. Arrosez-la soigneusement la première année et laissez-la pousser pendant 3 ou 4 ans sans intervention jusqu'à ce qu'elle atteigne la taille que vous souhaitez. Ne la laissez pas atteindre le toit : elle soulèverait tuiles à ardoises sans vergogne. Par la suite, la taille consistera à limiter ses velléités d'expansion : coupez-la, en été, au deux tiers de la hauteur finale que vous souhaitez la voir atteindre en fin de saison (la limite de la gouttière par exemple).

Comportement

En pot. Mieux vaut ne pas s'y risquer : sa vigueur aurait du mal à le supporter.

En bouquet. Employez ses feuilles d'automne comme garniture de vos petits bouquets de dahlias pompons, d'asters pourpres, de marguerites d'automne (*Chrysanthemum*).

Les meilleures variétés

Curieusement ce sont les variétés les plus envahissantes qui sont les plus cultivées :

• Vigne vierge à grandes feuilles, *Parthenocissus tricuspidata*, aux larges feuilles caduques vert tendre au printemps, vert sombre en été et virant au rouge vif en automne. Elle s'accroche seule par ses crampons.
- 'Robusta'.
- 'Veitchii'.

• Vigne vierge à petites feuilles, *Parthenocissus quinquefolia*, aux grandes feuilles très découpées prenant des teintes rougeoyantes à l'automne, de taille beaucoup plus raisonnable que la précédente.
- 'Engelmanii', est munie de crampons et s'accroche seule à n'importe quel support.

Pour sortir des sentiers battus :

• 'Atropurpurea', aux feuilles rouge pourpre si elle est au soleil. Moins vigoureuse que ses cousines, elle sera plus en valeur en compagnie d'un lierre panaché qui rehaussera encore ses couleurs étonnantes.
• 'Henryana', au feuillage bronze à nervures argentées quand elle est plantée à mi-ombre. Elle s'accroche par des vrilles.
• 'Lowii', aux petites feuilles finement découpées, vert clair, s'accroche seule par des crampons.
• *Ampelopsis aconitifolia* aux feuilles finement découpées et dentées sur lesquelles se détachent des petits fruits orange en fin d'été, s'il a fait bien chaud. L'automne la pare ensuite d'or.
• *Ampelopsis brevipedunculata*, aux grandes feuilles vert sombre et aux jeunes tiges velues. Au début de l'automne, elle arbore des baies bleu vif.

MARIONS-LES

Les variétés à grandes feuilles, les plus envahissantes, ne tolèrent rien dans leur voisinage. En revanche, celles à petites feuilles forment de parfaites toiles de fond pour une clématite ou un rosier grimpant au feuillage un peu clairsemé.

À SAVOIR

Toutes ne s'accrochent pas de la même façon. Certaines, les *Ampelopsis*, ont des vrilles qu'elles enroulent autour de leur support. D'autres, la plupart des *Parthenocissus* mais pas toutes, ont des crampons et à l'instar du lierre sont capables de s'accrocher directement aux parois, sans le support d'un treillage ou autre.

FLEURS DU POTAGER

On va parfois chercher bien loin tel géranium vivace ou tel pied-d'alouette bleu nuit introuvable alors qu'à nos pieds, parmi les rangs de salades bien ordonnés, se cachent des trésors insoupçonnés.

On ne connaît pas les fleurs des légumes car, pour récolter, il faut souvent éviter leur apparition. Parfois, la récolte intervient même avant la floraison. Elles n'arrivent à se faire valoir à nos yeux qu'à la faveur d'un oubli et encore ! Un peu vexé de notre négligence, nous arrachons parfois la salade qui « monte » sans la laisser s'épanouir ! Quel dommage !

Ail

Il n'y a que dans des régions bien ensoleillées et chaudes que l'on peut voir fleurir l'ail commun, en été. Les fleurs sont regroupées en boules lâches, blanches ou rougeâtres, parfois accompagnées de bulbilles.

Angélique

Si l'on connaît bien l'Angélique officinale pour les petits morceaux confits dans le sucre que l'on utilise en pâtisserie, on sait peu la beauté de son port grandiose et les qualités spectaculaires et très décoratives de ses immenses inflorescences. Cette bisannuelle au large feuillage aromatique aime autant le soleil que la mi-ombre, pour autant que le sol reste frais en permanence. Laisser aller la plante à fleur ne comporte aucun risque pour sa pérénité, puisqu'elle meurt en fin de saison. Alors, ne vous en privez surtout pas !

Artichaut

A-t-on jamais vu pareil panache ! D'un violet brillant, la fleur d'artichaut domine le potager avec morgue ! Bien sûr elle épuise le pied et la récolte suivante s'en ressentira, mais ne vous privez pas d'un tel spectacle sur un seul pied chaque année.

Si vous êtes un « fan », plantez des artichauts parmi vos massifs de fleurs : son feuillage gris bleuté, sa stature et sa fleur méritent bien une place au rang des ornementales également.

Carotte

Ses gracieuses fleurs en ombelles blanches, aériennes, n'apparaissent que

pendant la seconde année de culture, de mai à octobre, car c'est une bisannuelle. La première année est consacrée essentiellement à l'accumulation des réserves dans la racine, le légume que nous consommons. Lors de l'arrachage des carottes avant l'hiver, conservez quelques beaux spécimens dans du sable, au frais à la cave, pour les replanter au printemps suivant, le collet arrivant juste au niveau de la terre, et laissez les venir à fleur.

Chicorée

Semée un peu trop tôt, en tout début d'été, ou ayant souffert de la soif, les chicorées, bien que bisannuelles, manifestent leurs représailles en « montant ». Bientôt, de délicats pompons bleu pâle, un peu lâches, apparaissent le long d'une tige qui peut atteindre 1,50 m.

Si vous n'avez pas eu la chance de les voir dans la première année de culture, replantez quelques chicorées non consommées dans vos massifs pour les voir s'épanouir l'année suivante, au cours de l'été. Abritez-les sous des cloches transparentes au cœur de l'hiver.

Choux

Tous les choux ont des fleurs similaires, jaunes en épis simples et allongés. Ils fleurissent la seconde année de plantation, au printemps ou en début d'été, car ils sont bisannuels. Pour profiter du spectacle, laissez en terre la tige et quelques feuilles de la base lorsque vous récoltez vos choux – autrement dit, ne coupez pas vos choux au ras du sol. Au printemps suivant quelques bourgeons de la base de la tige se développeront et donneront des tiges florales. Vous pouvez même les pincer lorsque les tiges atteignent 30 à 40 cm pour avoir encore plus de fleurs.

FLEURS DU POTAGER (SUITE)

Ciboulette

Ses petits pompons roses illuminent les bordures du potager en été, parfois dès le mois de juin si vous ne rasez pas les touffes pour récolter les feuilles. Pour une fois, l'apparition des fleurs ne nuit pas trop à la récolte. Néanmoins, ne les laissez pas évoluer en graines car vous épuiseriez la plante. Coupez-les dès qu'elles virent au rose sale.

Courgette

Incomparable fleur de courgette, et ses cousines les fleurs des autres courges ! Sa couleur d'or, sa taille imposante et le velouté de ses pétales la rendent digne d'être doublement présente à notre table : en soliflore ou en coupelle remplie d'eau, pour un coup de soleil sur notre repas ; et aussi, bien sûr, en beignets !

Crambe maritime

Si on le laisse évoluer, il produit en mai-juin un nuage de petites fleurs blanches ou rosées, rappelant celles du gypsophile. Cela épuise un peu la plante, mais c'est très décoratif.

Oignon

Ce n'est que pendant la seconde année de culture que l'on a des chances de voir apparaître, en été, ses grosses fleurs globuleuses, blanches à vert pâle, parfois rouges au sommet d'une tige solide de près de 1 m de haut. C'est spectaculaire ! Si vous plantez de gros oignons bien formés au printemps vous pourrez les voir fleurir dans l'année.

Poireau

Voilà encore une bisannuelle qui fera attendre sa fleur. Arrachez quelques beaux spécimens en novembre et remisez-les dans un endroit frais, humide et hors gel. Au printemps suivant, plantez-les parmi les fleurs en enterrant les fûts blancs jusqu'au ras des feuilles vertes que vous taillerez à quelques centimètres du sol.

Au bout de tiges de plus de 1 m, s'épanouiront de grosses ombelles globuleuses et blanches, tirant sur le vert ou le rose, qui resteront en forme très longtemps. Pensez à tuteurer les tiges.

Rhubarbe

Ses larges feuilles sont déjà spectaculaires, mais lorsque ses fleurs émergent du cœur, la rhubarbe devient époustouflante. À mi-printemps, ses grands épis de fleurs blanc crème tirant parfois sur le vert atteignent sans forcer 1,50 m de haut. Bien sûr la production de feuilles s'en ressentira mais tant pis ! Pour équilibrer récolte et plaisir des yeux, laissez « monter » un pied de rhubarbe sur deux, en alternant chaque année.

Roquette

Celle-là, on aimerait bien voir un peu moins souvent ses fleurs car elle évolue à une vitesse fulgurante en été. Parfois même trop vite pour que l'on puisse la consommer. Mais qu'importe ! Ses fleurs blanches, veinées de brun, culminant à 80 cm, sont si charmantes et délicieuses, en condiment dans une laitue à couper, que vous pouvez même en semer à la volée, au printemps, dans un massif un peu clairsemé.

DES FLEURS TOUTE L'ANNÉE

Ces durées de floraison optimales ne sont qu'indicatives.

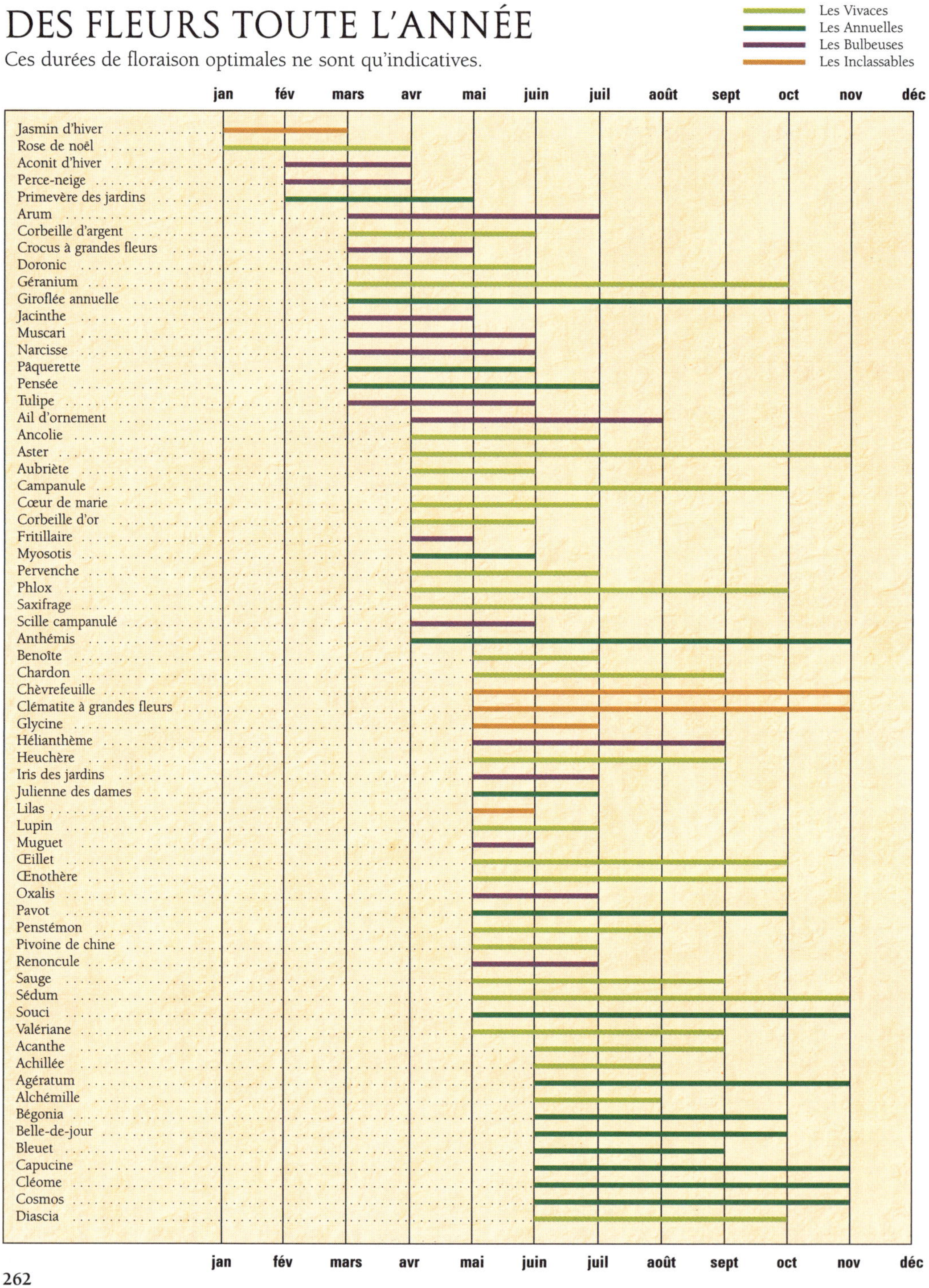

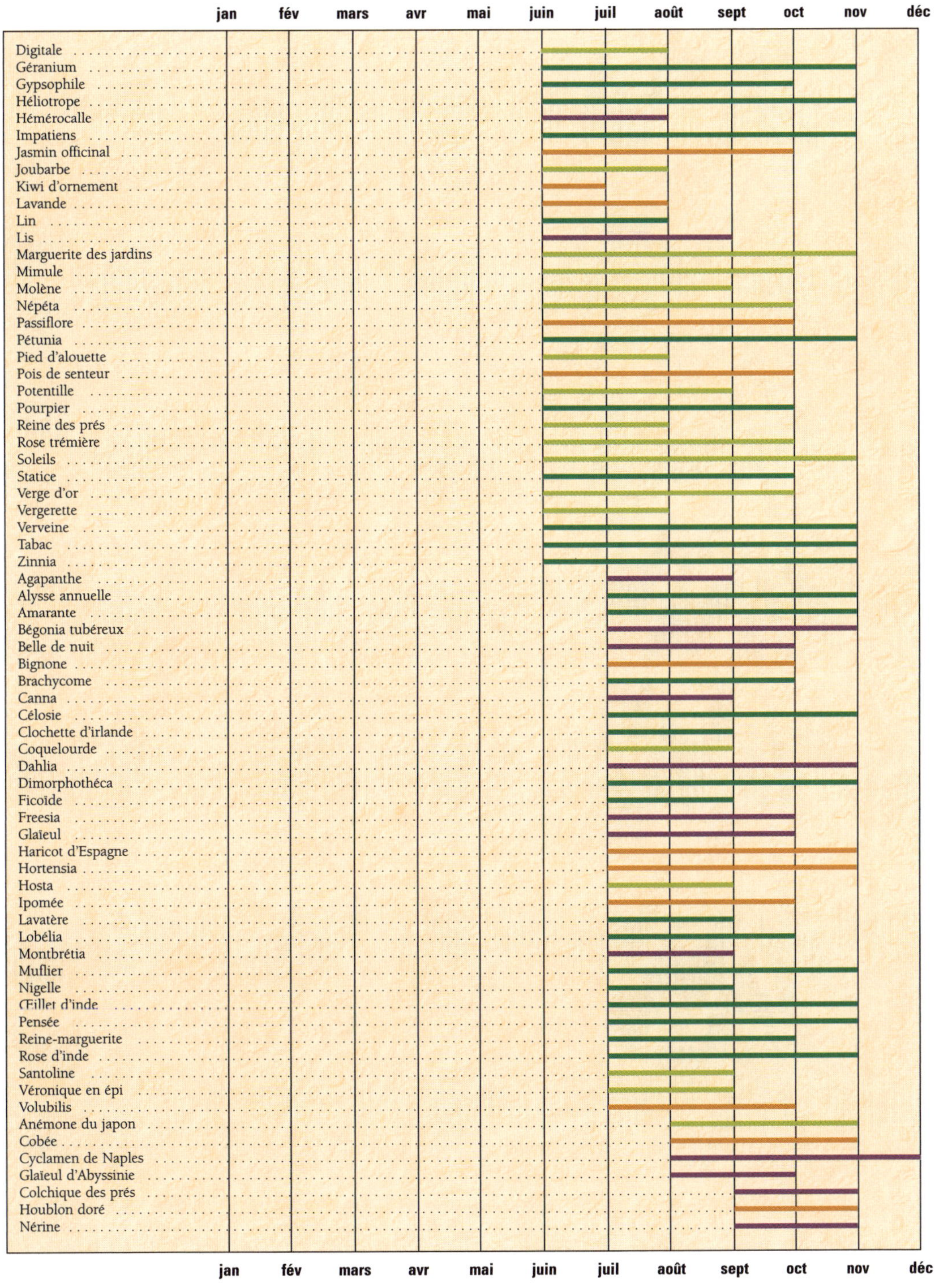
jan
fév
mars
avr
mai
juin
juil
août
sept
oct
nov
déc
Digitale
Géranium
Gypsophile
Héliotrope
Hémérocalle
Impatiens
Jasmin officinal
Joubarbe
Kiwi d'ornement
Lavande
Lin
Lis
Marguerite des jardins
Mimule
Molène
Népéta
Passiflore
Pétunia
Pied d'alouette
Pois de senteur
Potentille
Pourpier
Reine des prés
Rose trémière
Soleils
Statice
Verge d'or
Vergerette
Verveine
Tabac
Zinnia
Agapanthe
Alysse annuelle
Amarante
Bégonia tubéreux
Belle de nuit
Bignone
Brachycome
Canna
Célosie
Clochette d'irlande
Coquelourde
Dahlia
Dimorphothéca
Ficoïde
Freesia
Glaïeul
Haricot d'Espagne
Hortensia
Hosta
Ipomée
Lavatère
Lobélia
Montbrétia
Muflier
Nigelle
Œillet d'inde
Pensée
Reine-marguerite
Rose d'inde
Santoline
Véronique en épi
Volubilis
Anémone du japon
Cobée
Cyclamen de Naples
Glaïeul d'Abyssinie
Colchique des prés
Houblon doré
Nérine
jan
fév
mars
avr
mai
juin
juil
août
sept
oct
nov
déc

DES FLEURS POUR TOUTES LES SITUATIONS

AU SOLEIL

Les vivaces
- Acanthe
- Achillée
- Alchémille
- Ancolie
- Anémone du japon
- Aster
- Aubriète
- Benoîte
- Campanule
- Chardon
- Coquelourde
- Corbeille d'argent
- Corbeille d'or
- Diascia
- Digitale
- Doronic
- Géranium
- Hélianthème
- Heuchère
- Joubarbe
- Lupin
- Marguerite des jardins
- Mimule
- Molène
- Népéta
- Œillet
- Œnothère
- Penstémon
- Pervenche
- Phlox
- Pied d'alouette
- Pivoine de chine
- Potentille
- Rose trémière
- Santoline
- Sauge
- Saxifrage
- Sédum
- Soleils
- Valériane
- Verge d'or
- Vergerette
- Véronique en épi

Les annuelles
- Agératum
- Alysse annuelle
- Amarante
- Anthémis
- Bégonia
- Belle-de-jour
- Bleuet
- Brachycome
- Capucine
- Célosie
- Cléome
- Clochette d'irlande
- Cosmos
- Dimorphothéca
- Ficoïde
- Géranium
- Giroflée annuelle
- Gypsophile
- Héliotrope
- Julienne des dames
- Lavatère
- Lin
- Lobélia
- Muflier
- Myosotis
- Nigelle
- Œillet d'inde
- Pâquerette
- Pavot
- Pensée
- Pétunia
- Reine-marguerite
- Rose d'inde
- Souci
- Statice
- tabac
- Verveine
- Zinnia

Les Bulbeuses
- Agapanthe
- Ail d'ornement
- Arum
- Belle de nuit
- Canna
- Colchique des prés
- Crocus à grandes fleurs
- Dahlia
- Freesia
- Fritillaire
- Glaïeul
- Glaïeul d'Abyssinie
- Hémérocalle
- Iris des jardins
- Jacinthe
- Lis
- Montbrétia
- Muscari
- Narcisse
- Nérine
- Oxalis
- Renoncule
- Scille campanulé
- Tulipe

Les inclassables
- Bignone
- Chèvrefeuille
- Clématite à grandes fleurs
- Cobée
- Coloquinte
- Glycine
- Haricot d'Espagne
- Hortensia
- Houblon doré
- Ipomée
- Jasmin d'hiver
- Jasmin officinal
- Kiwi d'ornement
- Lavande
- Lilas
- Passiflore
- Pois de senteur
- Pourpier
- Vigne vierge
- Volubilis

À MI-OMBRE

Les vivaces
- Cœur de marie
- Hosta
- Reine des prés
- Rose de noël
- Acanthe
- Alchémille
- Ancolie
- Anémone du japon
- Aubriète
- Benoîte
- Campanule
- Corbeille d'argent
- Digitale
- Doronic
- Géranium
- Heuchère
- Pervenche
- Phlox
- Potentille
- Saxifrage
- Sédum
- Véronique en épi

Les annuelles
- Impatiens
- Primevère des jardins
- Capucine
- Giroflée annuelle
- Héliotrope
- Lin
- Lobélia
- Myosotis
- Nigelle
- Pâquerette
- Tabac

Les bulbeuses
- Aconit d'hiver
- Bégonia tubéreux
- Cyclamen de Naples
- Perce-neige
- Arum
- Colchique des prés
- Fritillaire
- Hémérocalle
- Iris des jardins
- Jacinthe
- Lis
- Muscari
- Narcisse
- Oxalis
- Scille campanulé
- Tulipe

Les inclasssables
- Fougère
- Muguet
- Chèvrefeuille
- Coloquinte
- Hortensia
- Jasmin d'hiver
- Jasmin officinal
- Lilas
- Passiflore
- Vigne vierge

À L'OMBRE

Les vivaces
- Hosta
- Pervenche
- Rose de noël

Les annuelles
- Lin

Les bulbeuses
- Cyclamen de Naples
- Muguet

Les inclassables
- Fougère

INDEX GÉNÉRAL

INDEX DES VARIÉTÉS CITÉES

CARNET D'ADRESSES

Graines de fleurs

Biau Germe (culture biologique)
47360 Montpezat.
Tél./fax : 05 53 95 95 04.

Baumaux (graines et bulbes)
BP 100, 54062 Nancy cedex.
Tél. : 03 83 15 86 86. Fax : 03 83 15 86 80.

Bertrand Frères
104, rue des Ponts-de-Cé, 49000 Angers.
Tél. : 02 41 79 46 46. Fax : 02 41 79 46 47.

Caillard
481, rue du Petit-Mas
ZI de Courtine, 84091 Avignon cedex 09.
Tél. : 04 90 86 10 19. Fax : 04 90 27 69 30.

Ferme Sainte-Marthe (culture biologique)
36, route de Fougères, 41120 Cormeray.
Tél. : 02 54 44 20 86.

Germinance (semences en culture biodynamique)
Les Rétifs, 49150 Saint-Martin-d'Arcé.
Tél./fax : 02 41 82 73 23.

Terre de Semences
Chante Alouette, 03210 Saint-Menoux.
Tél. : 04 70 43 96 92. Fax : 04 70 43 96 83.

Pour connaître le point de vente le plus proche :
Royalfleurs, tél. : 02 41 79 46 46,
Et Novartis, tél. : 02 41 68 64 11.

Annuelles par correspondance

Ets Jean-Pierre Tourly (pélargoniums, fuchsias)
17, rue Danton, 18000 Bourges.
Tél. : 02 48 24 44 21. Fax : 02 48 69 09 54.

Jardin Express
BP 131, 2, rue d'Estrées, 80200 Bouvincourt.
Tél. : 03 22 85 77 40.

Roses

Guillot (roses anciennes)
Domaine de la Plaine, Chamagnieu,
38460 Crémieu.
Tél. : 04 74 90 27 55. Fax : 04 74 90 27 17.

Meilland-Richardier
BP 2, 69815 Tassin-la-Demi-Lune.
Tél. : 04 78 34 46 52.

Pépinière de la Saulaie
Route d'Angers, BP 74,
49700 Doué-la-Fontaine.
Tél. : 02 41 59 12 03.

Pépinières prayssacoises
Route du Collège, 46220 Prayssac.
Tél. : 05 65 22 40 30. Fax : 02 65 22 40 50.

Roseraie de Berty
07110 L'Argentière.
Tél. : 04 75 88 30 56. Fax : 04 75 88 36 93.

Les roses anciennes (André Eve)
Morailles, BP 206, Pithiviers-le-Vieil,
45302 Pithiviers cedex.
Tél. : 02 38 30 01 30. Fax : 02 38 30 71 65.

Roses d'Antan
Kermunut, 22000 Grâces.
Tél. : 02 96 44 41 10. Fax : 02 96 21 35 41.

Pépinière Thauvin
345, rue des Pépinières, 45590 Saint-Cyr-en-Val.
Tél. : 02 38 63 85 23. Fax : 02 38 63 87 37.

Jean-François Sarraud
Les Pigeats, 18170 Loye-sur-Arnon.
Tél. : 02 48 96 19 76. Fax : 02 48 96 93 58.

Fleurs vivaces

L'Atelier Vert
245, rue d'Épinay, 95360 Montmagny.
Tél. : 01 39 83 54 58. Fax : 01 39 64 27 77.

Le Clos du Coudray
76850 Étampuis.
Tél. : 02 35 34 96 85.

Établissements Morobé
Eikenmolenwijk 34, 9820 Merelbeke, Belgique.
Tél./fax : (32) 9 231 59 80.

GAEC Jacques Corbier (plus de 1000 variétés)
57, avenue René-Autoune, 33320 Eysines.
Tél. : 05 56 16 00 29.

René Girault (vivaces et pivoines arbustives)
53, rue Basse-Mouillère, 45000 Orléans.
Tél. : 02 38 66 37 86/02 38 88 28 54.

La Grange aux Vivaces
La Grée de Pouez, 35150 Chanteloup.
Fax : 02 99 44 02 47.

Jardin d'Adoué
8, chemin du Rupt-d'Adoué,
54690 Lay-Saint-Christophe.
Tél. : 03 83 22 68 12. Fax : 03 83 22 93 51.

Jardin d'Athéna (vivaces rare, roses anciennes)
11, rue du Landreau, 44300 Nantes.
Tél. : 02 40 93 06 48. Fax : 02 40 52 26 69.

Les Jardins de Cotelle
76370 Derchigny-Graincourt.
Tél. : 02 35 83 61 38. Fax : 02 35 04 06 00.

Lewisia/J.-L. Latil
Le Maupas, 05300 Lazer.
Tél. : 04 92 65 18 42.

Michel Lumen
Les Coutets, Creysse, 24100 Bergerac.
Tél. : 05 53 57 62 15. Fax : 05 53 58 54 88.

Pépinière de Beaufort
RN 2, 59330 Beaufort.
Tél. : 03 27 67 80 15. Fax : 03 27 68 33 76.

Pépinière Demoinet
L'Hermitage, 23, rue Weber, 60350 Attichy.
Tél. : 03 44 42 19 68. Fax : 03 44 42 97 43.

Pépinières Jean-Paul Gitton
5, rue du Château-d'eau, 45170 Montigny.
Tél. : 02 38 39 85 25. Fax : 02 38 32 91 44.

Pépinière Simon & Co – Marie-Carole Lamothe
La Jaubertie, 24580 Rouffignac.
Tél. : 05 53 46 61 50.

Pépinière Filippi
RN 113, 34140 Mèze.
Tél. : 04 67 43 88 69. Fax : 04 67 43 84 59.

Pépinières Santonine
17260 Villars-en-Pont.
Tél. : 05 46 94 26 94. Fax : 05 46 94 62 36.

La Pivoine Bleue
Séchan Dessus, 35550 Montegut.
Tél./fax : 05 62 65 63 56.

Pivoine Rivière
La Plaine, 26400 Crest.
Tél. : 04 75 25 44 85. Fax : 04 75 76 77 38.

Plantbessin
14490 Castillon.
Tél. : 02 31 92 56 03. Fax : 02 31 22 70 09.

Poiroux
Le Petit Beauregard,
RN 160, 85340 Olonne-sur-Mer.
Tél. : 02 51 95 09 61. Fax : 02 51 21 50 26.

Ignace Van Doorslaer
Kappellendries 52, 9090 Melle Gontrode,
Belgique.
Tél. : (32) 9 252 11 23. Fax : (32) 9 252 44 55.

Bulbes

M. Bourdillon (iris et hémérocalles)
BP 2, 41230, Soings-en-Sologne.
Tél. : 02 54 98 71 06. Fax : 02 54 98 76 76.

Bulb'Argence
Mas d'Argence, 30300 Fourques.
Tél. : 04 66 01 65 19. Fax : 04 66 01 12 45.

Bulbes d'Opale
384, Boerenweg Ouest, 59285 Buysscheure.
Tél. : 03 28 43 04 67. Fax : 03 28 43 02 65.

Cayeux (Iris)
BP 35, 45501 Gien cedex.
Tél. : 02 38 67 05 08. Fax : 02 38 67 84 98.

Ellébore
La Chamotière,
61360 Saint-Jouin-de-Blavoux.
Tél. : 02 33 83 37 72. Fax : 02 33 83 37 73.

Iris de Thau
Route de Villeveyrac, 34140 Mèze.
Tél. : 04 67 43 59 54.

Iris en Provence
BP 53, Chemin des Maures,
83402 Hyères.
Tél. : 04 94 65 98 30. Fax : 04 94 35 24 91.

Schryve Jardin
1315, route du Steent'je, 59270 Bailleul.
Tél. : 03 28 49 27 40. Fax : 03 28 49 27 42.

Grimpantes

Pépinières Javoy
2575, route d'Orléans, 45590 Saint-Cyr-en-Val.
Tél. : 02 38 76 21 78/02 38 76 26 82.

Patrick Nicolas
8, sentier du Clos-Madame,
92190 Meudon.
Tél. : 01 45 34 09 27. Fax : 01 45 07 80 05.

Travers
Cour Charrette, 45650 Saint-Jean-le-Blanc.
Tél. : 02 38 66 13 70. Fax : 02 38 66 14 91.

Hortensias

Pépinière Dussine
Le Haut-Bois, 56800 Taupont.
Tél. : 02 97 93 55 12. Fax : 02 97 93 54 04.

Fougères

Yves Dupont
10, rue de Bellevue, 45081 Orléans cedex 02.
Tél. : 02 38 66 39 29. Fax : 02 38 56 49 88.

Pépinière des Pins
CD 2085, 06330 Roquefort-les-Pins.
Tél. : 04 93 77 63 38. Fax : 04 93 77 61 71.

Compost

Or Brun (en jardinerie aussi)
85160 Saint-Jean-de-Monts.
Tél. : 02 51 58 28 26. Fax : 02 51 59 18 27.

Quatre-Vaulx-Jardins
BP 4, 22130 Corseul.
Tél. : 02 96 82 70 71. Fax : 02 96 82 74 00.

Plantes méditerranéennes

Dino Pelizzaro
290, chemin de Léouse, 06220 Vallauris.
Tél. : 04 93 64 18 43.

Collaboration éditoriale :
Rosenn Le Page

Photographies :
Toutes les photos de ce livre et de sa couverture
sont de Nicolas Bertherat,
à l'exception des photos suivantes :

Couverture gb, 26 (sauf d), 34, 37 d, 39, 44, 54, 60 à 62, 64 bg, 93 bg et bd, 94, 95 (sauf hg), 96, 97, 109 b, 110 g, 112 b, 114, 115, 118 b, 119, 122 hg et hd, 124, 125, 126 hd et cd, 127 b, 130 b, 138 b, 139, 140 bg, 142 bd, 146, 147, 156, 158 à 160, 163, 166 à 168, 169 bg, 171 à 180, 183, 185 à 188, 192, 193, 195 à 198, 199 b, 201, 202, 210 hg et hd, 212 à 217, 218 bd, 220 à 223, 227 b, 229 h, 230 à 235, 237 h, 240, 243, 244 c, 245, 247 h, 248 à 251, 253 à 257, 260 db (photos Lamontagne) ; couverture (portrait de Jean-Pierre Coffe), 8, 18, 23, 29 d, 30 d, 117, 164, 165 bd, 169 h, 170 h, 194, 203 bg, 229 b, 244 g, 252, 258 dh et db, 259 gh et gb, 260 gb, 261 (photos Rosine Mazin) ; 259 d (photo Annette Schreiner).

Illustrations :
Florence Guiraud (portraits en vignette de Jean-Pierre Coffe et pages 46 b, 48, 49, 50, 56 et 57, 100, 101, 102, 103, 206, 207, 208, 209, 226) et Jean-Claude Senée (pages 20, 21, 32, 33, 36, 37, 45, 46 h, 84, 89, 90, 91, 152, 153, 154, 155).

Réalisation : Octavo
Direction d'ouvrage : Olivier Canaveso
Maquette et mise en pages : Valérie Saingarraud
Révision : Béatrice Lecomte

Photogravure :
Isabelle Gruffaz, Prodima Paris

Nous remercions pour leur précieuse collaboration :
Nathalie Barthès ; René Bonnefoy ; Françoise Bouquet ; Raoul Codat ; Catherine et Frédéric Cotelle ; Isabelle Gruffaz et Prodima Bilbao ; Michèle, Véronique et Jean-Claude Lamontagne ; Valérie Millet.

Imprimé en France par I.M.E. - 25110 Baume-les-Dames
Dépôt légal : janvier 2007